U0154038

華人文化主體性研究叢書

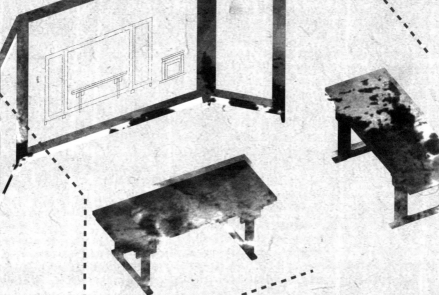

# 危疑時代的儒學思考

林遠澤—主編

黃俊傑、黃冠閔、李明輝、
林遠澤、林維杰、楊祖漢、
蔡振豐、張崑將、陳立勝、
陳昭瑛、緒形康、藤井倫明、
金培懿、許怡齡—著

國家圖書館出版品預行編目（CIP）資料

危疑時代的儒學思考 / 李明輝, 林維杰, 林遠澤, 金培
懿, 張崑將, 許怡齡, 陳立勝, 陳昭瑛, 黃俊傑, 黃冠閔, 楊
祖漢, 緒形康, 蔡振豐, 藤井倫明著 ; 林遠澤主編. -- 初
版. -- 臺北市：國立政治大學政大出版社, 國立政治大
學華人主體性文化研究中心出版：國立政治大學發行,
2022.12
　　面；　公分. -- (華人文化主體性研究叢書；A1001)

ISBN　978-626-96532-6-3（平裝）

1.CST: 儒學　2.CST: 文集

121.207　　　　　　　　　　　　　　　111020734

華人文化主體性研究叢書 A1001

# 危疑時代的儒學思考

主　　編｜林遠澤
著　　作｜李明輝、林維杰、林遠澤、金培懿、張崑將
　　　　　許怡齡、陳立勝、陳昭瑛、黃俊傑、黃冠閔
　　　　　楊祖漢、緒形康、蔡振豐、藤井倫明

發 行 人　李蔡彥
發 行 所　國立政治大學
出 版 者　國立政治大學政大出版社
合作出版　國立政治大學華人主體性文化研究中心
執行編輯　林淑禎
地　　址　11605臺北市文山區指南路二段64號
電　　話　886-2-82375669
傳　　真　886-2-82375663
網　　址　http://nccupress.nccu.edu.tw

經　　銷　元照出版公司
地　　址　10047臺北市中正區館前路28號7樓
網　　址　http://www.angle.com.tw
電　　話　886-2-23756688
傳　　真　886-2-23318496
郵撥帳號　19246890
戶　　名　元照出版有限公司

法律顧問　黃旭田律師
電　　話　886-2-23913808

初版一刷　2022年12月
定　　價　450元
I S B N　9786269653263
G P N　1011102211

政府出版品展售處
• 國家書店松江門市：104臺北市松江路209號1樓
　電話：886-2-25180207
• 五南文化廣場臺中總店：400臺中市中山路6號
　電話：886-4-22260330

# 目　次

## 【第一部　全球化挑戰中的當代儒學思考】

【第二部　中國與東亞的傳統儒學思考】

# 序
# 儒家思想在 21 世紀的使命

孫震 *

2019 年 5 月，中華教育文化基金會董事會通過贊助臺灣大學特聘講座教授黃俊傑先生的三年研究計畫，主題是「儒家思想的 21 世紀新意義」這個計畫包括 13 個子計畫，由黃教授為主持人，另邀 13 位傑出學者參加，其中一個子計畫由兩位學者共同主持。每一子計畫每年產生論文一篇，預計三年計畫完成，成果將十分豐碩。現在第一年研究成果所產生的論文，經過討論修訂，由黃教授編輯成書，黃教授命我撰文作為三年三本書的通序，我覺得十分惶恐。主要因為我的專業是經濟學，晚年研讀儒學經典覺得有些心得，出版了幾本相關的書，不能因此就成為專家。不過黃教授盛意難卻，只好勉力說一說中華教育文化基金會贊助此一研究計畫的初意，以及我個人對儒家思想在 21 世紀的一些看法，給研究儒家思想的學者做參考。

中華教育文化基金會，簡稱中基會，是 1924 年美國第二次退還超收庚子賠款所成立的基金會，其宗旨在於促進中國的教育與文化事業發展。中基會在大陸時期基金充裕，對於我國的人才培育、科學研究與教育發展有很大的貢獻。1949 年政府撤退來臺，中基會失去所有在大陸的資產，僅以剩餘的海外資產在美國運作，支持臺灣的高等教育發展與學術研究，直到 1972 年 9 月才在臺北成立辦事處，接辦基金會業務。政府遷臺初期，財政困難，教育、學術與文化經費拮据，外滙尤其短

---

*　財團法人中華教育文化基金會董事長；臺灣大學前校長。

缺，中基會的孳息收入雖然微薄，仍然發揮關鍵性的功能。臺灣受到中基會贊助最多的學術研究與教育機構，就是中央研究院和臺灣大學；畢竟當時臺灣只有臺大一所大學。從 1950 年代到 1960 年代初期，臺大很多資深教師出國研究，年輕教師出國進修，主要是由中基會贊助。

1970 年代以來，臺灣經濟快速成長，政府財政收入充裕，對外貿易發達，外滙存量豐厚，而物價膨脹，美元貶值，中基會財力相對萎縮，除了維持在中研院設置胡適講座與在臺大設置傅斯年講座外，只將有限經費應用於選擇性目的。

中基會成立即將 100 年，過去的工作主要在於輸入西方的學術與思想。如今西方文化不論民主政治或資本主義經濟都發生嚴重問題，很多人認為中國優良的傳統文化，應可濟現代西方文化之窮，然而為何與如何則少見有人提出有力的說明。中基會決定將獎助的重點放在中華文化與 21 世紀（Chinese culture in relation to the 21st century）方面。黃俊傑教授的「儒家思想的 21 世紀新意義」是第一個獲得我們贊助的研究計畫，我們寄予殷切的期待。

## 一、倫理必須優先於財富

中國的儒家思想產生於 2500 多年前「傳統停滯時代」（traditional stagnation epoch）；傳統停滯時代並非沒有技術進步，而是沒有長期持續的技術進步。一個社會在一定的技術水準下，由於生產因素有邊際報酬遞減（diminishing marginal returns）的作用，其所生產的最大產值有一上限，這個上限到達後，不論增加勞動或增加資本，都不能使社會的總產值，也就是現在所說的「國內生產毛額」（gross domestic product, GDP）繼續增加。偶發一次性的技術進步使勞動生產力提高，總產值與人均產值增加。然而生活改善，人口隨之增加，使人均產值重回原來的水準。所以傳統停滯時代只有總產值增加，沒有人均產值與人均所得增加。社會全體的福祉（total social welfare）來自社會的和諧與安定，因

此在儒家的價值系統中，倫理優先於財富。

　　倫理是人與人之間應維持的適當關係，以及由此引申出來人與人相處應遵守的原則。如果每人都能遵守倫理，扮演好自己的社會角色，善盡自己的社會責任，承擔自己的社會義務，人與人之間就可以和諧相處，社會就會得到安定。

　　倫理的實踐為道德，道德表現在人的行為之上為品德，具有品德之人為君子。

　　現代經濟成長是 18 世紀後半工業革命的產物。工業革命從英國開始向歐陸及北美發展，使技術進步在資本主義誘因與科技研發的支持下，取得長期持續的性質，帶領世界經濟進入「現代成長時代」（modern growth epoch）。技術持續進步，勞動生產力不斷提高，使社會的總產值持續增加，克服「邊際報酬遞減」作用與馬爾薩斯（Thomas Robert Malthus, 1766-1834）的人口陷阱（Malthusian population trap），使人均產值與人均所得不斷增加，社會的目的從和諧安定轉變為經濟成長。

　　現代經濟成長時代，個人追求自己的利益，可以促進社會全體的利益。因為個人為了追求自己的利益，籌集資金，雇用生產因素從事生產；他所生產的產值，減去耗用的原材料與中間產品的成本，就是他為社會所創造的價值。他所創造的價值，減去生產因素的報酬，包括資金的利息、土地的租金和員工的薪資，就是他應得的利潤。他的生產效率愈高，創造的價值就愈大，獲得的利潤也愈高。市場機制將社會有限的資源，分配到生產效率最高的企業，使社會的總產值達到最大。每個人將其擁有的生產因素投入報酬率最高的用途，使自己的所得最多。個人利益與社會利益一致，追求自利獲得道德上的正當性，因此受到社會的鼓勵。經濟學的鼻祖亞當・史密斯（Adam Smith, 1723-1790）說：每個人追求自己的利益，冥冥中如有一隻看不見的手，引領大家的努力，達成社會全體的利益，甚至比蓄意想要達成公益更為有效。

　　現代成長隨著全球化普及世界各地，為人類帶來前所未有的富裕，

然而引起的問題也日漸出現。主要因為個人追求自己的利益未顧及倫理，以致造成對他人、社會與自然環境的傷害，使私人利益大於社會利益。尤其是生產活動的「外部不經濟」（external diseconomies），就是生產的一部分成本發生在市場之外，不需支付代價，導致資源的過度利用，隨著技術進步，生產力提高，人口增加，經濟規模擴大，日愈嚴重。這正是當前環境汙染、地球暖化、氣候異常、生態系統失序、生物滅絕、世界發展難以持續、威脅人類生存最根本的原因。

因此，世界發展不能沒有倫理，唯有將中國傳統儒家倫理優先的價值觀融入現代西方成長經濟，在堅守倫理的原則下，個人追求自利所創造的價值，才是社會淨增加的價值，世界才會有可持續的發展。

## 二、倫理、君子、禮

儒家思想體系主要由三個元素組成，就是倫理、君子、禮。

人因為有倫理，行為才能預測，產生信任，形成社會，經營共同生活，互助合作，滋長情誼，創造文化，使人類從生物人成為社會人。

倫理源自人之所以為人的利他關愛之心，孟子（372-289 BCE）稱之為「惻隱之心」，亞當・史密斯稱之為「同情心」（sympathy）。不過我們對所有的人都有愛心，也有一些基本的義務，但對家人、親友以及一些和我們有特定關係的人，有更多情義和責任。

此一利他關愛之心就是儒家核心倫理「仁」的開端。孔子（551-479 BCE）將其擴而充之，推而廣之，成為儒家的終極關懷。孟子說：「苟能充之，足以保四海，苟不充之，不足以事父母。」（《孟子・公孫丑》）因此，「仁」有不同程度之「仁」，也有不同範圍之「仁」。

樊遲問仁。子曰：「愛人。」（〈顏淵〉）

子曰：「仁遠乎哉？我欲仁，斯仁至矣。」（〈述而〉）

> 子貢曰：「如有博施於民而能濟眾，何如？可謂仁乎？」子曰：「何事於仁，必也聖乎！堯舜其猶病諸！夫仁者，己欲立而立人，己欲達而達人。能近取譬，可謂仁之方也已。」（〈雍也〉）

君子是仁的化身，也是孔子理想人格的典型；君子的極致是聖人。

> 子曰：「聖人，吾不得而見之矣，得見君子者，斯可矣。」（〈述而〉）

禮是倫理的準則，也是倫理的社會支援體系。作為倫理的準則，禮包括儀式和規矩兩部分。儀式是不同情景表達心意或情感的標準化程序和形式；規矩規範人與人之間的分際。作為社會的支援體系，禮提供誘因或獎懲，引導人的行為，達到社會的目的。司馬光（1019-1086）說：

> 臣聞天子之職莫大於禮，禮莫大於分，分莫大於名。何謂禮？紀綱是也。何謂分？君臣是也。何謂名？公、侯、卿、大夫是也。夫以四海之廣，兆民之眾，受制於一人，雖有絕倫之力，高世之智，莫敢不奔走而服役者，豈非以禮為之綱紀哉！是以天子統三公，三公率諸侯，諸侯制卿、大夫，卿、大夫治士、庶人。〔……〕故曰：天子之職莫大於禮也。（《資治通鑑·周紀》）

司馬遷（145-86 BCE）說：

> 人道經緯萬端，規矩無所不貫。誘進以仁義，束縛以刑罰。故德厚者位尊，祿重者寵榮，所以總一海內而整齊萬民也。（《史記·禮書》）

司馬光說的是周代農業經濟時代的封建制度，天下資源主要集中在周天子之手，通過三公與諸侯，實施封賞獎懲，支配人力，以維持王朝的運

作。司馬遷說的是西漢初期，天下初定，農民歸田，工商業發展，朝廷以倫理大義期許人民，而以功名利祿加以獎賞，以法律與社會規範加以約束，使人才各自追求自己的目的，而終於達成社會的目的。

儒家的「禮」猶如資本主義的市場。亞當·史密斯認為，完全競爭的市場機制，可使個人追求自利，達成社會的公益。然而市場並非完全競爭，而且有時失靈，生產活動也不是都經市場節制，以致追求自利，失去約束，終於導致今天的災害。而周朝到了春秋後期，「禮壞樂崩」，東漢的大儒鄭玄（127-200）說：

> 五霸之末，上無天子，下無方伯，善者誰賞，惡者誰罰，紀綱絕矣！（〈詩譜序〉）

所以孔子希望恢復禮制達成社會和諧安定的理想落空。

不論作為倫理的準則或其社會支援體系，「禮」必須隨技術進步，經濟成長，社會變遷，人際關係改變而與時俱進，才能「總一海內而整齊萬民」，達到社會和諧、經濟永續發展的目的。司馬遷說：

> 洋洋美德乎！宰制萬物，役使群眾，豈人力也哉？余至大行禮官，觀三代損益，乃知緣人情而制禮，依人性而作儀，其所由來尚矣。（《史記·禮書》）

21世紀世界經濟與社會結構的變動如此複雜，其所需要的倫理準則及其社會支援體系，應是關心儒家思想及世界和諧與進步的學者最重要的研究課題。

## 三、儒家的理想人生

一個社會的理想誘因制度，應使個人各自追求自己的目的，以至於達成社會全體的目的。傳統停滯時代社會的目的是和諧，現代成長時代社會的目的是成長，21世紀社會的目的應是和諧與成長。然而一個失

去倫理，只追求個人權利和利益的社會，會有和諧與成長嗎？

儒家理想人生的起點是成就個人完美的人格，包括品德與才識。不過這只是起點而不是全部。《論語》記載孔子與子路（542-480 BCE）有以下的對話：

> 子路問君子。子曰：「修己以敬。」曰：「如斯而已乎？」曰：
> 「修己以安人。」曰：「如斯而已乎？」曰：「修己以安百姓。
> 修己以安百姓，堯舜其猶病諸！（〈憲問〉）

孔子藉著子路的三次提問，提出儒家理想人生的三種境界：養成完美的人格，幫助別人得到幸福，幫助全天下的人得到幸福。

儒家最希望達到的人生目標是「修己以安百姓」。做到這一點就是「仁」的極致，如何做到就是孔子一生努力所追求的「道」。「道」是達到理想目標的道路，也是實現理想目標的方法或思想系統。不過，讓全天下人都得到幸福不是一件容易的事，堯舜尚有做不到、可以檢討的地方。

這三種境界可以進，可以止，可以退，在任何一種境界都可以安身立命，不必巴巴結結作賤自己的人格去追求，也不會戀棧名位，曲道求容；我稱之為「儒家動態平衡的人生觀」。

> 子曰：「志於道，據於德，依於仁，游於藝。」（〈述而〉）

孔子說：「立志追求理想的人生，站穩道德的立場，常保仁慈的情懷，游息於各種才藝之間。」人生不必一定治國、平天下，也不是人人都有這樣的意圖、才具和際遇，但必須追求完美的人格。因為儒家的價值觀，倫理優先於世俗的功名利祿，人格完美本身就是人生幸福的來源。所以儒者不論窮達都能保持獨立的人格和自由的思想。孟子說：

> 說大人則藐之，勿視其巍巍然。堂高數仞，榱題數尺，我得志
> 弗為也；食前方丈，侍妾數百人，我得志弗為也；般樂飲酒，

> 驅騁田獵，後車千乘，我得志弗為也。在彼者皆我所不為也；
> 在我者皆古之制也，吾何畏彼哉！（《孟子・盡心下》）

孔子的時代基本上是一個以農業為主的封建社會，政治的良窳最關乎人民的福祉，所以孔子鼓勵弟子進入政府，服務萬民。這也是他授徒施教的初意和重點，弟子不論樊遲（515- ? BCE）想務農，子貢（520-446 BCE）想經商，都得不到他的肯定。不過進入現代成長時代，工商業與各種專業發達，修己以敬的君子進入任何行業，都可以對社會有貢獻，而且可能有更大的貢獻。余英時（1930-2021）引王陽明（1472-1529）「四民異業而同道，其用心焉一也」這句話，評論說：「四民異業而同道真是一句石破天驚的話，從來儒家沒有人曾如此說過。」四民指士、農、工、商，也可以加以擴充泛指社會上一切行業，每一種行業都對社會有貢獻。儒家是不是從來沒有人說過，我不知道，不過儒家倫理從來不是只對學而優則仕的士而言，而是對社會上每個人的期許，也應是全世界共同信守的價值，進入 21 世紀，世界追求社會和諧與經濟可持續發展，更應如此。

## 四、儒家思想與世界和平

孔子主張和平。他對〈韶〉樂的評論是「盡美矣，又盡善也。」對〈武〉樂的評論是「盡美矣，未盡善也。」（〈八佾〉）〈韶〉是歌頌虞舜的音樂，〈武〉是歌頌周武王（1076-1043 BCE）克商的音樂。舜和周武王都是孔子心目中的明君，然而舜以禪讓得天下，又將天下禪讓給禹，政權和平轉移。武王則以武力得天下，所以〈韶〉樂盡善盡美，〈武〉樂盡美而未盡善。

孔子曾經批評管仲（723-645 BCE）心胸狹窄，不節儉又不知禮（〈八佾〉），然而當子路問到管仲「未仁乎？」他卻說：「桓公九合諸侯，不以兵車，管仲之力也。如其仁！如其仁！」（〈憲問〉）齊桓公九

次召集諸侯，不動用武力，都是管仲的影響，所以孔子肯定管仲之仁。

孔子懂不懂軍事，我們看不到明確的文獻記載。衛靈公向他請教佈陣作戰之事，他說：「俎豆之事，則嘗聞之矣；軍旅之事，未之學也。」（〈衛靈公〉）然而他的弟子子路和冉有（522- ? BCE）都是軍事家。魯哀公 11 年（484 BCE）齊師伐魯，逼近都城，冉有帥左師、孟孺子帥右師禦敵，冉有在右師敗退的情勢下，大敗齊軍。

> 季康子曰：「子之於軍旅，學之乎？性之乎？」冉有曰：「學之
> 於孔子。」季康子曰：「孔子何如人哉？」對曰：「用之有名，
> 播之百姓，質諸鬼神而無憾，求之至於此道，雖累千社，夫子
> 不利也。」（《史記・孔子世家》）

孔子用兵一定師出有名，不論向百姓解說，或向鬼神求證，都沒有遺憾。如果是不義之戰，縱然取得幾萬戶人家，也不會覺得有利。這段對話不見於《左傳》，不過這年冬天，季康子遣人備齊禮物，迎孔子返魯。

魯哀公 12 年（483 BCE），季康子想要攻打魯的附庸國顓臾，當時冉有和子路是季氏的家臣，來看孔子。師徒之間有一段對話，最能顯示孔子對武力侵略的態度：

> 孔子曰：「〔……〕丘也聞，有國有家者，不患寡而患不均，
> 不患貧而患不安。蓋均無貧，和無寡，安無傾。夫如是，故遠
> 人不服則修文德以來之，既來之，則安之。今由與求也，相夫
> 子，遠人不服而不能來也，邦分崩離析而不能守也，而謀動
> 干戈於邦內。吾恐季孫之憂，不在顓臾，而在蕭牆之內也。」
> （〈季氏〉）

這段對話所透露的孔子治國方略：對內平均所得分配，促進社會和諧與人民團結；對外維持友善與和平。所得分配平均人民就不會感覺貧窮，社會和諧，人民團結，就不怕人少，所以不擔心外敵侵略。外面的人不服，就提升本國的文化水準和道德水準，誘使他們歸順，歸順以後就加

以善待。這就是儒家以德服人不以力服人的王道精神。

　　文獻所載孔子唯一的一次主張對外用兵是魯哀公 14 年（481 BCE），齊國的權臣陳恆弒齊簡公。孔子見魯君請求出兵討伐，但三桓不同意，不過孔子這次是想維護禮制，不是想要侵略齊國。

　　傳統停滯時代人均所得不變，欲提高國力，增加財富，唯有對外擴張。所以春秋戰國時代，諸侯相征伐，擴張疆土，直到秦統一六國。西方自 1492 年哥倫布發現新大陸開啟大航海時代以來，重商主義流行，西歐各國紛紛對外侵佔土地，掠奪資源，屠殺土著，發展為殖民主義、帝國主義。如今世界進入現代成長時代，任何國家只要振興科技，發展經濟，就可以促進經濟成長，使人均所得不斷增加，人民的生活水準不斷提高，不需要勞師動眾對外侵略，讓世界可以安享和平。

　　一個國家從別的國家的繁榮中得到利益，不可能從別的國家的貧窮中得到利益。自古以來，中華民族是一個愛好和平的民族。21 世紀儒家的王道精神普及，必有助於世界的和平發展。

## 五、溫故而知新

　　中基會有幸贊助黃俊傑教授提出和主持的這個研究計畫。黃教授任教臺灣大學半世紀，2008-2017 年並兼任臺大人文社會高等研究院院長。他對儒家思想、東亞儒學和孟子學有深入的研究，在國際學術界卓負盛譽；他的著作豐富，多種專書譯成外文在各國出版，影響深遠。由於黃教授在儒學研究方面的成就和人脈，所以這個計畫才能聚集此一領域傑出學者參與研究。

　　主持這樣一個大型計畫不是一件容易的事。第一年計畫每一分項研究的子題都是先由黃教授配合分項計畫主持人的研究興趣而構思，然後與各主持人商定。第二年計畫由各分項研究主持人提出論文構想報告，經過「寫作理念交流會」討論後，分別進行研究。現在研究計畫已經進入第三年，也是最後一年。

　　第一年的論文初稿提出後，黃教授於 2020 年 9 月 9 日召開「論文討論會」，每篇論文商請一位學者先加審閱，提出書面意見，在會中一併討論。會後各分項主持人參考會中意見將論文加以修訂，交由黃教授編輯成書；黃教授並綜合各篇論文要點撰成導論，貫穿全書，幫助閱讀。黃教授的嚴謹和參與學者們的努力，我十分敬佩。

　　參與這個研究計畫的學者都是一時之選，在學術界受到尊敬。我希望經由這一研究計畫，溫故而知新，使古為今用，融合中西文化，帶領世界走出當前困境，開創光明的前程。

孫震

中華教育文化基金會董事長

臺灣大學經濟學系名譽教授

中華民國 110 年 8 月 12 日

# 導論

林遠澤

　　在危疑時代中進行思考，一直是儒學的主要特色。對於在命運未知的擺佈下，吾人應當如何做出行為決定，才能安居於世的疑難問題，古代那些早已經有人文精神覺醒的儒者，即已非常清楚地意識到，這不能僅是被動地藉助神巫的占卜來決定，而是應當透過主動的理性思考，來尋求人類生存方向的指引。所謂「作《易》者其有憂患乎」，古代《易經》的作者，已經開始嘗試將原始宗教的吉凶卜筮，轉化成實踐決定的理性推理。這使得儒家在先秦時代，能接續以盡心、知性的道德自主性原則，理解人類應當如何存處於世的應然法則。在孟子所謂「盡其心者，知其性也；知其性，則知天矣」的實踐理性轉化中，吾人即使身處瘟疫流行與戰亂頻仍的危疑時代，也能肯定存在有吾人立身處事必須遵守的法則。它做為我們「夭壽不貳、修身以俟之」的應然法則，為我們確立了人生應走的道路與歸趨。在危疑時代中確立人類應走的方向，這種「立命」意識的思考，使我們能擺脫命運未知的擺佈，而承擔起開創人類未來發展的使命。以天下為己任的儒家君子，自此秉持「先天下之憂而憂」的憂患意識，在徬徨失序的危疑時代，思考應如何「為天地立心，為生民立命，為往聖繼絕學，為萬世開太平」，從而展開了各時代不同的儒學思考型態。

　　「危疑時代的儒學思考」因而包含兩個層次的思考：一，就傳統儒學在中國與東亞的流傳與發展，來看儒學在各時代如何因應生存危疑的挑戰，而為天下生民的行動實踐提供終極關懷的意義基礎。這些在當時能為失序混亂的社會提供團結整合基礎的儒家學說，把儒家所關切的人

類基本價值的某一些側面表現出來，從而成為在當時具有實踐主導性的思想觀念。儒家也藉助這些在當時廣泛被接受的思想觀念，而形成各時代不同的儒學表現型態。二，就當前在全球化的挑戰下，人類面對前所未有的生存危疑，儒學對此能否提出有意義的回應，以致於它能再度從那些隱涵在它自身中的基本價值，發展出現在及未來都可以被廣泛接受的價值理念與行動意義，並因而得以為人類提供未來發展方向的指引？儒學在這種層次上的思想努力，將同時決定它在 21 世紀能否繼續存活下去。在這個層次的思考中，我們雖然仍不知儒學在 21 世紀的形態將會是什麼樣子，但透過危疑時代的儒學思考，正可以使我們粗略地掌握到，那種對 21 世紀仍有意義與價值的儒學，其內含的表現應在何種方面之上。透過這種思考方式，我們也將能共同參與到 21 世紀儒學的建構中。

　　為能充分展開危疑時代的儒學思考，本書相應於上述兩個不同層次的思考，區分成兩個部分。第一部分是：「全球化挑戰中的當代儒學思考」，第二部分是：「中國與東亞的傳統儒學思考」。把第二層次的儒學思考放在第一部分討論，是因為它所思考的問題，對我們而言是最為切身相關的。把第一層次的思考放在第二部分討論，則是因為這樣將能使那些原來僅在中國與東亞流傳與發展的傳統儒學思考，即使在當前全球化的時代中，對於生存危疑的方向指引，也都仍有回顧參考的價值。

　　儒家深信在人類心靈深處有一些可以共同感受到的基本價值，他們將這些基本價值視為是一種出於仁心的倫常之道。肯定人類行為實踐有其常道可言，並不意味說，儒學也只是代表一種宗教基本教義派的學說。儒學在歷史發展中，始終是以不同的面貌出現，這就已經很好地顯現出，在危疑時代中進行思考的儒家，絕非是傳統守舊、墨守成規的教條主義者。像是儒學的奠基者孔子，他批判地繼承西周的禮樂制度，從而在先秦時代，開創了以仁義為核心的儒學。在漢朝，儒家則透過天人感應論的建構，以解釋世界運行之陰陽五行的客觀自然法則，做為勸諫帝王、節制君權之主觀任意性的自然法基礎。他們並以春秋折獄、

以禮入法的方式，將傳統習俗的合理性導入國家法制，從而建構一種以禮教秩序為基礎的國家學。到了宋明的新儒學，面對近代主體性意識的興起，以及對於世界與社會的規範性結構需要有一存有論奠基的佛學挑戰，他們乃創造性建構了「理學」與「心學」的新理論。他們透過「性即理」或「心即理」的論述，將孟子透過盡心、知性以知天的原初洞見，在道德形上學的層次上加以重新闡釋，以嘗試能將經驗知識、道德規範與世界本體，統一在一個共同的理性原則之下。直到當代的新儒家，更是高舉良知的體證，以強調道德自由之實踐理性優位的觀念論思想，來對抗共產主義的歷史唯物論與當代科技所造成的人性物化。

　　儒家在先秦、兩漢、宋明與當代，都在不同的時代危疑中，做出理論型態各異的思考。他們關心出於仁心的倫常與禮治雖然始終沒有改變，但不同時代與不同地區的儒學，面對不同的危疑挑戰，他們所著重強調的理論面相卻顯然有所不同。本書第二部分的七篇論文，對此即有相當全面的論述。

　　在本書第二部分中，蔡振豐教授的論文，強調在《周易》的「憂患九卦」中，吾人如何能透過卦爻所構成的符號系統，來模擬人與天地萬象之間的互動，並因而能從吉凶的可變動性，意識到人之實踐作為的重要性。周易的憂患意識，促使儒家能將宗教占卜轉化成德性實踐的自覺。張崑將教授的論文則針對漢儒的天人感應說，指出在《偽古文尚書》中，即有「惟天降災祥，在德」的說法。「災祥在德」的觀點，表示傳統儒家看待災疫的方式，是與君子是否能修德的問題相關的。這種觀點的合理性其實在於，當我們能有天人合德的意識，那麼我們面對災疫即應如修身一般，強調事先的預防準備；而在勸諫帝王等掌權者時，則應能展開公共知識份子的良知批判。陳立勝教授的論文，則透過在宋明儒學中王陽明心學的發展，來證成我們在今日之所以處於流離失所、無家可歸之精神虛無的狀態，即在於尚未能掌握到「天下一家、萬物一體」的新家庭意識。這種新的家庭意識並非「身家之私」、「身家之累」的偏私意識，而是一種能在性命的共同體中，既能安頓個人自尊與

自由，又能保障人際和諧之社會秩序的儒「家」意識。陳昭瑛教授的論文，則透過當代新儒家徐復觀先生的〈東京旅遊通訊〉與〈未來世界的通信〉，說明當代新儒家如何對科技物化的現象，展開如同西方馬克思主義者所進行的啟蒙辯證之批判。

　　儒學不僅在中國因其對當時代危疑的思考，而經歷先秦、兩漢、宋明與當代新儒家的不同型態表現，儒學在東亞的日本與韓國的流傳，也產生了許多有意義的新問題意識的發展。在本書第二部分最後三篇論文中，緒形康教授討了狄生徂徠的《論語徵》一書，在清末對於當時革命論述的反饋與影響。藤井倫明與金培懿教授對日本德川時代的儒者佐藤一齋的命運觀，以及許怡齡教授對於朝鮮儒者丁若鏞有關疫癘之醫學實踐的考察，則都非常清楚地讓我們看到傳統的日韓儒者，是如何回應時代的危疑處境，而提出他們各自不同的儒學思考。

　　然而時至 21 世紀，如果儒學仍有生命力，仍能為人類危疑未知的將來，提供足以立命的方向指引，那麼他的理論應如何建構，才能使他的基本關切在未來仍能發揮作用？在此，建構 21 世紀儒學理論內容的選擇判準，顯然即應在於，儒學究竟有哪些理論資源，對於我們回應當前危疑的世界處境而言，將是必要甚或充分的。這些儒學的內含或許在過去並沒有被突顯出來，但它做為儒學核心價值的一個側面，反而可能正是解決這個時代的危疑，所強烈需要的人性基礎與理論資源。面對全球化的挑戰，危疑時代的儒學思考，必須先對時代的弊病進行診斷，以能進一步有意義地提出儒家的處方。本書第一部分的六篇論文對此即做了相當深入的思考。

　　在第一部分的六篇論文中，黃俊傑與黃冠閔教授首先為我們進行了當前危疑問題的診斷。黃俊傑教授非常全面地從當前的時代潮流中剖析出，人類當前正面臨：全球化與反全球化的對抗、民主退潮、新冠肺炎與人工智能 (AI) 的巨大挑戰。而黃冠閔教授則從人存處於世的空間性與場所性出發，說明人類要能安居共存於世，即必須就存在的自然條件、社會條件與文化條件，思考人與自然、自我與他人、以及各種文化

傳統共存的可能性。面對當前這些危疑難解的問題，李明輝、林遠澤與林維杰教授所提出的三篇論文，特別針對新冠肺炎所引發的危疑問題進行儒學的思考，而楊祖漢教授的論文則是特別針對人工智能的新時代挑戰，做出儒學的回應。

透過對於當前危疑處境的思考，黃俊傑教授認為，我們應先回到以仁心為基礎的儒家人文主義傳統，因為「儒家人文主義傳統，以『人』為本，講求『自我』的身與心的圓融，重視『自我』與『他者』的圓融，也重視『人』與終極實體（ultimate reality）的感通，並以深邃的時間感貫通『古』與『今』，對於 21 世紀人類的苦難，特別具有現代相關性」，而黃冠閔教授則特別強調應依據中庸「能盡人之性，則能盡物之性」的觀點，強調應透過「《中庸》的誠明之道〔……〕在當代轉化出多物種思考中的生態主體性」，以能在感通照明的儒學意識下，尋求人與他人、他物的共存於世。將此仁心感通的普遍性基礎，用在解決新冠肺炎所引發的民主治理危機上，即如同黃俊傑與李明輝教授都指出的，美國及若干西方國家在防疫政策上的失敗不可不歸因於人民的權利意識之過度膨脹，但亞洲地區的防疫成功卻絕非是因為中共專制政體的優勢，而是因為儒家文化圈對於社群主義之公民德性（civic virtues）的重視。

李明輝教授因而說：「在西方，個人自由與人權是自由主義所特別強調的，而且往往建立在個人主義的基礎上」，然而「相對於自由主義，社群主義特別強調個人與群體的關聯，以及公民德行（civic virtues）。在這方面，儒家的自我觀與社群主義的觀點之間有親和性」。尤具啟發性的是，李明輝教授認為：「傳統儒家雖然欠缺『公民德行』的概念，但卻有一個類似的替代物，即『禮』。與『公民德行』相類似，『禮』是一種根植於文化且較法律柔性的規範力量。它並非直接訴諸外在的強制力量（如法律），而是包含某種程度的自覺與自發性」。這種對於當代民主政治的反思，與林遠澤在其論文中所引述的哈伯瑪斯觀點可謂不謀而合。因為哈伯瑪斯同樣從新冠肺炎防治措施所產生的基

本權利爭議，看出以理性自然法為基礎的民主法治國理念，太過於強調個人主觀自由的基本權利保護，而忽略社會團結對於人實現其公共自主能力的重要性。由此可見，儒家的禮治國理念顯然在當代仍有重要的意義。

若透過仁心感通以建構社會平等團結的禮治國，是解決 21 世紀之時代危疑的重要理論資源，那麼建構這種 21 世紀儒學方案的重要基礎，即在於林維杰教授與陳立勝教授都特別提到的「友倫」。因為如同林維杰教授所說的：

> 我們也可以說儒家式的人論為「人是交往的動物」或「人是關係的動物」。交往與關係乃是把人（或作為行動者的主體）置入能動的交互性範疇，人因而不能單純視為在自的「獨處者」，而是處於群體倫常網中的「互動者」。如此界定的儒學證據之一是「倫常」，之二是「感通」。「五倫」的每一倫（「倫」的數目還可以增加），皆設定雙方在「關係」中的不同職分，「感通」則認為倫常中的雙方往來（以及進一步的循環）具有一種力動能量。不同倫常裡的生命表現，以及生命能動性在感方與應方的呈現，即是儒家視野下的生命型態。依此而論，生命便是「倫常生命」，倫常中的生命交往便是「倫常感通」。

一個時代的危疑處境，常是因為上述人際交往的倫常關係「不亨通」所致，面對社會交往的缺乏互信，我們因而應特別恢復「朋友有信」的「友倫」，或者擴大來講，我們需要積極推動如黃冠閔教授在他的論文中，所特別強調的「里仁為美」。從仁心感通到禮治國的建立，因而需在倫常生活的社會互動中，建立一種基於「友倫」與「友信」的「信任社會」。這種交往關係必須慎防在資訊大量流通的數位時代，過份依賴人工智能的判斷，從而導致楊祖漢教授在他的論文中所憂心的，人在逐漸 AI 化的過程中，再度產生物化之新形態的結局。

面對 21 世紀的時代危疑，本書第一部分的六篇論文，給出應先回

歸仁心感通，而以友倫信任的倫理互動，建構一種有公民德行的禮治共同體之方案。這些在全球化挑戰中的當代儒學思考，若能進一步透過本書在第二部分七篇論文的討論，以回顧參考儒學在中國與東亞的發展與流傳中，所建立的各種理論型態，以及它們對於解決當時代危疑問題的合理化追求，那麼儒學自身之極富生命力的更故革新歷程，即已昭然可見。儒學在 21 世紀，也勢將不會缺席。

第一部

全球化挑戰中的
當代儒學思考

chapter 1

# 第一章
# 21世紀的激流與儒家人文精神：
# 問題與啟示

黃俊傑[*]

## 一、引言

2001年，美國紐約市發生911恐怖攻擊事件，揭開了21世紀的序幕，也預告了21世紀是一個狂風暴雨、浪捲雲奔的新世紀，更是一個危疑震撼、人心不安的新世紀。21世紀的前20餘年出現許多湍急的激流，互相激盪，造成人心惶惶不寧，但是21世紀的苦難與晦暗也為儒家傳統開啟新的視窗，刺激儒家傳統可能為新時代提出新的啟示。

本文將探討以下2個問題：

（1）21世紀有哪些激流造成人心之危疑震撼？

（2）21世紀新時代主要問題何在？關鍵點何在？儒家人文精神傳統能提供什麼新啟示？

我們依序討論以上2個問題，並從儒家視野提出對新時代的展望。

## 二、21世紀有哪些激盪中的激流？

在21世紀的前20餘年之間，所出現的世界諸多相激相盪的激流之中，最為醒目、最震撼人心、影響最為深遠的，至少有以下4股激流：第一是全球化與反全球化兩大潮流的激盪。從19世紀工業革命以後，全球化就成為不可遏止的發展潮流，馬克思（Karl Marx，1818-1883）

---

[*] 　臺灣大學特聘講座教授；歐洲研究院院士。

和恩格斯（Friedrich Engels，1820-1895）在 1848 年就說工業革命以後：「資產階級，由於開拓了世界市場，使一切國家的生產和消費都成為世界性的了」。[1] 二戰結束之後，全球化更壯大成為歷史的主流。全球化潮流隨處可見，無所不在，2021 年 3 月 23 日至 29 日發生在埃及蘇伊士（Suez）運河的事件就是最近的例證。一艘臺灣長榮海運公司的貨輪，由印度船長駕駛，向日本的船公司租借，由英國的保險公司承包保險業務，但這條貨輪懸掛巴拿馬國旗，載運來自中國的貨物要運往德國，卻在埃及堵住了蘇伊士運河。這一艘世界最大的貨輪航行各地，可以縱一葦之所如，凌萬頃之茫然，在地球的海洋中只不過是渺滄海之一粟，但是卡在運河 6 天卻造成全球貿易重大損失。一艘貨輪就牽涉 8 個國家，影響全球貿易，21 世紀全球化巨流由此可見一斑。但是，正是在全球化潮流達到歷史的高峰之際，也激起了反全球化的伏流與逆流。全球化潮流的發展加深了各國國內以及國際之間貧富的鴻溝，使各國國內、教育程度較低與貧窮的人以及國際間的弱國與窮國，更加哀苦無告，使他們成為反全球化潮流的基本社會力量。2017 年川普（Donald Trump）當選美國總統，[2] 與 2016 年英國舉行英國脫離歐盟的公民投票，以些微票數差距，決議脫離歐盟，可視為 2 大反全球化的政治事件。川普主政美國 4 年期間，美國連續退出各種國際組織、國際經貿協議、巴黎氣候協定以及國際軍事協議，均可視為反全球化浪潮在國際政治上的具體表現。2017 年 20 大工業國（G20）在德國漢堡所舉行的高峰會，甚至引來 10 萬人抗議示威，顯示反全球化巨浪的洶湧。全球化與反全球化的激盪仍持續進行中。

---

1   馬克思和恩格斯：〈共產黨宣言〉，收入《馬克思恩格斯選集》（北京：人民出版社，1972 年），第 1 卷，引文見頁 254。

2   劉兆玄說：「川普的橫空出世絕非因為他提出了什麼偉大主張，而在於他觸及了兩種美國白人心底最深處的恐懼。基層的美國白人恐懼廿一世紀中葉時美國的非白人口即將超過白人，美國將不再是白人的美國」，見劉兆玄：〈面具與口罩〉，《聯合報》，2021 年 1 月 19 日。

第二，進入 21 世紀以後世界各地出現民主政治衰退的趨勢，有政治學者稱之為「民主退潮」（"Democratic recession"）。[3] 在 2014 年底，前英國首相布萊爾（Tony Blair）就在《紐約時報》寫一篇文章，質疑「民主死了嗎」？[4] 學術界也出版許多新書，思考「民主政治結束」的過程，分析各國所出現「反民主」的發展趨勢，[5] 悲觀地探討民主式微的問題。在民主衰退的潮流中，許多民主國家陷入所謂「選舉的專制」（"electoral autocracy"）、「不自由的民主」（"illiberal democracy"）、強人政治再興，政治人物操弄社會不同年齡、階級與族群之間的仇恨，撕裂社會以爭取選票極大化。這些新發展使一些學者悲觀地思考「民主如何死亡」這個課題，[6] 國際重要學術期刊《外交事務》（Foreign Affairs）調查全球民主化國家的現況，在 2018 年發布「民主正在死亡中嗎？」[7] 為題的調查報告。

第三，隨著 21 世紀高新科技的發展，產業設計與製造程序快速走向「自動化」，「人工智慧」（AI）的日新月異，造成少數跨國大企業成為新時代的「大巨靈」（Leviathan），許多國家的政府運用數位科技加強對人民的監控，人民隱私權日益流失。「人工智慧」的飛躍發展，使全

---

3  Larry Diamond, "Facing up to the Democratic Recession," in Larry Diamond and Marc F. Plattner eds., *Democracy in Decline?* (Baltimore: Johns Hopkins University Press, 2015), pp. 98-118。

4  Tony Blair, "Is Democracy Dead?", *The New York Times*（2014/12/4），參見網頁版：https://www.nytimes.com/2014/12/04/opinion/tony-blair-is-democracy-dead.html，2021 年 4 月 9 日瀏覽。

5  Jason Brennan, *Against Democracy* (Princeton, N.J.: Princeton University Press, 2016)；本書有中譯本：劉維人譯：《反民主：選票失能、理性失調，反思最神聖制度的狂亂與神話》（臺北：聯經出版公司，2019 年）。

6  David Runciman, *How Democracy Ends* (New York: Basic Books, 2018)，本書中譯本見：梁永安譯：《民主會怎麼結束：政變、大災難和科技接管》（新北：立緒出版社，2019 年）。

7  "Is Democracy Dying? A Global Report", *Foreign Affairs*（May/June 2018），Volume 97, Number 3, 參見網頁版：https://www.foreignaffairs.com/issues/2018/97/3，2021 年 3 月 19 日瀏覽。

球財富分配更加不均，經濟階級鴻溝更為加深，使人的生命意義感與價值感的失落，成為新時代的重大問題。[8]

　　第四，從 2019 年年底開始，新冠病毒（COVID-19）肆虐全球，各國確診人數已超過一億人，死亡人數不斷上升，各國為了防疫紛紛封城、禁航、鎖國，導致經貿保護主義、地域主義再興，政府權力擴大，新威權主義形成，各國「向內看」的趨勢日益強化，使新時代的民族主義甚囂塵上，國族論述蔚為巨流。而且，病毒快速擴散，更可能改變二戰以降既有的國際關係與世界秩序。福山（Francis Fukuyama，1952-）在《外交事務》期刊上，撰文指出因為東亞各國對病毒的控制，遠遠優勝於歐洲與美國，此後全球權力之分配將移向東亞，至少短期內中國將從疫情控制中獲益。他並認為疫情將造成美國國力的衰落。[9]

　　以上 4 項 21 世紀的激流，在發展過程中相激相盪，因果相遂，但可能以新冠病毒的傳播，影響最為深遠，可能改變未來人類文明的方向。新冠病毒的流傳，加強了 21 世紀以降反全球化潮流的動力，使國際政經結構加速興圖換稿，百歲高齡的前美國國務卿季辛吉（Henry A. Kissinger，1923-），已經開始憂心病毒將永遠改變現在自由主義的世界秩序。[10] 許多著名的政治學者，也合撰專著分析亞洲的崛起與西方中心世界的式微，以及後西方全球秩序的形成。[11] 川普執政下美

8　李開復：《AI 新世界》（臺北：天下文化出版公司，2018 年），頁 274。

9　Francis Fukuyama, "The Pandemic and Political Order," *Foreign Affairs*, 26 (2020), pp. 27-31。朱雲漢也呼應疫情將有助於中國之崛起之說，他認為在疫情影響下「西方中心世界秩序開始式微，以中國為首的非西方世界全面崛起，世界經濟重心快速移向亞洲，新興經濟體開始全面參與國際規則與標準制定。」見朱雲漢：〈探索新冠病毒危機後的世界〉，《聯合報》，2020 年 5 月 21 日，A12 版。

10　Henry A. Kissinger, "The Coronavirus Pandemic Will Forever Alter the World Order," *Wall Street Journal* (2020/04/04)，網頁版參見：https://www.wsj.com/articles/the-coronavirus-pandemic-will-forever-alter-the-world-order-11585953005，2021 年 3 月 19 日瀏覽。

11　朱雲漢、鄭永年編：《西方中心世界的式微與全球新秩序的興起》（臺北：臺大出版中心，2020 年）。

國因應疫情的失敗，使頂尖醫學期刊《新英格蘭醫學學刊》（*The New England Journal of Medicine*），破例發表社論，憂慮川普政府領導的空窗，將使美國走向死亡。[12]《外交政策》期刊也有論文擔心疫情將宣告美國競爭力的死亡，[13] 並使全球化走入終結。[14] 頂尖醫學期刊《刺胳針》（*Lancet*），也破例發表社論，呼籲世界開放合作應對疫情，指責中國恐於事無補。[15] 確實如此，新冠病毒的大流行，催化各國民族主義情緒，所謂「疫苗民族主義」正在成長之中，也擴大富國與窮國的鴻溝。病毒催化各國「大政府」的形成，更不利於民主政治的發展。為了防疫的需求，「自動化」趨勢加速發展，將加速改變經濟生產與分配模式。也是為了防疫，而使人與人以及國與國之間更加疏離。所以，如果說新冠病毒的爆發是21世紀4大激流中，最具影響力的激流，似不為過。因此，我們的思考將聚焦於新冠病毒及其製造的新問題。

## 三、「新冠病毒」時代的新問題

新冠病毒席捲21世紀的世界，恐將改變人類生活方式與文明的面貌，對21世紀的人類諸多問題，其中最為犖犖大者有三：

第一個問題是：如何克服過度個人主義所導致的全人類受害的問題？這個問題早已潛藏在近代以降西方以個人主義為中心的文化，與以

---

12　The Editors, "Dying in a Leadership Vacuum," *The New England Journal of Medicine*, 383:15(October 8, 2020), pp. 1479-1480。

13　Stephen M. Walt, "The Death of American Competence," *Foreign Policy* (2020/3/23), 網頁版參見：https://foreignpolicy.com/2020/03/23/death-american-competence-reputation-coronavirus/，2021年4月19日瀏覽。

14　Philippe Legrain, "The Coronavirus Is Killing Globalization as We Know It," *Foreign Policy*, (2020/3/12), 網頁版參見：https://foreignpolicy.com/2020/03/12/coronavirus-killing-globalization-nationalism-protectionism-trump/，2021年4月19日瀏覽。

15　"COVID-19 and China: Lessons and the Way Forward," *Lancet*, vol. 396 (July 25, 2020), p. 213。

儒家價值觀為基礎的東亞文化兩者的對比之中，隨著新冠病毒肆虐全球，這個問題為之顯題化，成為疫情時代中人類必須正面逼視的問題。

　　這個問題表現而為「自我」與「他者」（或社會）如何相處這個問題。在個人自由成為最高價值的歐美社會中，許多民眾主張不戴口罩是個人自由意志下的決定；但是在社群主義（communitarianism）氛圍濃厚的東亞社會中，戴口罩成為照顧他人福祉、守護社會秩序的必要行為。這是「個人主義」（individualism）與「社群主義」價值觀的對比。新冠病毒的流行，使人類必須嚴肅面對這個問題：如何在「個人主義」與「社群主義」之間，獲得動態的平衡？

　　事實上，在 2020 年疫情席捲美國的時候，普林斯頓大學政治學者就呼籲人類必須修正個人主義心態，學習互相幫助，共度難關，否則只能一起走向死亡。[16] 這一類呼聲在疫情嚴峻的歐美地區，是許多知識菁英共同的心聲，可視為對病毒所提出的第 1 個問題的初步回應。

　　病毒為人類提出的第 2 個問題是：如何在疫情中或疫後，重新建立人與人以及國與國之關係？這個問題的另一個提法是：如何從目前疫情期間國際貿易、資本與投資、教育、技術等各方面的「脫鉤」（decoupling）與疏離狀態中，在疫後重建更好的「相互關聯性」（interconnectedness）？

　　美國重要學術期刊《外交政策》（*Foreign Policy*）在 2020 年 3 月，曾刊出對 12 位學界與政界的菁英與意見領袖的訪問，請他們預測新冠病毒以後世界可能的相狀，許多意見涉及我們所說的第 2 個問題。有人認為新冠病毒肆虐，將是壓垮經濟全球化的駱駝背上的最後一根稻草，將使各國政府、公司、社會更必須加強因應經濟孤立的能力；有人認為美國已經不再被視為世界的領導；有人指出病毒將使過去以美國為中

---

16　Jan-Werner Müller, "We Must Help One Another or Die," *The New York Times* (2020/3/19), 參見網頁版：https://www.nytimes.com/2020/03/19/opinion/coronavirus-politics.html?　searchResultPosition=1，2021 年 3 月 15 日瀏覽。

心的全球化，走向以中國為中心的全球化；哈佛大學的奈伊（Joseph S. Nye, Jr.）指出，作為世界強權的美國如果僅依一己之力，已經無法保障自己國家的安全。[17] 當代知識菁英與意見領袖的諸多思考，都指向「自我」或「本國」與「他者」或「他國」如何相處，確實是新冠病毒對人類提出而值得深思的第 2 個大問題。

第 3 個問題是：在病毒肆虐全球，每個人都驚慌失措、徬徨無助的苦難時刻裡，人如何安立自己的內心？這個問題可能是 3 個問題中最重要也是最關鍵的問題。病毒加強了「自我」對「世界」的疏離。由於人與世界的疏離，而在人的「自我」內部加強了「自我」的解離，使個人不僅成為孤伶伶的存在，除此之外，孤獨成為 21 世紀的重大社會問題，英國政府內閣就設置「孤獨大臣」（Minister for Loneliness），專責處理英國人的孤獨問題。「自我」也在疫情中容易處於不整合的狀態之中。舉例言之，日本在嚴峻的疫情中自殺的人數，竟已超過染疫死亡的人數。日本政府在 2021 年設置「孤独・孤立対策担当大臣」職位，以因應日益嚴峻的孤獨與孤立的社會問題。

因應以上新冠病毒對人類所提出 3 大問題的挑戰，雖然可以有諸多不同的提案，但是這些提案所共享的關鍵字可能只有一個：「和解」（reconciliation）。我所謂的「和解」，包括「自我」與「他者」的和解、「本國」與「他國」的和解、「人」與「自然」的和解，以及「人」與「超自然」的和解。所謂「和解」在不同領域以不同的方式表現，例如政治的「和解」，涉及權力與利益的再分配，民主是政治和解的重要方式，前蘇聯俄共總書記戈巴契夫（Mikhail Sergeyevich Gorbachev），曾終結前蘇聯專制體制，並因而獲得諾貝爾和平獎。戈巴契夫在 2021 年 3 月 2 日 90 歲生日前夕，接受媒體訪問時，強調所謂「安全」不應偏

---

17　John R. Allen, Nicholas Burns et al, "How the World Will Look After the Coronavirus Pandemic," *Foreign Policy* (2020/03/20), 參見網頁版：https://foreignpolicy.com/2020/03/20/world-order-after-coroanvirus-pandemic/，2021 年 3 月 15 日瀏覽。

限於軍事領域,而應通過合作才能獲得,而達到安全最有效的方法就是
實施民主。[18] 這是一個曾經掌握前蘇聯專制體制最高權力的政治人物,
晚年的反省之言,極為深刻。但是,盱衡當前世局,許多民主國家的民
主正處於崩毀的過程之中,選舉淪為「贏者全拿」,許多國家假民主之
名,行反民主之實,「民主」不但不能獲得「和解」,反而使社會與國
家更加撕裂。再如經濟的「和解」是因應全球化與資本主義所造成的貧
富鴻溝之擴大,經由利益的再分配而謀求經濟階級之間的「和解」,但
是隨著高科技的突飛猛進並與資本主義結合,各國國內以及國際之間貧
富鴻溝加深,經濟階級間的「和解」備受挑戰,日益困難。舉例言之,
2020 年疫情嚴峻,大量公司解雇員工,虧損嚴重,失業人口遽增,收
入驟減,但是許多跨國大公司的執行長(CEO)卻大幅加薪,《紐約時
報》曾列出 19 家大公司的執行長在 2020 年的年薪,最低的是 3 千 1 百
多萬美金,最高的竟達 2 億 1 千 1 百多萬美金。[19] 疫情肆虐反而加深了
貧富之間的鴻溝,使「和解」成為不可能。最後,社會不同階級與族群
的「和解」,以不同主體性之間的互相肯認與接納為基礎,但是在政治
撕裂、種族主義嚴重與貧富鴻溝巨大的社會中,「和解」也極為困難。
以美國為例,種族主義長期以來一直是美國社會分裂的病灶。上個世紀
末美國著名史學家施勒辛格(Arthur M. Schlesinger, Jr., 1917-2007),
就著書析論種族衝突造成美國的分裂。[20] 川普執政 4 年,使美國社會中

---

18　Katrina vanden Heuvel, "Opinion: Here's what leaders facing global crises can learn from
　　Mikhail Gorbachev", *The Washington Post* (2021/02/23), 參見網頁版:https://www.
　　washingtonpost.com/opinions/2021/02/23/heres-what-leaders-facing-global-crises-can-
　　learn-mikhail-gorbachev/,2021 年 3 月 15 日瀏覽。

19　David Gelles, "C.E.O. Pay Remains Stratospheric, Even at Companies Battered by
　　Pandemic", *The New York Times* (2021/4/24), 參見網頁版:https://www.nytimes.
　　com/2021/04/24/business/ceos-pandemic-compensation.html?,2021 年 4 月 26 日 瀏
　　覽。

20　Arthur M. Schlesinger, Jr., *The Disuniting of America: Reflections on a Multicultural
　　Society* (New York: W. W. Norton & Company, 1992);阿瑟・施勒辛格著,馬曉宏

根深蒂固的種族偏見更加嚴重，遂引起學術地位崇隆的英國皇家學會（Royal Society）會長拉馬克里希南（V. Ramakrishnan）於 2019 年 7 月在《自然》期刊以〈拒絕美國的反中情緒〉為題投書，呼籲應給予包括在美國的中國科學家在內的所有科學家以開放與公平的待遇，不應有種族、膚色、國籍的歧視。[21] 病毒大流行以後，在美國與歐洲的大城市如紐約與巴黎，常見對亞裔人士的「偏見犯罪」（bias crime），社會充滿仇恨，增加社會「和解」的困難。所以，現任英國倫敦政經學院院長莎菲克（Minouche Shafik），就撰文指出，在分裂政治、文化戰爭、族群衝突、氣候變遷的 21 世紀，最迫切需要的是適用於 21 世紀的新社會契約。[22]

　　解決以上所說政治、經濟與社會的「和解」之困境，就必須觸及「和解」的根本基礎，這個基礎就在於心靈的「和解」，而且，心靈的「和解」是所有「和解」的最高境界。

## 四、儒家人文精神及其對時代問題的回應

　　那麼，以上所說「新冠病毒」時代的 3 大問題和儒家人文精神有何關係呢？

　　從宏觀角度來看，病毒的擴散與控制，與文明的元素實有深刻的關係。早在疫情初期的 2020 年 3 月，就有美國的智庫資深研究員撰文指出：至 2020 年 3 月為止，疫情控制較好的地區都是屬於廣義的儒家文明圈的地區，因為儒家文明強調個人在社會中的義務比個人的權利更重

---

譯：《美國的分裂：種族衝突的危機》（臺北：正中書局，1994 年）。

[21] V. Ramakrishnan, "Reject US anti-China Sentiment," *Nature*, vol. 571 (18, July, 2019), p. 326。拉氏是印度人但擁有英國國籍。

[22] Minouche Shafik, "What We Owe Each Other", *Finance & Development* (April,2021), 參見網頁版：https://www.imf.org/external/pubs/ft/fandd/2021/04/what-we-owe-each-other-book-minouche-shafik.htm，2021 年 4 月 26 日瀏覽。

要，所以疫情較易控制。[23] 我們還可以補充說：在儒家文明圈中，「創世神話」並不居於主流之地位，一般人生活重心在人倫日用常行之上，熊十力（1885-1968）所說：「體神化不測之妙於人倫日用之間」，[24] 正是儒家文化圈一般人的生命情調與生活態度，儒家文化圈的社會文化缺乏「世俗世界」與「神聖世界」的緊張，當代哲學家李澤厚（1930-2021）稱為「一個世界」文化，[25] 所以儒家文明圈中「社群主義」價值觀比較強烈，這是有利於疫情控制的價值理念。

　　臺北的中華文化永續發展基金會，運用美國約翰霍普金斯大學（Johns Hopkins University）新冠病毒資料中心，每天所統計的各國染疫與死亡數據資料計算，截至 2020 年 12 月 9 日為止，已開發經濟體（共33 國）每 10 萬人中染疫死亡數平均為 40.67 人，新興經濟體（共 64國）每 10 萬人中的染病死亡數平均為 23.93 人，後者明顯低於前者。再就不同文化圈來看，基督教文化圈（共 57 國）每 10 萬人染病死亡數平均是 44.13 人，儒家文化圈（共 7 國）每 10 萬染疫死亡數平均僅0.76 人。基督教文化圈中的染病死亡數，是儒家文化圈的 58 倍。[26] 這個強烈的對比啟示我們：在疫苗普及化之前，儒家文化價值確實與新冠病毒的傳播與控制有其明顯的關係。[27]

---

23　Bruno Maçães, "Coronavirus and the Clash of Civilizations," *National Review*, March 10, 2020, 網頁版參見：https://www.hudson.org/research/15801-coronavirus-and-the-clash-of-civilizations，2021 年 3 月 19 日瀏覽。

24　熊十力：《讀經示要》（臺北：廣文書局，1970 年再版），卷 1，頁 67。

25　李澤厚：《中國古代思想史論》（北京：生活・讀書・新知三聯書店，2008 年）；並參酌李澤厚：〈初擬儒學深層結構說〉，收入氏著：《歷史本體論・己卯五說（增訂本）》（北京：生活・讀書・新知三聯書店，2008 年），頁 270-288。

26　中華文化永續發展基金會整理自美國約翰・霍普金斯大學冠狀病毒資源中心，各國每十萬人死亡人數（數據累計截止至 2020.12.9），參見中華文化永續發展基金會：〈WDSI 王道永續指標 2020 報告〉，見：http://www.wangdaoindex.org/xmdoc/cont?xsmsid=0L038784092068393330&sid=0L063778384577204145。

27　我必須強調：這是疫苗普及化之前的狀況，因為疫苗開始施打之後，「疫苗民族主義」大興，使富國、大國、強國，與窮國、小國、弱國在抗疫上出現明顯的差距。

（1）儒家人文精神及其核心價值

現在，我們可以先宏觀儒家人文精神及其核心價值，再分析儒家對 21 世紀 3 大問題，所可能提供的解方。

中國文化與思想可以「人文精神」（humanism）一詞綜括其特色。[28] 相對於古希臘羅馬的人文精神與猶太基督宗教的人文精神，主調在於「人」與「神」關係之緊張而言，中國文化的人文精神則表現而為「天人合一」的主調，特重人的主體性與內在道德意識之挺立。源遠流長的儒家人文精神傳統，主要呈現兩種類型：第 1 類可稱為「民族的／歷史的人文主義」（ethno-historical humanism），第 2 類可稱為「文化的／哲學的人文主義」（culturo-philosophical humanism）。所謂「民族的／歷史的人文主義」，指西元前第 11 世紀周武王（在位於 1049/45-1043BCE）與周公（在位於 1042-1036BCE）伐商建立周朝（1027?BCE）後，以周民族的「憂患意識」為核心所開展的人文主義。這種類型的儒家人文主義，常表現為對理想中的夏（2000?-1600?BCE）、商（1600?-1027?BCE）、周（1027?-256?BCE）「三代」的回歸，以經典為載道之書。所謂「文化的／哲學的人文主義」，特重「人心」與「天命」的互為詮釋，環繞著「天人合一」這個主調而展開，雖然重視經典，更重視「心」之體悟與遙契「天命」，認為經典是人「心」之表現，這種類型的儒家人文主義，以堯舜為人格典範，強調個人與自我、與聖人以及「天命」的合一。但是，以上所說兩種形態的儒家人文主義，都以「仁」作為其核心價值，強調「人之具有可完美性」，具體表現在 4 個方面：（1）在身心關係上，主張「身心一如」；（2）在自他關係上，主張「自他圓融」；（3）在人與自然或超自然關係上，主張「天人合一」；（4）在人與

---

28　陳榮捷（1901-1994）先生以「人文精神」為中國文化與思想之特色，見 Wing-tsit Chan, *A Source Book in Chinese Philosophy* (Princeton: Princeton University Press, 1963), p. 3。

歷史傳統的關係上，時間感特別深刻，「歷史意識」特別發達。[29] 儒家人文精神與近代西方建立在啟蒙心態與西方近代性（modernity）之上的世俗人文主義，有其本質上的差異。

以上所說儒家人文主義傳統，以「人」為本，講求「自我」的身與心的圓融，重視「自我」與「他者」的圓融，也重視「人」與終極實體（ultimate reality）的感通，並以深邃的時間感貫通「古」與「今」，對於 21 世紀人類的苦難，特別具有現代相關性，也潛藏著對 21 世紀的新啟示。所以我們接著討論儒家人文精神對 21 世紀時代問題的回應。

（2）儒家人文精神對時代問題的回應

從人文精神的視野來看，儒家能對 21 世紀人類面臨的 3 大問題，提出何種回應呢？

我認為，儒家人文精神傳統可能提出回應當代挑戰的解方，至少有以下兩項：第 1 項是儒家可能建議我們在 21 世紀的困厄之中，致力於向自我的「心」之回歸。第 2 項建議存在於源遠流長的儒家「仁」學傳統，儒家針對 21 世紀的新挑戰，可能會建議我們提昇「仁」的高度。

(a). 回歸自我的「心」之本然狀態

我們先說第 1 項可能的方案：向自我之「心」的回歸。儒學可稱為「心學」，當孔子（551-479BCE）宣稱，「三軍可奪帥也，匹夫不可奪志也」（《論語・子罕・25》）的時候，孔子已經確定主張人可以作為自己的「心」的主人，孔子主張人生而具有自由意志，他鼓勵學生要興起心志，自作主宰，成為「君子儒」，不要淪為「小人儒」（《論語・雍也・11》）。孔子稱許他的學生顏回（521-481BCE）「其心三月不違仁」

---

29　以上對儒家人文主義的綜述，參看拙作：Chun-chieh Huang, "Humanism in East Asia," 收入 *Oxford Handbook of Humanism* (Oxford: Oxford University Press, 2019), pp. 2-28；黃俊傑：〈東亞儒家傳統中的人文精神〉，收入陳來主編：《儒學第三期的人文精神：杜維明先生八十壽慶文集》（北京：人民出版社，2019 年），頁 11-33；Chun-Chieh Huang, *Humanism in East Asian Confucian Context* (Bielefeld: Transcript Verlag, 2010)。

（《論語・雍也・5》）。孔子極為重視「心」的修持與貞定，認為飽食終
日之人是「無所用心」（《論語・陽貨・23》），稱讚擊磬之人「有心」
（《論語・憲問・42》），並以「七十而從心所欲，不踰矩」（《論語・為
政・4》）為生命歷程之最高境界。

　　孔門的「心學」到孟子（371-289BCE）思想中，獲得充分的發
揮。在《孟子・告子上》第6章，孟子說：

> 惻隱之心，人皆有之；羞惡之心，人皆有之；恭敬之心，人皆
> 有之；是非之心，人皆有之。惻隱之心，仁也；羞惡之心，義
> 也；恭敬之心，禮也；是非之心，智也。仁義禮智，非由外鑠
> 我也，我固有之也，弗思耳矣。

孟子以上提出的所謂「四端之心」之中，以「惻隱之心」最為重要而
居於首出之地位。孟子所提出的「惻隱之心」，不應理解為與「羞惡之
心」、「恭敬之心」、「是非之心」同等並列的一種道德情感，而應理解
為人之所以為人的根本元素，比其他三種「心」更為基本、更為重要，
是人與天地萬物共生共感的生存根本元素。陳立勝將「惻隱之心」稱為
「心弦」，最具創意，他說：「我們可以把這種『惻隱之心』視為一種此
在容身世間、受到天地萬物的感觸而發的『心弦』。天地萬物的生命與
存在在與此在遭逢之際，觸動此心弦，而生一人我、人物相通之感受、
一與天地萬物共處、共生、共屬的生存感受。」[30]陳立勝這種講法，是
對孟子的「惻隱之心」最佳的詮釋，完全掌握孟子「惻隱之心」作為人
與世界萬事萬物動植飛潛共同分享之生命的元素。

　　那麼，作為「心弦」的「惻隱之心」之被觸動，是什麼狀況呢？
孟子在〈公孫丑上・6〉說明「人皆有不忍人之心」的時候，曾以人們
「乍見孺子將入於井」為例，指出人都會生起「怵惕惻隱之心」。在間

---

30　陳立勝：〈惻隱之心：『同感』、『同情』與『在世基調』〉，《哲學研究》，2011年第
　　12期，頁26。

不容髮的危急時刻，人們去救即將掉入井裡的小孩，此時的「心」滌除世俗的利益與名譽的考慮，甚至也不是厭惡小孩的哭聲，而是內心昇起「孺子入井」這種事情不應發生，從「心」的本然狀態直接發出救人的指令而人採取行動。孟子從這項事實，論證人「心」之中實已內建價值意識，他說：「仁義禮智，非由外鑠我也，我固有之也」（《孟子·告子上·6》），又說：「君子所性，仁義禮智根於心」（《孟子·盡心上·21》）。為什麼人的「心」可以興發「仁義禮智」等價值意識呢？孟子指出這是因為人的「心」具有思考能力：「心之官則思，思則得之，不思則不得也」（《孟子·告子上·15》）。因為「心」有思考能力，所以愈深入自己的「心」的人，就愈能理解自己的「性」，一旦理解自己的本性，就可以理解終極實體的意志，孟子說：「盡其心者，知其性也。知其性，則知天矣」（《孟子·盡心上·1》），即內在即超越，「天命」就在人「心」之中。所以，我們可以說，孟子實在是就人的「心善」這項事實來講「性善」。[31] 這種根源於人「心」的善性，具有普遍性，是「人之所同然者」（《孟子·告子上·7》），「堯舜與人同耳」（《孟子·離婁下·32》）。孟子進一步主張，我們只要將內在於「心」的「四端」加以「擴而充之」（《孟子·公孫丑上·6》），就可以改變整個社會。

　　孟子所提出的回歸每個人的「心」的本然狀態（他稱為「盡心」）這個論點，在中國儒學史上有 2 種不同的解釋。第 1 種是朱子（晦庵，1130-1200）的解釋。朱子認為「不可盡者心之事，可盡者心之理。〔……〕盡心之理，便是『知性、知天』」。[32] 朱子的解釋是他以「理」為

---

31　孟子性善要義在於「仁義內在」，牟宗三先生說：「不是把那外在的仁義吸納於心，心與之合而為一，乃是此心即是仁義之心，仁義即是此心之自發。」見牟宗三：《從陸象山到劉蕺山》（臺北：學生書局，1979 年），頁 183，最能得孟子「心」學之肯綮。

32　黎靖德編：《朱子語類》，收入《朱子全書》（上海：上海古籍出版社；合肥：安徽教育出版社，2002 年），第 4 冊，卷 60，頁 1426。

中心思想體系所提出的解釋,[33] 雖然自成一家之言,但是將「心之理」視為「盡」之對象,似預設「心」與「理」為二事,可能不是最佳的詮釋。比較貼近孟子「盡心」一詞的意義的詮釋,可能是王守仁(陽明,1472-1529)的說法。王陽明將孟子的「盡心」解釋為「盡性」,因為他認為「性是心之體」,「無心外之理,無心外之物」。[34] 王陽明說「無心外之理,無心外之物」,他認為所謂「盡心」,是人生而知之的事情,因為人的本性就是「心」的本體,所謂「盡心」就是依人「心」之本體而行事。王陽明的解釋,比較能闡揚孟子「心」學的意義。20 世紀當代新儒家的精神導師熊十力先生,對於孔子所說「五十而知天命」一句中的「天命」一詞,曾提極精當的解釋說:「夫天命者,以其無聲無臭,而為吾人與萬物所同具之本體,則謂之天。以其流行不息,則謂之命」,[35] 我們可以推衍熊十力對「天命」的解釋說,所謂「吾人與萬物所同具之本體」,可以經由孔孟所說的對「心」的回歸與深思,而獲得完全的理解,這是孟子所謂「盡心」的深意。

孟子的「盡心」之說,在病毒肆虐、人心危疑不安的 21 世紀,可能提供一個有效的解方。我們在上文中說過,進入 21 世紀以後,民主政治的衰落、全球化與反全球化的激盪、「新冠病毒」的肆虐全球等災難,固然各有不同的形成原因,但是,這些原因都在不同程度之內根源於個人或國家的自我中心心態(ego-centrism)。舒緩或解決這種自我中心心態所導致的衝突與災難,必須求之於人與人之間、國與國之間、不同族群與階級之間的真誠的和解。從儒家的立場來看,這種真誠的「和

---

33 朱子畢生心力所萃的《四書章句集注》中,「理」這個字共出現 299 次,見金觀濤、劉青峰:《觀念史研究:中國現代重要政治術語的形成》(香港:香港中文大學當代中國文化研究中心,2008 年),頁 40。關於朱子以「理」學確定新儒學方向,參見陳榮捷:〈朱熹集新儒學之大成〉,收入氏著:《朱學論集》(臺北:學生書局,1982 年),頁 1-35。

34 陳榮捷:《王陽明傳習錄詳註集評》(臺北:學生書局,1983 年),第 6 條,頁 36-37。

35 熊十力:《讀經示要》(臺北:廣文書局,1970 年再版),卷 2,頁 22。

解」必須建立在每個人的「心之覺知」（mindfulness）的基礎之上，而孟子所提出的回歸每個人的「心」之本然狀態的提案，可能是通往「心之覺知」而完成「和解」的一個途徑。

但是，從儒家觀點來看，所謂「心之覺知」的根本基礎在於「愛」。在先秦孔門，孔子曾以「愛人」回應樊遲之問「仁」。《論語・為政・8》子夏問孝，孔子說：「色難」。關於服事父母時的「色難」問題，朱子在《集注》中有精彩的分析，朱子說：「蓋孝子之有深愛者，必有和氣；有和氣者，必有愉色；有愉色者，必有婉容；故事親之際，惟色為難耳，服勞奉養未足為孝也。」[36] 在與學生討論時，朱子進一步解釋說：「人子胸中纔有些不愛於親之意，便有不順氣象，此所以為愛親之色為難。」[37] 朱子這一段解釋，非常精準地闡釋：人與人的互動與「和解」，完全建立在「愛」這種情愫之上。如果缺乏「愛」這項元素，人與人的「和解」就非常困難。

(b). 提昇「仁」的生命高度

從儒家的角度來看 21 世紀的世局與人類的苦難，可以提出的第 2 項建議，可能是回歸數千年來儒家傳統的核心價值——「仁」，並提昇「仁」的高度。在先秦時代，孔子（551-479BCE）首先揭示作為最高德行的「仁」必須始於「愛人」（《論語・顏淵・22》），孔子主張自己與眾人之間，是互相連動的有機性關係而不是互不相關的機械性關係，所以「夫人者，己欲之而立人，以欲達而達人」，人與己互動的基礎在「愛」。在《論語》書中，弟子問「仁」次數最多，在一共 58 章中，「仁」這個字共出現 105 次。但是，孔子與弟子討論「仁」的內涵時，從未對「仁」賦予概念化的定義，而是直接指出體顯「仁」的價值理念

---

36　〔宋〕朱熹：《論語集注》，收入《四書章句集注》，頁 56。朱注從「蓋孝子」至「婉容」這一段話係引自《禮記・祭義》。

37　黎靖德編：《朱子語類》，卷 23，〈論語 5・為政篇上〉，收入《朱子全書》（上海：上海古籍出版社；合肥：安徽教育出版社，2002 年），第 14 冊，引文見頁 562。

的具體行動如「愛人」、「愛眾」、「立人」、「達人」等等。孔子所建立的這種宗風，也被孟子所繼承，孟子說：「仁者，愛人」（《孟子・離婁下・28》），仁者「愛人」的範圍雖然很廣，但是在私領域裡始於「事親」（「仁之實，事親是也」，《孟子・離婁上・27》），在公領域必須以「親賢」為急務（《孟子・盡心上・46》）。

到了西元12世紀，南宋大儒朱子在1173年撰寫〈仁說〉這篇思路縝密、結構堅實而又極具宏觀與高度的論文，為儒家「仁」學論述開拓了一個新的境界，提昇中國人自我的追尋的高度。朱子的「仁」學層次齊整分明，論述磅礡有力，他說：[38]

> 天地以生物為心者也。而人物之生，又各得夫天地之心以為心者也。故語心之德，雖其總攝貫通，無所不備，則曰仁而已矣。請試詳之。蓋天地之心，其德有四，曰元、亨、利、貞，而元無不統。其運行焉，則為春、夏、秋、冬之序，而春生之氣無所不通。故人之為心，其德亦有四，曰仁、義、禮、智，而仁無不包。其發用焉，則為愛、恭、宜、別之情，而惻隱之心無所不貫。〔……〕

朱子以上這一段文字，將「仁」從孔孟時代指具體行為的「愛人」的層次，提昇到「愛」之所以為「愛」的原理的層次，誠如牟宗三（1909-1995）所說：「仁是愛之所以然之理，而為心知之明之所靜攝（心靜理明）」，[39] 作為「愛之所以然之理」的「仁」，貫通存有論、宇宙論、倫理學與心理學等4個層次，李明輝曾分析朱子「仁」學論述的層次說：「朱子列舉了四組不同的秩序：存有論的秩序（元、亨、利、貞）、宇宙論的秩序（春、夏、秋、冬）、存有-倫理學的（onto-ethical）秩

---

38 〔宋〕朱熹：〈仁說〉，見《晦庵先生朱文公文集》，卷67，收入《朱子全書》，第23冊，頁3279-3281。

39 牟宗三：《心體與性體》（臺北：正中書局，1968年，1973年），第3冊，頁244。

序（仁、義、禮、智）、倫理 - 心理學的（ethico-psychological）秩序
（愛、恭、宜、別）」，[40] 朱子的「仁」說通貫這 4 個層次，將儒家「仁」
學論述提到前所未見的高度。朱子以後，許多儒者也以〈仁說〉為題
撰寫論文，清代儒者李光地（晉卿，1642-1718）以〈仁說〉為題撰
文說：「性，生理也；心，生機也，生理與生機合之謂仁」，[41] 語意不甚
清晰，與朱子〈仁說〉不可同日而語。17 世紀日本儒者伊藤仁齋（維
楨，1627-1705）在 32 歲時撰〈仁說〉一文，將「仁」解釋為「性情之
美德，而人之本心也」，[42] 論點不出朱子〈仁說〉之範圍，因為 32 歲時
的伊藤仁齋仍浸潤在朱子學思想典範之中。18 世紀日本儒者豐島豐洲
（1737-1814）也寫作〈仁說〉一文，主張「仁」僅能在具體行為中見
之。[43] 凡此種種解說，均無法與朱子的「仁」說之高度、深度與廣度相
比擬。

那麼，朱子在 12 世紀所提出的「仁」學新論述，對 21 世紀有什
麼新啟示呢？為了思考這個問題，我們可以從 21 世紀 2 場巨大天災後
的救災行動思考。2004 年 12 月印度洋大地震引發巨大海嘯，重創印尼
亞齊省等地，在該國造成的罹難人數達到 234,271 人，失蹤者為 1,240
人，傷者約 44,000 人，另有 617,000 人淪為難民，各國慈善團體紛紛趕
往災區救災，但卻發生少數宗教救災團體在發放救災物資前，要求災民
跪在該團體的宗教符號前感恩，以致與災民發生衝突。另外，2009 年 8
月 6 日至 10 日，臺灣發生莫拉克風災，造成嚴重生命財產損失。災民
中有許多原住民族，但民間某宗教團體救濟災民提供素食餐盒，被原住

---

40　李明輝：《四端與七情：關於道德情感的比較哲學探討》（臺北：臺大出版中心，
　　2005 年），頁 88。

41　〔清〕李晉卿：〈仁說〉，《榕村集》，收錄於《文淵閣四庫全書》，卷 16，頁 186-
　　187。

42　〔日〕伊藤仁齋：〈仁說〉，見《古學先生詩文集》，卷 3，收入相良亨等編：《近世
　　儒家文集集成》（東京：ぺりかん社，1985 年）第 1 卷，頁 60。

43　〔日〕豐島豐洲：〈仁說〉，收入關儀一郎編：《日本儒林叢書》（東京：鳳出版，
　　1978 年），第 6 冊，解說部第二，頁 5。

民災民棄置在路旁，堆積如山，當時各家媒體均作報導。從以上這兩個救災事件，我們看這兩個不同的滿懷善心的宗教團體，都努力實踐「愛人」的價值理念，悲人憫人之心落實為救人賑災的行動。但是，兩個團體都堅持各自所信守的「愛人」方法，與災民的信仰或文化元素發生衝突，遂使他們的「愛人」行動不但不能落實，反而適得其反。

從這兩件歷史事件，就可以折射出朱子「仁」學在 21 世紀的新啟示。朱子在《四書集注》中，屢次重申「仁者，心之德、愛之理也」，[44] 他將「仁」重新詮釋為「愛之理」，也就是牟宗三所說：「愛之所以然之理」。朱子對於「仁」的新解釋，在 21 世紀各種不同文化與價值理念，既密切互動而又嚴重對抗的時代裡，取得了新的價值，也提示了新的啟示。

朱子以「心之德、愛之理」為中心命題所展開的「仁」學新論述，賦予孔孟的「仁」以嶄新的意義，兼攝「自我」與世界兩個層次。就「自我」的層次來看，朱子的「仁」說起首就引用程明道所說「天地以生物為心」[45] 這句話，並接著說「而人物之生，又各得夫天地之心以為心者也」，這樣的「仁」學新說使人的「自我」融入了錢穆（1895-1990）所說「大我之尋證」[46] 之中，提高了人的「自我」的高度。再就「世界」的層次來看，在 21 世紀世界秩序重組，國際關係旋乾轉坤之際，人與人之間以及國與國之間，如果能將「仁」提昇到「愛之理」的高度，也許就可以大幅減低因為「行仁之方」的差異，而引起層出不窮的紛爭與衝突。

(c). 儒家「心」學與「仁」學中人與世界之關係

---

44　例如《孟子集注・梁惠王上・1》之朱註，收入〔宋〕朱熹：《四書章句集注》，頁 279；又如《論語集注・學而・2》之朱註，收入《四書章句集注》，頁 62。

45　《河南程氏遺書》，卷 3，《二程集》（上冊）（北京：中華書局，1981 年，2004 年），頁 366。

46　錢穆：《國學概論》，收入《錢賓四先生全集》編輯委員會編輯：《錢賓四先生全集》（臺北：聯經出版公司，1994 年）（第 1 冊），頁 278。

　　以上所說儒家對 21 世紀的挑戰，提出的回應在於「心」的回歸與
「仁」的提昇，可能面臨兩項質疑：

　　第一，21 世紀的人可能質疑：孔孟的「心」與朱子所訴說的
「仁」，都是將 21 世紀複雜萬端的政經與社會問題，化約為人的心靈修
養問題。儒家無視於具體的政經社會問題，而退回「自我」內心的碉堡
之內，無補於 21 世紀的災難。已故哲學家以撒・柏林（Isaiah Berlin,
1909-1997）在《自由四論》中就曾經說：[47]

> 禁欲主義者、寂靜主義者、斯多噶學派、佛門聖徒、以及各種
> 教徒或非教徒所一慣使用的「自我解脫」（self-emancipation）
> 之途，他們逃離了世界，逃開了社會與輿論的枷鎖，其方法是
> 某種深思熟慮後的「自我轉變」（self-transformation），這一轉
> 變使他們能不再介意那些世俗的價值，能維持自我的孤立，而
> 獨立自處於世界的邊緣，世界的武器已不能再傷害他們。

柏林這一段話雖然不是針對儒家而發，但是卻可能被引用來質疑儒家將
「心」或「仁」置於首出地位的立場。

　　第二，21 世紀的人也可能質疑：儒家的「心」學與「仁」學，
比較適用於近代以前小國寡民的傳統農業社會，不適用於 21 世紀後
工業時代的社會。著名的道德哲學家與政治哲學家麥金泰（Alasdair
MacIntyre, 1929-），就是持這種觀點的代表人物之一。麥金泰就曾經
說，儒家的政治理想只能在小規模的社會群體中實踐，根本不可能在現
代型態的國家中落實。[48]

---

47　Isaiah Berlin, *Four Essays on Liberty* (London: Oxford University Press, 1969)，中譯文
　　見：以撒・柏林（Isaiah Berlin）著，陳曉林譯：《自由四論》（臺北：聯經出版公
　　司，1986 年），頁 247。

48　Alasdair MacIntyre, "Questions for Confucians: Reflections on the Essays in Comparative
　　Study of Self, Autonomy, and Community," in Kwong-loi Shun and David B. Wong eds.,
　　*Confucian Ethics: A Comparative study of Self, Autonomy, and Community* (New York:

　　以上這2種對儒家「心」學與「仁」學的現代相關性
（contemporary relevance）的質疑，都有其一定的理據。前者質疑
的是儒家以「心」或「仁」為首出的立場，具有心靈「化約論」
（reductionism）的色彩。後者質疑儒家的「心」學與「仁」學論述，不
免有「時代錯誤」之嫌，難以因應21世紀國內與國際的複雜狀況。

　　針對以上這2種對儒家學說與21世紀的相關性之質疑，我想提出
以下的回應：第1種質疑批判儒家以「心」或「仁」為首出的立場，是
退回自己內心的碉堡，無法因應21世紀的苦難與困厄。這種質疑是來
自對儒家「心」學與「仁」學的誤解。儒家確實以「心」為首出，主張
「心」對「物」有其優先性，但是這不能被解釋為儒家是一種心靈的化
約論者，也不能被解釋為儒家逃避人間的苦難，退回自己內心的碉堡。
事實上，自孔子以降的儒家學者，不僅致力於解釋世界，更有心於改
變世界。孔子與弟子討論「仁」的時候，從未「解仁之義」，而是特重
「行仁之方」；孟子遊說諸侯，告誡國君以「不忍人之心」行「不忍人
之政」，孔孟皆汲汲於以其學易天下；陸象山（1139-1192）說：「儒者
雖至於無聲、無臭、無方、無體，皆主於經世」，[49] 從孔子以降的儒家，
浸潤在強烈的經世精神之中，他們心中自有一套「儒家整體規劃」，[50]
格、致、誠、正的工夫永遠指向修、齊、治、平的目標。朱子建書院以
弘揚儒學，訂鄉約、辦社倉以照顧庶民；朱子高弟與女婿黃榦（勉齋，
1152-1221），出任安慶知府時曾率民眾築城牆以禦女真人入侵，曾贏得
安慶府老嫗親自致謝；[51] 一代儒宗王陽明（1472-1529）甚至帶兵平亂，

　　Cambridge University Press, 2004), pp. 203-218, esp. pp. 217-218.

49　陸九淵：〈與王順伯〉，《陸九淵集》（臺北：里仁書局，1981年），卷2，引文見頁
　　17。

50　余英時：〈試說儒家的整體規劃〉，收入氏著：《宋明理學與政治文化》（臺北：允
　　晨文化，2004年），頁388-407，引文見頁400。

51　〔元〕脫脫：《宋史》，卷430，〈黃榦傳〉，收入《二十四史》（北京：中華書局，
　　1997年），第16冊，頁3252。

「險夷原不滯胸中」。[52] 他們從未務內而遺外，在他們的思想中，修己與治事，成己與成物，永遠不分離，所以第 1 種質疑實難以成立。

第 2 種批判意見質疑儒家「心」學與「仁」學陷入「時代錯誤的謬誤」（anachronistic fallacy），這種說法可能忽略儒家「心」學與「仁」學，最見精神之處，正是在於它們具有「致廣大而盡精微，極高明而道中庸」（《中庸》第 27 章）的，超越時空限制的普世性與普遍性的價值理念。儒家「心」學到王陽明思想中完全成熟，陽明學東傳日本，超越時空限制而成為日本明治維新的內在精神動力。儒家「仁」學始於人倫日用，在 2011 年 3 月 11 日日本東北大地震之後，土田健次郎（1953-）著書呼籲日本社會應回歸江戶儒學中的「仁」的思想，以回復日常生活，也就是回到以「愛」為本質的「仁」，從他者的立場出發思考，將抽象的「仁」落實到個別而具體的自他關係之上，補具有日本文化特色的「集體主義」（日文作「集団主義」）未能充分照顧個人與人權之不足。[53]

經過以上的回應之後，我們可以再進一步指出：儒家所主張的「心」之回歸與致力於「仁」的提昇，兩者的共同平臺，正是建立在「人」與「世界」的關係的改變之上。我們在上文中指出，孟子所論述的「四端之心」，以「惻隱之心」最居首出之地位，「惻隱之心」是

---

52　王陽明：〈泛海〉，《王陽明全集》（上海：上海古籍出版社，1992 年），上冊，卷 19，頁 684。

53　〔日〕土田健次郎：《「日常」の回復—江戶儒学の「仁」の思想に学ぶ》（早稻田大學ブックレット〈「震災後」に考える〉）（東京：早稻田大學出版部，2012 年）。土田健次郎的意見與德川古學派大師伊藤仁齋的說法可謂一脈相承，仁齋說：「仁之為德，大矣。然一言以蔽之，曰『愛』而已矣。在君臣謂之義，父子謂之親，夫婦為之別，兄弟謂之敘，朋友謂之信。接自愛而出。蓋愛出於實心，故此五者自愛而出，則謂之實；不自愛而出，則偽而已。故君子莫大於慈愛之德，莫慘於殘忍刻薄之心。孔門以仁為德之長，蓋為此也。此仁之所以為聖門第一字也。」見伊藤仁齋：《童子問》，收入《近世思想家文庫》（東京：岩波書店，1966 年），卷之上，頁 95。

人與宇宙萬物共生、共感、共鳴的一種生存感受。「惻隱之心」之所以是一種「心弦」，乃是因為人不是將宇宙萬物與「世界」視為一種與「我」無涉的客觀的物件，正如20世紀猶太哲學家馬丁・布伯（Martin Buber，1878-1965）所說：「人無『它』不可生存，但僅靠『它』則生存者不復為人」，[54] 儒家眼中的「世界」與萬物從來不是一個「它」（It），而是一個可以與「自我」共生共感的「你」（thou）。儒家思想中的「自我」與「世界」，是一種有機性的互動互滲的關係，而不是一種冷冰冰的機械性的關係。王陽明曾與朋友出遊，朋友說：山上的花自開自落，與我的「心」有何關係？王陽明回答說：你未看花時，花與你的「心」同歸於寂，但是，當你看花的時候，花的顏色就明朗起來，由此可知花並不存在你的「心」之外。[55] 這一段對話非常傳神地啟示我們：在儒家思想中「人」與「世界」的關係互動、互滲、互相參與（inter-involvement），「人」與「世界」是有機性的共生、共振、共感的關係，是不可切割的「生命共同體」。就本文所說儒家的「心」與「仁」的關係來看，王陽明對儒家「心」學與「仁」學的關係的闡釋最為精當，陽明先生說：「蓋其心學純明，而有以全其萬物一體之仁，故其精神流貫，志氣通達，而無有乎人己之分，物我之間」。[56] 因為「心學純明」，才能「全其萬物一體之仁」，才能「無有乎人我之分」。儒家「心」學與「仁」學的共同價值理念，正是解決21世紀人類困境的可能性方案。

## 五、結論

21世紀的人類身處風狂雨驟之中，更身處諸多狂流激盪迴漩之

---

54　布伯著，陳維剛譯：《我與你》（臺北：久大文化公司與桂冠圖書公司，1991年），頁1。
55　陳榮捷：《王陽明傳習錄詳註集評》，第275條，頁332。
56　陳榮捷：《王陽明傳習錄詳註集評》，第142條，頁196。

中。人類如果不想在激流之中慘遭滅頂，就必須在古今中外各種文化資源之中，尋求脫困而出，離苦得樂的解方。荀子（298-238BCE）說：「善言古者，必有節於今」（《荀子・性惡》），王充（27-？CE）則說：「夫知古不知今，謂之陸沉」（《論衡・謝短篇》），我們致力於「古」與「今」的相互呈現，我們懷抱21世紀的問題，叩問儒家聖賢，但是，我們也不能「膠柱鼓瑟」（《史記・廉頗藺相如列傳》）或「刻舟求劍」（《呂氏春秋・慎大覽・察今》），以至於淪落為「生乎今之世，反古之道。如此者，災及其身也」（《中庸》第28章）。本文嘗試從源遠流長的儒家傳統巨流之中，汲取現代的靈感，經由「古」與「今」的親切對話，我們才能紓解21世紀人類的苦難，為21世紀迷惘的人心指引方向。

　　將近三千年來，儒家在東亞各國所開啟的是一個博厚高明的以「心」學與「仁」學為中心的精神人文主義傳統。這個人文精神傳統看似陌生，實則親切；看似遙遠，但是卻極為親近；看似迂濶，但是卻極為實際。儒家「心」學與「仁」學的呼喚，繚繞耳畔，深扣心弦。儒家主張在人心惴惴不安的21世紀新時代之中，回歸每一個人的「心」的原始點，使每一個人與生俱來的「惻隱之心」向外舒展，與「他者」及「世界」共生共感，共其呼吸，這是一條21世紀人類每一個人與「自我」和解、與「他者」和解、與「自然」和解、與「超自然」和解的康莊大道。

　　儒家傳統中的朱子學人文精神，將「仁」提昇到「愛之所以然之理」的層次，可以舒緩21世紀不同文明之間的衝突，與不同族群的價值理念之緊張或衝突。王陽明所說花在「人心」之中的世界觀，也啟示我們：在儒家思想中，「人」與「世界」是互相滲透而不斷為兩橛的「生命共同體」。這一條思路，也許是21世紀人類可以走的一條平正踏實的坦途，是21世紀人類邁向「和解」的精神基礎。

# 第二章
# 危機變遷時代中的安居共存於世

黃冠閔 *

## 一、前言

　　在日常生活的用語中，描述性的語詞往往也帶著希望的投射，進而在投射中轉成為規範性的意義。這種語詞的使用，是在對於事實的描述外，夾入「我希望……」，進而隱然地變成「我認為應該……」。在「安居樂業」、「身心安頓」這樣的日常用語中，便包含著這樣的多重語義以及多重使用意圖。然而，語言的歧義性或語用的多重意圖並非本文所關注的；這類的語言現象提供了一些觀察的線索。如果「安居樂業」、「身心安頓」並不是單純的事實描述，而同時帶著希望的投射，進而帶著規範的企圖，那麼，不難看出「安居樂業」、「身心安頓」這類用語蘊含著事實與希望的差距。當人們希望「安居樂業」、「身心安頓」時，可以看到實情反而是「不能安居樂業」、「不能身心安頓」。分析有哪些條件阻礙著「安居樂業」、「身心安頓」的實現，更具實際意義。這樣的日常語詞基本上已經成為各種套語、口號的一部分，但越是習而不察處，越是有發人省思處。「安居樂業」、「身心安頓」的期待是否正反映著當代的生活危機呢？

　　21 世紀的種種現實處境充分顯示出，地球這一行星作為人類居住的環境已經面臨不少困難，必須思考的種種問題並非來自地球行星這一天文學術語的知識背景，例如，建立太空殖民地、尋求新的可居住行

*　中央研究院中國文哲所研究員兼所長；政治大學哲學系合聘教授。

星、擴張星系知識等等，而是「居住」的行為發生了什麼事、有哪些變化造成困難。

從歷史變遷的角度說，任何 21 世紀的危機都不是憑空發生的，也都可以在前一世紀或更早先的世紀找到問題的根源；人類集體必須面對的不是一些新發現的問題，而是未被解決且又加劇、甚至變形的問題。帶著歷史縱深的視野看問題，能夠貫串起過去、現在、未來的線索。這一思考方式也符合日常生活的希望投射，對於當代的生活危機有所警覺，並不是只為了解決目前的問題，更有一個朝向未來開放的面向被預期著。以這樣的歷史性為前提，對於「居住」、「安居」、「安頓」則可以撐開另一個思考角度，考慮空間性的問題。

## 二、來自現況的反思及空間性、場所性

資本主義的發生與擴張原本發生在西歐 16 世紀的小範圍，隨著航海技術改進、發現美洲新大陸、工業革命，進而擴張成為一種全球性的體制，改變了人類勞動方式、土地使用、城市規模、交通移動的各種生活型態。對於資本主義的批判，產生了政治動員，在共產主義的意識形態塑造下，又造成 20 世紀的冷戰對立與分隔。在歷史演變中，當代人類所經歷的是空間生活的激烈變化。全球化發生於 20 世紀，受市場的單一化影響，諸多在地差異被取代而抹煞；高度的流動性則改變了「安居」的靜態設想。電腦運算技術的發達則藉著網路的虛擬空間，影響了對於他方、他（她）人的認識，「即時性」技術打破實體空間距離所設下的隔離障礙。當代生活危機發生在實體空間上，也與虛擬空間交織在一起。

雖然 21 世紀初早有 SARS、MERS、依波拉病毒的大規模傳染事件，但跨境感染的全球效應還是 2020 年擴散的新冠肺炎病毒 Covid-19，造成巨大的空間撼動。便利的移動、旅行造成病毒傳播的擴散加速，為了防堵病毒，各國都採取封閉邊境的措施，甚至採取大規模

封城的緊急處置，從數週到數月之久都有，無法有效降低感染人數的國家還有多次解封、再封城的紀錄。隔離，是疫情時代世界各國共通的關鍵詞，重症患者必須進入負壓病房隔離治療，醫護人員更是從頭到腳全身封閉防護。一般感染者須進入隔離程序，觀察病情進展；未感染者則按照潛伏期的估算，觀察是否有檢測的陽性反應。臺灣在封閉邊境後，首度於 2021 年五月進入三級警戒，雖未進行大規模封城，但封閉了各種公共場所，民眾充分感受準封城的情境，在經濟、就業、教育、娛樂上產生了緊縮效應。邊境、隔離屬於空間條件，人類原本在 20 世紀所享受到的快速移動、全球跨境，疫情爆發後，又重新體會實質邊境存在的障壁；移動遷徙的自由、身體的自由支配、人身軌跡的公共化成為連帶出現的課題。由於每個人都是潛在的傳染源，個人身體與空間必須受監控。人的身體有雙重的可見性：暴露在不可見的病毒面前，暴露在不可見的監視之眼前。人的身體不單單是被隔離，而且受監視；空間的效應考驗著個人的認知，更考驗著生命政治與現代國家治理的技術。

　　追究冠狀病毒變種的歷程，讓人懷疑生化技術是否被濫用而且存在著未知的企圖，宏觀來看，生化技術牽動了跨物種的問題。人類的基因工程技術可以改變動植物的基因，也回過頭改變人類的生物條件；跨物種的問題提示了非人類中心主義的生存條件：人類是與其他物種共同生活在地球上。居住，不只是人類生活空間的問題，更是其他物種生活空間的問題。考慮生活空間，不能落入 20 世紀生命哲學被納粹挪用的「生活空間（Lebensraum）」，乃至落入種族中心利益思考。換言之，生活空間並不是佔地為王，以「圈地」作為佔有土地、劃定疆界的手法，以恣意性為藉口，任意擴張權力。從生態學思考出發，物種的多樣性便提示了空間中的複雜多樣性，不同地區的生態顯示出空間中生態差異作為基本事實。對應到文化生活上，不同的文化型態也編寫了不同的空間面貌。

　　將空間性納入思考，應避免只將空間視為幾何學般的同質性，而必須考慮到有內部差異的「場所性」。同質性的空間如同在地球儀上畫下

經緯度,將所有地表差異投射在同一繪圖平面上。異質性的場所標示著空間上的各種動態差異,就像地球表面的高山、峽谷、沙漠、海洋是基本的地理差異,配合著氣候、季風,產生不同的植被、生物聚落。異質的場所強調互動關係(物種間的、物種內的、人與週遭環境的、人們彼此的)。互動未必是平和的,人類的殘酷戰爭便是暴力的互動。集中營的記憶、古戰場憑弔就是戰爭在場所上的痕跡。

　　唐君毅曾經以「花果飄零」、「靈根自植」來譬喻中華文化在共產主義佔據中國後的處境,這一譬喻除了帶著植物生態的辭格外,也帶著空間中漂泊離散的體驗,是一種帶有詩意的場所論意象。唐君毅的場所論意象具有高度的召喚能力,如同攝影中的刺點,說中了有深刻體驗者的內心感受。失去國土、被迫離開故鄉,這種流亡經驗是場所性的,帶著空間中的強烈差異。《世說新語》中的新亭對泣有「風景不殊,正自有山河之異」,正是帶著強烈失落感的場所經驗;政治的、文化的、歷史的失落都是「山河之異」所蘊含的差異性。唐君毅詮釋中國人的農業生活、[1]牟宗三提到的山東莊稼、[2]徐復觀懷念的湖北農家生活[3]都可謂在「思鄉」中添上農人或牛馬勞動、植物生長、土地定居的標記;文化記憶的底層隱括著文化生活型態的生態學預設。

　　離散或流亡是居住狀態的改變,場所意義的賦予帶著價值的認可或剝奪。有鄉歸不得,這是一種隔離。流亡,不只是人身所處的地方顯得索然無味,這是「不得其所」;流亡更是價值寄託的失落,彷彿意識中所歸屬的某一空間變成廢墟,變成無法填補的空缺;那是典型的「身心無法安頓」。牟宗三的《五十自述》並非單純的自傳,所陳述的是「身心無法安頓」的強烈情感;他的個人史正是一段「不得其所」的體驗。從20世紀轉到21世紀,安居的可能性仍是人類的共通問題,新儒家在

1　唐君毅:《中國文化之精神價值》(臺北:正中書局,1979年),頁251。
2　牟宗三:《五十自述》(臺北:鵝湖出版社,1993年),頁13。
3　徐復觀:《學術與政治之間》(臺北:學生書局,1985年),頁77。

20 世紀所經歷的考驗，也必須在 21 世紀進入轉化的詮釋。大量的流亡難民在當前仍是具體的苦難，在中亞、西亞、東歐之間持續成為現實問題。隔離是斷裂，在尋求克服斷裂的過程中，有思想的創造；面對失落的歷史，尋求療傷的是面對未來。同樣地，當代的困境也同樣必須從今日所面臨的安居條件以及困境尋繹出根植於深刻場所經驗的未來，這不是鴕鳥般地寄望於未來，而是將現在連結到未來，正如同將過去連結到現在。

但在傳統的儒學資源中，時與位的思考隨著困頓中的理念堅持而展開。孔子的「乘桴浮於海」，仍有「造次必於是，顛沛必於是」的體認。相較於飄零的意象，在《周易》的旅卦中，藉由卦象來呈現「不當位」的情境。朱熹的解釋則是守於道：「旅，非常居，若可苟者，然道無不在，故自有其正而不可須臾離也。」[4] 王夫之的解釋也從不當位引申出合道的舉止：「上不當位而下止，本非正而不吉。乃時當其止道，不足以行，而文明不息，以明道為己任，任隨所寓而安焉，為旅之正，而樂天安土，得其吉矣」。[5] 在飄泊中尋求安居的條件，在儒家傳統中有豐富的思考，對於場所（位）及歷史（時）有敏銳的察覺，進而轉化出深刻的實踐意涵。

從空間、場所的角度切入，強調的是個體之間的關係，亦即，社會性的層面；身體不是個人的身體而已，更具有社會性、公共性的意涵，人藉著身體，得以與其他人、其他生物（動物、植物）建立起各種關係。社會關係、生產關係也都從這種身體連結建立起來。身體在空間中展布、移動，藉由身體勞動將場所組織成為意義的場域，既使得身體嵌入空間中，也將平淡的空間轉變成適合於身體主體的具體場所。家就是這樣的一個轉變過程，空有房屋四壁，無法稱之為家，正是有生活其中

---

4　朱熹：《周易本義》（臺北：華正書局，1975 年），頁 189。
5　王夫之：《周易內傳》，卷 4，見《船山易學》（臺北：廣文書局，1981 年），上冊，頁 397。

的人、物、獸等的互動才能在時間中沈積出屬於自己的意義領域。在個人生活如此，在集體的文化領域也如此。從空間、場所的角度切入，可以揭露出危機思考的多重層次。

## 三、自然條件

　　自然的存在是地球生命的基本事實，但人們面對自然的態度卻不盡相同，自然的危機源自對待自然的態度。

　　中華文化受現代性衝擊，視民主與科學為當代儒家的重要使命，科學代表了面對自然的態度。然而，唐君毅對過度膨脹科學的弊病有所批判，一方面若將自然世界視為一個陌生世界，這彷彿是一種迷失，使得人自己化為一種不安定的自然存在；[6]另一方面，自然作為研究對象，提供資源與原料，使得科學只想征服自然，導向「背離人文，面向自然，物化人生」。[7]唐君毅的說法希望凸顯人文精神與文化精神，批判自然主義與唯物論，然而，細究他的論述，可發現重點不在於將人文與自然割裂為兩塊。相反地，弊病產生在二元對立的思維上，在強調人文精神之時，並不能忽略自然的存在。早年唐君毅從生命力的角度來看待物質世界，[8]這種說法雖帶有柏格森哲學的意味，但確實引領到心靈作用的一個重要橋樑。在《中國文化之精神價值》中，唐君毅則融合「生生之謂易」與懷海德的歷程創造說，指出自然觀中的生化原則，自然物之間的因果效力關係被詮釋為物與物之間的感通關係。[9]自然世界中「物」並非單純物質，可以包含植物、動物、礦物，而基於感通原則，「物之實中涵虛，虛能攝實，則一物之所以為物，即在其攝受性與感通性」。[10]以

---

6　唐君毅：《人文精神之重建》（臺北：學生書局，1980 年），頁 42、頁 45。

7　唐君毅：《人文精神之重建》，頁 45、頁 48。

8　唐君毅：《心物與人生》（臺北：學生書局，1989 年），頁 87。

9　唐君毅：《中國文化之精神價值》，頁 89，頁 91-92。

10　唐君毅：《中國文化之精神價值》，頁 95。「攝受」出於佛教用語，例如《華嚴經

感通為原則，自然世界具有內在價值，仁義禮智也屬於萬物的德性；[11] 空間並非空洞的框架、也非測量的座標，而是「萬物賴以相與感通之場所」。[12] 唐君毅的詮釋實際上是將自然與人文融合起來，不採割裂的二元對立觀點。

若以希臘文 phusis 或拉丁文 natura 來說，「自然」都有「生發、生產」的意思，與唐君毅所謂生命力（生生不息）有可會通之處。科學，也是人文活動的一種，科學所造成的危機，並非自然本身製造出來的，而是人文活動所促成的。需要檢討的是，人文活動面對自然的方式。由於人類面對自然的方式或態度有偏差，對於地球所造成的傷害，回過頭來傷害人類自己。透過自然的各種條件，有助於審視究竟從科技與工業革命之後到 21 世紀所身處的危機，是哪樣的人類活動所招致？人文活動中的自然性並不能被當作「非人的」而加以貶斥，相反地，自然性根植於人文性內部，為人文活動提供不可或缺的基礎。認為精神生命或文化生活可以脫離自然，將再度落入割裂的困境，陷於危機加重的惡性循環。整全式的觀點考慮的是人文與自然的融合，這是一種尋求和諧的立場。

從當代的生態學來重新審視唐君毅的論點，也具有啟發性。生態學的出發點是研究物種與環境的互動，在生態系的視野下，從環境互動的整體考慮生物多樣性、演化足跡。然而，儘管生態學屬於科學的一環，但並非將人類的行為從生態體系抽離出來，也不是只將人類化約為自然物種的一支，忽略人作為能自覺、有價值設定的行動者。唐君毅思考的

---

世主妙嚴品第一之二》：「毗盧遮那如來往昔之時，於劫海中修菩薩行，以四攝事而曾攝受」。唐君毅借用「攝受」一詞來翻譯懷海德的 prehension，但在《哲學概論》則翻譯為「攝握」，而「感通」則是 feeling，分別見《中國文化之精神價值》，頁 124；《哲學概論》（臺北：學生書局，1982 年），下冊，卷 13，頁 940。

11　唐君毅：《中國文化之精神價值》，頁 109-110。

12　唐君毅：《中國文化之精神價值》，頁 99。

生物環境模型，是以「適者生存」的自然環境適應為典型，[13]落在感覺互攝的境界（屬於九境的第四境，即，主觀境界中第一境）。生態學思考則將人類物種的生存價值融入環境影響中，一般的科學研究只處理單一向度的因果關係（屬於九境的第三境，即，客觀境界的功能運序境），建立起單一方向的原因與結果，至多在有機體的模型下考慮互為因果的關係，[14]但在生態體系的回饋機制裡，物種與物種的關係並非單純因果關係，多物種與環境之間的關係更需要納入時間（多世代）、空間（多重領域）的尺度。生態思維在科學研究中帶有反身性，而不落入主體與對象的二元對立上，研究者往往是從對於環境的擔憂以及人類續存的困境展開觀測，監控環境敏感因子，反映著自身的處境。

　　承續前人論述農業生活與儒家文化的相關性，生態的自然條件無法被忽略。從農業生活顯示的某些植物物種被栽培（稻米、小麥、高粱、玉米），必須考慮到水利灌溉、日曬、溫度的條件，畜牧生活則是某些動物物種被豢養（牛、羊、豬、雞、鴨），必須同時尋找適合的牧草環境、空間活動等。如何安居，便是在這類集體多樣的條件下進行。人類選擇栽培某些可適應環境、可產生較多果實、子裔的物種，便是以人工介入方式改變演化足跡，對於人類有價值的方向，卻足以更改動植物物種演化的方向，進而造成其他物種的弱勢、乃至消失。農藥的使用也是典型的例子，化工的科學研究可以單純考慮化學配方製造殺蟲劑或農藥，但在滅蚊減少瘧疾的同時，殺蟲劑卻對人體以及其它生物帶來別種病變，農藥也常在去除農作物害蟲的同時將其他昆蟲一併消滅。其結果是單一世代受益，但後來的多個世代受害。張載讚許的「為天地立心，為生民立命」，便包含著永續的概念；未必要堅持盲目的進步發展，但永續性則是一個拉長時段、從更為整體的角度所樹立的價值。

　　面對當代生態危機，儒家價值關心的不是單一族群、單一人種、

---

13　唐君毅：《生命存在與心靈境界》（臺北：學生書局，1986 年），上冊，頁 438。
14　唐君毅：《生命存在與心靈境界》，上冊，頁 297。

甚至單一物種，而是要以面對複雜世界的心靈之眼，重新辨認出人類中心主義的狹隘處。單只就人類可能自毀的危險，就足以揭示人類物種本身的脆弱性。結束二次大戰的核爆，立刻將人類帶入一個臨界處境。巨大的摧毀能力讓許多人認識到戰爭型態的改變，大規模的毀滅很可能一觸即發。自此之後，核災的威脅便始終未曾解除。表面看起來，核子技術是人類科技能力的進步，達到從原子核得到巨大的的能量，此一知識與技術能力遠遠超過以前的任何世代。但是，只要是輕微的疏忽或是人的相互憎恨，就可能招致大規模毀滅的危險。不僅僅人類物種可能因此消失，連其他物種也會在核災的波及下受害。即使是人類中心的自利前提下，都應該尋求自救，更何況儒家在廣濟眾生、天人合一的理想引導下，《中庸》的「致中和，天地位焉，萬物育焉」或「參贊化育」，更提示著人類在宇宙中的地位不是滿足於自成一自利的物種，必須同時協同其它物種造就生命。

　　因此，從《中庸》的誠明之道，應該在當代轉化出多物種思考中的生態主體性。「能盡人之性，則能盡物之性」（22章），這是以「於穆不已」的生化之德為指導原則，構想的是「其為物不貳，則其生物不測」。在人性、物性的關係上，儒家向來有「為天地立心」的弘願，並不把自然世界的各種生物視為沒有性情的物質，相反地，是從參贊化育的立場看待生物世界。人的道德覺察在「自誠明」上能夠「致曲、形著、明動、變化」，對於各種差異抱持著善察端倪的態度，尋求可以發揮行動力量的機會，改變情境。因此，「唯天下至誠為能化」（《中庸》23章）講究的是根據明確的認識，在合乎化育精神的準則下，面對差異，促成改善與轉變。這種原則提供了生態主體性思考的理據。面對多物種的環境，乃是面對多樣性的差異，這是化育的基本想法。同時，能夠「致曲變化」，則是支持當代轉化的一種融通能力。《中庸》設想的萬物，大致反映了古代儒家的共同看法，但其具體想像也富有寓意：「今夫天，斯昭昭之多，及其無窮也，日月星辰繫焉，萬物覆焉。今夫地，一撮土之多，及其廣厚，載華嶽而不重，振河海而不洩，萬物載焉。今

夫山，一卷石之多，及其廣大，草木生之，禽獸居之，寶藏興焉。今夫水，一勺之多，及其不測，黿鼉蛟龍魚鱉生焉，貨財殖焉。」(26 章)[15] 物或萬物在古代有其意義脈絡，但到當代，便要深化並拓展價值思考，擴大「物」的意涵，朝向人對自身的生態認知，從彼此高度相關性的角度認識「人」與「物」的相互關聯。對於古代文本的詮釋，雖然未必是以「物」為「物種」，但核災或核武的危險威脅的是人類之外的一切物種，甚至已經進入整個星球層次。悖逆於生生之德，地球廢墟化的危機並非宗教隱喻，而是具有物質基礎的實質危機。人類的物質生活並不能只考慮消費物欲的節制，更應該進到物質本身的力量與變化，核能是一個臨界的例子，水力、風力、熱力也是力量擷取與物質條件的問題。因此，除了物種之外，在納入場所性概念的環境主題時，不可避免也要重新思考水文、地質、氣溫、碳足跡等要素，最直接可見的是氣候變遷的議題。

《中庸》對於天地山水以及寓居其中的生物物種有一場所歸屬的想像，但即使到今日，人類或其他生物的居住條件，仍舊是受制於日照、氣溫、風場、水流、雨量、地質等多重物質性的因素。在實際的安居經驗中，物質條件實際上牽動著生活品質。即使在「今夫水，一勺之多，及其不測，黿鼉蛟龍魚鱉生焉，貨財殖焉。」這樣的高度概括中，轉換成當代的情境，「水」的「不測」便涉及到各種型態（海洋、湖泊、河川、地下水）也有品質（汙染）、數量（海平面上升、溪流暴漲）各式各樣的考慮，只要某些條件改變，河海生物數量就會銳減，貨財便無法增殖，民生品質就有劇烈變化。生活品質不可避免地受制於環境互動關係，《孟子‧滕文公》雖然仍以人的角度立論，但也提到洪水、動物、森林火災作為環境因素：「當堯之時，天下猶未平，洪水橫流，氾濫於天下。草木暢茂，禽獸繁殖，五穀不登，禽獸偪人。獸蹄鳥跡之道，交

---

15　朱熹：《四書集註》（臺北：臺灣書店，1961 年），頁 33。

於中國。堯獨憂之，舉舜而敷治焉。舜使益掌火，益烈山澤而焚之，禽獸逃匿。禹疏九河，瀹濟漯，而注諸海；決汝漢，排淮泗，而注之江，然後中國可得而食也。」[16] 本世紀面臨的極端氣候愈發顯得環境條件對於人類生活的影響，事實上，當魚類無法順利繁殖的海洋困境出現時，人類的漁業也必定萎縮，同樣地，乾旱使得牧草無法茂盛生長，牛羊馬等動物欠缺食物，人類的畜牧業也必定受波及。氣溫的持續升高並非單一國家、單一區域的孤立問題，在中亞發生的乾旱、太平洋的颱風都是氣候系統的一環，亞馬遜熱帶雨林的消失並不是印第安原住民的問題，也不能放任當地政府治理而已。跨物種的環境問題也是跨國的問題。

　　傳統的道德想像經常使用物質意象作為隱喻思考的依附，雖然這樣的隱喻思考不能等同於科學的概念運作，但可以在直觀上訴諸直接的感性連結。《孟子》中的水、山都富有道德隱喻的意涵，在修辭上能夠直接鼓動人心。進入當代環境問題的情境中，這類物質意象所推動的道德設想有助於讓人類重新思考他們在宇宙中的地位，也注意到人類與其他物種間的緊密關係，甚至不忽略無生物的環境條件。不可見、無法捕捉的風可以是《論語》的「風乎舞雩，詠而歸」(〈先進〉)、「草上之風必偃」(〈顏淵〉)，也可以是物理的大氣之風。沈浸在風之中卻是人類活在空氣流動中的基本事實，風可以帶來新鮮空氣、溫暖氣流，也可以帶來霧霾、受汙染的空氣。捕捉風或逃避風，是強迫無形的風被實體化、能量化，變成物件而可估價、販賣。然而，無法控制路徑的颱風、龍捲風卻正標示出人類能力的限制。即使人類發明了飛行工具，縮短了旅行的距離，但是「搏扶搖直上」的機器大鵬、甚至環繞地球的人造衛星總是收編在戰爭武器的行列裡，空戰的高度進入大氣層、太空。即使衛星或太空梭所照攝的地球影像十分動人，但這個地球以及生活其中的各種生物是在毀滅的威脅下掙扎續存的。

---

16　朱熹：《四書集註》，頁214。

五行或四元素不再扮演類似前科學時代世界觀的角色，但是，這些直接的物質意象也可以脫離物件對象的視角，成為人與環境關係的重要感性指標。當人們使用道德隱喻的「熱情如火」時，卻是也同時評估著行為本身所帶來的風險，熱情可以是旺盛生命力的展示，拉近人與人之間的距離，促進親密關係，但也可能像火一般灼傷彼此，傷害親密關係。自然環境也是如此，科學觀察與控制技術將自然環境視為研究對象，但人類就在其中，不能脫離具體的環境，不能不呼吸、飲水、受體感溫度所牽動。設定恆溫、恆濕的理想環境會讓人遺忘背後的生態成本，它必須耗費大量能源，它更容易讓人誤以為精神性可以脫離物質性。融入生態學觀點的當代自然條件思考不能將自然科學與人文學劃為彼此不相干的學問，自然條件在人身上，而人的存在方式也徹底改變了目前為止的地球樣貌。透過行為技術的認識以及自然物質意象的驅動可以豐富價值行動的意涵，重新評估人類在宇宙中的位置。

## 四、社會條件

安居的社會性建立在關係上，一方面有交互作用的關係，另一方面有單向的關係。在人類活動上以交互作用的關係為主。由於本文希望從空間、場所的角度來觀察安居的條件，社會互動表現在空間上則是極為具體。

不同於科學所假定的均值空間，環繞著社會活動的空間帶有不可化約的異質性，這是以場所概念來表示的一個特徵。人的肉身身體有重量、在物理空間中有位置，在生活中穿梭或停留在某些特定大小的空間中，也與特定場所有生長、求學、娛樂、工作等等關係。年齡層不同，逗留的場所不同，幼兒園或養老院就是明顯的差別。性別也在空間中留下註記，作家吳爾芙（Virginia Woolf）的《自己的房間》（A Room of One's Own）便彰顯出女性主義的空間想像。農業社會的社會關係有一個清楚的鄰里，一方面立足於土地勞動上，另一方面勞動人口也聚集在

家屋的形制上，三合院或四合院的建築反映著這樣的特徵。[17] 但到了高度分工的資本主義社會，大量的工廠取代了田地，機械的生產要求專精的技術，工業與商業活動改變了人類的集體居住面貌，「土地」本身不僅商品化也承載了大量密集的都市人口。都市化的建築體現著居住、勞動、生產、娛樂等多方面分化的功能，集合式住宅也徹底形塑了當代都市生活的一般情況，更何況有許多高樓大廈造成視線的區隔、天際線的退縮。原本農村式的空間想像在城鄉變化激烈的大小城鎮裡都不再可行。

　　對於家、鄰里的想像也必須與時俱進。用錯誤的框架設想人類社會關係互動的情況，也只會產生空間方面「誤置具體性的謬誤」（fallacy of misplaced concreteness）。農村社會的家族聚居依賴於田地，可以採三合院、四合院的形制，也可以採村落聚集，自成一個單元。不論是土田封建或是佃租，勞動與市場都有較低的分化，類似於涂爾幹（Emile Durkheim）的機械連帶（solidarité mécanique），親族之間分享集體意識，[18] 基於血緣、情感、地域、信仰的相似性有緊密聯繫。[19] 機械連帶的法體系是壓制法（le droit répressif），以報復為原則，由社會集體直接介入對個人的懲罰。但城鎮化的聚居拔除了土地生產的依賴，靠更多的交易、服務、知識生產，無需彼此相識的匿名化仰賴的是細密多元的分工，人群聚集的型態是有機連帶（solidarité organique），在個人與社會之間有各種組織（法權規定、行會、公會、公司）作為中介。懲罰與判決的法體系是恢復法（le droit restitutif），[20] 個人是按照權利義務規定而

17　潘朝陽：《儒家的環境空間思想與實踐》（臺北：臺大出版中心，2013 年），頁 92-95。陳文尚：《臺灣傳統三合院式家屋的身體意象》（臺北：中國文化大學地學研究所暨地理學系，1993 年），頁 38-41。

18　Emile Durkheim, *De la division du travail social* (Paris: PUF, 1998), p. 46.

19　Durkheim, *De la division du travail social*, p. 74.

20　Durkheim, *De la division du travail social*, p. 81.

在社會中與其他人產生異質性的關係，[21] 如同不同器官（消化、呼吸、血液循環等差異）的角色在身體中結為一體，各有其分工職司。當代社會受到工業革命影響，表現為有機連帶的特徵，社會關係也反映在居住的鄰里關係上。

　　都市的土地成本高，居住空間也小。在小單位面積的規制下所分割出的居住空間反映的是新的跨世代家族關係，核心家庭的設想很難在高房價、高土地成本的條件下被實現。都市中年輕世代的生活壓力與新生兒的出生率下降有一定的連動關係。屋宅作為家庭的具體承載空間，也是維繫家庭價值的場所。提供親密關係與休憩的屋宅是私人狀況的保護所，但也是實現最基本社會關係的領域。一旦將屋宅置入土地與空間使用的框架來看，屋宅被價格所衡量，成為財產的一部分，這時，屋宅不再只是私有財產所劃定的不可侵犯領域，它具有可買賣的價格，也成為可繼承的物件、可抵押的財貨、須支付借貸的債權標的，如此一來，屋宅屬於公共領域。小單位、高樓層具有離開地平線的垂直性，每一單元的住屋是對外封閉的，界限劃定十分嚴密，可共享的天空、開敞空間受制於都市計畫。對比之下，水平展開的廣闊田野，在土地上移動時容易與熟識者遭遇，具彈性的敞開空間並沒有嚴格界限封閉住，似乎自然物與空間都可共享。這樣的城鄉差異並非截然劃分，在發展上朝向鄉村的都市化傾斜，逐漸取消鄉村原野所提供的生活彈性。重新思考城市和鄉村的不同定位，使得彼此的特質得到保存，又都可符合公民社會的條件，則是空間生活的挑戰。

　　因此，從私人到公共，空間刻劃著價值觀的標記。不同的價值認定便賦予空間多重的異質性。巴修拉在《空間詩學》所陳述的各種屋宅的價值化過程，屋宅體現著人的德性，也有其尊嚴，在宇宙中展現著力量。[22] 即使是屋內的一個角落也是親密性的凝聚點，濃縮了生

---

21　Durkheim, *De la division du travail social*, p. 99.

22　Gaston Bachelard, *La poétique de l'espace* (Paris: PUF, 1957), p. 57.

命歷程的記憶。對有些人來說，記憶是甜美的，但對有些人來說確是創傷與汙點，即使如此，正如傅柯所說，我們所生活其中的空間可以是「啃咬我們、沖刷我們的空間」，但依然是「一種異質性的空間」，因為「我們不是活在真空中，只讓我們擺設一些人和事物」，而是「活在一整個關係整體之中，這些關係界定著不可彼此化約、絕對不可疊加的地方（emplacements）」。[23] 有別於以過渡通道、暫時停留、休憩等功能為主的空間，傅柯以「異托邦」或「他異場所」（hétérotopies）來稱呼那些全然不同的地方，並對比於無何有之鄉的烏托邦。醫院、廟宇、墳場、公園、圖書館等都屬於這類「異托邦」，在實際場所上並置多重的空間。[24] 這正像是唐君毅所觀察到的「祠廟」，「既非工作亦非休息之處所」、「亦非只為紀念及作公共典禮之用的處所」，[25] 屬於「虛」而「無用」的一面。「祠廟」像是在時間之流中脫節，且似乎與工作休息空間分離不相鄰，唐君毅強調這是精神性的作用，屬於永恆與遍在（omnipresence）。[26] 對於傅柯來說，時間性配合著異托邦，也展現「他異時間」（hétérochronies）[27] 的特徵；就像唐君毅認為，永恆與遍在便是在時間和空間上脫離了日常的時間與空間。對唐君毅來說，異質性的層面便是非功能性的、精神性的。雖然關心監獄的傅柯更自覺地觀察權力對空間的穿透與擺佈，而唐君毅注重空間的宗教性、精神性；但是，唐君毅並非脫離現實的立場，他藉著祠廟的反省既引出跨宗教對話或跨文化的向度，也帶有多元價值的政治抵抗：如果外來宗教要取代固有的宗教空間或建築（如「祠廟」），那麼，他的宣示是：「這種宗教上的帝國

23　Michel Foucault, "Des espaces autres", in *Dits et écrits*, tome 4, éd. Daniel Defert et François Ewald (Paris: Gallimard, 1994), p. 755.
24　Foucault, "Des espaces autres," *Dits et écrits*, p. 758.
25　唐君毅：〈中國之祠廟與節日及其教育意義〉，收於《中華人文與當今世界》（臺北：學生書局，1988 年），下冊，頁 183。
26　唐君毅：〈中國之祠廟與節日及其教育意義〉，頁 184。
27　Foucault, "Des espaces autres," *Dits et écrits*, p. 759.

主義,與一切文化上政治經濟上之帝國主義,我們同必須加以抵擋。」[28]
有關文化條件的部分,容後再敘,此處則是關心空間所蘊涵的社會關
係。

　　空間的異質性與多樣性乃是可以朝向當代轉化的一個重要關鍵。
空間使用、規劃、價值賦予也必須符合當代的需求與特徵。勒斐伏
赫(Henri Lefebvre)在一般概念上區別了三種空間面向:(1)空間實
踐(la pratique spatiale),被感受的空間(l'espace perçu);(2)空間表
象(les représentations de l'espace),被認知的空間(l'espace conçu);
(3)表象空間(les espaces de représentation),被體驗的空間(l'espace
vécu)。[29]幾乎每一個空間都帶有這一三重性,例如,一個空間必須被
身體所經歷(手腳、眼耳鼻),立即導入具體的身體實踐層面,但也被
特定的認知秩序所表象,提供經緯定位、形體結構、功能設定、建築形
貌,同時這一空間也可以有特定文化價值,給予藝術裝飾、宗教提示、
個人或集體記憶。沒有一個空間是單純的「空」、「間」,社會關係就在
其中進行佈置。依照此一三重式的異質性、多樣性觀點,當代空間生活
與社會關係交織中透露的危機是也呈現在三面向上,一個被化約到單一
向度的空間降低了互動過程的豐富性,甚至在最糟糕的情況下,意義貧
瘠的空間阻礙了社會互動。恢復空間的多重意義有助於加入複雜性的思
維,三重的空間向度包含了內在動態過程,每一個地方有其「場所精神
(genius loci)」,按照傳統的說法,方位、土地有靈的說法結合價值與意
義的賦予。

　　但是,均質化、數量化過程抽離了空間的複雜性與異質性。在城鄉
差距與失衡的情況中,日漸膨脹的城市吸取了大量的人口與資本,相對
地獲得更多的發展資源,而鄉村人口湧向城市時,一方面將鄉村的人口
抽空,常見的是世代的失衡(隔代教養),另一方面則是城市人口過度

---

28　唐君毅:〈中國之祠廟與節日及其教育意義〉,頁 188。
29　Henri Lefebvre, *La production de l'espace* (Paris: ANTHROPOS, 2000), pp. 48-50.

密集，在土地有限而人數增加的負比例關係中，空間使用所代表的生活品質也隨之被壓縮。為了應付快速移動的人口，交通的需求增加也使得各式道路（鐵道、公路等）建設急遽膨脹。城市周邊的農地或是劃歸為衛星城鎮，或是轉變為工廠、道路。城市裡則劃定了各種領域，地價隨著不同比例增加，這意味著，要進入某些地域的門檻提高了。路網、生活圈的構築加入了速度概念，高度的流動性改變了人們體驗事物、世界的節奏。

　　政治介入也是空間劃分的重要因素。澳洲、南非經歷過種族隔離政策下的空間劃分，冷戰時期的柏林圍牆更是政治經濟制度分野的空間配置。然而，以色列、巴勒斯坦的纏結仍舊是領域政治的一個未解難題。[30] 敘利亞內戰所產生的難民潮，其悲慘程度絕不亞於中國內戰所經歷的「花果飄零」，在每個疆界、領域形成的同時，也必定產生跨越疆界的困局。即使在每一個疆界領域中，也都有空間正義（spatial justice）[31] 的問題。地理空間發展的不均衡往往就是空間不正義的表現，[32] 出現顯著的不平等現象。在人口集中的城市裡，不均衡、不平等也同時出現在隔離、陌異化以及公共空間的消失，能夠提供會面、討論、情感寄託的公共領域變成人流、金流的一種或是操控的一環，多元性本身需要更多的協商可能（不只是政治協商，更多的是文化協商），但處置、規劃空間的權力集中在少數人身上時，這些審議協商的機會被隔絕。

　　在網路發達之後，也應考慮虛擬空間的正義。媒體的資本化體現在利益以及意識型態的劃分上，報導人的立場往往受到質疑之際，傳統的報紙或新聞報導作為公共領域的一環，也隨之萎縮。寄望於自由取得資

---

30　大衛・狄尼連（David Delaney）著，王志弘、李延輝、徐苔玲譯：《領域》（Territory）（臺北：群學，2017 年），頁 153-219。

31　愛德華・索雅（Edward Soja），顏亮一、王丹青、謝碩元譯：《空間正義》（Seeking Spatial Justice）（臺北：開學文化，2019 年），頁 31。

32　索雅（Soja）：《空間正義》，頁 103。

料（下載）、傳遞的網路效率，或是能在匿名發表中跨越身分名聲的藩籬，這些新方法在資本集中的新媒體監視控管下又逐漸被演算法的天網所淹沒。網路時代的鄰里關係同樣有劇烈改變，鄰人可能是視訊或社交媒體的影音發言者。當穿越實體距離後，新的距離仍舊按照語言、影像、聲音的規則（生成過程、變造、片段化、簡單化）重塑社會關係。以立即性為訴求的影音效果，使得速度感成為社會互動的關鍵因素。數位落差造成許多人在虛擬空間中被邊緣化；效果不亞於實體空間的劣勢。在虛擬空間的經驗中，仍必須考慮「里仁為美」的核心價值。跨越了實體距離的障礙，人類溝通幾乎已經達到古代卜筮所想像的超距感應，但「感通」原則也在此有其效力。《易・繫辭》所謂「易無思也，無為也，寂然不動，感而遂通天下之故」，[33] 前述的時、位概念可以有屬於場所空間的新詮釋可能性，對於虛擬空間、虛擬實在的當代處境仍可指導思考方向。在新的媒體中介形式下，社會關係、倫理關係面臨重組之際，脫離了卜筮背景而帶入的「極深研幾」，則是科技演算仍可借鏡的。尋求溝通說服，透過鏡頭影像或聲音旋律的感動，並沒有遠離「通天下之志」、「成天下之務」的根本目的；技術上的「不疾而速，不行而至」，也在鍵盤滑鼠、觸控螢幕的點擊之間達成，這些都是「寂然不動，感而遂通」的表現；從感通原則出發，也可為數位時代的複雜關係釐清出一條可循道路。

在社會關係中，自由與平等的再塑造不可脫離居住領域的空間生產，不論是實體空間或虛擬空間都如此，但兩者的特徵不同，依賴的認識方法也不同。為適應這些日趨複雜的空間效應，價值思考必須進行轉化成可運用的思考資源。

---

33　孔穎達：《周易正義》（臺北：藝文印書館，1981 年），卷 7，頁 154。

## 五、文化條件

　　唐君毅撰寫《文化意識與道德理性》時為 20 世紀中葉，當時的核心議題是中西文化的融通，進而以更廣闊視野面向人類共同的文化活動，以道德意識奠定人文世界的永久存在。[34] 如同在自然條件與社會條件下的毀滅威脅，文化活動直接反映了人類價值思維的存續。他在此書結論處也點出「此中西文化精神之融合之道，亦即所以開拓人類文化。〔……〕即反乎一切文化衰落毀滅之道，反乎人類精神之下墜以求向上之道也。」[35] 中西分立或融通的觀點在當代更複雜的全球文化交流後必須轉化，但基本精神是「開拓人類文化」，避免文化衰亡。這是秉持張載「為往聖繼絕學，為萬世開太平」的儒家基本信念，遙承孔子「興滅國，繼絕世」的理想。唐君毅的開展對於當代的啟示就在他的字裡行間：文化創造、「求文化內容之豐富」、文化的永續發展。

　　若就他納入「中西文化」框架中所考慮的，其實已經注意到「西方」內部的多元性，例如宗教上包含了基督宗教、猶太教、回教；而中國文化內的多元性則至少在諸子百家、道教、佛教的表現中可見。不論是《文化意識與道德理性》或《生命存在與心靈境界》都隱括了多元性於其中，尋求融通也正是在多元性中尋求對話的機會。這一基本態度延續到宗教對話的思考：在消極意義上，他高舉宗教寬容；在積極意義上，則是藉著融通之道指出各種不同宗教所應努力的共同目標。對於當代的意義是：消極上，各宗教與文化體必須意識到彼此的差異，致力於相互承認而不致於彼此毀滅；在積極上，必須合作，共同尋求人類文化創造的契機。由於價值衝突以及文化差異是既定的事實，歷史早已充斥各種價值衝突所引發的戰爭（宗教的、民族的、意識型態的、經濟利益的），避免彼此毀滅，雖然看起來很具理想性，但回到事實面，仍可謂

---

34　唐君毅：《文化意識與道德理性》（臺北：學生書局，1986 年），〈自序〉，頁 21。
35　唐君毅：《文化意識與道德理性》，頁 667。

是務實的。這正如孔漢思（Hans Küng）鼓吹全球倫理（Weltethos）的基本信念：要尋求人類間的和平，首先必須避免宗教戰爭。至於文化創造，共同合作並不乏歷史的先例，在長久的各式文化互動中，相互影響磨合出有共通性基礎的文化模式所在多有，例如，中華文化的唐代或中世紀伊比利半島上的回教王國。文化共同創造的意義在於容許並致力於多元性與豐富性。多元、豐富、異質共容的空間生產也適用於文化間的關係。

從文化差異出發，全球化並非文化創造的解方。固然，全球化製造了文化間更開放的通道，但是，文化趨同的傾向使得單一向度的文化表現被凸顯，相對地，差異面則有抹煞的危險。受到資本主義影響下的文化商標流通，同質性高的品味放大影響力，豐富性減弱，甚至，跨國企業挾帶著資金、就業機會、語言等強勢壓倒了在地文化。但正由於文化創造也起自在地文化的適應能力，以「全球在地（Glocal）」為標記的主張隨之而來，可樂、漢堡這類全球化的美式食物也得到一些在地化的可能，在土耳其或在泰國，就有相應的口味發明。這種兩面性顯示出，文化創造的機會或危機並非單一向度的。

因此，就文化創造來說，文化交織是更積極的一個概念。「交織」藉助紡織的隱喻，將不同的紗線（文化因素的象徵）織在同一個布面上，形成特殊的織理。但借用梅洛龐蒂「交錯配置」（chiasm）[36] 的概念，進一步將「交織」推到一個具有交互性、可逆性的思考，同時，保留內在的差距、歧異，不任意化約。正如同可見者與不可見者的關係，觸覺、聽覺作為不可見者的方面，不可被化約到視覺。文化交織包含了文化差異與相互理解的元素。在具體的概念操作上，必須進入到文化衝突的權力傾斜問題，亦即，文化詮釋權。借用安居的空間隱喻來說，文化歡迎安居其中，但不應該被佔有。「佔有」意味著獨佔的排他性；在

---

36    Maurice Merleau-Ponty, *Le visible et l'invisible* (Paris: Gallimard, 1964), pp. 176, 189, 292.

文化詮釋權上，便是佔有文化經典，封閉其思想與價值資源，排除其他人的詮釋，相對地，獨力高舉某經典的優越性，排除其它經典的價值，將以文化強加於其它文化之上，這也是擴張文化詮釋權的作法。殖民的作法便是以外來文化強加於原住民身上，以傳教的名義，用一套特定文化價值（語言、儀式、制度）壓制另一套文化價值。然而，無法單純用解殖的反轉，「恢復」原來受壓制的弱勢文化；文化的創造並非朝代更替的模式所可掌握。在交互性的引導下，需要恢復的是共通的可理解性，而不再是一分為二。包含著交互性、異質性的文化詮釋是開啟新的可能性，而不是恢復舊的事實性。

以翻譯為例說明，一個經典文本總是面臨各個時代、各種語言的翻譯，《舊約》的德語譯本並沒有比西班牙語譯本更具優越性。但正如同《老子》的極多種語言譯本一樣，每一個譯本都是一種理解版本，也是朝向新語言的一個機會。熟悉華語的閱讀者若不同時掌握到其它語言，就很難想像原來的漢字文本在其它語言中得到什麼機會，在什麼樣的情境下進駐到其它語言讀者的詞彙中，驅動著思維與書寫。傳教者借用殖民的管道採取翻譯策略，但翻譯也同時必須順應新的陌生語言，臣服於陌生語言系統中的世界觀。音節、斷句、節奏、吟誦、視覺效果等的延伸如同地下根莖般蔓延，對於原來本文的熟悉者來說，那只是詰屈聱牙的聲響，但意義的延伸超過原來的理解平面，到達新的理解平面。當代的中文詮釋也是一種翻譯，不只是用白話文解釋產生翻譯效果，用不同的概念解釋，進而開啟與不同價值傳統對話的方式就是一種翻譯。在文化差異和距離的前提下，翻譯是理解的協商，擴大了詮釋效應。從語言翻譯到概念翻譯、文化翻譯，經典的核心價值愈經得起詮釋考驗，也愈加釋放思想資源，抵抗資源與詮釋的獨佔。

文化詮釋權的問題觸及當代的真理困境，由於片段化、快速化的訊息傳遞特徵，使得真理的認識受制於真理操弄的技術。「惡紫之奪朱」的真實性要求不僅僅必須面對謠言散布的恆存形態，也要面對知識被訊息化的大數據處理。如山故紙化為位元，便似須彌芥子，訊息篩選機制

成為必要門檻，詮釋也必須通過合理懷疑的考驗。經典作為可共享的公共資源，具備開放性，但解讀詮釋的能力與權力也進入更高的挑戰，在新的思想者存在情境中編織新的紋理，通過每個詮釋者的思想試煉，避免人云亦云、道聽途說的順手傳播，才是使得價值資源變成文化創造的條件。

　　儒家價值對文化條件的設想也應該朝向文化創造邁進。「興滅國，繼絕世」的信念是支持人文世界的重要砥柱，這意味著，當政治秩序重新編定時，文化的力量穿透現實政治，能夠跨越某些既定的疆界。面對意義扁平化的危機，正是文化傳承亮紅燈的警訊。文化能夠不封限在僵化的靜態中，就具有跨越疆域的能力，進入解疆域化、再疆域化的歷程。在過去中國歷史的經驗中，我們早已見到儒家身處多元性中的對話性格，「獨尊儒術」並非儒家所自豪的價值，反而會批判「陽儒陰法」的權術操弄。文化創造就是思想創造，肯定心的虛靈明覺，也是肯定每個人心的思想創造。操縱、愚弄、管束人心的歸一化處置無法面對多樣性的心靈及思想創造，這才是心靈的源頭活水。

## 六、結論

　　當代人類面對的問題已經不是一族、一國的問題，而是物種的、行星尺度的問題。大規模爆發的疫情造成邊境封閉，這正足以顯示跨邊境移動的既定事實。病毒彰顯出人身的脆弱性，抵抗病毒，是在脆弱性與堅韌之間拉鋸的考驗。這一疾病的隱喻揭示了人在自然中，既立足於自然與物質條件，卻又必須取得與自然中其他物種共存的可能。生態智慧（écosophie）點出人作為生態存在的多重性（自然環境的、社會關係的、人類主體性），[37] 應該關注的不僅僅是存在的事實，更是對存在樣態

---

37　Félix Guattari, *Les trois écologies* (Paris: Galilée, 1989,) p. 12.

的理解與詮釋，從行動與實踐中找到意義的立足點。

　　疫情所彰顯的邊境、認同界限、真理、自由等重大問題，是人類存在本身的根本問題，其中夾著生命存在的危機與生命意義的危機。人類的共居於世有著歷史的血腥過往，戰爭的陰影始終迫近，但如何從毀滅的困境解除意義危機則是文化本身的任務。尋求「感通照明」，是在自然、社會、文化條件下，面對各種多樣化異質性的現實之際，試著脫困，進而釐清人類與其他物種穩健續存的轉化契機。

　　在自然條件上，人類參贊化育的角色已然超越制物、用物的功利態度，進而對自然大地、動植物物種多樣性有更切身的責任，秉持「能盡人之性，則能盡物之性」的誠摯良知，體現生生化育的德行。

　　在社會條件上，從「造次必於是，顛沛必於是」的存在感受，提取樂天安土、靈根自植的安頓能力，跨越氏族社會的限制，在以法治、保障權益為考量的公民社會基礎上，面對全球化、資訊化、匿名化、虛擬化的移動時代，在碎片化的趨勢中，力圖實踐「里仁為美」的空間正義。將「感通」能力貫徹入「通天下之志」、「成天下之務」的價值賦予上，以虛靈明覺的活潑彈性處理虛、實之間所蘊涵的自由創造性。

　　在文化條件上，則秉持融通的合理精神，面對多元性、異質性的各種價值衝突，善稟「為往聖繼絕學」的宏願，開啟文化創造的活力。儒家傳統在當代也需要重新詮釋、創造轉化，這一歷程儘管遭遇曲折、飽富挑戰，卻本就屬於文化條件更新的一環；接受多元性、異質性的條件要求，但致力於價值分享、情境感通，則是儒家可以有積極貢獻之處，在個人、群體、文化系譜、人類物種續存的不同層次上，能夠開放地傾聽他者、異文化的聲音。

　　安居於世，並不是佔領某個地方，而是在重新組織生活節奏上，認識到一種基本的交互關係；這種認識是自己或群體仰賴他人、其他群體、環境的一種環顧。這世界中有無數的他人、無數的動物、植物礦物，各自有其空間性及時間性，個人或家庭的安頓必須適應這些環境中的物質性、空間性、時間性，但同時創造出專屬自己的生活步調。發揮

自己的豐富性有賴於汲取他者的豐富性，切斷了聯繫和交織的相互關係，則會造成自己的貧瘠，阻絕自己的生機。安居於世，同時也是與他者共存於世，天地寬廣，鳶飛魚躍，則是各安其所的誠念所繫。

# 第三章
# 儒家、民主與防疫

李明輝 *

## 一、民主的勝利與危機

　　1989 年夏季在東西冷戰即將結束之際，日裔美籍政治學家福山（Francis Fukuyama）在美國期刊《國家利益》（*The National Interest*）發表了〈歷史之終結？〉（"The End of History?"）一文。他在文中提出一個「普遍歷史」（universal history）的結論：「我們可能正在見證的，並非就是冷戰之終結，或者一個特殊時期的戰後史之消逝，而是歷史本身之終結：這就是說，人類意識形態演化之終點，以及作為人類統治之最後形式的西方自由民主之普遍化。」幾個月之後，原屬華沙公約集團的東歐共產政權逐一垮臺，蘇聯也接著於 1991 年瓦解。這篇彷如先知預言的短文一時洛陽紙貴，在知識界引起熱烈的討論。

　　在 20 世紀的最後十年，西方知識界對自由民主體制基本上抱持樂觀的態度。在這段期間，除了東歐的民主化浪潮之外，歐洲聯盟於 1993 年的成立及其後的逐步擴張也標示民主浪潮的重大進展。進入 21 世紀之後，歐洲聯盟繼續向中歐及東歐擴張。但在同一時期，自由民主體制也面臨不小的挑戰。2010 年年底由突尼西亞引爆的「阿拉伯之春」雖然推翻了幾個獨裁政權，但並未使阿拉伯國家順利步上民主的道路，反而導致政治的混亂與內戰，特別是伊斯蘭國的崛起。這使得大量的難民湧向歐洲，而引發不少歐盟國家的排外風潮，導致民粹主義的興起，甚

---

*　中央研究院中國文哲研究所特聘研究員；國立臺灣大學國家發展研究所合聘教授。

至間接造成英國的「脫歐」。俄羅斯在蘇聯解體後雖然有民主選舉，但普亭（Vladímir Vladímirovich Pútin）於 2000 年當選總統後，卻一再玩法，並藉由操弄民粹主義執政至今，甚至入侵烏克蘭。然而，西方的自由民主體制遭到的最大挫折卻是政治素人川普（Donald John Trump）於 2016 年當選美國總統。川普的勝利證明有長期民主傳統的美國也無法倖免於民粹主義之衝擊，的確跌破不少政治學家與政治觀察家的眼鏡。

對西方的自由民主體制造成重大挑戰的還有中共的崛起。在 1989 年的天安門事件之後，中共受到西方世界的強烈抵制。但進入 21 世紀之後，中國大陸的經濟逐漸恢復元氣。中共乘著全球化的浪潮，快速地提升經濟產能，擴大市場。2010 中國大陸的 GDP 超越日本，成為僅次於美國的世界第二大經濟體。2008 年的金融風暴充分暴露了西方經濟體制的弱點。反之，中共因應對得宜，經濟受損程度較小，使得「中國發展模式」受到西方學界的關注。隨著經濟的發展，中國大陸的軍事力量也快速成長，使西方及亞洲國家備感威脅。

## 二、中國模式？

在以上的背景下，習近平於 2012 年當選中共中央總書記，次年成為國家主席，中國大陸自此進入「習近平時代」。2012 年胡錦濤在中共十八大報告中提出「三個自信」，即中國特色社會主義「道路自信、理論自信、制度自信」。其後，習近平加入了「文化自信」，而形成「四個自信」。2017 年中共十九大正式將「四個自信」加入了黨章。除了文化自信係指向中國傳統文化之外，其餘三項自信都直接指向中國大陸改革開放以來逐步形成的「中國特色社會主義」。這套制度被視為有別於西方自由民主體制的另一項選擇，而中國大陸在經濟與軍事力量方面的快速發展成為這種自信的依據。

2020 年初在武漢爆發的新冠肺炎起初使中國大陸陷入嚴重的危機，中共也成為西方國家交相指摘的對象。但隨後中共傾全國之力，

以大規模封城及廣泛篩檢的極端手段逐步將疫情控制下來。反觀美國及一些西方民主國家卻因輕忽而導致疫情蔓延，確診與死亡人數均遠超過中國大陸。美國及這些西方國家均有高度發達的醫療水準與公共衛生系統，卻無法妥善因應疫情，意外地為中共的「制度自信」提供了佐證。

與中共官方的「四個自信」相呼應的還有學界的聲音。2013 年華東大學出版社出版了由曾亦與郭曉東合編的《何謂普世？誰之價值？當代儒家論普世價值》一書。此書針對六項議題以座談會的形式邀請大陸學者發言。發言的方向一面倒地否定西方民主體制所代表的普世價值。編者在此書的〈緣起〉中寫道：

> 歷史表明，中國就從來不可能簡單地接受一種外來的東西為普世價值。近年來，隨著中國在經濟上的突飛猛進，政府和學界開始有人講「中國模式」，乃至講「中國道路」。不過，這個提法目前還比較消極，旨在強調三十年來改革道路的特殊性而已，如果更積極地講，完全可以從這種道路自身的邏輯來理解目前中國的經濟成就，甚至還可以從數千年來的傳統來理解這種成就，從而把我黨乃至整個現代中國納入到五千年中華大傳統之中。（頁 3）

在西方學界，「中國模式」也已成為探討與辯論的熱門議題。例如，長期在中國大陸任教並定居的加拿大籍學者貝淡寧（Daniel A. Bell）於 2015 年出版了《中國模式：政治賢能制與民主的限度》（*The China Model: Political Meritocracy and the Limits of Democracy*, Princeton University Press），立刻引起西方學界的熱烈討論。[1] 次年，此書的中文版即由北京中信出版社出版，但有意思的是，中文書名改為《賢能政治：為什麼尚賢制比選舉民主制更適合中國》。「中國模式」一

---

1　例如，美國政治科學學會發行的期刊 *Perspectives on Politics* 於 2016 年 3 月號（Vol. 14, No. 1）便邀請了七位學者評論此書。

詞不見了，但副標題卻將此書的主旨一語道破。因為貝淡寧主張：中國應採取結合高層尚賢與基層民主的「民主尚賢制的垂直模型」。

　　除了貝淡寧所主張的「中國模式」之外，還有大陸學者蔣慶所提倡的「王道政治」與「儒教憲政」。在其《生命信仰與王道政治》一書中，蔣慶設計了一個三院制的議會，以「通儒院」代表超越神聖的合法性，以「庶民院」代表人心民意的合法性，以「國體院」代表歷史文化的合法性，再由議會產生行政系統，對議會負責。在這三院當中，只有「庶民院」是由選舉產生，「通儒院」由推舉與委派產生，「國體院」則由世襲的衍聖公指定。[2] 在《再論政治儒學》一書中，蔣慶進一步提出「儒教憲政」的構想。除了上述的「議會三院制」之外，這個構想還包括「太學監國制」與「虛君共和制」。他將「太學監國制」視為儒教憲政的「監督形式」，而將「虛君共和制」視為儒教憲政的「國體形式」。太學由「太學祭酒」與「太學大學士」組成，是由一個複雜的推舉與選拔之過程產生。[3]「虛君共和制」，則是以衍聖公為「虛君」，代表「國體」。[4]

　　貝淡寧的「中國模式」是將中國大陸改革開放以來摸索而出的治理模式理想化的結果。蔣慶的「王道政治」與「儒教憲政」則是根據中國傳統公羊學設計出來的治理模式。雖然他們兩人的出發點與構想不盡相同，但他們都針對西方的自由民主體制提出一個他們認為更好且更適合中國的替代方案。

---

2　參閱蔣慶：《生命信仰與王道政治：儒家文化的現代價值》（臺北：養正堂文化事業公司，2004 年），頁 313-317。

3　參閱蔣慶：《再論政治儒學》（上海：華東師範大學出版社，2011 年），頁 152。

4　參閱同上書，頁 180-194。

## 三、防疫與政治秩序：福山的解釋

現在我們回到福山的「歷史終結論」。福山於 1989 年提出此論之後，一方面受到不少學者與政治人物的批評，另一方面又要面對 21 世紀民主政治受到的挑戰。在這種情境下，他於 2011 年出版《政秩序的起源：從前人類時代到法國大革命》，[5] 於 2014 年出版《政治秩序與政治衰敗：從工業革命到民主的全球化》。[6] 在這兩部著作中，福山提出構成政治秩序的三項基本制度：國家、法治與民主負責制，並主張：

> 一個成功的現代自由民主制將所有三套制度結合在一種穩定的平衡中。〔……〕國家集中和行使權力，要求其公民一方遵從其法律，並且面對其他的國家和威脅保護自己。另一方面，法治和負責制的政府限制國家的權力，首先迫使國家依據確切的公開而透明的規則來使用權力，再確保國家從屬於人民的願望。[7]

福山承認中國有強大的國家治理能力。有不少人認為：在這一點上，福山已改變他的「歷史終結論」。其實不然。因為他也指出：「中國有強大的國家，但沒有法治和負責制政府。」[8]

福山出版這兩部著作時，川普尚未當選美國總統。但是福山當時已

---

5　Francis Fukuyama: *The Origins of Political Order: From Prehuman Times to the French Revolution*, (New York: Farrar, Straus and Giroux, 2011). 此書有毛俊杰的中譯本：《政治秩序的起源：從前人類時代到法國大革命》(桂林：廣西大學出版社，2012 年)。

6　Francis Fukuyama: *Political Order and Political Decay: From the Industrial Revolution to the Globalization of Democracy*, (New York: Farrar, Straus and Giroux, 2014). 此書有毛俊杰的中譯本：《政治秩序與政治衰敗：從工業革命到民主的全球化》(桂林：廣西大學出版社，2015 年)。

7　Fukuyama: *The Origins of Political Order*, p. 16.

8　同上書，頁 22。

看出美國政治衰敗的徵候，即他所謂的「否決制」（Vetocracy）。他解釋說：

> 比起威權國家，民主的政治體制同意體制內的參與者有更多否決權；這是它們之所以為民主的理由。〔……〕就否決的參與者之單純數量而言，美國的政治體制在當代的民主家中另屬一類。它已變得不平衡，而且在某些領域中受到太多的制衡，而這增加集體行動的成本，有時還使之完全不可能。它是一個可稱為否決制的體制。[9]

簡言之，福山所謂的「否決制」係指在民主政體中的幾股（通常是兩股）政治力量各走極端，而無法取得基本的共識。對於因國家認同分歧而導致政黨惡鬥的臺灣而言，否決制早已不陌生。

　　2020年新冠肺炎疫情蔓延到歐、美國家時，福山在美國期刊《外交事務》（*Foreign Affairs*）發表了一篇文章，題為〈瘟疫與政治秩序：國家是必要的〉（"The Pandemic and Political Order: It Takes a State"）。他在文中評論說：

> 迄今為止，在處理這項危機方面，何以有些國家做得比其他國家好，已經很清楚，而且我們已有一切理由認為這種趨勢會持續下去。**這並不是一個政權型態的問題**。有些民主國家運作良好，其他民主國家則否，而且對於專制國家，也是如此。成功的抗疫所依賴之要素是國家的能力、社會信任與領導力。具有所有這三項要素——一個有能力的國家機制、一個為公民所信任與傾聽的政府，以及有效的領導人——的國家運作得令人印象深刻，而限制了它們所遭受的損害。具有機能失調政府、兩極化社會或低度領導力的國家做得很糟，而讓它們的公民與經

---

9　Fukuyama: *Political Order and Political Decay*, p. 493.

濟受到影響並且脆弱。[10]

## 四、防疫與文化因素

　　在同年稍早疫情開始從中國大陸蔓延到亞洲各國時，葡萄牙籍的政治學家馬薩艾斯（Bruno Maçães）在亞洲旅行了一段時間。其後，他在美國期刊《國家評論》（National Review）3 月 10 日的網路版上發表了一篇題為〈新冠病毒與文明衝突〉（"Coronavirus and the Clash of Civilizations"）的文章，表達他的觀察所得。當時中國大陸開始有效地控制住新冠肺炎的傳播，而亞洲國家如臨大敵，嚴厲防疫。在西方，義大利開始成為重災區，其餘西方國家尚在隔岸觀火。這篇文章的觀點有兩點值得注意。首先，他不像福山那樣，從制度層面來解釋抗疫的成功與否，而是從文明衝突的角度來看待這個問題。他在文中提到：「關於我們戰勝疫情的能力最有希望的消息來自可大略稱為**儒家世界**的地方。」[11]他舉出新加坡、越南、韓國為例。其實，我們也可以為他加上日本、香港、澳門與臺灣。接著，他自問道：「這些事實說明了一個道德系統的好處嗎？這個系統先於權利而強調義務，並且賦予更大社群所界定的習俗、措施和規則之合宜性以更高的價值。」顯然，他在此所指的是儒家的道德系統。其次，馬薩艾斯特別提到中國大陸的抗疫成就，認為「這次疫情已為一場重新開啟的文明衝突提供了的絕佳的背景」。他又寫道：

> 在過去幾年，認為中國將緩慢地採用西方政治價值的共識已經被一項認識所取代，即中國共產黨堅定地承諾於另外一種模式，而且事實上正試圖將它輸出到全世界。

---

10　*Foreign Affairs*, Vol. 99, Issue 4 (July/Aug. 2020), p. 26. 黑體為筆者所標示。
11　黑體為筆者所標示。

馬薩艾斯將中國大陸的抗疫成就視為儒家文化的表現，而將它納入「文明衝突」的論述中，對此筆者不無疑問。因為中共的政治動員力量太強了，以致我們很難從經驗上具體判斷：中國大陸的抗疫成就主要應歸功於中共的政治動員力量，還是儒家文化的潛移默化？或者兼而有之？中共抗疫所採取的極端措施恐怕是其他國家或地區很難模仿的。況且在經過長期的反傳統運動及文革之後，中國大陸是否還能代表儒家文化，而被視為體現「文明衝突」的一方，並非沒有爭議。[12]

　　但是在其他政治控制力較為間接而軟性的儒家文化區，儒家文化在抗疫過程中發揮的作用是不容否認的。單就戴口罩的習慣或規定來說，歐、美國家有一股強大的聲音主張：政府強制人民戴口罩是對個人自由的侵犯。歐、美各國不時有反對戴口罩的抗議活動。根據媒體報導，約有四分之一的美國人拒絕戴口罩。在歐、美國家，注射疫苗也引起類似的爭論。例如在美國，有些州的地方官員帶頭反對聯邦政府強制公民注射疫苗，認為這侵犯個人的自由，甚至是違憲的。

　　不久前瑞士學者夏伯爾（Peter Schaber）發表了一篇文章，題為〈論注射疫苗以防範新冠病毒的義務〉。[13] 在新冠肺炎流行期間，在西方有不少人認為他們有權利拒絕注射疫苗。夏伯爾在文中反駁這種主張，認為我們有道德義務注射疫苗，以防範新冠肺炎，因為注射疫苗不是自己的事，而是為了他人。此外，夏伯爾認為國家應強制人民注射疫苗，因為國家有義務保護那些因故無法藉注射疫苗防止嚴重傷害與死亡的第三方。在亞洲的儒家文化圈，夏伯爾的這種主張很少成為爭論的議題。人們爭論的反而是另一層面的實際問題：注射疫苗是否可有效地防範新冠肺炎？哪種疫苗更有效？哪種疫苗會產生甚麼副作用？是否會致死？

12　參閱彭國翔：〈現代中國代表的是何種文明──從亨廷頓的「文明衝突論」說起〉，《二十一世紀雙月刊》，總 183 期（2021 年 2 月），頁 18-29。

13　Peter Schaber: "Zur Pflicht, sich gegen Covid-19 impfen zu lassen", *Archiv für Rechts- und Sozialphilosophie*, Volume 107, Issue 1 (March 2021), pp 42-51.

但只要政府強制人民注射疫苗，反對的力量通常不大。戴口罩的問題也類似於此。因為在儒家文化圈，一般人認為：戴口罩不但是為了保護自己，也是為了保護他人。在高溫的氣候下戴口罩其實是非常不舒服的事。但從 2020 年疫情開始爆發到現在，根據我在臺北街頭的觀察，戴口罩者的比例非常高。從這兩個簡單的例子就反映出文化背景與疫情控制的相干性。

## 五、民主的三個層面

現在讓我們回頭思考儒家文化與民主政治的問題。在上個世紀，一個不斷引起爭論的問題是：儒家傳統究竟有利還是不利於民主政治的建立？這個問題不容易有一個簡單的答案而取得共識。其答案完全視乎我們如何理解儒家傳統與民主政治。因為無論是儒家傳統還是民主政治，都包含一套極為複雜、甚至相互衝突的意涵。

就民主政治而言，它包含古典意義與現代意義。就古典意義而言，民主政治意謂「多數人統治」——相對於少數人統治的「貴族政治」與君王一人統治的「專制政治」而言。直到 18 世紀，對多數西方思想家而言，民主政治並非最理想的政治形態。德國哲學家康德（Immanuel Kant, 1724-1804）甚至說：「**民主政體**（依此詞底本義而言）底形式必然是一種**獨裁制**。」[14]

在康德的用語裡，相當於現代意義的「民主政治」的，反倒是「共和制」（Republikanism）一詞。這是一種與「獨裁制」（Despotism）相對的政治原則，而他所謂的「共和制」，是「將（政府底）行政權與立

---

14　康德：《論永久和平——一項哲學性規畫》，收入李明輝譯：《康德歷史哲學論文集》（臺北：聯經出版公司，2013 年增訂版），頁 181-182。

法權分開」的政治原則，[15] 故共和制的憲法只能採取代議制。[16] 因此，康德所謂的「共和制」大體相當於現代的代議民主制。康德甚至強調：共和制憲法是唯一「本身為合法的且在道德上是善的」憲法。[17]

　　關於民主政治的爭議，多半是由於未清楚區分問題的不同層面。我們應區分民主政治涉及的三個不同的層面，即理念、制度與文化的層面。康德說：共和制憲法是唯一「本身為合法的且在道德上是善的」憲法，這是就理念的層面肯定現代民主的普遍價值。我們在政治學教科書中常看到一種說法：民主政治可能不夠理想，但它是迄今為止可能的制度中較好的制度。但這是就制度的層面，而非就理念的層面而說。就理念的層面而言，西方現代民主的發展是為了解決人類群體生活中的一項基本問題，即自由與秩序的關係。個人能力的發展與社會的繁榮需要自由，但群體的共同生活又需要秩序。在人類的歷史經驗中，這兩項要求往往會衝突，而無法得兼。簡言之，民主的理念要求一套制度的安排，使兩者得兼。中國過去「家天下」的君主專制制度固然滿足了秩序的要求，但卻限制了人民的自由與發展。若說「家天下」的制度不合理，難道「黨天下」的制度就合理嗎？

　　將理念與制度的層面加以區分，對於我們思考民主的問題至為重要。在筆者看來，貝淡寧將民主政治與賢能政治對立起來，即是混淆了這兩個問題層面。因為即使古典意義的民主政治也要求賢者在位。例如，古代雅典的傑出政治家伯里克利（Pericles, c. 495-429 BCE）在其著名的〈國葬演說〉中就明白地表示：

　　我們的制度之所以被稱為民主政治，因為政權在全體公民手

---

15　同上註，頁 181。
16　同上註，頁 182；參閱康德著、李明輝譯：《道德底形上學》（臺北：聯經出版公司，2015 年），頁 196。
17　康德：〈重提的問題：人類是否不斷地趨向於更佳的境地？〉，收入李明輝譯：《康德歷史哲學論文集》，頁 85。

中，而不是在少數人手中。解決私人爭執的時候，每個人在法律上都是平等的；讓一個人負擔公職優先於他人的時候，所考慮的不是某一個特殊階級的成員，而是他們有的真正才能。[18]

因此，民主政治的理念與賢能政治的制度並不構成衝突。

康德所謂的「共和制」正是要安排自由與秩序的合理關係。如上文所述，「共和制」要求將行政權與立法權分開，就是要通過制衡來保障個人的自由。至於秩序，則是要靠「法權」（Recht）來保障。德文的 Recht 一詞有很豐富的涵義。它除了法律之外，還有權利、正義、正當諸義。依康德之意，「法權」是人民的共同意志之體現。極權政治也有法律，但是它的法律並不代表人民的共同意志，所以只有「法制」（rule by law），而無「法治」（rule of law）。因此，康德將一個依共和制憲法建立的社會稱為「一個普遍地管理法權的公民社會」。[19] 他將這種社會比擬為一座森林，其中的樹不會相互妨礙彼此的成長，而是「彼此向上方尋求空氣和陽光，且因此得以漂亮而挺直地生長」。[20] 因此，康德在《道德底形上學》中提出「法權底普遍原則」：「任何行為若能根據一項普遍法則而與每個人底自由共存，或是依該行為之格律，任何人底意念之自由能根據一項普遍法則而與每個人底自由共存，這個行為便是正當的（recht）。」[21] 換言之，唯有根據普遍法權治理的社會才能兼顧個人的自由與社會的秩序。筆者認為：這是對「民主」的理念最扼要且恰當的說明。就這個理念層面而言，民主的確代表一項普世價值。

進而言之，個人可以利用其自由追求個人的目標（或者說，幸

18　修昔底德著，謝德風譯：《伯羅奔尼撒戰爭史》（北京：商務印書館，1997 年），上冊，頁 130。
19　康德：〈在世界公民底觀點下的普遍歷史之理念〉，收入李明輝譯：《康德歷史哲學論文集》，頁 11。
20　同上註，頁 12。
21　康德著，李明輝譯：《道德底形上學》，頁 45。

福）。但康德指出：儘管每個有理性者都會追求幸福，[22] 但幸福卻是個不確定的概念，會因人而異。[23] 因此，在政治哲學的脈絡中，康德強調：

> 對於一個共同體底憲法而言，我以下列的程式來表達這種自由底原則：無人能強迫我按照他的方式（他設想其他人底福祉的方式）去獲取幸福，而是每個人都可以依循他自己認為恰當的途徑去尋求其幸福——只要他不損害他人追求一項類似目的的自由（亦即他人底這項權利），而這種自由能按照一項可能的普遍法則而與每個人底自由並存。[24]

與此相反的是另一種政府：

> 若一個政府建立在對於人民的仁愛（就像一個**父親**對於其子女那樣）底原則上，就是**父權的政府**（väterliche Regierung/imperium paternale）。因此，臣民在這裡有如無法分辨什麼對自己真正有利或有害的未成年子女，不得不僅採取被動的態度，以便對於他們**應當**如何才會幸福，僅期待於國家元首底判斷，而對於國家元首之亦有此意願，則僅期待於其善意。這種政府是可設想的最大的獨裁主義（這種憲法取消臣民底一切自由，臣民因之完全不擁有任何權利）。[25]

然而，對康德而言，一個國家建立了共和制的憲法，還不是「歷史之終結」。對康德而言，在一個國家中建立「一個普遍地管理法權的公民社會」，使人類脫離自然狀態，而進入文明狀態（法律狀態），但

---

22　參閱康德著，李明輝譯：《道德底形上學之基礎》（臺北：聯經出版公司，1990年），頁36。
23　參閱同上書，頁39-40。
24　康德：〈論俗語所謂：這在理論上可能是正確的，但不適於實踐〉，收入李明輝譯：《康德歷史哲學論文集》，頁115。
25　同上註。

國家與國家依然存在於自然狀態中，而尚未建立法律秩序。康德說：
「建立一種完美的公民憲法之問題繫於國家對外的合法關係之問題，而
且不靠後一問題，前一問題就無法解決。」26 用現代的語言來說，單是國
家內部的民主化是不夠的，國際關係也要民主化。為了國際關係的民主
化，康德主張建立一個「國際聯盟」，以消弭一切戰爭，而達到「永久
和平」。有學者將這種國際關係稱為「世界主義的民主」（cosmopolitan
democracy）。27「永久和平」才是「歷史之終結」。

　　以上所述，是民主的理念，它具有普世價值。但是理念必須藉由制
度來落實，這就涉及民主的制度層面。民主國家的制度有內閣制、總統
制、雙首長制、委員制等。一個民主國家採取何種制度，往往取決於其
特殊情境與歷史背景。例如，瑞士發展出獨特的委員制，便與其特殊的
歷史發展有關。這些制度之間並無絕對的優劣，而採取同一種制度的民
主國家也可能有成敗之別。其成功與否端視其是否符合該國的歷史條件
與政治文化。因此，我們並無理由因某個國家採取了不適合的制度而導
致民主的挫敗，就質疑民主的普世價值。

## 六、防疫與儒家傳統

　　進而言之，一個國家的民主制度之成功還要依靠其政治文化。這就
涉及民主的文化層面。這就是何以美國哲學家杜威（John Dewey, 1859-
1952）要將民主視為一種「生活方式」（way of life）。28 在這個層面，儒

26　康德：〈在世界公民底觀點下的普遍歷史之理念〉，收入李明輝譯：《康德歷史哲學
　　論文集》，頁 13。
27　參閱 Anastasia Marinopoulou: "Cosmopolitanism: From Kant to the Vindication of Legitimacy
　　and Democracy", in Darian Meacham/Nicolas de Warren eds., *The Routledge Handbook
　　of Philosophy and Europe* (London: Routledge, 2021), pp. 202ff.
28　參閱 John Dewey: "Democracy and Educational Administration", in idem, *Problems of
　　Men* (New York: Philosophical Library, 1946), pp. 57f.

家文化與民主政治之成敗就可能產生關聯。以上述關於戴口罩與注射疫苗的爭議為例，儒家文化與西方以個人主義為基礎的政治文化就形成一項對比：誠如馬薩艾斯所暗示的，儒家文化視義務優先於權利，西方的個人主義（individualism）則視權利優先於義務。以防疫措施為例，戴口罩可以被規定為一種義務，即是在特定的條件下（如進入室內、搭乘大眾交通工具或在特定的工作場合）政府可以強制戴口罩。政府也可針對特定的職業（如醫護人員、軍人、空服員與機師）強制注射疫苗，但是要容許當事人有選擇疫苗的權利。政府也可以限制未注射疫苗者進入特定的公共空間。除此之外，政府最好採取勸導的手段。這兩種措施都不屬於個人自由的範圍。這些措施在儒家文化圈引起的爭議顯然較少。

最近，臺灣學者雷祥麟在一篇論文中比較臺灣與美國在疫情中的口罩文化。他指出：基於 SARS 的經驗，臺灣人相信戴口罩可以有效保護自己，不覺得是被政府逼迫以保護他人，因此會主動戴口罩。反之，美國的疾病管理局指出：戴口罩的主要功能是保護他人；這使得人民覺得被政府逼迫去戴口罩，反而不利於政府推動防疫政策。[29] 但這項觀點無法解釋：既然注射疫苗較諸戴口罩，更是為了保護自己，何以不少美國人（以及歐洲人）依然抗拒注射疫苗？筆者認為：這種差異反映出更深一層的文化差異。

在西方，個人自由與人權是自由主義所特別強調的，而且往往建立在個人主義的基礎上。上個世紀八十年代在西方興起的社群主義（communitarianism）批判自由主義（或者不如說，其所預設的個人主義）的一項重點是其自我觀。大體而言，相對於自由主義，社群主義特別強調個人與群體的關聯，以及公民德行（civic virtues）。在這方面，

---

29　參閱雷祥麟：〈想像釋放病毒的自己？防疫口罩的反覆誕生與臺美口罩文化的差異，1910-2020〉，收入康豹、陳熙遠編：《研下知疫：COVID-19 的人文社會省思》（臺北：中央研究院出版中心，2021 年），頁 85-86。

儒家的自我觀與社群主義的觀點之間有親和性。[30] 對儒家而言，自我是在歷史與社會的脈絡中形成與發展的。《論語・學而篇》第一章的前兩句載孔子之言曰：「學而時習之，不亦說乎？有朋自遠方來，不亦樂乎？」所說的便是歷史脈絡（文化傳承）與社會脈絡（社群中的交往）。又孔子說：「鳥獸不可同群，吾非斯人之徒與而誰與？」（《論語・微子》第 6 章）這顯示孔子對群體的重視，因為人無法脫離社會，而形成他的自我。因此，儒家過去經常被誤解為只強調群性而不重視個性。事實上，孔、孟都肯定人格的獨立性。例如，孔子說：「三軍可奪帥也，匹夫不可奪志也。」（《論語・子罕》第 26 章）孟子說：「富貴不能淫，貧賤不能移，威武不能屈，此之謂大丈夫。」（《孟子・滕文公下》第 2 章）因此，儒家的自我觀既不屬於集體主義（collectivism），亦不屬於個人主義，而是屬於美國學者狄培理（Wm. Theodore de Bary）所謂的「人格主義」（personalism）。[31]

再者，傳統儒家雖然欠缺「公民德行」的概念，但卻有一個類似的替代物，即「禮」。與「公民德行」相類似，「禮」是一種根植於文化且較法律柔性的規範力量。它並非直接訴諸外在的強制力量（如法律），而是包含某種程度的自覺與自發性。故孔子說：「道之以政，齊之以刑，民免而無恥；道之以德，齊之以禮，有恥且格。」（《論語・為政》第 3 章）因此，與其將「禮」譯為 ritual 或 rite，不如譯為 civility。因為在英文裡，ritual 與 rite 都具有宗教意涵，原先係指宗教儀式；而 civility 的字源是 civil，它並不具有宗教意涵，而是指世俗的禮儀。雖然

---

30　參閱拙作：〈儒家、義務論與社群主義〉，收入拙著：《儒家視野下的政治思想》（臺北：臺大出版中心，2005 年），頁 233-236。

31　Wm. Theodore de Bary: "Individualism and Personhood," in idem, *Asian Values and Human Rights: A Confucian Communitarian Perspective* (Cambridge/ Mass.: Harvard University Press, 1998), p. 25；亦見狄百瑞：〈「亞洲價值」與儒家之人格主義〉，收入國際儒學聯合會編：《國際儒學研究》，第 6 輯（北京：中國社會科學出版社，1999 年 2 月），頁 8。

儒家的「禮」也脫胎於殷、周時代的原始宗教，但在經過春秋、戰國時代的人文化之後，便成為一種即世俗即神聖、即人文即宗教的禮儀，而較容易與現代社會的 civility 接榫，並彰顯其現代意義。「禮」的這些特色可以說明，何以在儒家社會或受到儒家影響的社會中，義務意識強過權利意識。筆者無意否認：權利意識是民主政治的基礎。但個人主義所導致的權利意識之過度膨脹，卻也可能破壞民主政治。美國及若干西方國家在防疫政策上的失敗不可不歸因於人民的權利意識之過度膨脹。

　　美國學者郝大維（David Hall）與安樂哲（Roger T. Ames）特別讚賞儒家的「禮」。他們認為：相對於西方的自由主義是以權利為基礎，儒家是以禮為基礎，而且在中國的脈絡中，禮具有促進權利的作用。[32] 他們批評自由主義所預設的自我觀及其權利論述。依其理解，自由主義的「普遍人權」概念係建立在「個人之自主性」（autonomy of individuals）的假設之上，而「個人之自主性」是一個超越性的、非歷史的虛構。因為他們認為：「個人的自主性」預設「超越性」（transcendence）的概念，而中國的傳統思想中欠缺這個概念。他們也不接受當代新儒家的「內在超越性」（immanent transcendence）——相對於西方傳統的「外在超越性」——的概念，視之為自相矛盾的概念。郝、安兩人無疑對中國文化（包括儒家文化）懷有特殊的同情與敬意。但是他們為了凸顯中國文化的特色，往往誇大中西文化的差異。關於「超越性」的問題就是一個例子。筆者曾針對這個問題批評過他們的觀點，[33] 此處無法詳述。然而他們的確看出禮與社群意識的關係：「以禮界

32　參閱 David Hall/Roger T. Ames: *The Democracy of the Dead: Dewey, Confucius, and the Hope for Democracy in China* (Chicago: Open Court, 1999), pp. 223-225. 此書有何剛強的中譯本：《先賢的民主：杜威孔子與中國民主之希望》（南京：江蘇人民出版社，2004 年）。但因譯筆不甚理想，故筆者不引用。

33　參閱拙作：〈儒家思想中的內在性與超越性〉，收入拙著：《當代儒學之自我轉化》（臺北：中央研究院中國文哲研究所，1994 年），頁 129-148；亦參閱拙作：〈再論儒家思想中的「內在超越性」問題〉，收入拙著：《儒學與現代意識》（臺北：臺大出版中心，2016 年增訂版），頁 241-263。

定的位置與角色具有某種力量，標示出一個人在社群中的特權與義務。藉著將一個人編入一套關係的範型中，禮足以緩和任何既定的權威能宣布其決定，並且將其意志強加於他人的程度。」[34]

　　綜合以上所述，我們與其以民主政治與專制政治之對比來評斷防疫政策之成敗，不如從文化背景的差異來看待這個問題。歐、美的民主社會偏重於個人權利的意識，儒家文化圈則強調社群意識與義務意識。這兩種社會對抗新冠肺炎的經驗反映出不同的文化背景。在儒家傳統的現代轉化中，儒家社會一方面要在民主制度中加強權利意識，另一方面還要基於其自我觀與社群觀保持其義務意識，在兩者之間取得平衡。新冠肺炎的考驗證明這種平衡之重要性。

---

34　David Hall/Roger T. Ames: The Democracy of the Dead, p. 224.

第四章

# 後疫情時代民主自由與社會團結的疑難：基於儒家禮治國理念的初步回應

林遠澤 *

chapter 4

## 一、前言

　　新冠肺炎全球大流行，無疑是當前影響我們日常生活最為重大的事件。疫情雖然終將會結束，但在達到群體免疫之前，各國政府莫不致力於採取各種防疫措施，以能在防疫期間儘可能地降低疫病的感染率與死亡數。這些在未來勢必無法抹滅的防疫經驗所形成的社會歷史記憶，顯然將會使每位國民都深刻地感受到，民主法治國在個人自由的基本權利保護與社會團結的集體目標達成之間的疑難衝突，並非是一個容易調解的問題。透過新冠肺炎的衝擊，以保護個人自由之基本權利為核心的民主法治國理念，或許不會再被視為是理所當然。而對此可能的轉變，我們必須加以思考的究竟是，在防疫措施中國家干預個人自由的「例外狀態」，會不會終將變成一種「新常態」，以致於未來將會產生民主退潮的法治國危機，抑或是，我們在後疫情時代，透過防疫之全民合作的社會團結經驗，將會促使我們去追求深化民主法治國之倫理共同體的涵義，以使未來的民主能更加健全地發展？如果在後疫情時代中，我們實應擴大民主法治國的理念內涵，那麼在民主法治國之理念理解的轉型中，我們當然也就可以有意義地探問，儒家強調團結和諧的禮治國理念，是否能為後疫情時代提供一種奠基在社會團結整合之上的民主法治國理念，而為後疫情時代提供新時代的思考？這個議題正是本文嘗試探究的主

---

\* 　政治大學哲學系教授兼系主任。

題。

　　當前有關防疫措施的基本權利之爭，主要被看成是「生命權」與「自由權」的爭論。主張應採取嚴格防疫政策的人，主要訴諸憲法對於生命權的保護，而寬鬆政策的支持者，則認為嚴格的防疫措施實有違法治國應保障個人主觀自由之基本權利的理念。相對於此，德國哲學家哈伯瑪斯（Jürgen Habermas）在最近發表的論文：〈新冠肺炎與生命的保護—在疫病流行之例外狀態中的基本權利爭論〉中，[1] 則非常有洞見的看出，當前防疫措施所產生的基本權利爭議，並非在承平時期有關生命權與自由權的爭議，而是在新冠肺炎大流行的例外狀態中，原本具有互補關係的「公民對於集體目標之政治追求的民主自我授權」與「主觀自由的國家保護」這兩個在憲法中都有效的原則，其內在緊張關係的爆發。為能在民主憲政的層次上，而不只是在保護國民健康之政策的功能有效性上，討論防疫措施的法律正當性，他並以──「民主法治國能否允許採取一種以付出可避免的感染與死亡數目增加為代價的健康保護政策？」──這種提問的方式，來為防疫措施無可避免地必須以法律規定，強制人民提供不平等的「團結付出」（Solidarleistung）的合憲性辯護。

　　哈伯瑪斯這篇論文的分析，很能突顯出西方以往的政治自由主義傳統，其實是僅偏好強調民主法治國對於個人主觀自由（人權）的國家保護，但對於個人之所以有意願在法律共同體中聯合起來，以能透過「公民對於集體目標之政治追求的民主自我授權」來實現人民主權之公共自主的觀點，則常因西方現代社會的整合，主要係訴諸「看不見的手」之資本主義市場經濟的調節，而常是略而不談。哈伯瑪斯對於新冠肺炎之防疫措施的合憲性討論，主要基於他在《實然性與有效性─論法權與民

---

1　Jürgen Habermas, "Corona und der Schutz des Lebens—Zur Grundrechtsdebatte in der pandemischen Ausnahmesituation," *Blätter für deutsche und internationale Politik*, 66 (2021)9, pp. 65-78.

主法治國的對話理論》[2] 一書中的觀點。他在該書中的觀點，透過這次有關防疫政策的討論，可以看出他終究接受的是黑格爾在《法哲學原理》中，強調自由的實現不應侷限在抽象法中的主觀自由，或道德性的反思自由，而是應走向在倫理性中，實現共同體之團結整合的社會自由。這因而也間接說明了，在法蘭克福學派內，法哲學的研究應從哈伯瑪斯基於溝通行動理論的審議式民主理念，走向霍耐特（Axel Honneth）基於承認理論之民主倫理性觀點的必要性。

　　為能說明在後疫情時代中，民主自由與社會團結這兩個原應互補的法治國理念發生衝突的疑難問題，並藉此得以嘗試思考儒家強調社會團結整合優先於個人權利保障之禮治國理念，對於未來的民主社會應能有的正面意義。本文因而將首先藉助哈伯瑪斯對於新冠肺炎之防疫措施所引發的基本權利爭論之分析，說明在後疫情時代中，民主法治國的理念所面對的主要疑難問題為何（二），其次，我將說明哈伯瑪斯如何能從新冠肺炎的生命保護問題，看到過去民主法治國理念僅侷限於個人主觀自由之基本權利保障的不足（三），以能在最後透過法蘭克福學派批判理論從哈伯瑪斯向霍耐特的發展，來思考過去一向被批判缺乏保障個人基本權利之法治國意識的儒家政治哲學，事實上在其禮治國的法哲學理念中，實仍有發展出一種以社會團結整合為核心之民主法治國理念的可能性（四）。詳細闡發儒家禮治國理念的涵義，雖然不是本文有限的篇幅所能做到的，但透過後疫情時代的思考，我們將至少能展示出儒學面對當代的疑難問題，並非不能進行有建設性的思考。

---

2　Jürgen Habermas, *Faktizität und Geltung—Beiträge zur Diskurstheorie des Rechts und des demokratischen Rechtsstaats* (Frankfurt am Main: Suhrkamp Verlag, 1992)。中譯參見：〔德〕哈貝馬斯著，童世駿譯：《在事實與規範之間—關於法律和民主法治國的商談理論》（北京：三聯書店，2014 年）。

## 二、後疫情時代的民主法治國疑難

「自由必須死亡，我們才能活下去嗎？」（Muss die FREIHEIT sterben, damit wir LEBEN können?）這個聳動的議題，是德國大眾刊物《哲學雜誌》最近一期的封面標題。[3] 為了阻絕新冠肺炎全球大流行的傳播鏈，世界各國莫不祭出邊境管制、封城、隔離（或居家）檢疫、戴口罩等干預個人遷徙、居住與人身自由等基本權利的強制性的禁令，並大量透過諸如電子圍籬與公布確診者足跡等措施，進行極有侵犯個人隱私權之虞的數位監控。為避免群聚，禁止餐廳內用、禁止旅遊業出團以及分批施打疫苗等規定，則是對社會的不同群體施加不平等的沉重負擔與風險。在個人主觀自由應受憲法基本權利之平等保障的民主法治國中，國家被允許能如此大規模地對個人受憲法保障之基本權利進行干預，並對社會不同群體施加不平等的要求，其法律的授權卻經常只是來自於臨時性的立法。像在防疫期間並未曾發布緊急狀態的臺灣，授權政府能採取種種防疫措施的法源，只是依據在民國 109 年 2 月 25 日才公布施行（後經 110 年 5 月 31 日修正）的「嚴重特殊傳染性肺炎防治及紓困振興特別條例」。該法條第七條規定：「中央流行疫情指揮中心指揮官為防治控制疫情需要，得實施必要之應變處置或措施」。疫情指揮官考量「專家諮詢小組」的建議，採取種種應變措施。在此，必須迅速採取行動的行政部門，雖然絕非像一些極權國家，對於防疫採取極端暴力的強硬措施，但他們確實也是將立法機構的人民授權邊緣化了。疫病大流行的例外狀態，正在不斷試探民主法治國的底線。

上述特別條例儘管設有落日條款，對於中央流行疫情指揮中心的授權，也被認為只是因應新冠肺炎大流行之「例外狀態」的必要措施。但若未來吾人需與病毒共存，或者如果未來全球的人類社會，在新冠

---

3　相關討論請參見《哲學雜誌》當期 Svenja Flaßpöhler 等學者專家的專文討論。Philosophie Magazin, 06(2021), pp. 42-64。

肺炎的洗禮下所得到的教訓是，「自由必須死亡，我們才能活下去」，那麼在後疫情時代可以想見的是，立憲保障個人基本權利的民主法治國理念，以及以個人自由做為民主社會最核心之價值的信念，都將會遭到相當大的動搖。這引發法學家與人權工作者對於民主之未來產生極大的不安。總部設在日內瓦的「國際人權觀察組織」為此即在 2021 年 3 月 4 日發表：「未來的選擇：描繪出公平地退出 Covid-19 大流行病的圖景」（Future Choices: Charting an Equitable Exit from the Covid-19 Pandemic）這一份長達 54 頁的報告。[4] 他們呼籲世界各國改變許多侵犯人權的做法，確保能以尊重人權的方式結束這場公衛危機。而臺灣民間的「臺灣人權促進會」也不斷發布聲明，敦促政府「防疫手段需符合法治國原則」。[5] 在德國，一批在柏林、法蘭克福等大學教授公法的法學家，更早在 2020 年，即已經聯名在《法學家雜誌》（Juristen Zeitung）發表一篇名為〈為什麼憲法重要─在新冠肺炎危機中的憲法學〉（Why Constitution Matters - Verfassungsrechtswissenschaft in Zeiten der Corona-Krise）的論文，[6] 質疑政府在防疫措施中，以生命權保護高於其它一切自由權的合憲性。而我國的法學家，對於在疫情流行之「例外狀態」中，有違反法治國原則之虞的防疫措施，是否在後疫情時代會成為「新常態」，也在「疫情下的民主觀察系列論壇紀實」中，表達出他們的憂心。[7]

　　然而弔詭的是，儘管法學家與人權工作者對於防疫措施侵犯人權的疑慮極感不安，但嚴格的防疫措施卻得到相當多權益受影響之民眾的支

---

4　參見網頁版：https://www.hrw.org/report/2021/03/04/future-choices/charting-equitable-exit-covid-19-pandemic，2022 年 5 月 1 日瀏覽。

5　參見網頁版：https://www.tahr.org.tw/news/2987，2022 年 5 月 1 日瀏覽。

6　Hans Michael Heinig, Thorsten Kingreen, Oliver Lepsius, Christoph Möllers, Uwe Volkmann, Hinnerk Wißmann, "Why Constitution Matters – Verfassungsrechtswissenschaft in Zeiten der Corona-Krise," *Juristen Zeitung*, 75(2020)18, pp. 861-912.

7　參見網頁版：http://tadels.law.ntu.edu.tw，2022 年 5 月 1 日瀏覽。

持（特別在亞洲儒家文化圈），而負責審判實務的法官，對於防疫措施侵犯個人基本權利的訴訟（僅在 2020 一年，德國法院即受理超過一萬件），也大都支持行政部門的作法，將這些案件駁回。防疫的授權有時間性，「例外狀態」終歸會回復正常。但從一般民眾的支持與從事審判實務的法官之心證來看，民主法治國依據憲法制定的基本權利以保障個人主觀自由的理念，在新冠肺炎衝擊過後的後疫情時代，其核心內涵將難免會有所轉變。個人自由可能不會再被視為不可動搖的權利，為社會之重大利益進行共同合作的社會團結要求，將逐漸比個人自由的維護得到更多的支持。這種民主法治國之理念內涵的轉變，證諸民眾的心理與法官的心證，似乎已經隱約成為大家都可認同與接受的法律情感。在防疫的「例外狀態」中，對於個人自由的國家干預，會不會成為後疫情時代的「新常態」，因而成為極值得關注的重要問題。

新冠肺炎在全球範圍內對人民的生命與健康造成極大的傷害，而它在政治上對於民主法治國理念的衝擊，若其影響效應之一即是，社會團結的要求逐漸優先於個人自由的保護，那麼這究竟將是民主退潮（甚或民主終結已經來到）的時間起點，抑或是，未來社會需步入民主深化之另一階段的開始？在此我們面對的疑難，已讓我們自己處身在未來民主社會應如何繼續發展的十字路口上。在討論後疫情時代，民主自由與社會團結孰輕孰重的疑難之前，一個令人注目的現象，卻也已經明確地擺在世人眼前。那就是臺灣與中國等深受儒家文化影響的東亞地區，在新冠肺炎大流行以來，感染與死亡的數目都遠低於美國與英國等主要的西方民主國家。亞洲國家相對成功的防疫經驗，使得西方世界開始重視儒家文化背景在後疫情時代的社會優勢。[8] 防疫相對的成功與儒家文化的社會背景是否真的存在正相關的因果性，這可以留待社會科學家去進行實證的分析。本文感到興趣的問題毋寧是：在後疫情時代中，若做為西

---

8　請參見本論文集第一章，黃俊傑：〈21 世紀的激流與儒家人文精神：問題與啟示〉一文，特別是其中第 3 與 4 小節的闡述與說明。

方現代性基礎的個人自由理念遭到挑戰，那麼應共同參與時代思考的儒學，是否真的有可能提供一種建立在社會團結之上的民主自由理念，以為後疫情時代的政治哲學提供另一種有文化基礎的思考選項？從而得以使我們在後疫情時代中，衡諸社會團結相對於個人自由的更大權重，不再僅負面地將法治國理念面臨的轉變看成是民主的退潮，而是能從它在疫病大流行中所顯現的侷限，正面地找到未來民主能得以深化的方向。

若要從儒家的政治哲學，探討儒家的禮治國理念是否含有一種建立在社會團結之優先性上的民主自由理念，以思考儒家的政治理念對於後疫情時代的意義與作用。那麼從法蘭克福學派批判理論的法哲學觀點，來思考當前有關防疫措施的基本權利爭議，就將極有裨益。正如從「自由必須死亡，我們才能活下去嗎？」這個《哲學雜誌》用來突顯防疫爭議的標題可以看到，當前有關防疫措施的基本權利之爭，主要被看成是「生命權」與「自由權」的爭論。那些主張應採取嚴格防疫政策的人，主要訴諸憲法對於生命權的保護，因為政府若不採取嚴格措施，那麼感染數與因之而死亡的數目一定會提高。而那些寬鬆政策的支持者，則認為嚴格的防疫措施勢必嚴重侵犯到個人自由的權利，他們因而主要訴諸法治國應保障個人主觀自由之基本權利的理念，宣稱沒有任何一項基本權利的主張是可以沒有界限的。「不自由、吾寧死」，後者因而沒有辦法接受，嚴格的防疫政策已隱然將生命權上綱到做為「超級權利」的作法。而前者則沒有辦法接受，當我們主張政府應採取寬鬆的防疫政策時，我們就等於得告訴那些因染疫而身亡的人說：「為了別人的自由，所以你應該死」，因為在醫學統計上我們都很清楚，放寬防疫措施即是必須接受可預見的感染率與死亡數增加的後果（雖則因新冠病毒的不斷變異，使得傳染力與致死率並非一定是同步提高的）。

世界各國針對新冠肺炎大流行所採取防疫措施，大都擺盪在嚴格與寬鬆政策之間，從佛系防疫到鐵鍊鎖門，各種政體對於生命權與自由權之輕重不一的權衡，主導了防疫政策的制定。這些措施的法律正當性，並也大都被視為是在疫病大流行之例外狀態中的臨時授權而已。

但法蘭克福學派在當今仍健在的代表性哲學家哈伯瑪斯，則獨排眾議。他認為當前防疫措施所產生的基本權利爭議，並非在承平時期有關生命權與自由權的爭議（這種爭議只是各種權利主張的權衡問題，而沒有哪一個權利必然是優先的），而是在疫病大流行中，原先互補地做為建構民主法治國之憲法基礎的兩個原則，亦即——介於「公民對於集體目標之政治追求的民主自我授權」（die demokratische Selbstermächtigung der Staatsbürger zur politischen Verfolgung kollektiver Ziele）與「主觀自由的國家保護」（die staatliche Gewährleistung subjektiver Freiheiten）——這兩個在我們憲法中有效的原則之間的緊張關係，現在爆發開來了。西方的政治自由主義傳統，偏好強調民主法治國對於個人主觀自由（人權）的國家保護。但對於個人之所以有意願在法律共同體中聯合起來，以能透過「公民對於集體目標之政治追求的民主自我授權」來實現人民主權之公共自主的觀點，則常略而不談。由此可見，新冠肺炎之防疫措施，之所以能得到人民與法官心證的支持，顯然不僅是因為「例外狀態」而不得不接受，而是它其實在民主法治國的理念中也有其基礎，以至於它的法律正當性能普遍被接受。就此而言，防疫措施的法律正當性就不能只透過例外狀態而證成。它不能單只建立在特別條例的臨時授權之上，而應在大法官的憲法解釋中建立它的合憲性基礎。

　　為能在憲政的正當性層次上，而不只是在保護國民健康的功能有效性上，討論防疫措施的法律正當性，哈伯瑪斯並以——「民主法治國能否允許採取一種以付出可避免的感染與死亡數目增加為代價的健康保護政策？」——這種提問的方式，來追問在防疫措施中，以法律強制人民提供不平等的團結付出（因而也就勢必會干預到國民的個人自由應受國家保護的基本權利）的合憲性問題。在接受數次訪談的討論之後，哈伯瑪斯最近把這些見解寫成〈新冠肺炎與生命的保護—在疫病流行之例外狀態中的基本權利爭論〉一文。這篇論文在見諸報端轉載後，那些力求用詞辛辣的新聞記者，就毫不客氣地批評說，哈伯瑪斯主張民主法治國不能接受政府採取一種以付出可避免的感染與死亡數提高

為代價的政策，是一種「正在走向保護健康的獨裁」（Unterwegs in die Gesundheitsdiktatur）。他們並嘲笑說，如果按照哈伯瑪斯的論證，那麼我去跑鐵人三項是否也必須接受國家嚴格的法律禁止，因為這些活動當然會造成我的關節退化，從而在醫院醫治中會有感染病毒的危險。[9] 對於報端輕率的批評，為哈伯瑪斯的觀點進行辯護，並沒有太大的意義。問題在於，透過哈伯瑪斯的論證，在後疫情時代中，國家干預個人自由的防疫措施是否真的會變成一種國家極權的新常態，還是我們應超出目前民主法治國以保障個人自由為理念核心的侷限，才是真正值得我們加以思考的重大疑難。

## 三、新冠肺炎與民主法治國理念的轉變與深化

　　針對疫病大流行，政府為保護人民的生命與健康，因而採取隔離檢疫、電子圍籬等嚴重干預個人人身自由與隱私權等主觀自由的行政措施，是否會有違反法治國應保障個人基本權利之原則的疑慮？這不僅在一般平民百姓心中產生問號，對於必須受理民眾提起政府行政處置侵犯個人權益之訴訟的法官而言，同樣都有極大的疑義存在。這因而需要大法官對於生命權與自由權這兩項原來同樣有效的基本權利之間的衝突進行憲法解釋。以臺灣為例，對於基本權衝突的權衡，大法官基本上都會根據我國憲法第 23 條「比例原則」的規定，去思考爭議之問題的目的正當性、手段必要性以及「受限制之利益」與「受保護之利益」間之「利益衡量」應能達到損益平衡等三個基本原則，去進行合憲性的解釋。[10] 由於我國在民國 92 年 4 月即發生過 SARS 防疫期間臺北市和平

---

9　Stefan Rehder, Unterwegs in die Gesundheitsdiktatur, Die Tagespost, 2021/10/29 參見網頁版：https://www.die-tagespost.de/kultur/unterwegs-in-die-gesundheitsdiktatur-art-222439，2022 年 5 月 1 日瀏覽。

10　這三個原則在法學中的專業術語中，可分別稱為「適合性原則」（Grundsatz der Geeignetheit）、「必要性原則」（Grundsatz der Erforderlichkeit）與「合比例性原則」

醫院的封院事件，因而大法官會議早在民國 100 年 9 月 30 日即對此做出釋字第 690 號的解釋。其中理由書的部分說明如下：

> 系爭規定必要處置所包含之強制隔離，旨在使主管機關得將曾與傳染病病人接觸或疑似被傳染者留置於指定之處所，使與外界隔離，並進而為必要之檢查、治療等處置，以阻絕傳染病之傳染蔓延，維護國民生命與身體健康，<u>其立法目的洵屬正當</u>。雖強制隔離將使受隔離者人身自由遭受剝奪，其是否違反比例原則，仍應採嚴格標準予以審查。惟系爭規定之強制隔離，其目的並非直接出於拘束上開受隔離者之人身自由，而面對新型傳染病之突然爆發〔……〕為阻絕疫情之蔓延，使疫情迅速獲得控制，降低社會之恐懼不安等重大公共利益，將曾與傳染病病人接觸或疑似被傳染者令遷入指定之處所施行適當期間之必要強制隔離處置，進而予以觀察、檢查、預防接種及治療，除可維護受隔離者個人之生命與身體健康外，<u>且因無其他侵害較小之方法</u>，自屬必要且有效控制疫情之手段〔……〕且自人身自由所受侵害角度觀之，系爭規定必要處置所包含之強制隔離，雖使受隔離者人身自由受剝奪，但除可維護其生命與身體健康外，並<u>無如拘禁處分對受拘禁者人格權之重大影響</u>。綜上，<u>強制隔離乃為保護重大公益所採之合理必要手段，對受隔離者尚未造成過度之負擔</u>，並未牴觸憲法第二十三條之比例原則。[11]（底線為本文作者所加）

在此可以很清楚的看出，大法官會議主要認為，在疫病流行過程中，政

---

（Proportionalitat）或「期待可能性原則」（Zurnutbarkeit）等。請參見李建良：〈基本權利理論體系之構成及其思考層次〉，《人文及社會科學集刊》，9(1986)1，頁 69。

11　參見網頁版：https://law.moj.gov.tw/LawClass/ExContent.aspx?ty=C&CC=D&CNO=690，2022 年 5 月 1 日瀏覽。

府為維護國民健康，採取強制隔離等措施，只要能符合目的正當、手段必要與損益平衡等比例原則的衡量，那麼它就尚不構成對於人身自由等基本權利的侵害，而有其法律正當性的基礎。

釋字第690號理由書的說明本身是否能令人信服，或者把這份釋憲案的理由說明，用在解釋現在為了防治新冠肺炎的傳播，所採取的更為先進的防疫措施上，是否仍然合乎比例原則，這些問題都可以留待法學家去進行詳細的研究。[12] 對我們來講，重要的問題首先毋寧是，國家究竟有沒有保護國民健康、避免民眾死於自然疾病的義務。我們都知道死亡的風險總是難以避免的，所有人都會死，因而在憲法中生命權這項基本權利，原先並不是用來指國民有要求國家保護其健康的權利，而僅是國民有權利對抗國家對人民的任意侵犯。在哈伯瑪斯提出他的〈新冠肺炎與生命的保護〉這篇論文之前，他曾與他長年的研究夥伴 Klaus Günther，在德國的《時代》週報上，有過一次的公開對談。在那次的對談中，Günther 即主要根據一般之通說，從基本權利具有「防禦功能」（Abwehrfunktion）、「給付功能」（Leistungsfunktion）與「基本權利之保護義務」（grundrechtliche Schutzpflicht）等功能，[13] 來說明國家制定健康保護政策，實現憲法對於生命權的保護，所面對的疑難問題所在。

以德國為例，Günther 指出，德國《基本法》第2條第2款中的生命權，原本是一種用來對抗一個經常以脅迫和武力任意干預其國民生活之國家的防禦權。而因病死亡，本來即是人生的一種普遍風險，很少能夠避免或減少。惟當人類社會有了高度複雜和昂貴的醫療護理系統後，才出現這樣的問題：國家和社會能夠和必須做什麼，以及做多少來預防或減輕可預測會威脅到生命的疾病過程。透過這種基本權利之涵義與功

---

12　請參見：吳秦雯：〈從 SARS 到 COVID-19：司法院釋字第 690 號解釋架構下之傳染病防治法制與基本權限制〉，《法律與生命科學》，9(2020)1，頁 91-112。

13　請參見李建良：〈基本權利理論體系之構成及其思考層次〉，《人文及社會科學集刊》，9(1986)1, 頁 43-50.

能的轉變，在生命權中才出現國家有義務保護生命和健康的要求。生命權做為受憲法保障的基本權利，因而不同於過去只保護個人不受第三者的非法侵犯，而是還進一步要求國家必須提供足夠的醫療服務，以保護國民的健康。然而由於並沒有任何一個社會，可以把所有的資源都投入到醫療體系中。因而在面對「生命的一般風險」中，疾病的致命結果究竟是可避免的，還是無可避免的，其界限在很大程度上，是取決於一個社會能投注多大的資源，去建置充足的醫療體系，並妥善地維持它的良好運作。[14]

借助這個說明，我們很容易就能理解，那些支持政府採取較嚴格的防疫措施的民眾，主要即基於生命權做為吾人應受國家保護的基本權利，而要求政府應盡可能採取各種保護國民健康的管制措施，以能最大可能地降低感染率與死亡數。那些支持寬鬆政策的民眾則顯然是認為，疾病與死亡的風險原本就是難以避免的，且國家的資源也不是無限的。因而一旦我們意識到生命權並非超級權利，它必須考慮到其它基本權利（特別是自由權）同樣需要受到尊重，以及國家運用資源保護個人健康原本就是有限的，那麼我們當然就應採取較為寬鬆的防疫措施。即使這樣一來，我們就無可避免地必須接受那些可預見的感染率與死亡數增加的後果。對於主張採取自由開放之防疫措施的人來說，惟當在寬鬆政策所造成的感染率與死亡數的不斷增加，最後會導致醫療量能不堪負荷時，才需改採較嚴格的防疫措施。但這並不是表示，生命權有高於其它權利的優位性，而是一旦醫療體系崩潰，那麼國家應透過提供運作良好的醫療體系以保護國民健康之生命權保護的義務，就將有保護不足之虞。國家對於人民的基本權利原本就具有禁止保護不足的義務，因而這仍是依據法治國的一般原則來權衡的問題，而不是因為在例外狀態中，

---

14　Jürgen Habermas und Klaus Günther, "Kein Grundrecht gilt grenzenlos", Die Zeit, 2020/5/9. 參見網頁版：ttps://www.zeit.de/2020/20/grundrechte-lebensschutz-freiheit-juergen-habermas-klaus-Guenther，2022 年 5 月 1 日瀏覽。

生命權就有高於其它所有基本權的優先性特權。

對於支持採取自由開放之寬鬆防疫政策的法學家來說，國家採取或嚴或寬的防疫措施，其法律正當性的主要決定根據，因而乃在於醫療量能的可承受性。以維護醫療量能為紅線，國家即能依據醫學專家對於可預見的感染率與因染疫而身亡的超額死亡數之增減的專業判斷，來決定哪些結果應可被保護國民生命權所必須採取的健康保護政策，視為應可避免或不可避免之結果的界限所在。透過支持者與反對者立場的激烈辯論，哈伯瑪斯看出，有關應採取嚴格或寬鬆政策的爭議，或有關生命權與自由權孰輕孰重的爭議，其實都忽略了一個更根本的問題，亦即國家健康政策的目標到底是什麼的問題。如果國家保護國民健康的義務是從生命權的保障引申而來的，那麼國家的防疫措施即應以儘可能降低感染率與死亡數為目的，然而在實務執行中，目前卻大多僅以維護醫療量能做為目標。若我們同意自由派法學家的觀點，將國家健康政策的目標，從最大可能地降低感染與死亡的數目，降低到確保醫療量能的可承受性。那麼這就等於我們支持，為防疫所制定的法律或行政上的法令規定，毋需涉及它是否建立在憲法有關生命權保障的正當性問題上，而僅是涉及這些法律或法規做為管制的媒介，是否能有效地使國家的醫療體系維持正常運作的功能性問題而已。就哈伯瑪斯的法哲學觀點來看，這很顯然即是法律的正當性功能，已經被法律的有效性功能凌駕過去了。

為能重新在憲法基本權利保護的正當性層次，而非僅在防疫政策的功能有效性上，討論防疫政策的法律正當性問題，哈伯瑪斯主張，我們應再次提問：「民主法治國能否允許採取一種以付出可避免的感染與死亡數目增加為代價的健康保護政策？」對此，很可以想見的是，寬鬆政策的支持者對這個問題一定會給出肯定的答案。因為從他們的觀點來看，死亡是不可避免的自然風險，因而只要以維護醫療量能為紅線，那麼因採取寬鬆的防疫措施，從而造成原可避免之感染率與死亡數提高的結果會發生，即應是正當而可以接受的。相對的，對於支持應採嚴格防疫措施的一般民眾而言，他們顯然會對這個問題給出否定的答案。因為

對一般國民來說，從生命權應受國家保護之不證自明的觀點來看，任何以付出原可避免的感染率與死亡數提高為代價的健康保護政策，都是不正當且無法接受的。

透過這種對話式的問與答之思考過程，哈伯瑪斯讓我們看到，在此我們討論的問題，其實主要並不是生命權與自由權等諸種基本權利應如何加以權衡的問題，而是民主法治的立憲國家究竟為何值得建立與持續存在的基本理念問題。在此涉及的，不只是法律正當性，而已經是政治正當性的核心問題。因為一旦我們透過「民主法治國能否允許採取一種以付出可避免的感染與死亡數目增加為代價的健康保護政策？」來提問，那麼那些給出肯定答案的人，顯然會違反責任政治的原則。舉例來說，若我們因拒絕綁匪的勒贖，而造成肉票遭撕票，那麼這種死亡的風險是必須接受的，因為這時死亡的原因是來自於第三人的違法犯行，而不是因為政府拒絕勒贖的行動本身造成的。然而，若我們明知我們採取的健康保護政策，是對原可避免的傷害不作為，那麼政府的政策就是造成人民傷亡增加的直接原因。採取這種政策，顯然將違反責任政治的基本原則。而那些給出否定答案的人，則必須能合理地證成，為何政府有權力去干預個人的自由，並可對社會不同群眾施加不平等的負擔。如同我們前面所述，像是為防止群聚，而採取禁止餐廳內用與禁止旅遊業出團等措拖，將對特定職業群體產生極為不平等的沉重負擔，但依據法治國原則，我們怎能允許為了社會團結合作的需求，即可用法律強制的方式，將會嚴重干預到個人自由之不平等的團結付出，強加在國民身上？

一旦我們不能接受民主法治國能採取一種以付出可避免的感染率與死亡數之提高為代價的健康保護政策，那麼我們就得說明，為何國民為了社會團結合作的集體目標，即可被強制要求承擔並非平等的團結付出？民主法治國並不是道德團體，民主法治國是以保護個人主觀自由之目的而組成的，對於社會團結的個人付出，做為在道德上值得讚許的行為，僅能出於民眾的自願，而不能以法律加以強制。因而若我們以盡量降低感染與死亡數做為國家保護國民生命與健康之政策的目標，那麼在

民主法治國中，民主自由與社會團結這兩個基本理念，或用哈伯瑪斯自己的話，介於「主觀自由的國家保護」與「公民對於集體目標之政治追求的民主自我授權」這兩個原則之間的矛盾就浮現出來了。

　　然而，我們不能忽視的是，國民之所以有意願在一個法律聯合體中統一起來，其主要目的之一雖然是為了使個人的主觀自由能得到國家的保護，但在另一方面，當然也是為了能集合眾人之力以達成集體的生活目標。就後者而言，我們需要國家做為執行集體目標的行為人，並從而必須賦予「國家對於國民之團結付出具有加以組織的義務」（Verpflichtung des Staates zur Organisation staatsbürgerlicher Solidarleistungen）。因為若國家是惟一能進行集體行動的行為人，它就必須能有效地規劃必要的措施，而這只能透過在全體國民中對社會的個別部門，要求做出不同的行為規定，才能進行分工協調的組織與執行。

　　哈伯瑪斯並指出，我們在共同生活中對於達成集體目標的合作所需要的「團結期待」（Solidaritätserwartung），其實並不同於道德義務。道德義務對其收受人而言，不論它是否有不利的後果都是應當加以遵守的。「團結期待」也不是由朋友、家庭成員、鄰人（換言之，由非正式的倫理生活共同體的成員）所彼此分享的倫理價值導向。國家公民能期待的團結行為，是從能相互信任對方有合作的準備而來的。我們必須能夠期待，在未來的相同情況中，他人也能準備好做出他的角色所分配的事。就此而言，國家其實是被他的國民，賦予有必要以法律強制要求國民負擔並不都等同的團結付出，以能確保我們對他人進行社會團結付出的合作準備是具有可期待性。而這種國家因而能以法律強制國民提供團結付出的正當性，即哈伯瑪斯所謂的「公民對於集體目標之政治追求的民主自我授權」。

　　國家公民因追求個人自由的保護與集體目標的達成而建立立憲的民主法治國，因而在民主法治國的理念中，「主觀自由的國家保護」與「公民對於集體目標之政治追求的民主自我授權」這兩個原則原應是互相補充的。但在防疫中，這兩個原則卻產生矛盾。問題因而不是在主觀

自由的國家保護中，自由權與生命權之爭議如何權衡的問題而已，而是
當我們過去透過理性自然法的契約論，闡釋民主法治國理念時，為了能
在當時對抗君主專制與配合資本主義興起所形成的「占有式個人主義」
之意識，以致於太過於片面地強調了民主法治國應透過憲法所賦予的基
本權利，以保障個人主觀自由的這一面。並從而將強調「公民對於集體
目標之政治追求的民主自我授權」這一面完全看成是走向國家集權之集
體主義或極權主義的道路。從而未能掌握到強調個人自由的「人權」，
與強調形成共同意志的「人民主權」，實係保障個人能實現其私人自主
與公共自主的必要追求。15

## 四、儒家禮治國理念之後習俗倫理性重構芻議

　　從上述哈伯瑪斯對於在新冠肺炎大流行之例外狀態中，有關基本權
利爭議的分析來看，我們可以很清楚地看到，正因當前民主法治國的理
念太過強調個人主觀自由之基本權利保障的侷限，使得我們陷入不論防
疫措施採取嚴格的或寬鬆的政策，都會產生法律正當性證成的疑難。
然而我們卻也都忽略了，國家原即有透過人民主權授權的、以法律要
求國民對於社會合作提供各自不同的團結付出之組織與執行的義務。
在對抗新冠肺炎的防疫經驗中，如果我們意識到民主法治國的運作需要
國民的合作，以及民主法治國不僅應保護個人的主觀自由，也應能組織
國民進行團結付出的共同合作，那麼在防疫的例外狀態中，社會團結高
於個人自由的要求，就不會只是國家集權之新常態的民主退潮，而是我
們得深化民主法治國的理念，使它能從資本主義的「占有式個人主義」
（possessive Individualism）16與對抗君權之防禦性的消極自由性格，進一

---

15　Jürgen Habermas, *Faktizität und Geltung*, pp. 112-135。中譯參見：〔德〕哈貝馬斯：
　　《在事實與規範之間》，頁 106-128。

16　C. B. Macpherson, *The political Theory of Possessive Individualism* (Oxford: Oxford

步走向追求團結整合之社會自由的實現。

哈伯瑪斯的這些反思，對我們理解儒家禮治國的理念，實大有俾益。研究中國法制史的學者都承認，強調「禮主刑輔」的中國法治，向來缺乏對個人權利的保護。以規模最完整的法典《唐律》來說，在十二篇 502 條條文中，有關處理個人權利問題的民事部分僅佔 46 條。[17] 黃源盛教授因而評論以《唐律》為代表的中華法系的特色之一為：

> 重視家族倫理，缺乏獨立的個人觀念。《唐律》顯著特色之一，在於它為義務本位而非權利本位制度。雖然就邏輯言，權利與義務是相對的；不過，《唐律》無疑的是偏重義務，由於偏重義務，法律就無法脫離倫理道德而獨立。因此造成《唐律》在性質上偏屬於社會防衛的制裁機能，而欠缺個人法益的保護觀念。[18]

受儒家影響的中國法律「欠缺個人法益的保護觀念」，這是事實（保護個人法益的法治意識，即使在西方，也是在近代個人自主原則興起後，才產生出來的）。但在傳統的「禮教中國」中，「《唐律》在性質上偏屬於社會防衛的制裁機能」的特色，卻也顯然已經與孔子原先強調「禮治」是「道之以德，齊之以禮，有恥且格」，而非僅是「道之以政，齊之以刑，民免而無恥」的刑治理念，大不相同。

儒家的政治哲學以建構通於世界大同的禮治國（〈禮運大同〉），做為君子平天下的實踐理想。然而在禮治國之「君君、臣臣；父父、子子」的人際關係制度中，強調人倫的親疏之別與尊卑差等的思想，的確經常使儒家的實踐哲學陷入血親倫理的「偏私道德」與「威權政治」的

---

University Press, 1962)。

17  黃源盛：《中國法史導論》（臺北：犁齋社有限公司，2020 年），頁 89。

18  黃源盛：《中國法史導論》，頁 262。並請參見黃源盛：《漢唐法制與儒家傳統》（臺北：元照出版社，2009 年），頁 195-211 的詳細說明。

批判中。相對於奠基在「自律道德」與「理性自然法」之上的現代法治國家，禮治國的理念看來應當被揚棄，因為這種傳統思想似乎混淆了道德與法律的界限，致使法治總淪為人治。儒家以「齊家、治國、平天下」做為外王實踐的行動目標，但「家天下」的傳統政治型態，使得血親的家庭偏私與長幼尊卑的階層次序，成為國家專制統治與藩屬朝貢之天下體系的基本政治模型。這種偏私與威權的政治思想形態，使得禮治的理念在中國現代化的初始過程中，不斷成為知識份子猛烈抨擊的對象。

　　然而在後疫情時代中，透過上述哈伯瑪斯對於當前民主法治國之理念侷限的批判，我們卻可以看到儒家強調在社會的整合中，個人應能透過不同的社會角色，相互期待彼此對於團結付出具有合作的準備，且在個人主觀自由的基本權利保護之外，更多地賦予國家有以法律要求國民對於社會合作提供各自不同的團結付出之組織與執行的義務。借助哈伯瑪斯的洞見，我們對於儒家禮治國的理念，因而未嘗不能脫離它在禮教中國的威權主義實現方式，而重新闡發它對深化民主法治國理念的正面意義，而這或許正是我們在後疫情時代所需要的。

　　我過去已曾在《儒家後習俗責任倫理學的理念》一書中，就「仁」做為統整「正義倫理」與「關懷倫理」之道德發展最高序階的觀點，稱儒家倫理學為一種「後習俗責任倫理學」。[19] 以這種後習俗責任倫理學的觀點來重構儒家倫理學，我們可以看出，儒家「內聖外王」的工夫論，乃是一種強調以「本真倫理」與「團結倫理」為基礎的德行 - 責任倫理學，而強調「內聖盡倫」的孟子與強調「外王盡制」的荀子，則各自代表「道德性儒家」與「倫理性儒家」在先秦開啟的儒學理論型態。這為我們將漢儒的禮教與宋明理學的道德形上學，診斷為在中國文化發展上的啟蒙辯證與啟蒙未竟完成的現象，提供了文化病理學的批判基礎。以

---

19　參見林遠澤：《儒家後習俗責任倫理學的理念》（臺北：聯經出版社，2017 年），頁 32。

此為據，拙著最終乃得以在「克己復禮」的「實踐理性類型學」中，主張儒家的「仁」具有「根源性倫理」、「可普遍化的自我立法」與「團結整合之規範建制能力」的道德主體性格，並說明儒家禮治國的社會立憲程序，乃建立在正名論之道德文法學的溝通行動之上。

「後習俗責任倫理學」這個理論框架，對於儒家倫理學的重構而言，雖然提供了一種解釋的可能性：它一方面使儒家能從反思的內在道德性走出來；另一方面則使儒家在政治的社會實踐中，不至於因為規範建制的客觀化要求，而太輕易地傾向於訴諸權威的宰制。然而，一旦我們在後疫情時代，關注超出「內聖」的「本真倫理」而走向「外王」的「團結倫理」，那麼超出自律的存心倫理，而關注規範之可應用性與實踐之可行性的責任倫理，即無法避免應對人處身所在的人際關係性情境，提供能進行規範整合的合理性制度建構。在儒家外王理論中，「齊家、治國、平天下」的實踐要求，無疑即是意識到，個人在社會化的過程，若需透過角色認取的相互承認才能建構個人的自我認同，那麼我們就需要一種能規定一般人際規範關係的禮樂制度，做為闡釋「齊家、治國、平天下」之「外王盡制」的禮治國構想。

為了因應後疫情時代的挑戰，我們因而不能僅將儒學侷限在後習俗責任倫理學的框架中，而需進一步走向黑格爾的「後習俗倫理性」。[20]因為黑格爾正是在他的《法哲學原理》中，以研究「家庭」、「市民社會」與「國家」的「倫理性」領域，來處理既能超越「道德性」，而又不回退到「抽象法」之法治國的法政哲學領域。黑格爾在《精神現象學》中，以希臘悲劇人物安提戈涅（Antigone）處身在親情與國法之間的兩難，來闡釋做為自然實體（家庭）的倫理性，必須轉向羅馬法的抽象法人身份，以解決介於家國之間天人交戰的規範衝突。但法權狀態的

---

20　這個觀點我在本系列的第一本論文集中已經簡略提及，參見林遠澤：〈西方現代性危機與儒家倫理在 21 世紀的新意義〉，收入黃俊傑編，《儒家思想與 21 世紀的對話》（臺北：臺大出版中心，2022 年），頁 1-32。

主觀權利意識，引發在啟蒙運動中對於現實王國之功利的追求，以致於最終必須走向道德世界的良心自我立法。在《精神現象學》中，「道德性」（Moralität）因而高於「倫理性」（Sittlichkeit）。但在《法哲學原理》中，強調主觀自由的抽象法，應進一步向道德性發展，但道德性卻惟有在倫理性中才能得到它的真理性，否則道德性即陷於空洞的形式主義。在《法哲學原理》的架構中，倫理性因而又高於道德性。

上述黑格爾的立場並非前後不一致，而是完全符合道德發展理論的結構發生學分析。《精神現象學》的「倫理性」做為自然實體的倫理性，仍然停留在習俗層次，這個階段是道德發展的第三序階。習俗倫理以「法與秩序」的第四序階做為最高的發展階段，它在面對個人自主性的追求而形成相對主義的危機後，即需進一步邁向後習俗層次的「道德性」。然而到了《法哲學原理》的理論階段，黑格爾顯然已經理解，道德意識不能再停留在「後習俗形式主義」（PCF）的階段，而是必須進一步走向「後習俗脈絡主義」（PCC）的階段，以能在家庭、市民社會與國家的實踐脈絡中，重構實踐理性或客觀精神的真實內含。我們因而可以說，黑格爾在《法哲學原理》中所討論的倫理性，是一種「後習俗的倫理性」。[21]這種後習俗倫理性，即在於處理「從『自然倫理』的解體到倫理共同體的重建」之倫理體系的問題。[22]而以儒家的語言來說，這即是從周朝的禮崩樂壞到孔子試圖重建禮治社會的過程。儒家禮治國的外王問題，因而很可以借鏡黑格爾後習俗倫理性的觀點，來做進一步的研究。

---

21 「後習俗倫理性」這個術語，係從霍耐特「後傳統倫理性」(posttraditionale Sittlichkeit) 這個概念稍加改變而來。霍耐特明確地理解，他受黑格爾影響所提出的承認理論，事實上就是一種後習俗倫理性型態的理論。參見 Axel Honneth, *Kampf um Anerkennung-Zur moralischen Grammatik sozialer Konflikte* (Frankfurt am Main: Suhrkamp Verlag,1992), S.285.

22 參見鄧安慶：〈從 " 自然倫理 " 的解體到倫理共同體的重建－對黑格爾《倫理體系》的解讀〉，《復旦學報》(社會科學版)，3(2011), 頁 33-45。

在當代的理論語境中，若要透過從「後習俗責任倫理學」到「後習俗倫理性」的發展，為儒學能從「內聖」到「外王」，從「仁義」到「禮治」──或即從「儒家倫理學」擴及到與之不可分的「儒家政治哲學」──的理論重構提供思想資源。那麼我們就應將在德國古典哲學中，介於康德「道德性」與黑格爾「倫理性」的論爭，在當代的理論語境加以重新理解。[23] 而最能將康德與黑格爾的論爭加以專題化討論的，則首推法蘭克福學派。阿佩爾與哈伯瑪斯都認為，他們透過將康德自律倫理學的道德性進行「對話倫理學」（Diskursethik）的解讀，即能使康德經得起黑格爾的批判。哈伯瑪斯為此寫了一篇專論叫做〈黑格爾針對康德的異議是否也適用於對話倫理學？〉（1985），[24] 而阿佩爾也同樣寫了一篇論文為康德辯護，題目是：〈後康德的道德性觀點能否再度在實體倫理性中被揚棄？論介於烏托邦與回退之間的歷史相關的對話倫理學應用問題〉（1986）。[25] 這兩位哲學家基本上都認為，若能將康德的「可普遍化」原則，解釋成一種「共識建構」原則，並將規範奠基的問題，進一步擴大到規範應用的共識建構問題，那麼就可以使康德免於黑格爾所謂的「空洞的形式主義」的批判。[26]

---

23 相關討論請參見林遠澤：〈從公民審議到民主倫理性—論哈伯馬斯的溝通理論是否需要黑格爾式的奠基〉，《哲學與文化》，6/48(2021)，頁 5-28。

24 Jürgen Habermas, "Treffen Hegels Einwände gegen Kant auch auf die Diskursethik zu?" in Jürgen Habermas, *Erläuterungen zur Diskursethik* (Frankfurt am Main: Suhrkamp Verlag, 1992), S.9-30.

25 Karl-Otto Apel, "Kann der postkantische Standpunkt der Moralität noch eimal in substantielle Sittlichkeit aufgehoben werden? Das geschichtsbezogene Anwendungsproblem der Diskursethik zwischen Utopie und Regression." In Ders., *Diskurs und Verantwortung - Das Problem des Übergangs zur postkonventionellen Moral* (Frankfurt am Main: Suhrkamp Verlag, 1988), S.103-153.

26 黑格爾批判康德的可普遍化原則是一種基於「無內容的同一性」或「無矛盾的、形式上的自我一致」的「空洞的形式主義」。這個批判特別參見黑格爾：《法哲學原理》，鄧安慶譯：《黑格爾著作集》（北京：人民出版社，2016 年），第 7 卷，頁 245。

　　阿佩爾與哈伯瑪斯在對話倫理學的應用討論中建構的「後習俗責任倫理學」，的確有助於康德免於遭受「空洞的形式主義」的批判。我們因而也以這個觀點來重構儒家倫理學，以免儒學的發展僅停留在反思的內在道德性層次。但阿佩爾與哈伯瑪斯在建構「對話倫理學」時卻都忽略了，即使我們能使康德的道德性免於空洞的形式主義之批判，但康德自律倫理學的道德性，並不能因此就得以免除黑格爾倫理性的批判。因為黑格爾的倫理性觀點，並不僅取決於他是否能成功地批判康德的空洞形式主義，而是在於他理解到，人的真正自由只有在相互承認的倫理生活中才能得到真正的實現。阿佩爾與哈伯瑪斯也因而在後來，都嘗試發展他們各自的法哲學理論，以補充對話倫理學的不足。[27]

　　道德性只強調反思內省的自由，在反思中吾人能不受外在權威的強迫，而做出自主的決定。但對於外在行為之間的衝突，以致於主體的行為陷於不得自由的困境，康德乃訴諸法權的合法性原則來加以解決。亦即出於恣意的外在行為自由，惟當透過對於侵犯他人自由的限制，才能使每一個人的自由能在普遍法則的規範下得以彼此相容。在這個意義上，吾人在法權中所能獲得的自由，一方面仍僅是抽象法權的主觀自由，而在另一方面，用來限制對他人侵犯的法律，則仍只是一種強制性的外在力量。在這樣的法權狀態中，人與人之間仍處於相互限制的對立狀態。在此，人的自由因而也仍得不到外在客觀的實現。相對於此，黑格爾認為根本的解決之道，在於必須使吾人走出這種原子式的自我，而在倫理生活中透過相互承認的彼此肯定，以能在一種「友愛的共同體」中，使人與人之間自由的相容，是能在社會互動中得到真實的實現。因為由愛與友誼出發的倫理生活，即正如同黑格爾所說的：

---

27　請參見林遠澤：〈論規範遵循之可期待性的理性基礎－試從對話倫理學的應用問題論道德、法權與政治責任的規範效力差異與作用互補〉，《人文及社會科學集刊》，24(2012)3，頁 285-330。

所謂愛，一般來說，就是意識到我和另一個人的統一，使我不
獨為自己而存在，相反，我的自我意識只是做為放棄我的自我
存在並且通過我知道我自己，之為我同另一個人以及另一個人
之間的統一，才獲得〔……〕愛的第一個環節，就是我不想是
獨立的為我而存在的個人，假如我是這樣的人，我就會覺得自
己殘缺不全。第二個環節是，我在另一個人身上找到了自己，
即我適合於她的東西，她又在我身上達到了。[28]

黑格爾在《法哲學原理》中，以友誼與愛做為說明在外在的社會領域中
的自由之例子。在此吾人不是片面的在其自身，而是在與它們的關係中
限制自身，並因而在這個限制中做為自己本身。在這種規定性中，人並
不感到被規定，而是當吾人將他人視為他人，人才有他的自我感。在愛
與友誼中，人我之間相互承認的倫理制度做為規範性的行為實踐，使得
個人的目標能客觀地彼此交織在一起。它們確保了主體在與他人的對待
中，承認他們的願望的實現即是我自己的願望實現的條件。在此，由於
人我自由的共同實現，只有借助倫理制度才能實現，黑格爾因而將交互
主體性的自由概念，進一步擴大到社會的自由概念：自由主體的自由，
惟當在制度實踐的範圍內，能遇到一個夥伴，他們之間以一方的目標，
正是另一方目標之實現條件的方式，達到相互承認的關係才能得到實
現。對黑格爾而言，自由因而始終呈現出一種與制度關聯在一起的承認
關係。在法哲學中，黑格爾區分出家庭、市民社會與國家這三種主要的
制度複合體，它們是各自按個人的目的與目標如何經由相互承認的關係
而得到滿足來加以區分的。但其中的基本想法都不變，亦即惟當參與到
制度中，而這種制度性的規範實是能確立一種相互承認關係的，這樣個
人自由才是可能的。黑格爾這種把共同體的倫理性，建立在愛與友誼之
相互承認的關係上，實與儒學將「為國以禮」的禮治國家，建立在仁者

---

28　黑格爾：《法哲學原理》，頁298。

愛人之相人偶的倫常關係上，有著極為相同的理論洞見基礎。

　　且從上述有關新冠肺炎所產生的基本權利爭議中，我們已經看出，在防疫中生活之集體目標的達成，有待於國民在社會合作中，做出不同負擔的團結付出。在抽象法中，法律之前人人平等的形式性理念，應在國家做為倫理共同體的追求中，進行更為有機的功能分化的整合。就此而言，雖然儒家禮治國理念最為人詬病之處，就是不能維持法律平等的理念。對於子產立刑鼎，透過法令的明文公告，以一視同仁地執行法律規範的作法，儒家曾公開表示反對，中國古代並有所謂「禮不下庶人、刑不上大夫」的法律差別對待的不平等做法。這也使得在「禮以別異」的傳統禮制中，禮治國理念所立基的正義觀點，被在確立人際不平等之角色義務的「義者宜也」觀點中被理解。但將儒家「義者宜也」的正義觀點，理解成確立社會階級不平等的政治理論，實係出於對於構成社會整合之團結基礎的角色義務之誤解。

　　哈伯瑪斯透過對防疫的反思，突顯出他的法哲學其實是接近黑格爾法哲學的倫理性觀點。而這從他的學生霍耐特，透過「承認理論」的建構，以進一步將哈伯瑪斯基於溝通行動理論的對話法學，發展成一種黑格爾法哲學式的民主倫理性理論，就更能清楚地看出這其中的思考展開過程。霍耐特在他的代表作《自由的權利》[29] 一書中，非常清楚地意識到，若要以倫理性做為正義理論的基礎，那麼在對正義概念的理解上，我們即應採取黑格爾所繼承的古代定義。因為就古代定義來說，正義的意思係指「給予每個人他應得的」（jedem das Seine zu geben），亦即，我們對於每個人都應就其個人的人格與能力，而以合適的方式來對待他。[30] 就正義所要求的合適性而言，正義即需顧及人際關係的特殊性，

29　Axel Honneth, *Das Recht der Freiheit—Grundriß einer demokratischen Sittlichkeit* (Berlin: Suhrkamp Verlag, 2011)。中譯參見〔德〕霍耐特著，王旭譯：《自由的權利》（北京：社會科學文獻出版社，2013 年）。
30　Honneth, *Das Recht der Freiheit*, pp. 20-21。中譯參見〔德〕霍耐特著：《自由的權利》，頁 15-16。

我們才能理解如何可能做到「給每個人他應得的」。在這個意義下，為做為禮治國基礎的正義理論，其「義者宜也」的定義，即應從帕森斯與涂爾幹等人的社會學理論資源，依角色行動理論與社會團結理論，來重探儒家政治哲學的理論基礎。

透過黑格爾《法哲學原理》的啟發，霍耐特認為西方當代的政治發展，應揚棄契約論之政治自由主義的抽象法、與康德自律倫理的內在道德性，而重返黑格爾重視人倫關係的倫理性思維。霍耐特以其從《承認的鬥爭》到《自由的權利》的一系列大作，充分發揮黑格爾《法哲學原理》的微言大義，建構了以相互承認關係在歷史發展中的制度化體現，做為實現個人社會自由之客觀條件的民主倫理性思想。他接續黑格爾的思考，嘗試在「家庭」、「市民社會」與「國家」的倫理生活中，奠定法權或正義的基礎。他視「友誼」與「愛」的人際相互承認關係為民主的基礎，以致於主張「家庭」即為「微型的民主政體」。借助他的觀點，我們即不必然得將中國的「國 - 家」觀念，視為是對「國」與「家」之不同領域的混淆，以致於斷言所謂「家天下」的集權專制，無非即是儒家禮治國構想的必然結果。

對於儒家禮治國理念的闡釋，若能透過霍耐特建構的黑格爾式的承認理論，使儒家實踐哲學能從內聖往外王的道路再做進一步發展。那麼對於在中國歷史上，從漢代經生開始，經南宋與晚明的事功學派，到清末新公羊派都沒能順利完成的外王理論建構，可以借鏡黑格爾從「家庭」的愛出發，經過「市民社會」到「國家」，以達成自由的定在之法權建制的倫理性思考方向，為儒家所主張的，從「仁者愛人，施由親始」開始，經由「幼吾幼，以及人之幼」，一直到「泛愛眾而親仁」、「仁者與天地萬物為一體」的推擴普遍主義，重新理解儒家以「齊家、治國、平天下」做為建構世界大同之禮治國家的理念內容。而這或許正可以為後疫情時代，提供更為深化的民主理念。

# 五、結語

　　歷史不能重來，但過往歷史發展所帶來的經驗，做為思想反省的借鏡，卻可為我們在每一當下的重新出發，提供繼續走向未來的指針。疫病大流行終將會結束，我們所能做的只是，在達到群體免疫之前，透過人類科技與行政管理所能掌握的各種防疫手段，儘量減少人民可避免的傷亡。在這個過程中，國民的合作準備是防疫措施是否能成功的必要前提。就國家做為公民相互承認、彼此團結的倫理共同體來看，在防疫中，個人因其在社會中角色功能分化的不同，而被期待承擔不同的團結付出，這也不能僅從個人主觀自由之基本權利遭到國家干預這個消極自由的角度來看，而是應就社會的團結整合才是個人社會自由得以實現的必要條件，來看國民在防疫措施中所應承擔的共同合作，實為個人積極自由之真正實現的意義。儒家「道之以德，齊之以禮」的禮治國理念，對此應可提供一種有文化實踐基礎的思考選項，雖則它所需要進行的歷史反思任務，也將會是相當巨大的 。

chapter 5

第五章

# 信任的遺忘：
# 當代危疑課題的儒家觀點

林維杰[*]

## 一、前言：疫情時代的信任危機

自 2019 年底開始，一種新型病毒逐漸擴散全世界。就像是歷史上曾經出現的重大瘟疫一般，迄今超過兩年的時間中，疫情不僅大幅度改變人們的日常生活方式（如人身距離、購買習慣、交通運輸），也調整了我們的基本生存視域（身體、隔離、疾病、家庭、經濟、政治與科技等）。此中改變人類生活與生命的複雜程度，遠超過本文探索的能力，而且目前看來，儒學研究者也無法提出一個周全而深層的觀察方案。但以下幾個相互交涉的議題，或許可以提供我們重新省思：首先，什麼是儒學眼中的生命型態？其次，在疫情期間的生命表現發生了何種變化，以及這種變化是否有別於傳統儒學對生命的理解？本文認為，生命的基本型態並沒有改變，但是有危機，即人與人之間失去信任的危機。

首先，關於儒學視野的生命型態界定，有幾個表面不同，實質近似的標準。以牟宗三的語彙來說，這些標準不是「本質倫理」，而是價值取向的「方向倫理」。[1] 例如《論語》〈子罕〉的「三軍可奪帥也，匹夫不

---

[*]　臺灣中央研究院中國文哲研究所研究員兼副所長。
1　本質倫理（Wesensethik）與方向倫理（Richtungsethik）是牟宗三依海德格的區分（康德之前與之後）而提出的，見牟宗三：《中國哲學十九講－中國哲學之簡述及其所涵蘊之問題》（臺北：學生書局，1983 年），頁 405。牟宗三的使用則出自張康對 Müller 論文的中譯：〈存在哲學在當代思想界之意義〉，《現代學人》第 4 期（1962 年），頁 21-74；M. Müller: *Existenzphilosophie im geistigen Leben der*

可奪志也」，〈學而〉的「人不知而不慍，不亦君子乎」，《孟子・滕文公下》的「富貴不能淫，貧賤不能移，威武不能屈。此之謂大丈夫」。又或者是「人性」不同表現的對比，如人禽、義利與王霸之辨（《孟子》），[2] 天地之性與氣質之性（張載），生質之性（程明道依《論語・陽貨》「性相近也」而說）與「天命之性」（王陽明依《中庸》首章「天命之謂性」而說）等。這些界定與區分或是通過「精神」、「人格」的不同表現，或是通過「人性」的差異對比，確定「人之所以為人」的價值。

　　進一步來說，道德的人格與人性的價值乃落在具體的倫理「情境」中才得以表現，而此「情境」又往往展示為自我與他人的「人際」關係之中。《論語・為政》論君子與小人的不同，即就人際而言：「君子周而不比，小人比而不周。」按「周」是群而不黨，「比」是結黨營私，皆是就我與他人的互動交往而論。又如《孟子・離婁下》論人與禽獸之異：「人之所以異於禽獸者幾希。〔……〕舜明於庶物，察於人倫；由仁義行，非行仁義也。」由內在仁義而外顯地察於「人倫」，即是就人倫表現人格。簡言之，我們可以單由人格而表彰其價值，然而此人格之價值及其道德生命，都必須在人與他人的「往來職分」中得到確定與落實。後文將會再論這一點。

　　卡西勒（E. Cassirer）的說法在此可以提供一種界定參照。他認為語言、科技與藝術是符號（symbol），神話、歷史和國家也是符號，所有文化生活的想像力中介都以符號形式（symbolic forms）出現，因此「我們應當把人定義為符號的動物（animal symbolicum）來取代把人定

---

*Gegenwart*, Kerle Verlag, Heidelberg 1958.

2　孟子的三辨之間有其邏輯關聯，李明輝對此指出：人禽之辨最為根本，因為此辨是由人的價值意識來回答「人是什麼」的問題，「義利之辨則是在人禽之辨的基礎上，進一步說明道德本質。最後，孟子將義利之辨延伸到政治領域，而提出王霸之辨，以說明其政治理想」。李明輝：《孟子重探》（臺北：聯經圖書公司，2001年），頁 65。

義為理性的動物（animal rationale）」。[3] 按人是理性（或邏格斯）的動物命題出自亞里斯多德，這是我們熟知的西方舊式人論，而卡西勒以符號形式說人類，則是由文化表現著眼的重新定義。仿照這種主張，我們也可以說儒家式的人論為「人是交往的動物」或「人是關係的動物」。交往與關係乃是把人（或作為行動者的主體）置入能動的交互性範疇，人因而不能單純視為在自的「獨處者」，而是處於群體倫常網中的「互動者」。如此界定的儒學證據之一是「倫常」，之二是「感通」。「五倫」的每一倫（「倫」的數目還可以增加），皆設定雙方在「關係」中的不同職分，「感通」則認為倫常中的雙方往來（以及進一步的循環）具有一種力動能量。不同倫常裡的生命表現，以及生命能動性在感方與應方的呈現，即是儒家視野下的生命型態。依此而論，生命便是「倫常生命」，倫常中的生命交往便是「倫常感通」。

其次，疫情時代的儒家倫理學要如何看待生命的「交往（往來）型態」？最明顯的病徵是，交往關係中的「不來往」，或是感通型態中的「不亨通」。這種不來往（交往）與不亨通的病理在於：人與人之間的缺乏「互信」。缺乏彼此的信任（或信賴、誠信、信實），任何交往與談話是走不下去的，信任、信賴是一切交往溝通的倫理規範與基礎。就此次的疫情來看，疫苗的研發、取得與分配，以及有關疫情資訊的公開與遮掩，都讓罹病者與健康者、人民與政府、不同世代、不同行業與不同政黨之間，出現嚴重的信任危機。形成此危機的背後是一連串恐懼、憤怒、瘋狂的交錯，進行不下去的交談溝通比比皆是，其後果便是個體生命與整體生命間的失衡，以及「共在生命」的瓦解。在如今這個因為科技化、組織化、城市化與網絡化而導致的「陌生而匿名」的時代，基本的互信早已不易維繫，更何況嚴重的特殊疫情。特殊期間與事件往往能把互信、互諒的重要性拉到一個危機高度，從而迫使人們回憶起「能

---

3　**E. Cassirer, Text und Anm. bearbeitet von Maureen Lukay: *An Essay on Man. An Introduction to a Philosophy of Human Culture*, (Hamburg, 2006), p. 31**.

夠相信對方」的溫馨經驗與美好時代。這就道出了信任的真相：真正與
完全的信任他人以及取得他人的信任，既使人們如同身處熟悉舒適的
「家」，又將自己與他人「團結」於共同參與合力奮鬥之中。反之，則是
生命的「不在家」，猶如流蕩於家鄉外的遊子。

　　然而交往中的「信任」，以及信任帶來的「團結」，並不盡然呈現
正面價值。誰最需要團結？這種情形可以從政治活動得到說明。在極
權（集權）社會裡，黨派為了某些利益，經常會提出「團結」口號以
便擴大同志群體與排斥異議個體。高達美（H.-G. Gadamer）在〈友誼
與團結〉[4] 一文中，考察了古希臘關於不同類型的友誼與朋友的論述，
以及它們在人類共處中基於信實／信任（Treue）而發揮的「團結」
（Solidarität）作用。儘管該文沒有提及，歷史經驗也告訴我們團結如何
成為極權社會的運作手段。對極權及其團體來說，朋友就是忠誠、可信
賴的黨派同路人，這種人才會贏得友誼，不是同路人就得排斥與打壓
（黨同伐異）。然而是否團結，到底還是自己的決定，不可以把所有負面
的黨派團結都推給那個極權的時代與社會氛圍，似乎自己可以在群體中
或替責者的審判裡消失而顯得無辜。但誰是真正的無辜？高達美在另
一篇文章的末尾提到他重讀卡夫卡《審判》的心得：「他知道，並且也
能夠告訴別人，我們如何面對自己的任務，在解決任務時永遠不能把自

---

4　"Freundschaft und Solidarität", in: *Konstanten für Wirtschaft und Gesellschaft,
Festschrift für Walter Witzenmann*, Bd.III, hrsg. v. Jolanda Rothfuß und Hans-Eberhard
Koch, (Konstanz: Lahard Verlag 1999), S.178-190. 本文也收入 H.-G. Gadamer:
Hermeneutische Entwürfe: Vorträge und Aufsätze, (Tübengen: Mohr Verlag 2000), S.
56-65. 高達美在此文中引用柏拉圖對話錄 Lysis 提到的 Oikeion 一詞。此詞意指家
庭的（Häusliche）、故鄉的（Heimatliche），因為 Oikos 指的是經濟，而經濟就是
家庭經濟，於是就有了現在為我們所熟悉的 Ökonomie 一詞。蘇格拉底在討論友
誼時提到經濟，並不偶然，因為友誼會讓人們處於悠然自得的安宅（Zuhause）。
另一個值得關注的是團結（Solidarität）的拉丁文詞源 Solidum（堅實、固定與可
靠），此詞與 Sold（錢，報酬）有關：Sold 不能是偽幣，它必須是真正的錢，以
便發放 Sold 給士兵（Soldat）時不會破壞軍隊的團結。

己的任務視為他人的任務。不要總是把過錯推到別人身上。」[5] 最後的靜言似乎是替海德格與納粹的合作脫罪，彷彿「哲學家與政治現實」[6] 可以分別看待，其實不然。它的用意在於警示那些批判海德格的德國知識分子，後者也有自己的責任。他們的責任並不因為批判海德格而不見。在任何極度要求團結的時代，個人的責任往往是匱乏的，但也不會因此就消失。

我們由此看到「信任」與「團結」在政治社會生活中的雙刃性。危疑時代的團結一方面容易喚起人類共同生活中古老的友誼崇拜，即不可拆散的友誼象徵彼此脫離各種條件而進入彼此信任的生命家園（Heim）與家鄉（Heimat）。然而團結中的友誼也可能走向另一方面，即基於彼此的不信任，所以需要樹立友誼以掩蓋猜忌。於是我們才了解，真正的朋友與成熟的友誼必須建立在信任的基礎上。

對於這個時代的交往課題與信任危機，儒學還是有發言權的。交往與信任所顯示的倫常意識並不是反理學陣營的專利，先秦、宋明、清代與當代的儒學論述都有文獻支持。過於詳細而周密的考察，當然不符合本文書寫的經濟原則，舉出代表性的文獻與課題則是可行的。以下將會通過幾份儒學文獻與課題內容，考察作為生命關係型態的「倫常」，以及解析作為倫常往來之存有模式的「感通」，以充作這個「信任遺失」時代的考察基礎。

---

5　H.-G. Gadamer: "Über die politische Imkompetenz der Philosophie", *Hermeneutische Entwürfe*, S. 41.

6　高達美在 "Über die politische Imkompetenz der Philosophie" 的開頭即問：「在我們的時代，與海德格的名字相連繫的這個特別爭論，乃是一個古老的爭論：哲學家與政治的、社會的現實之間，到底是什麼樣的關係？」H.-G. Gadamer: "Über die politische Imkompetenz der Philosophie", S. 35.

## 二、倫常中的友倫與友信

　　自我與他人之間的信（信任、信賴）課題，先秦即已觸及。此課題起自關於「朋友」的討論。《論語》與《孟子》各有一段為人所熟知的朋友之道。首先是《論語‧公冶長》的記載：

> 顏淵、季路侍。子曰：「盍各言爾志？」子路曰：「願車馬、衣輕裘，與朋友共。敝之而無憾。」顏淵曰：「願無伐善，無施勞。」子路曰：「願聞子之志。」子曰：「老者安之，朋友信之，少者懷之。」[7]

子路勇猛精進，其志向是與朋友共享車馬衣裘。顏淵敬謹敦實，不違如愚，其志向是不誇優點、不宣功勞。孔子則如天地元氣，無所不包，其志涵蓋了不同年齡的老者、朋友與少年，並期望他們能獲得安養、信任與關懷。子路、顏淵與孔子等三人提出的志向中，或隱或顯都涉及人際之道。子路談的是「自我與友人」的相處方式（共享），顏淵提到的雖是關於「自我」的謙詞，卻也是「自我在他人面前」的持守不誇。孔子自道的安、信、懷，都不是老者、朋友與少者「自身」即能達成，而是得處於「自身與他人」的互動當中。值得關注的是，不同的人嚮往不同的友誼。子路與孔子分別提到了兩種朋友關係：子路嚮往的是「共享式友誼」，孔子則是「信任式友誼」。在共享與信任的競爭中，何者更適合做為友誼的型態？歷代儒者都偏向孔子，如朱子即認為子路說得粗、工夫疏，「只車馬衣裘之間，所志已狹」，[8] 原因或許是因為子路的共享是財

---

7　曾子也以「信」為交友之道：「吾日三省吾身：為人謀而不忠乎？與朋友交而不信乎？傳不習乎？」（〈學而〉）至於「益者三友，損者三友：友直，友諒，友多聞，益矣；友便辟，友善柔，友便佞，損矣」（〈季氏〉），則是指朋友的優點與缺點，也可以視為相處之道。

8　朱傑人等主編：《朱子全書》（上海：上海古籍出版社，2002 年），第 15 冊，卷 29，頁 1066。

貨，而不是更高與不同層次的生命。無論如何，基於不同的友誼而成為不同的朋友，應該是很有類型意義的。再看《孟子・滕文公上》的一段更有代表性的記載：

> 聖人有憂之，使契為司徒，教以人倫：父子有親，君臣有義，
>
> 夫婦有別，長幼有序，朋友有信。

父子、君臣、夫婦、長幼與朋友，謂之「五倫」。五倫影響後世甚大，[9] 其內容原出於「五常」。五常即《左傳・文公十八年》所記的父義、母慈、兄友、弟共（恭）、子孝，「五倫」算是「五常」的擴大。五常的範圍限於「家庭」，五倫則由家庭延伸到「政治」與「交友」。無論範圍的大小與規範德目的差異，五常與五倫都是在「彼此」的身分中進行規範德目的確認。五倫的相互性或關係性固不待言，五常的「父義」也一定是「父對子」之義，兄友亦是「兄對弟」的友愛。

　　值得注意的是，兄弟之間也提到「友」，「友」在此不是身分，而是某種親近、親愛的倫理表現。寬鬆一些來看，「兄弟」與「朋友」也可以互為身分與規範，子路式的友誼可以表現兄弟之義，而「兄對弟」也可以如「己與友」一般的平等親近。由五倫、五常以及孔子等三人的志向來看，人的責任與願景是在交往活動中逐漸確立的，而交往網絡[10]中的朋友之道（誠信、信任）則提供我們一種人類如何發展「真正友誼」

---

9　如朱熹即將之置於〈白鹿洞書院揭示〉（又名〈白鹿洞書院學規〉）的首條，並云：「堯、舜使契為司徒，敬敷五教，即此是也。」朱傑人等主編：《朱子全書》，第 24 冊，卷 74，頁 3586。

10　這類自我與他人的網絡，可以參考黃俊傑以下的說明，他強調儒家不凸顯獨自性，而是強調社群性：「〔……〕儒家人物的『自我』，是深深浸潤在深厚的社群感之中，而與整個社群不可分割之一 份子的『自我』。『自我』並非孤伶伶而與歷史文化傳統無關的『自我』，在中國文化中的『自我』是深深浸潤在社會文化關係網絡之中的『自我』。」黃俊傑：《東亞儒家人文精神》（臺北：臺大出版中心，2016年），頁 236-237。這種「關係網絡中的自我」表明了倫理的相互性，亦即是「生命的社會關係網絡」（頁 142，149）。

的可能。

我們從上文的簡略討論，大致上提及這樣的意思：「五倫」之道就是相互關係中的規範，人類活動的合理德性不該由活動者就其自身來確定，而是得在情境活動的「交往性」與「關係性」中予以說明。如此一來，宋明理學中創造性與主導性最強的「心性論」，可視為這種「交互倫理性」的挑戰者。楊儒賓在多年前以「相偶論」為題，對傳統理學進行的批判，即可放在這樣的脈絡中加以審視。他在〈從體用論到相偶論〉[11]一文中指出，儒學發展到宋明理學時，為了因應佛學而提出「使世界全體由道所化」[12]的體用觀，並歷經由「道」為出發點的「本體論」轉變為以「心性」為主的「本體——工夫」論。相對於此，「相偶論」則重人道而輕天道，凸顯的是一種社會哲學模式的、注重「相互主體」的倫理關係與合理關係。楊儒賓提出的相偶、相互主體、社會哲學等諸詞，與本文的前述說法大致相近。該文後來收入他的《異議的意義》一書，並把相關內容置入一個包含日本古學、韓國實學與中國氣學的東亞反理學思潮之中。他在此書的〈導言：異議的意義〉中對「倫理」的「相偶性」進行更清楚的定義式說明：

> 它們〔反理學者〕大體也同意：真正的道德是要在人倫關係中
> 產生的，道德即倫理，倫理即是相偶性的倫理，心性本身無道

---

11 楊儒賓：〈從體用論到相偶論〉，《清華中文學報》第 6 期（2011 年 12 月），頁 31-81。

12 如果從陸王一系來說，便是「使世界全體由心所化」，如〈象山年譜〉記載十三歲的陸象山之言：「『宇宙內事乃己分內事，己分內事乃宇宙內事。』又曰：『宇宙便是吾心，吾心即是宇宙。』」陸象山著，鍾哲點校：《陸九淵集》（北京：中華書局，2008 年），卷 36，頁 483。已與心在此同義。又如王陽明的遊南鎮的論花之言：「你未看此花時，此花與汝心同歸於寂。你來看此花時，則此花顏色一時明白起來。便知此花不在你的心外。」王守仁著，吳光等編校：《王陽明全集》（上海：上海古籍出版社，2006 年），卷 3，頁 108。「此花不在你的心外」指向「此世界不在你的心外」。

德可言。[13]

倫理（Sittlichkeit）與道德（Moralität）是黑格爾的著名區分，[14] 他並以此批評康德。楊儒賓以倫理界定道德，也表現出類似的意思，即心性主體與人倫關係無交涉。書中又引阮元的觀點，主張相偶性「即一種相互的對應關係。〔……〕儒家的道德都是建立在倫理關係上，亦即建立在人與人之間的一種合宜的行為模式」。[15] 楊儒賓對相偶性的內容以及東亞反理學思潮的沿革，論述甚詳，其中涉及諸多內部發展複雜與外部視野宏闊的內容，在此無法細表其理論得失，但可順其論點進而指出三點：其一、主體必須以「交互主體」的型態而活動；其二、「交互主體」才能面對政治社會的複雜情境，依此而言，交互主體既是關係主體，也應該是情境主體；其三、在政治社會與家庭中的交互主體性，凸顯的是「人倫相偶」而有別於另兩個重要範疇——「天人相偶」與「人物相偶」（對理學來說，天人之際與人物之間也存在著相偶關係與倫理規範）。

心性論議題的擁護與反駁之間的交鋒，必須更細膩處理，本文在此只簡單指出一點，心性論與相偶論在理學思想中是相容的，不能只以心性論來詮釋理學。理學家的一些文獻中，也包含不少關係性（相偶性）的文字。以張載的名言為例：

為天地立心，為生民立命，為往聖繼絕學，為萬世開太平。[16]

---

13　楊儒賓：《異議的意義——近世東亞的反理學思潮》（臺北：臺大出版中心，2012年），頁3。

14　關於黑格爾以倫理與道德的區分批評康德，可以參考李明輝：《儒學與現代意識〔增訂版〕》（臺北：臺大出版中心，2016年）的說明。書中引用庫爾曼（Wolfgang Kuhlmann）的解析，以為道德觀點下的理性主體乃封限於純粹內在性而與無理性的外在現實區別開來，倫理觀點下的理性則是歷史現實的，是在習俗、制度、生活方式中取得的（頁334）。李明輝的相關說明（而不是他的立場），完全適用於楊儒賓的批評前提。

15　楊儒賓：《異議的意義》，頁9。

16　按張載此句有不同的版本，收在〈張子語錄〉中的是「為天地立志，為生民立

此句氣魄宏大，說的是儒者的終極抱負。如果以泛稱的「我」來表示懷有抱負者，則此句即成為「我對天地」、「我對生民」、「我對往聖」、「我對萬世」（無數後代）」的倫理使命（立心、立命、繼絕學、開太平）。按句子字面上並無「我」字，此固然涉及中文語法，但也形成一個富有教益的思考，即虛化的我是否扮演主導與中心的主體。按倫理使命是一種站出來的承擔，承擔必須有負責者，所以即使是句法主體的虛化，卻非責任主體的消失。所以承擔責任的主體不是橫渠個人，而是指向與期勉所有肩負使命的倫理同志（我即我們）。北宋的名臣范仲淹的名言「先天下之憂而憂，後天下之樂而樂」（〈岳陽樓記〉），也是如此。仁人之憂樂與張載之言一樣，都是談論抱負，句中也都沒有個體性的私我主體，但讀者都可從中感受到「同具抱負的同志」對「天下人民」的倫理責任。因此這裡存在著雙重的倫理關係，其一是我與友倫同志（朋友）的交互關係，其二是我與其他存在者（天地生民與父子君臣）的交互關係。

　　相對於「交互原則」的是「個體原則」，純然的「個體原則」乃自我與他人的割裂。關子尹在討論海德格時，即以「我堡」（Ichburg）概念探討這類割裂以及反割裂的關懷，他指出：

借用海德格對「主體」（subject）概念的反省，我們不難見到，以「主體」及由此而生的「我相」作為「人」之理念，將會引發一連串哲學上的乃至文化上的難題。這些問題從大處看有以下兩種：（一）造成人類整體與自然的對立，（二）造成個人與他人之間的割離。從根本處看，「主體」這個理念之所以引出這些問題，皆因「主體」反映了人以「自我」作為一切關係之中心（Bezugsmitte）的傾向。借用瑞士神學家 Emil

道，為去聖繼絕學，為萬世開太平」。張載著，章錫琛點校：《張載集》（北京：中華書局，2006 年），頁 320。

Brunner 的講法，現代哲學主體理念的提出令現代人把自我封
錮，儼如一與外界割離的「我堡」（Ichburg）。[17]

關子尹在文章中並沒有詳細考察西方哲學裡主體概念的發展，也沒
有細說海德格的反省，但我們可以補充此文的其餘內容，其中引用
了海爾德（Held）批評胡賽爾（Husserl）之由「我」作為原始領
域（Primordialität）出發，是不可能真正達到交互主體性的；而面具
（persona）至人格（person）的概念發展，比主體概念更具有同情、關
懷與體諒內涵。[18] 這一點也回應了前文論儒家時所言，「人格」的價值必
須在「往來分際」中得到確定。

　　按西方主體哲學的背景，以及近代以來主體哲學的強勢發展與當代
的反動，當然不同於本文的問題脈絡，但問題意識是可以切近的。此意
識即為「封閉主體」與「開放人格」的對比強度。對本文來說，這種強
度對比便是「交互主體」與「獨白主體」的「關係」與「反關係」。[19]
自我或主體的負面表現是封限、割離、主導性質；相反的，要脫離封閉
與割離的滯錮，就必須在關係裡「去中心」、「去主導」而進入平等、
體諒、寬容與關懷。進一步來說，即使進入關係，也不該將此關係布置
為主導的我與被主導的他人。由去中心的「體諒、關懷之我」與反中心
的「被體諒、關懷的他人」而建立的關係，才是此處需要承認的倫常。
由這樣的理解出發，我們才能談到真誠無妄的「友倫」。以誠信建立的

---

17　關子尹：〈說悲劇情懷──情感的先驗性與哲學的悲劇性〉，收入劉國英、張燦輝
　　合編：《無涯理境──勞思光先生的學問與思想》（香港：中文大學出版社，2003
　　年），頁 183。

18　關子尹：〈說悲劇情懷〉，頁 183-184。

19　獨白主體的「在自性」（我之在我自己）當然也可視為一種「自我關係」，但如果
　　自我關係能成為關係，則它必須處於「自我與他人」關係的映照下。換言之，自
　　我關係與自他關係是相互確認的。如牟宗三在《智的直覺與中國哲學》中提到的
　　直覺朗現於「我在我自己」，即必須朗現於「物物之在其自己」合觀。牟宗三：
　　《智的直覺與中國哲學》（臺北：臺灣商務印書館，1987 年），頁 158-159。

信任，需要建立在這樣的兩者關係，即一方是由「我堡」走出的無主導性與去中心化之我，另一方則是接受平等、寬容與關懷目光的他人。在不平等關係中，不可能建立真正的信任與信實，即使是上位之君眷顧下屬之臣，或是兄友而弟恭亦然。如此也賦予了「友倫」與「友信」對其他倫理關係及規範中的可能言說效力，尤其是從現代視野出發：如果父子、君臣、長幼、夫婦等倫常要達到親、義、別、序，便應該正視他人與我在生命天秤上是平等者，贏得信任往往由此開始。

除了倫常中的友誼與信任（友倫與友信），「感通」的交往模式也提供我們另一種思考可能。楊儒賓在著作中提到的，東亞反理學思潮中所駁斥的「重天道而輕人道」以及「過度主體化而輕忽相互主體」，雖然我們也可以從理學家的倫理抱負以及他們對《論》、《孟》的五倫解析中，得到一定程度的回應，但此階段的儒者畢竟在理氣論與心性論（包含道德人性與自然人性）花費較多心力。要替理學家辯護，線索其實不算少，除了少數的佳言金句之外，更有說服力的線索是從深具交互能動性與關係性的「感通論」著眼，而且可由一般感通論走向特殊的倫常感通論。倫常感通論將提到儒學領域甚少關注的「友感」，即朋友之間也有感通可言。此一「友感」思路的探索，將以一種力學思維呈現知己與信任在倫理中的角色。

## 三、感通中的友倫與友信

儒家關於感通的概念使用，往往只是簡單以「感」一字來表達，意思上則不限於感通，還包含感應與感動。這幾個不同語彙的共同涵義是：某人或某物對自身之外的另一存在（人、事、物）有所感受，並能回應對方。而對方的接收回應，其實也是一種感受，並可能給原來的一方再次回應。由於兩造往往處於感受與再感受、回應與再回應的雙向運動甚至循環狀態，所以感通、感應的基本模式就是具有「交互」性質的「交感」。有感而無應、有感而無通的「單感」是不存在的。

此種奠基於「交感」的「基本感通論」，從《五經》時期即已出現（如《周易》的〈繫辭傳〉與〈象傳〉），並主導後儒的感通論述，包含漢代的天人感應（如董仲舒的《春秋繁露・人副天數》）以及宋代理學的理氣感通（如橫渠明道與伊川朱子）。「天人感應」的理論基礎在於天與人之間的「對稱性」，人類的身體結構與規範德目是對稱於天的宇宙結構與節氣變化。這是屬於「同質感通」。理氣感通則較為複雜（同質與異質），有的論述與世界的基本成素有關（如二氣五行的交互感應），部分論述則將宗教的卜筮測度轉化為道體感通（如解釋《易・繫辭》的「易，無思也，無為也，寂然不動，感而遂通天下之故」），有的則涉及人與他者的感知（如程明道在〈識仁篇〉中由疾痛感知的「不痿痺」說到仁者的「渾然與物同體」），不一而足。

用宋儒的語彙來看，上述的各種感通可以概括為「氣的感通」（陰陽交感與卜算吉凶）與「理的感通」（天道與人道的創造實踐）。[20] 對儒家來說，「氣」屬於自然界的構成元素，所以大致上可以把氣的感通視為「自然感通」，相對於此，理的感通則是「道德感通」。如果我們認為宇宙或自然的存在不是無緣故的機械式生殖，而是肯定它合於或帶有某種目的，則氣的感通便是「自然目的性」下的產物，而理的感通則是飽涵「道德目的性」的任務。在儒家的主流思維中，「自然目的」通常服務於「道德目的」，前者是後者的證詞。

與本文的關注脈絡來說，比較明顯的文獻證據是伊川朱子將「感通」連結到「五倫」，倫理關係也有感通可言。伊川對《易・象傳》〈咸卦〉的注解中，即由「陰陽」之感延伸到「男女」之交，再由此擴大到「五倫」之感與「萬物」的相感之道：

---

20　關於理學（與越南儒學）的不同交感模式，可參考林維杰：〈程伊川論感通與感應〉，《哲學與文化》第 43 卷第 12 期（2016 年 12 月），頁 97-111；〈越儒黎貴惇的感應思想及其三教交涉〉，《思與言》第 56 卷第 1 期（2018 年 3 月），頁 259-286。

咸，感也。〔……〕男女交相感也。物之相感，莫如男女，而
少復甚焉。凡君臣上下，以至萬物，皆有相感之道。物之相
感，則有亨通之理。君臣能相感，則君臣之道通；上下能相
感，則上下之志通；以至父子、夫婦、親戚、朋友，皆情意相
感，則和順而亨通。事物皆然，故感有亨通之理也。[21]

此段前兩句說的是陰陽男女的相感（咸），這是「感」的基本涵義（陰
陽之感）。有意思的是，由感的本義（陰陽交感）延伸出去的範疇順序
是男女、五倫與萬物。男女在此是萬物繁衍的基本性別，不能視為五倫
中的夫婦，五倫中的兄弟則換成親戚。

　　值得留意的是，君臣、父子、夫婦、親戚、朋友等（新）五倫的志
道與情意能夠相感亨通，表示「五倫」的交互關係注入了「感通」意
涵，所以「交互倫常」即成為「交感倫常」。其中的哲學意涵在於生命
以交互相感為根本。換言之，並不是「此存在」與「彼存在」之間才有
交互性，而是因為存在就是「以交互為性」，並且是「以交感為性」。這
是從生命之際出發的倫常。類似的思維也見於朱子與門人的一段對話：

問：「橫渠言『物所不能無感謂性』，此語如何？」曰：「有此
性，自是因物有感。見於君臣父子日用事物當然處，皆感也，
所謂『感而遂通』是也。」[22]

按橫渠所言出自《正蒙・誠明第六》：「天所不能已者謂命，〔物所〕不
能無感者謂性。」[23] 天的創造（命）不能選擇善者與不善者，猶如物不

---

21　程頤、朱熹：《易程傳、易本義》（臺北：世界書局，1996 年），《易程傳》，卷 4，
　　頁 135。關於陰陽與男女之相互感應，伊川的注文是：「咸之義，感也，在卦則
　　柔爻上而剛爻下，柔上變剛而成兌，剛下變柔而成艮，陰陽相交，為男女交感之
　　義。」（頁 136）艮為少男，兌為少女，男女交感有賴於陰陽剛柔的上下並濟。此
　　中並不單言陰陽交感，亦由此交感之「然」而言其「所以然」的交感之義。
22　朱傑人等主編：《朱子全書》，第 17 冊，卷 99，頁 3333。
23　張載著，章錫琛點校：《張載集》（北京：中華書局，2006 年），頁 22。原文沒有

能沒有感通（性）。王船山對後一句則注「生理之良能自感於倫物而必動」。[24] 生理是生化之理，生之理有其自主感動，感動的對象則為倫常事物（倫物）。船山也是在倫常中看待感通。朱子對問者「物所不能無感謂性」的回答，則不是直接視感通為「物」的本性，而是稍轉一下由「人」入手，他解釋是人因應物而有所感，故就人之感通於物而言性。[25] 人所感通之物，包含五倫關係（君臣父子泛指五倫），如此便把倫常也納入感通的涵蓋範圍。由於理學家皆接受孔孟的「朋友有信」命題，[26] 所以我們不妨在此做一種意義的擴大，即朋友的彼此信任就是彼此感通（信感），同樣的情形，也可適用於君臣有義與父子有親（義感與親感）。至於夫婦有別與長幼有序，也是如此。

我們從先秦孔孟談論的倫常之道，以及宋代程朱把感通注入五倫，大概可以看出一種理論發展：首先，人的生命情態不是主體的在自存在，而是在人際交往中的存在；其次，人的交往必須受到倫理規範與道德激勵，友倫中的信任與共享既是規範，也容易興發生命相共的情懷；其三，感通論的加入，則為倫常之道奠基了一種準力學模式——交往就是互動，感以及與感連結的應、通之詞，都帶有震盪的律動性質。這種

---

「物所」兩字，增補是依據上引的《朱子語類》。

24　張載撰，王夫之注：《張子正蒙注》（臺北：世界書局，2010 年），頁 87。

25　但以感為性，並不徹底。見以下一段朱子問答：「問：『橫渠謂『所不能無感者謂性』，性只是理，安能感？恐此言只可名『心』否？』曰：『橫渠此言雖未親切，然亦有簡模樣。蓋感固是心，然所以感者，亦是此心中有此理，方能感。理便是性，但將此句要來解性，便未端的。』」（朱傑人等主編：《朱子全書》，第 17 冊，卷 99，頁 3333）依朱子此處的解釋，性不動故不能感，能感者是心，但就感之然而言其所以然來說，則是感之理與感之性。然而單以此句解釋心性與感的關聯，確實不足，依照心性情三分格局則較為恰當：「虛明不昧，便是心；此理具足於中，無少欠闕，便是性；感物而動，便是情。」（第 14 冊，卷 5，頁 230）心統性情，性具理而不動，情動而為感，心則通情之動與性之不動（心通動靜）。

26　除了「信」之外，伊川重主敬涵養，所以接友待人也須持敬：「君臣朋友，皆當以敬為主也。」程顥、程頤著，王孝魚點校：《二程集》（北京：中華書局，2004 年），上冊，《河南程氏遺書》，卷 18 上，頁 184。關於倫常中的持敬，以及友敬與友信的關係，必須另文思考。

律動與激盪往往更具實踐的興發效力。

　　問題意識還有進一步的當代發展。傳統儒家所言的倫常身分（君臣、父子、朋友等），雖然適用於一切社會與世界，仍然是特殊的經驗身分。當代新儒家出現後，部分程度上把這種倫常的特殊經驗屬性提煉到普遍的先驗屬性，此即「位格」（person）概念的出現。由於受到德意志觀念論的影響，以及發揮明道「仁感」的個體與整體關聯，新儒家賦予感受方與回應方以位格或人格內容。「自我」、與自我同層次的「他者」，以及自我之上的「超越者」，三者成了新的感通範疇與搭起新的感通架構。如牟宗三把人的「橫向」感通外物與「縱向」感通道體，歸於良知的虛靈明覺，而此明覺又可用康德智的直覺加以說明，故此本體明覺能感於「我在我自己」與「物物在其自己」而朗現自己與朗現萬物。[27] 又如唐君毅以「對己」、「對他人」與「對天命鬼神」的三個感通向度，以孝道（孝感）解說人的生命根源：盡己之孝，即是盡孝於父母，亦即是盡孝於上天之大父母。[28] 牟宗三的我自己與物（包含他人），以及唐君毅的自己、他者（包含物）與天命鬼神，大致上都可視為提煉出來的位格。而徐復觀在討論仁的論題時，以為仁是成己、成物兩方面的自覺狀態，亦即「對自己」與「對他人（他物）」的態度與工夫。[29] 這種仁的實踐即是踐倫，在「倫常感通」中完成盡性。[30] 唐牟徐

27　牟宗三：《智的直覺與中國哲學》（臺北：臺灣商務印書館，1987 年），頁 158-159。
28　唐君毅：《中國哲學原論・原道篇》（臺北：學生書局，1984 年），卷 1，頁 76。唐君毅進一步解釋：「然吾人如承認屬己，屬人物自身、與屬天之分別，不必由於存在者自身之內容之不同，而唯是由吾人所以觀同一存在者之態度之不同，而有其意義上的分別；則自存在的內容而觀，人之盡己之事，即可同時是及於人之事，亦同時是事天之事。如人之盡己之孝，即及於己之父母，亦即所以完成此天之使我有此父母，使我有此孝心，而為我之所以事天之一事也。〔……〕人亦必須見及此我盡孝之一事之中，兼具此我之內在的感通、與對父母、對天感通之三種意義，然後能知此一事之存在之意義之全。」（頁 126-127）「孝道感通」是通過存在淵源的溯源而達成，可以視為五倫中「父子」之倫的深化。
29　徐復觀：《中國人性論史》（臺北：臺灣商務印書館，1999 年），頁 91。
30　「仁的粗淺解釋，是一種感通，關切，融和的精神狀態。〔……〕由感通而關切，

三位先生的位格論述，不僅普遍化了倫常範圍（人所可能面對的三向度皆入人倫），也確定了感通的倫常輻射效力。

由於唐牟徐三位的感通與位格論述過於複雜，本人也已專文處理，[31]故此處只集中在與交友有關的感通討論，此即牟宗三提出的「人與超越者」的「朋友」關係。按五倫中的朋友是日常生活中與自己面對的往來對象，超越者之做為對象則屬於宗教生活。如果朋友有一種更寬泛的說明效力，兼通日常生活與宗教生活就成為論述上的必然發展。上帝也可以是朋友。

牟宗三關於人與上天、上帝的朋友關係與感通論，首先可見於他處理《論語・憲問》裡孔子與子貢的對話：「子曰：『莫我知也夫！』子貢曰：『何為其莫知子也？』子曰：『不怨天，不尤人，下學而上達。知我者其天乎！』」孔子下學上達的循序漸進之道，無人瞭解。儘管如此，他也不怨天尤人。這段話並不複雜，有意思的是牟宗三把焦點放在最後一句「知我者，其天乎」，並連繫上他所區分的兩種「遙契」：「內在的」（Immanent）與「超越的」（Transcendent）。

按「遙契」一詞表示天道上帝與人的契接方式。天、上帝是超越於人的存在，人對超越存在常有敬畏之情，但亦可和解契接，這是「超越遙契」。「內在遙契」則是把外在的天道收進來成為自己的內在之性，同時保留它是形上的超越實體。[32]依此而論，「超越遙契」型態中的超越者並未內化於人，而是通過和解、契合的方式拉近其與人的距離。

---

由關切而融和，而成為一體。〔……〕宇宙的本體即是仁，而仁即是宇宙生成的法則。這樣便建立起完整的仁的人生觀和宇宙觀。落到具體問題上，則仁既是最先顯發於人倫親子之間，所以首先便須踐倫；踐倫即是盡性。於是『人人親其親，長其長而天下平』。同時，這種踐倫盡性，實際上是否定自己的自然個體，打破自己的自然個體的局限，以發揮其感通關切融合的作用。」徐復觀：《徐復觀文存》（臺北：學生書局，1991 年），頁 129-130。

31　林維杰：〈當代新儒家的感通論〉，《鵝湖學誌》第 59 期（2017 年 12 月），頁 33-63。

32　以上所述見牟宗三：《中國哲學的特質》（臺北：學生書局，1982 年），頁 32-35。

牟宗三的「朋友感通」即是從這種型態入手。他舉了三段《論語》文字作為這類遙契的支持文獻，除了「知我者其天乎」外，還有〈為政〉的「五十而知天命」與〈季氏〉的「畏天命」。「畏」表示地位與距離的敬畏之情，「知」則表示透過了解而拉近距離與和解。牟宗三對此說明：

> 孔子認為從下學可以上達，那就是說：只須努力踐仁，人便可遙契天道，即是使自己的生命與天的生命相契接，〔……〕「知我其天」表示如果人能由踐仁而喻解天道的時候，天亦反過來喻解人，此時天人的生命互相感通，而致產生相當程度的互相了解。33

通過下學上達的踐仁努力，人與天之間即能相互了解（喻解），這也是天人生命的互相感通。換言之，感通在此轉為體證式的了解（體證天道），具有較強的理解意涵。牟宗三由此轉到宗教上的感通：「這樣的契接方式，我們可以名之為『默契』。正如宗教上的『靈修』或者『培靈』的功夫，也是冀求天人的感通應接，例如耶教亦有這樣的義理：如你能與上帝感通，那末上帝的靈，自然降臨到你的身上。而在感通的過程中，你與上帝就可以互相喻解了。」34 依此，「天與人」的感通模式也可以表現於「人與上帝」的關係，天、上帝與人在此都是感通的位格，感通是位格存在彼此之間的默契與喻解。

有意思的是，孔子的「莫我知也夫，〔……〕知我者其天乎」，表示真正能體會孤獨行道的知者並不存在於世間，對孔子來說，這樣的知者只有天（人格神）。牟宗三即由此連結到「人與知己」的朋友關係：

> 世人皆知人與人之間的真正感通已極難能可貴。古語有云：「人生得一知己，可以無憾。」可見人間的互相感通已極可珍

---

33　牟宗三：《中國哲學的特質》，頁 33。
34　牟宗三：《中國哲學的特質》，頁 33。

視。人生數十年，常苦未得一知己。人與人都如此，人與天的
感通更難。孔子的下學上達，便是希冀與天成為知己。[35]

「得一知己，可以無憾」，顯示知己的難尋，近似康德所言「真正的朋
友稀少如黑色的天鵝」（Ein wahrer Freund ist so selten wie ein schwarzer
Schwan.）。人的知己難覓，「天」反而可能成為知己，這是行道者的獨
行與孤獨。無論如何，牟宗三為我們展示了「人與人」以及「人與神
（天）」的「知己感通」。

　　人與人的「知己感通」乃是「友倫」的極致，人與神的「知己感
通」更是把原先並不在五倫中的天人關係進行類比。在常民友倫的「知
己感通」中，人與人的位階是平等的，可以彼此信任；在宗教友倫中，
人與神的位階目光則是由仰視 - 俯視來到平視，彼此是由畏懼 - 憐憫
來到信任 - 寬容。孤獨的行道者只能把自己交給天而「信任」天，因
為只有無私的祂才能超越私心的凡人，也才能表現真正的「寬容」及
「體諒」。牟宗三在人神的感通中，並沒有如孔孟與宋儒一般強調朋友
之「信」，而是提到默契、相互了解與喻解。不過我們也可以把信與默
契（喻解、了解）視為相互支持的友倫：能夠真正互相了解的朋友，是
有默契的，也是可以信任的，反之亦然。友信與友契是我們進入及參與
對方世界的鑰匙，在彼此的信任與默契中，「自我與他者」成為「我與
你」，並在我與你的「友誼談話」[36] 以及「信任談話」所營造的感通中，
成為團結的「我們」。

　　古典儒家與當代新儒家為我們展示了這樣一幅儒家式人學：道德的

---

35　牟宗三：《中國哲學的特質》，頁 33。
36　參考高達美關於談話與友誼的說明：「談話（Gespräch）具有一種轉變的力量。
　　一場成功的談話總是給我們留下某些東西，而且留下改變我們的某些東西。因
　　此，談話與友誼（Freundschaft）緊鄰而立。」H.-G. Gadamer: *Gesammelte Werke*,
　　Bd. 2: *Hermeneutik II: Wahrheit und Methode: Ergänzungen, Register*, (Tübingen: Mohr
　　Verlag, 1993), S.211. 談話就是交互談話，所以有友誼的問題。

存在是以「交互性」為前提的，順此也就可以提出「人是交往的動物」
與「人是交感的動物」兩個命題。在交往與交感活動中，需要親、義、
別、序、信等倫理要求，以便鞏固往來雙方的關係屬性。在諸倫理關係
中，友倫與友信可能是最有廣度說明力的，這個理解特別適用於此次疫
情所破壞的團結生活，以及混淆真話與假話的不可信賴的困境。

## 四、結語

　　儒家的五倫是傳統社會的穩定基石。先秦五倫的親義別序信（或
五常的義慈友恭孝）凸顯的是人際的相處之道，此道之所以能在兩造之
間和順亨通地發揮作用，從宋儒的立場來說，必須奠基於一種更為基礎
的、存有論的力學說明。簡單來說，就是為倫常交往及其交往之道進行
一種類似「先驗奠基」的工作。感通論在倫常相偶論述中的參與，就是
出於這種思維。

　　對於本文設定的課題－危疑時代的信任遺忘，復古地重省儒家談論
的交友，朋友之間的互信與共享，似乎不能保證為自己與他人之間重建
已斷裂的橋樑。但誰能完成這樣的使命？哲學家具有改造政治社會甚至
倫常生活的權限（Kompetenz）嗎？答案或許有些消極，這個時代的哲
學家與人文學者在實踐效能上，往往是無權限的。但他們擁有說明、反
思與批判效能。本文提出的友倫、友信與友感的相關說明，正是出於這
樣的權限與立場。德文的說真話（Wahrsagen）有預測的占卜意涵，占
卜者無法決定求卜問命者是否真的依其卜算而行事，但他必須說出所預
感、預見的前景，並認為此為真實。這是他的權限。本文當然不是視哲
學家與人文學者為占卜者，但他們所說的信任與團結，就是可能的解決
方案，也是依其權限的說真話。

# 第六章
# AI 時代的來臨與人之所以為人的反思

楊祖漢 [*]

chapter 6

## 一、前言：AI 時代對人性的影響

　　所謂「人工智慧」（或譯作「人工智能」較恰當，智慧用在有生命的存在較妥），是由人造出的機器表現智能，通常是指透過電腦程式、智能軟件來表現相似於人類智慧般的技術。[1] 由於科技日趨進步，通過電腦程式而做巨量的資料運算，通過一定的算法，模擬人腦的分析綜合的能力，而給出判斷，作為人要在做判斷時的參考，或甚至成為人判斷的代理。通過電腦的程式運算，提供大量的資料，讓 AI 閱讀，作深度的學習，而發展到人工智能的階段，這對於我們的生活產生了巨大的影響，它不只是提供對收集到的資料的分析，而是給出了如何決斷的參考，這已經是影響到人的「判斷」的層次。到了運用判斷力，層次便更高了，在運用判斷力這個地方看，的確可稱為「智慧」。如果 AI 能夠在分析大量資料之後，模仿人腦的理解作用，通過它的運算，而給出判斷，而且它的判斷又是正確的，或甚至遠比人類正確，那麼 AI 雖然是人腦的機器化，但由於深度學習而產生的長足進步的可能，AI 的作用對人影響就越來越大。如果通過深度的學習，使 AI 能自己給出判斷，就有可能擺脫現有程式的控制，而自主的下判斷，這樣對於人類就會有

---

[*] 　中央大學哲學研究所榮譽教授；東吳大學劉光義中國哲學講座教授。
[1] 　參考維基百科「人工智慧（artificial intelligence）」條目。

威脅。[2] 近年去世的霍金就認為 AI 的發展如果不加限制，會造成人類的滅絕，於是 AI 從最偉大的發明，變成最不應該有的發明。

　　關於 AI 的發展，對未來人類社會的影響，本來就有樂觀論與悲觀論兩種看法，樂觀論者認為不管 AI 如何發展，人都能與之協作，而產生對於人類好的結果；悲觀論者認為，如果聽任 AI 一直發展，會使人過度依賴 AI，甚至為 AI 所主宰。由最近 AI 深度學習的發展趨勢來看，這是很有可能發生的。這兩種看法應該是各有理據的。而作為專業的哲學家的陳榮灼與李瑞全兩位教授，在中央大學 AI 與人文的系列講座中，[3] 都表達了不論 AI 如何發展，雖然在運算、整理資料上超過或甚至遠超過人類，但並不能達到作為一個理性的存有，有情感、有意志，有種種的感受，並能不斷提升自己的生命存在。陳榮灼從好幾點說明了 AI 與人的分界，也就是人的不能為 AI 所取代的特性。李瑞全則通過康德對人的知情意三方面的活動的所以可能的系統分析，也表達了與陳教授同一個觀點。即，人與 AI 有不可泯除的分界。從人的整體的生命活動所表現出來的情感、認知、審美等，或三者的互相影響、相互關連，都表現了人不是機器、不能還原到 AI 的計算法的生命特色。他們兩位的見解，我十分同意。照這樣講，似乎我們就可以放心藉著 AI 的發展，相信通過 AI 的發展，可以更快的促進人的能力的提升，減低人在生活上遇到的不方便，以增進人的福祉。這是認為人無論如何都可以主宰 AI，因為其中有不可泯除的分界。人的靈明、自由意志及對機器的主宰性，不會因為 AI 的發展而被超越。如果這樣理解沒有錯，則陳、李二位也是屬於對 AI 的發展採取樂觀論者的立場。

---

2　有認為威脅可以從尊嚴威脅、倫理風險與生存風險三方面來說。參考夏永紅、李建會：〈後奇點時代：人工智能會超越並取代人類嗎？〉，《教學與研究》2018 年第 8 期，頁 64-71。

3　在國立中央大學哲研所舉辦 AI 與人文論壇，陳榮灼教授的演講：「人文與 AI 對話論壇─AI 與人類思維：對立／合作」，（2020 年 11 月 30 日），李瑞全教授與筆者為特約評論人。

　　我當然同意陳、李二位的分析，但我的擔心是由於人工智能的快速
發展，是否會使人逐漸趨向於必須依賴它，一定要靠它計算出來的結果
我們才能下判斷，或甚至讓 AI 代替我們判斷。以 AI 造就的對於人的
比較妥善的安排，讓我們不必自己去動腦筋，這樣會造成一種後果，
就是不必去實現原來具備在我們生命中的種種能力與潛能，不必為了生
活與精神的需要而付出身體上與精神上的勞苦，這樣長此下去，人就會
退化，與 AI 或機器人同類化。即是說，人會放棄了或自然而然的泯滅
了他與 AI 的不同的界線，例如不去從事自己情感的培養、提升，以同
情關愛別人，盼望別人能不斷地有美好的生活，或悲憫人難以避免的生
命的苦難，希望能解除別人現實上感受到的痛苦；不去從事提升自己的
鑑賞力，從滿足於感性上的肉體的形象的美，逐漸領略形式之美或甚至
理型的永恆性之美。在知性的活動上，不能因為純粹的好奇心的促使，
而不斷求知；在行為實踐上，不要求自己行所當行而純淨化自己的意
志，提升自己的道德人格。這些知情意三方面的求真美善，表現人之所
以為人的特色之活動，都可以逐漸泯失掉。人生是真實而具體的，有血
有淚、有悲歡離合而造成的種種人生感受，這也是人異於機器人，人與
AI 不同的所在。這些人的特性是否會因為 AI 的時代的來臨，人逐漸依
賴 AI 來做判斷，而逐步消失了？如果真有此危機，那麼人就會逐漸變
成 AI 人或機器人，人們的生活就只會追求物欲的滿足，思考也完全停
駐於為了達到目的而安排設計的思想層次中，人的理性也只表現為為了
達成目的的工具理性，喪失了理性存在本身的目的。這應該是現在 AI
快速發展下，人性或人的生活的未來的最應正視的危機。人會在被精確
妥善的安排設計下，失掉了「人之所以為人」的特性。這種現象或許亦
可以用「異化」來說明，即人本來要用 AI 來服務於人，結果被 AI 所同
化，甚至被其主宰了。人主動的放棄了自己的特性，而日趨於人工智能
化。那麼，如何在 AI 時代來臨時維持人的特性呢？我們要如何的策劃
未來呢？要有怎樣的教育、人格培養，要維持怎樣的社會風氣，才能讓
人不被人工智能同化了呢？這應該是現在或最近的將來，政治家、教育

家、哲學家要鄭重思考的時代課題。

　　我以上的說法，可能會被歸到悲觀論者的觀點。當然也可以不贊同這種觀點，認為 AI 的發展是促成人類社會不斷進步的助力，不會有 AI 宰制人類的情況出現。但如上文所說，本文重點不是討論 AI 的發展在將來是否可以超越人類，於是產生不可挽回人被 AI 機器人主宰的悲劇，而是從 AI（含現代的科技）的不斷發展，是否會造成人的 AI 化，這也是一種「物化」，如果是會如此，則對於人是好是壞，是否需要避免，從這個角度反思人之所以為人。AI 要有自主的判斷擺脫既有的程式的掌控，必需要通過長期的深度學習才有這種「自我的意識」，這可能是遙不可及的目標，我們對此事不必過度擔心，但隨著 AI 不斷的發展，人對其越來越加強的依賴，有離開了 AI 就不能自主生活的趨勢，而且有習慣於電腦程式的演算給出的資料與判斷，影響到人的自主的判斷力，習慣於快速的取得結果，對於產生結果的過程不能有具體而真實的領會，這樣一來是否有損於人的生命能力與具體的感受？是否有損於人之所以為人的特質？我認為這已是現代人快將面對的處境，這是本文比較關心的。

## 二、從仁且知的「知」來理解判斷力及 AI 對人的判斷力之削弱

　　AI 的功能與以前的機械或生產工具的改進，如蒸汽機的發明等情況已經不同，AI 已經可以影響到人的判斷，或對人的判斷提供參考，這與機器的對人的影響層次是不同的。所謂「判斷」或「判斷力」，是指把具體特殊的東西歸屬到普遍的概念或原則上的能力，如我們看到眼前的杯子，把這具體的形象，歸屬到杯子的概念，於是我們就可以產生「這是杯子」的知識。因此判斷力是人的高級的認知機能，不是只對對象加以直覺地攝取，而是把對象歸屬到概念或原則上來。這種判斷力是人人都有的，但並不是每個人都能夠有很好的判斷力，雖然可以培養，但有先天的限制，而人各不同。如戰國時名將趙奢的兒子趙括雖然熟讀

兵書，但只能紙上談兵，在實際的戰場上沒有能給出恰當的判斷，於是兵敗；又如宋朝的岳飛抗金，戰無不勝。別人問他靠甚麼兵法來打仗，他說「運用之妙，存乎一心」，這就是能表現判斷力的妙用。有判斷力就可以把已有的知識材料運用恰當。孔子所謂的「知」正表達了判斷力的妙用。這在「樊遲問仁」及「問知」一章表達得很清楚：

> 樊遲問仁，子曰：「愛人。」問知，子曰：「知人。」樊遲未達。子曰：「舉直錯諸枉，能使枉者直。」樊遲退，見子夏，曰：「鄉也吾見於夫子而問知，子曰，『舉直錯諸枉，能使枉者直』，何謂也？」子夏曰：「富哉言乎！舜有天下，選於眾，舉皋陶，不仁者遠矣。湯有天下，選於眾，舉伊尹，不仁者遠矣。」（《論語・顏淵》）

此章仁知（智）關聯在一起來說，仁是愛人，但如何才是恰當的愛人的方法呢？舉薦德性與能力符合的人來任事，把不適任的人放在一旁不推薦，這樣就可以使德不配位，才能不夠的人，反省而改進他們自己成為能夠勝任的人才。子夏就舉了恰當的例子來表達此理，這的確是明智的表現，舉直錯諸枉，而使枉者直，才是真正的愛人之道。如果不問優劣全都推薦，表面是汎愛眾，是仁德的表現，其實是不智。沒有智的運用，人的表現仁德就不恰當。孔子此處仁、智並舉，應該是主張有智慧才能成就仁。而據上述的說明，所謂「智」就是判斷力。這是人人都有的能力，所謂「母慧」。但雖生而有，也需要培養、鍛鍊。由以上的說明可以大略看到人的判斷力的特性。智雖然是天生的，但如何能發揮其妙用，這就很不容易掌握了，可能這就是人之所以為人的特性之一。如上文所舉之例，孔子所謂的表現仁的智，可以通過表面不愛人的方式，而有真正愛人的效果的達成，即這裡有曲折的思考，也可說有「弔詭性」，這就是智，也就是判斷力之妙。人工智能的深度學習，如果可以達到這種有曲折性及弔詭性的思維，那就可以更像人腦的判斷力了，但如果進到這個地步，就可以發生一般可以想到的人工智能或機器人會因

為保護人類，而不讓人類有自由意志來作出決定，即基於保護人類的目的，而對人類加以監管，剝奪人類的自由，如果有這種情況發生，當然是很可怕的，是故這種「智」的判斷，是否可以為人工智能企及，或是否應該讓人工智能發展到這一地步？應該是需要思考的重要問題。

另外，能夠模擬人的大腦的思維，掌握大量的資料，通過快速的演算，得出結論，來幫助人作出判斷或甚至代替人做出判斷，固然可以把事情做好，使行動有好的結果，但在其中的思維過程與下結論，是具有奧妙及價值的；其奧妙及價值並不只是在於達成行動或事情預期的結果，而是在這種智或判斷力的妙用底下，使人感受到智慧在生命的活動中表現出來的滿足，這種滿足感並不是事情或行動在現實上達成預期的效果所可以比擬的。如果人表現出判斷力的運用之妙，確有特殊的生命的感受與滿足產生，則假如因為 AI 長足進步，人的判斷越來越依賴它，弄到最後人只需要作出最後的決定，而不需要有如何去運用其判斷力而要求達到恰到好處的思考與努力，則人的判斷力是否會越來越鈍化，而且越來越喪失了這種運用之妙存乎一心的滿足感呢？喪失了這種感受，對於人生本來可以取得的重要的愉悅，不是大有損害嗎？此即是說不去主動的運用本有的判斷力，不去在事情上磨練，反覆的思考，以增進其判斷力，此時所下的不是自己親自體察事理而給出的判斷，便會喪失了人非常可貴的享受與滿足。如果這樣說不算錯，則擔心因為 AI 的不斷進步而幫忙或甚至代替人去做判斷，會造成人本有的能力或特殊的感受與滿足的損失，就不是杞人憂天了。AI 或機器人不管如何的深度學習，通過算法而給出判斷，只能在結果上有好的判斷，而不會有在過程上實際做出判斷的感受與滿足，這是毫無疑問的，因此 AI 即使能做出恰當的判斷，甚至做出比人更會取得有利結果的判斷，但只是人的判斷力的機械化，是通過機械性的因果推理，或歸納性的邏輯運用而給出結果，沒有這種過程中的感受，沒有因智慧的表現而產生的滿足；而且最有利的結果，不一定就是最應該有的結果。人不必擔心 AI 會有如人般的深刻體會，但人應該擔心依賴 AI 來做判斷，會喪失了自己本有

的判斷力的運用的感受與滿足，即只以結果的利害作為自己判斷的依據，喪失了人對其他價值的感受與追求，人的理性的功能並非只表現為工具理性的作用。

　　上說的判斷力的運用所產生的感受與滿足，是在推理或智慧的表現的過程中產生的，這所產生的感受與價值感，並不是只以邏輯推理或思維就可以表現出來，必須關連到人的理性其他的作用，及生命的種種感受才可以產生的。可以說，這種判斷力的運用而給出決定的過程是「綜合」的，除了邏輯推理之外，還加上人的生命的其他能力的綜合運用，才可以產生意義與價值的感受。如果這種推理的過程，把具體歸入普遍的判斷力的運用，都由 AI 來代勞，這種價值的滿足感一定消失於無形。因此我們雖然不擔心 AI、機器人可以如人般的有自我意識、有生命體的感受，因為 AI 不是生命體，不可能達到這個層次，但作為生命體的人本來應該有的感受，會因為依賴 AI 而喪失，這是人性或作為有機體的人，生命中各種機能互為目的手段息息相關、和諧一致的人生會有扁平化、貧乏化的危機。

　　從 AI 可以幫助人去判斷，即已經涉及到人的判斷力的層次，就可以知道現在的科技發展，已經達到前所未有的境地。AI 的作用在我們日常生活中已經很普遍，如我們每個人天天都使用手機，離開了手機，好像不能正常生活，固然手機使我們生活方便，但其實它提供的種種資料，是通過了演算法，如大數據的應用，統計了我們的上網查資料或閱讀新聞，使用 Youtube、Line 等的習慣，投我們所好，提供了我們的習性所喜歡搜尋的資料，適應我們的觀點、想法，於是我們在利用手機來查資料，及與外界討論、聯絡時，是在一種被 AI 設計好的情況下，來做出種種的活動與判斷。如果這種 AI 的設計與作用，被有心人所操控，那我們以為是出於自己的想法、出於自己自主決定的判斷，很可能是被影響，或甚至是被操控的，這是我們這個 AI 時代的，科技對人心的一個重大影響。是否從這個地方我們就了解到，現代人，尤其是年輕人，為何會沉迷在電腦、手機的使用中，應該是它們提供了大量適

合我們習性、嗜好的資料，讓我們一旦進入，就難以自拔，我們以為是得到自由的連接、享受，其實是給 AI 所設計，要我們陷溺其中，不能自拔。我們一旦養成這種習慣，沉迷其中，就容易受到機器的算法所引誘、所決定，於是為了滿足其中，多少時間都不夠，這樣會使生命進步嗎？很可能掉在一個使生命不斷在一個自以為是的、停不了的漩渦中打轉。如果真的是這樣，是對有用的生命的重大引誘、重大陷溺，也可能是重大的浪費，浪費在被引發的無窮盡的享樂的想像中。記得以前牟宗三先生說過，現代科技的進步、發展應該停止了，科技過分的發展使人生太舒服太享受，不需要勞動，是沒有好處的。[4] 他這話可能過激了一點，科技的進步也不可能停頓下來，但其發展與進步，是否一定必要呢？是否有價值呢？人太享受，一點汗水也不用流，未必是好事。如果這是值得擔憂的，那麼有志氣的年輕人（應該不只年輕人）就需要想辦法抵抗這種被 AI 所設計的趨勢，自覺地堅持人操控機器，而不要受機器操控。即是說人必須要鍛鍊他的決斷能力、自覺心，以期能「物物而不物於物」，[5] 即主宰物而不受物主宰。在以前，所謂受物主宰，還是在於人的追求物欲對象的滿足，而在現在，根本是由於 AI 的算法而不斷地挑戰人的意志力，在不斷投你所好的情況下，使你自然的屈從於它，這應該是人的自主性不斷減弱，更是「人化物」[6] 了。以下稍作引申說明。

---

4　這是牟先生在課堂上說到的意思，沒有文字紀錄。

5　支遁論逍遙義之語，見郭慶藩：《莊子集釋》（北京：中華書局，2017 年 3 月），頁1。

6　《禮記・樂記》：「人生而靜，天之性也；感於物而動，性之欲也。物至知知，然後好惡形焉。好惡無節於內，知誘於外，不能反躬，天理滅矣。夫物之感人無窮，而人之好惡無節，則是物至而人化物也。人化物也者，滅天理而窮人欲者也。」《十三經注疏》（臺北：新文豐，1977 年），頁 666。

## 三、AI 機器人對人工的取代

在現今科技不斷發展的趨勢下，AI 的時代很快來臨，如機器人已經逐步取代大量工人的工作，而且機器人的進化逐漸從「自動」而為「自主」，這是由 AI 自己不斷的發展而成的，於是機器人取代人力，除了取代人的勞力外，對於必須運用人的理智判斷，甚至創造性思考才能完成的工作，也會為機器人所取代，如醫生、畫家、音樂家等的工作，也有被機器人取代的可能，由 AI 寫出來的小說，據報導也可以入圍文學獎。如果人類的大量工作，都可以由機器人所取代，則由於機器人在接受了指令之後，不會像人一樣，會因為情緒、想法的變化，與回應時刻轉變的外在事件，受眾多不確定的因素影響而發生錯誤，而且機器人不需要休養生息，因此一些一成不變不需要人當下反應調整的工作，早已不需要真人來做，照人工智能的發展趨勢，未來人類的工作有更多會被機器人所取代，很多行業只需要少數的下指令與維修的人上班就可以了，工作的人佔社會上人口的比例會愈來愈少，這是我們看得出來未來社會的趨勢。當然 AI 的發展對人類造福很多，例如 AI 使殘障人士有更多的方便，可以成就更多。如失明的人可以通過 AI 刺激腦部的視覺功能而辨識外物、環境的明暗及交談對象的輪廓，從這方面看來，AI 的確可以說是迴轉天地的造化，補救人生的遺憾。這些對人類困境的克服，滿足追求幸福的需要，當然是值得肯定的。但 AI 的發展不同於以往的生產工具的進步，以往生產工具或生產力的改變，固然使生產的效率、產品的數量得到大幅度的提升，但機械與人的距離是遙遠的，人對機器的控制，也是清楚而直接的，而現在所謂人工智能的發展，使人的生活逐漸仰賴 AI 的代勞，如智慧手機與電腦已經是人片刻離不開的機器，這種智慧的機器可以為人設計他的生活模式，可以參與抉擇、提供意見，如有擇偶公司通過 AI 替人選擇對象，現在人加上 AI 的裝置，也逐漸流行，如健康手環等，照此趨勢發展下去，將來的人一定是「人＋AI」，AI 融入人的生命的整體的活動中，而成為其中不可脫離的一部

分，這就不是以往的發明蒸汽機、工業革命等的生產工具的進步的情形了，這也是所謂人工智能的特點，它可以取代部分的人類理智的判斷、幫人類思考，而且 AI 會不斷進步，後來可能會自主性的進步，不需要人為操作，這種理智的進步很可能不斷拉近人與機器的距離，這就會讓人類面對一個新的情境，準備人工智能融入人的生命，人就是某個意義的「機械人」了，而且這種發展的前境似乎是不可阻擋的。

如果將來社會上，人生活所需可以通過人工智能的設計規定而大部分被解決，固然人會享受大量的閒暇，譬如說每週只需工作幾個小時，就可以解決一週的生活所需，於是大部分的人，他們人生大部分的時間，都不用工作，這種情況如果出現了，後果當然有利有弊。人可以不因為工作而付出大部分的時間精力，於是可以從事於個人喜歡的活動，這是從工作或生存的壓力中解放。但如果人生中大部分的時間都是閒暇、無所事事，人會懷疑自己生命存在的意義，現在的人忙於工作，表面是不自由，被生活壓力所迫，套在某些固定的工作上，但其實也會感受到人是被需要的，在忙碌的工作過程中，也會感受到自己的存在的真實性，如果生命大部分是閒暇，或大部分的人都不用工作，人的被需要感就很弱了，在這種情形下，人的存在如何不是多餘的呢？這應該是一個重要的問題，如何在 AI 取代大部分的勞動時，人如何發揮每一個人本有而不可取代的價值，人如何使他的家庭成員感受到彼此是不可少的，是互相需要的；人在社會上，如何能發揮他作為一個不可少的，社會一份子的作用；哪一些工作或哪一種貢獻，是每個人獨自需要擔當，而不是 AI 所能取代的呢？即是說每一個作為與別不同的個體，他的獨特的價值是在哪裡呢？如何在工作中取得他的個體性與價值性？[7]

---

[7] 謝謝審稿人陳立勝教授對本文提出討論，他說：「AI 機器人對人工的取代問題。楊老師肯定了 AI 技術會將人從工作或生存的壓力中解放出來，但又擔心如果人生中大部分的時間都是閒暇、無所事事很容易滋生人生無意義之感。阿倫特（Hannah Arendt）曾區分出『勞動』『工作』與『行動』三個概念，並認為由『行動』所展開的公共領域是一個排除了僅僅是維持生命或服務于謀生目的的領域，

又有人認為人的生命中很多的配備，可能就逐步因為不需要而退化，譬如人不必動腦，如需要自己所沒有的知識，可以戴上一個什麼機器或植入晶片，就可以獲得以前需要好幾年學習閱讀得來的知識，又可能戴上一些什麼配置，人就可以變得孔武有力，或避免不必要的情緒的干擾，於是可以很清明平靜的作出判斷，譬如要進行射擊練習，戴上一種配置，你就可以百發百中，人類的體能、生理心理的能力或潛能，也就不必努力開發了，即通過人與 AI 的協作，可以突破人的體能與聰明才智的限制。這種情況是好還是不好呢？從這個角度來看，便會反思人是什麼、人的生存有何意義的問題，就是一個很值得思考的問題。人會覺得他的生存可能是多餘的，不需要為了生活而奮鬥，不需要時時勉勵自己追求進步努力向上。是否人生的存在只是為了有幸福愉快的生活？人是否只是以追求幸福為目的的存在？人一想到這裡，就很容易反省到，所謂幸福是否只從感性欲望得到滿足來規定呢？是否人心靈上、精神上的不滿足，甚至痛苦，只由於感性的欲望得不到滿足所引致呢？幸福如同康德所說，是「想像的理想」，[8] 很難確定的來理解，其中含有理性、知性、感性與想像的諧和一致，每個人所認為的幸福可能都不太一樣。如果從這個地方來看，人加上 AI，即人與 AI 的協作，不一定可以使人得到真正的幸福。

---

是從勞動與工作中解脫出來的領域，只有在這個公共領域中，人才能最大限度地表現自己的個性。由此而觀，AI 將人從『勞動』與『工作』中解放出來，會不會讓人更專心地從事『行動』，讓人在公共世界的交往行動中表現自己？哲學、審美、藝術等精神活動本是『閒暇』階層、精英階層的活動，AI 會不會讓滿街都是哲學人、審美人、遊戲人成為現實？」按陳教授所說非常有道理，但如何從勞動中解放而得到的閒暇用於「行動」？這其中人必須有充分的自覺，才能自作主宰的行動。如何開啟人的自覺自由這一領域，便不同於順著科技的發展而生活。本文最後提到內向與外向的超越的區分，也表示了此意。

8　康德：《道德形上學的基本原則》，第 2 章。

## 四、人格的獨立性與完整性的被損毀

　　除了工作被取代，基本生活所需，會被完善的程式設計安排外，人的智慧也可能會被超越，從西洋棋、圍棋高手接連敗陣，[9]可見人腦的運算思維甚至決斷，已經被 AI 程式設計經過深度學習的不斷進步而超越，人如果要在下棋方面超越 AI，則必須得到 AI 的幫助，純人力已經沒有辦法了，這對於人之所以為人是重大的刺激，即是說人要進步，不能單靠人的力量，必須配合 AI 的智能。這種配合可能是外在的配合，也可能是內在的植入，如用科技讓人腦直接接通電腦，或植入晶片，讓 AI 在人腦中配合來運作，這樣子的話就是改造自然本有的理智、體能與情感，這當然就不能叫作純粹的人類了。人當然要不斷的進步、超越自己，但這種超越自己，如果因著 AI 的幫忙而馬上達到，是否是人真正想要的超越呢？所謂超越自己，是在過程中不斷克服困難、限制而體會到；還是只希望達到超越自己的目標？可能過程比結果更為重要。另外，藉著 AI 的不斷發展的幫忙，人固然可以力求進步，但人生的意義是否就是這種不斷追求更高、更快、更強的未來，而不是在於充分體會生命中本有的知情意的能力的實現？如同前面提到牟宗三先生所說，現在人類科學的發展，其實可以暫時停一下，科技過分的發展，對於人性被鼓勵作出的不斷的享受的要求，並不是好事。如上文所引的《禮記》的說法，外物引發人的心知、官能欲求的往外追逐，是無窮無盡的，既然是無窮無盡的，則人的生命活動在被引發的無盡的欲求的追逐下，恐怕並非理想的生活，在這種情況下，人類其實需要保持不受科技發展影響，而自由自在地過生活的權利。我們似乎可以提倡免於科技宰制的人的生活。

　　從某些疾病可以通過植入晶片來改善，如心臟病、帕金森症等，那

---

9　如電腦深藍（Deep Blue）打敗了國際西洋棋冠軍卡斯帕羅夫（Garry Kimovich Kasparov）；AlphaGo 擊敗世界圍棋冠軍柯潔。

是對人類的造福，但如果利用科技，使人與 AI 結合，讓人本來的能力擴充許多倍，那就可能產生了科學怪人，恐怕就不是人類社會所能承受的了。以前人所說的「天地之性，人為貴」、「人為萬物之靈」，這種對自身的自豪感，將來也恐怕保不住了，因為如果人是「人 +AI」，沒有純粹的獨立而完整的人，而且必須依賴 AI 才能維持他的正常生活，那麼人的獨立性、人格的完整性都會逐漸被削弱。

如果 AI 的發展逐漸脫離人為的操作，自主的不斷往前進，除了在處理資料、運算速度方面進步外，可不可能因為電腦模擬人腦，而作複雜的、深度的學習，而有像人類大腦中億萬個神經元錯綜複雜的作用而有的「自我意識」呢？如同前些時候的電視影集「Westworld（西方極樂園）」機器人有了自我意識與記憶，於是仇恨人類曾經對它們的所作所為，而展開反人類的計畫，如果有這個可能，真是 AI 產生的恐怖的未來。如果將來人要讓 AI 融入他的生命或身體，才可以正常過活，這一事實會從根本上打擊人的尊嚴；又如果 AI 發展下去，會產生自我意識而有不必聽從指令的自由，在這個時候，人就被 AI 所宰制，如果真會這樣，這種科技是否要發展下去呢？是否要設限到某個階段就停止呢？有人認為人性是要求不斷進步、不斷超越的，而且人類對機器的迷戀也是不能擺脫的，因此設定機器發展的範圍與限制是不可能的。[10] 當然，AI 產生自我意識可能永遠不會實現，但面對這種可能的情況，人是應該做深刻的思考，人之所以為人究竟如何界定，如何體認到不管科技如何發達、AI 如何進步，人還是有科技製成品達不到的意義與價值。

## 五、人之所以為人的本質與特性

許多著作或電影都表達了以上的對 AI 發展下去的憂慮，現在我們

---

10　參考高橋透著：《AI 世代生存哲學大思考》（臺北，聯經出版社，2019 年）。

似乎可以從哲學的層面來思考，人的本質是什麼，如果人真有其本質，而這就是人生的意義價值與尊嚴所在，則當 AI 的發展有損於人的本質的話，是否就當然可以有理由作出嚴格的規範，甚至停止人工智慧的繼續發展？在此或許可以先作以下的表示：人生的存在意義或人之所以為人的本質，是在於他能夠運用他的思想作出他認為恰當的行為或決定，即是說人必須要有選擇上的自由，雖然這種選擇上的自由，不保證他的抉擇一定對，人就在他可能做出錯誤的抉擇的情況下，給出了正確的決定，於是他的決定不是與生俱來、非如此不可、沒有錯誤的可能的決定。如果人只能作出對己對人或對可見的將來最恰當（所謂恰當，以最有利來規定）的決定，則人作出這種決定是被決定，而非出於自己的抉擇。那這種決定可以說是最好的決定，固然有價值，但這種價值不是人自己給出來的，人不能參與到這種價值的創造裡頭，長此下去，人不是就會變成機器人了嗎？一般人都會說，人生是要追求真美善價值的，這是不錯的，但求真是在不斷的錯誤的嘗試中而尋求或發現真理，而美是在看到某些自然景色、園林或藝術文學作品時，產生了不期而遇的美的感受，道德的善是在明白到人要按照道德原則（該如何就如何的規定），而這法則或規定，是出於自己認為對的判斷，這裡一定要有要使自己行動的存心符合自己所肯定、認可的道德法則，這種內心的抉擇與要求存在，此即是抉擇的自由，即為善（或道德的實踐）必須在我們為了「善行是應該行」的存心（想法）下，才會成為真正的道德的行為，如果只是依樣畫葫蘆被決定的作出該做的事，不必抉擇，也不一定有明顯的為了「這是應該的所以要去做」的想法，那也等於是我們不能夠參與到善的行為所表現的價值裡頭來。由此可以更進一步，從自己對何謂正確合理的做法的抉擇，體會到我此刻的意志的決定，就是我認為每個人都應該下的決定，於是自由的抉擇，同時是在道理上應該有的決定，人可以做出他認為該如何便如何，而不考慮利益的作為，這就表現了人真正的自由，這就從抉擇的自由進到道德上的自我立法的自由，此時可以證明，他不是給感性欲望或利害計較所決定，或如尤瓦爾・赫拉利所

說，人類的本能作為，就是生化算法在起作用，[11]如果是這樣，人就不可能有真正的自由，但從抉擇的自由進到道德的自我立法的自由，就可以體會到人可以無條件的行其所當行，而這種對於真正自由的體會，應該是真正的人性或人之所以為人的本質，能表現這種真正的自由的人，應該可以免於在 AI 時代來臨時對自我認同的迷惘。

據以上的分析，如果人工智慧的發展可以做到對人生的作為給出最妥善的安排，不必人去操心煩惱的地步，人對於真美善的價值的感受，會被削弱，甚至成為不存在，可能在這個時候，人會徹底厭倦他的存在，而失去了生存的意志，即人如果很容易達到他身心的滿足，會失去了追求向上的意志，人類就會退化。提出意義治療法的心理學家弗蘭克（V.E.Frankl）認為人是追尋意義的存有（Man's Search for Meaning），如果不能找到事情所以會發生的意義，人就可能不能接受此事，於是活不下去。對於意義的追尋與理解，是要人自己從事的，事情的意義很可能有多端，究竟取哪一種意義來說明某一事情的發生呢？需要人自己去詮釋，自己去下決定，在這個角度來說，對於存在的事物的意義追尋，就一定不是 AI 所能代勞的。或許從意義的追尋這個地方，可以清楚地劃下人與 AI 的界線。一般也認為在道德倫理、哲學思考上，AI 的發展是很難替人代勞，很難突破的，在這些領域上，AI 的演算法應該不會取代人類的思考，雖然如此，人是否能更進一步的發揮這些 AI 所不能取代的人的特長，是不無疑問的。在當代世界，倫理道德的問題往往用知性的推理來解決，以為道德上錯誤的行為，只要人能承認錯誤，在現實上能夠作妥善的處理，即在利害上能夠擺平就可以了，這樣一來，人的道德意識會日漸薄弱。現在要重新強調人的道德意識，犯了道德上的過錯而有的罪惡感，正是人的本質或人性的本質所在，也就是不管 AI 如何發展，都不能取代的，於是這一種學問必須要努力提倡。因此哲學

---

11　尤瓦爾・赫拉利：《未來簡史》（北京：中信出版社，2018 年）。

的思維，尤其是倫理學、價值哲學的思考，是很重要的，但我們看現在的社會情況與未來的趨勢，哲學可能是顯學嗎？

## 六、痛苦與錯誤在人生的必要性

　　古今的哲學家對人生的考察，大多認為人性有善也有惡，人的生命也非常複雜，意志力可以很堅強，有時候又會很脆弱，可以經得起重大的考驗，但在一些以為是小的事情，或突然面對的狀況，又會作出荒謬的決定，引至嚴重的不合理的後果，人性或人生的矛盾錯綜複雜，真是說之不能盡，如果這就是人生的煩惱痛苦的根源，如果由人所設計的 AI 反過來主導人生，避免人性或人的生命活動，人與人的關係中產生的荒謬錯誤，人從這些錯誤中擺脫出來，不是很好嗎？但在這裡反思一下，就知道那種沒有煩惱痛苦可能的人生，幸福快樂與價值意義的感受領略應該也是沒有了，可能人類的生存有他的命運，他是被命定為在煩惱衝突中，努力實現家國天下與自己的諧和（人固然要與他人和諧相處，也要與自己和諧相處），在痛苦煩惱中逐步克服煩惱，而表現智慧與悅樂，從這個意義上看，最高的理想是「煩惱即菩提，生死即涅槃」，沒有了煩惱，就沒有了最高的智慧，沒有對生老病死的切身感受，就不能體會到恆常清靜與快樂。此處如同上文所說的工作對於人有被需要的感受，人生的煩惱痛苦，對於人生的智慧的開發也是必要的，而且不只是由於煩惱而引發智慧，很可能是「煩惱之所在就是智慧之所在」，人生雖然充滿了問題，但沒有問題的就不是人生。人生有生老病死、貧富貴賤，及思想觀念信仰的種種不同，離開了這些種種，就不是現實而具體的人生，因此佛教的天臺宗有「佛即九法界眾生而成佛」的說法，意思是說佛境界可以在人生任何遭遇到的情境中表現，而且必須在這種種可能的人生情況中表現，這些情況可以是煩惱的，也可以是解脫的功德之所在，如果這個說法是有意義的，則沒有這種種可能的人生，就沒有無限豐富的、理想的功德，如「常、樂、我、淨」等，人生

就是這樣子的種種的可能，沒有任何一個人生的可能情況不可以是佛的功德所在，於是沒有人生的種種，就沒有佛法的呈現。在儒、道二家的圓教，同樣表達出這種智慧或人生的體會，於是人生固然是需要不斷進步的，但進步的過程中的每一步本身就是目的，不是達到一個最高、最美的境界才是目的，每一步的生命的知情意的真實表現，也就是目的，即可以是生命所能表現的最高價值意義之所在。於是人生的每一處境，每一種可能有的活動，要嘛是煩惱，要嘛就是解脫或最高意義的體現。這種說法有兩點結論可以推出來：一是沒有了人生的種種，也就不能實現最高的智慧與價值；二是人所處的環境或他的遭遇，並不是人能自主而決定的，不管科技如何發達，總有遭遇上的無可奈何之處，雖然人生的遭遇自己不能完全決定，但可以決定我在這個處境或事情上，表現的是生命上的煩惱或者是最高的智慧，這一層則是通過自我的修養而自己決定的。

　　另外，從煩惱痛苦而解脫，或從愚昧中超越而達到明智，這一過程也是不能省略的，如果 AI 加進來而使人的擺脫煩惱與愚昧，一下子就可以做到，不需要由下而上、從迷而覺的過程，則對於這些意義與價值的體會，一定是不能深切的，這樣也等於是剝奪了人生重要的存在意義與體驗。[12]

---

12　關於痛苦與錯誤於人生是否必要這一問題，陳立勝教授也提出很好的補充：「痛苦與錯誤在人生的必要性問題。此一議題在西方基督教哲學尤其是神義論中是一經典問題，既然上帝是至善全能全知，為何不創造一個永遠不會犯錯誤的人、一個沒有痛苦的世界？一種回應是人之偏離善、人之經受不住邪惡的誘惑，最終的根子在於人的自由，天賦予人自由創造的能動性的同時，也就不可避免地包含了受到誘惑而犯錯誤的危險，在上帝的創世計畫裡，人的創造力的價值是如此之大，冒與創造力俱來的犯罪危險是值得的。另，如世界是一所溫室，則人不可能形成剛健有為的大丈夫人格。此種辯護自古即有，前幾年去世的希克（John Hick）是此論的當代代表。但是一個美好的世界、美好的人生感受是否必須以『痛苦與錯誤』為對比背景以及以多大的痛苦與多大的錯誤為對比背景？此一直是有爭議的議題。換言之，即便我們承認美好感受必在不美好的背景對比下才能產生這一理論前提，依然可以追問的是：能不能以一種最低限度的痛苦與錯誤作為背景？或

## 七、理性與自由

　　人工智慧雖然可以不斷的進步，但應該還是在計算這一層面上的進展，人是理性的動物，而理性並不只在計算認識這一層面上表現，也給出了實踐的要求，而實踐是通過自己理性上所肯定的理想，要求實現出來，這種按照理性的理想而給出實踐的要求，應該在計算籌劃（為了得到某種結果，而給出達到目的的手段）之上，是為了追求價值意義而自我要求的一種自己給出來的綜合作用，而不只是邏輯推理。如上文所說，這就表現了人的自由，儒、道、佛三教與西方的哲學宗教，都在這個層面上給出了探索，希望達到最高的智慧的層次，而這一層次與通過計算而追求較好的結果是不同的，這可以用莊子的「有待與無待」、孟子的義利之辨，及用康德所說的自由與自然區分來說。如果有這種層次的區分，而道德宗教的要求在上一個層次，不能因為計算的進步，收集統計資料而做裁決的能力的提升，而達到此更高的層次，如果是這樣，不管 AI 的未來發展如何的前進，應該不能達到此較高的層次，如果是有 AI 所不能逾越的層次，而為人的生命活動所專有的，則我們就不必擔心 AI 的進展會侵害到人性或人的尊嚴，當然如果從這個角度來說，則人之所以為人，就不在於計算、為達到何種好處去努力的層次，於是人應該多用心於精神層次或靈的層次的需要，而未來 AI 發展的越好，

---

者能不能以一種虛擬的痛苦與錯誤作為背景？而 AI 正使得這種設想成為可能？」按因為人有自由，才能作抉擇而產生錯誤，因此人的為善是在可以不為善的情況下，自己決定為善，這樣才是行善或德行所以是可貴的緣故，人能夠真心認為善應該遵行，於是為善，這是人最可貴的特性，也因為是如此，錯誤便避免不了，因為若不可能發生錯誤的話，則人的行善或踐德便是機械性的。而自由與自主的這種人的可貴性，是否會因為 AI 的加入而削弱或甚至喪失？人當然可能可以通過 AI 的設計減免錯誤的抉擇與痛苦的感受，但也可能因為 AI 的深度學習，進而利用人的生命發展人工智慧本身的要求，這樣人的自主性是否能保持，就很成疑問。這是涉及到人的最內在而真實的人性，如何能維護這方面的人性，而不被 AI 的程式設計與演算法所代替，需要深入思考。

就越能幫助人從物欲的層次擺脫，而追求精神層次上的滿足。

## 八、結論

（一）在所謂 AI 的時代，人面對的危機不只是人順著他的感官欲求而對欲求對象的追逐，不只是為了滿足自己的權力欲望，而使欲望不斷的膨脹，這種以往的要對治的情況，還是人自己主動的去追逐、去要求滿足所引致，而現在是被設計 AI 的工程師按照所掌握的大量資料運用，透過算法而做出對不同的習性的與特殊喜好的人或人群，作出持續不斷的引誘、影響，於是就不是人主動地去滿足自己的欲望，而是在不斷被誘發欲望，不斷讓人掉進一個被設計的圈套或漩渦中，不由自主地陷溺其中的情況。於是人面臨的危機是不由自主、自然而然的陷溺，在這種陷溺的過程中，甚至連自己要去滿足、要去追求的自主性，也逐漸喪失，我認為這是人性的重大弱化，是在被引誘、被動的情況下，掉進自以為是自己所喜歡、所要滿足的欲求中。如果真的是如此，人雖然不必擔心 AI 機器人會突破，能有像人的判斷與智慧，但還是要擔心人逐步變成了機械人，失去了他的自主性。針對這種 AI 發展的流弊，或甚至是人的自主性的弱化的危機，如何來挽救？人如何從這種受 AI 的程式設計者所設定的投我們所好的漩渦中超拔出來呢？可能要逆反 AI 的操控與設計，當然不可能完全把與 AI 有關的東西，如智慧型的手機都停止不用，但應該可以把它限制在某個時間某種情況下才使用，不能無限制的一有空檔就利用手機從事種種的聯絡與瀏覽，逐漸從依賴手機電腦提供資訊的習慣，轉而為看電視、文字媒體（報章雜誌）及書籍，擺脫由 AI 而造成的被操控。反科技文明是不可能的，但如何利用科技而又不受其主宰，應該是人的靈明可以做到的，可能可以這樣說，藉著 AI 時代的來臨，使人更能正視人之所以為人的自主性，自由的抉擇與不受控制的精神的自由的要求，而提升這方面的自我要求，讓人過著更為自覺的更能表現心靈自由的生活，於是 AI 對於人生的影響越加盛大的現

代，應該也是促進人自覺地反省，以活出真正的人之所以為人價值的時代。AI 的發展，的確產生種種方便，如搜尋資料、翻譯、程式設計等等，固然有助於人的活動，但有一利就有一弊，我們的想法、習慣、嗜好，都會給 AI 所蒐集，人生的一切活動，甚至都會被做成記錄。人的判斷也會依賴 AI 而逐漸成為機器人，這是我們應該深以為戒的，於是如何順著科技的不斷發展，得到其中的好處，而又能逆著其所造成的人的自主性的流失，而強調人的自主性，如何提升人的精神的自由，活出每個個人自我的特別的個性，是這個時代的人必須面對的挑戰。

　　（二）如何使科學的發展與人生的意義協和一致，上文說，人生充滿矛盾衝突，雖時有錯誤的發生，有時候一失足成千古恨，錯誤當然要糾正或避免，但產生錯誤的根源，也就是價值能夠創造的可能性所在，取消了產生錯誤的根源，也就取消了創造價值的可能，當然價值可以由設計 AI 的人，或按照程式自己發展出來，但這些價值只是一種客觀的存在，跟人的抉擇與從自由抉擇而有的感受掙扎，如抵抗以感性的欲求為先的人性的傾向，克服人性的脆弱，控制自己的情緒等等，沒有了這些，就不是活生生的人生。從這個角度看，人的感性，及由感性欲望產生的影響力、理解力與理性，都全部要承認，缺一不可，由此我們可以看到人具有 AI 不論何種發展都不能有的本質，這種人的本質必須要包含上述的種種生命的成分，缺一不可，AI 不會犯錯，那就不是真實的人生、不是真實人的存在，只是人藉以生存的工具或手段，人如何使用這種工具，不要讓他反過來取消了人生的真實性與價值性。以上是從目的論的思考來看有關的問題，即認為人生的存在所具有的種種如理性、知性、感性、想像等，都是缺一不可的，合而成為一個整體的人生，而人生可能的遭遇、可能有的關係，悲歡離合、禍福吉凶等等，也是一個息息相關的整體，缺一不可的，人生種種與所遭遇到的一切問題，都可以由人所生而有的種種能力去加以解決，當然其解決是要通過種種力量的配合，又要經歷各種的過程，這一切也是缺一不可的，現在 AI 加進來，成為人的生命的一部分，而且這一部分不是外在的，而是參與到生

命內部的運作的，這樣會不會打亂了生命存在作為一個整體而各部分互為目的手段、缺一不可的情況呢？於是「人＋AI」的這種存在，可能就不合於本來的人的整體的結構，打亂了其中目的手段缺一不可的諧和一致，當然這個是從目的論或合目的性原理的觀點來看，但由於AI是外來而又以強大的科技力量參與人的理智的決策，而且改變人的心智、身體與情感的現狀，則上述目的論的觀點可能是有道理的，即AI的發展會破壞人生命乃至人類群體活動、歷史發展的合目的性。人作為一族類而言，有其透過賡續的生命發展，才會充分表現的潛能，這種潛能的逐步發展，當然是要通過人類歷史的不斷繼續才能完整表現出來。從這個角度來看，人所具備的各種才能與潛能，是有需要充分實現出來，才符合人這一族類存在的目的。如果因為AI加進來，而使人類某些才能或潛能不能充分實現，糟蹋了或荒廢了，那便對於人具有這些才能與潛能的目的相違背。如果這樣說是可以成立的，那AI對於人類的影響的後果是什麼呢？大家可以思考一下。

（三）由上面所論，及現在人工智能與科技的發展趨勢，似乎對於人的定義需要重新規定，這是說通過了人工智能的加入或直接涉入到人的內在生命、能力來看，似乎人的能力在人工智能的協助下，不斷突破超越了以往所認為的極限。所謂極限是人不管如何力圖進步，總是受到人的有限性所限制，生命雖有各種的能力，但不管人如何聰明睿智或強壯，力量總是有限，而現在假如可以與人工智能結合，就會大幅度的增長人本有的智力與體力，也會領會或感受到以前所沒有的生命感受，而且這種進步與超越，好像是隨著人工智能的進步而無止盡的，如果是這樣，所謂「人」就不能被劃定在一個範圍內被規定或被了解，人所面對的未來，在科技的發展趨勢底下，未必不能衝破他生命中的限制，甚至不受時空所限制，如果可以這樣看，人是否可以用一個明確的定義來範圍住他的本性，他的能力？這是從人工智能通過深度的學習而有不受限制的前境，又可以進入人的生命，與人本有的種種能力相結合，而做不可預測的推進來說的。既然人的能力有不可預知的推進可能，則將

來的人是否適合於我們現在對人的看法、規定，當然是有問題的。以往
中國哲學不管是儒道佛的說法，都肯定人可以成為體現無限意義的理想
存在，如成聖、成佛、與成真人，成為這些理想的生命存在，當然已經
表現了人生命中的超越性。從聖、佛、真人的與萬物為一體，表現了不
受人此一生類的現實生理所限，而表現衝破了人作為某一生類的本能欲
望的限制，表現了與天地萬物、自然的整體合而為一的境界，而這種生
命意義的超越性的表現，可以借用當代新儒家所說「內在的超越」來說
明。即人可以通過體現本有的善性、佛性、道性，可表現無限的意義。
但這種無限只是意義上的或價值上的無限，並不是在此時人可以衝破
他生命的有限，而成為事實上的無限者，這是牟宗三先生所說的「即有
限而無限」的意思。在此意義上，人也可以說並非可以劃定在某一種類
的定義上。人當然是屬於人類有一定的限制與規定，如人不能是其他動
物，也不能是神，在此意義下說，他被劃定在某一類別上，也就是有限
的；但從人可以即有限而無限，而此無限是從人可以表現無限的意義
與價值來說的，也可以就此一面來說人可以與天道相通。於是從人可以
體現無限意義而與天道相通，就說人並「不只是」被劃定為某一種類的
存在，即人是某一種類，但又可以突破這一種類的限制。當然這一突破
是價值意義上的突破，並非事實上或形體上成為無限者，這是上面所說
的內在的超越之義，當然這是借用而並非原意。按當代儒學的原意，超
越者如天道是超越而內在的，人只要能盡其本有的心性就可以通於超越
的天道。現在借用內在的超越（也可以說是「內向超越」，如余英時所
說），[13] 儒道佛所追求的生命的無限，是往內的追求，雖然體現了人的生
命可以表現的價值意義的無限，但對於人的生命本身所具的力量，形體
的存在，並沒有改變。而現在加入了人工智能的幫助，似乎人可以不受
天生而有的能力所限制，通過科技的幫忙而做不可測的往外推進，這可

---

13　余英時：《論天人之際》（臺北：聯經，2014 年 1 月），頁 219。

以說是「外向的超越」，這一外向當然也含人的認知的心智，藝術的品鑑與價值的追求，如同上文所說的內向超越所含之種種，但在人工智能的推動下，這本有的也是內在的能力，不管是精神的或體力的，都有往外推進而無止盡的可能。這往外推進是從借助科技力量來說的，與內在超越只反求諸己不同。如果上述的區分是可以說的，則人現在面對的外向的超越的情境，一定是會給出一個前所未有的人類的處境，人的智力生命的體驗與欲望的享受，在這種外向的超越的要求下，會被科技的快速進步而推動，不知止於何處、伊于胡底？這種前境是否可以為人類控制得住，是否如一些對 AI 抱著樂觀的態度者所認為，善於利用人工智能，是人可以擺脫以往的限制而開出新的紀元？ 14

---

14　李開復：《AI 新世界、增訂版》（臺北：遠見天下文化，2019 年 5 月二版）。

第二部

# 中國與東亞的傳統
# 儒學思考

# 第七章

# 面對危機時代的經書：
# 《周易》「憂患九卦」的啟示

蔡振豐 [*]

## 一、前言：危機的意義與經典閱讀之必要

　　21 世紀後，整個世界的局勢進入了一個危疑的時代，先是 2018 年美國指控「中國偷竊美國智慧財產權和商業秘密」所引發的美中貿易戰，其後則有圍繞著貿易戰而延燒為全球關注的各項議題，如：2019 年 6 月香港有近二百萬公民參加的「反送中」運動，該運動起於不信任中國的司法制度，擔憂在未經審判下，將港人或過境香港的嫌疑人引渡至中國，而出現侵害人權之事，有違香港在「一國兩制」及《基本法》下所明列的獨立司法管轄權；2019 年末中國武漢發現新冠肺炎病毒，隨後在 2020 年初迅速擴散變成全球性大瘟疫，2021 年美國總統川普（Donald Trump）指出這是實驗室外洩所造成的災難，宣稱將向中國求償 10 兆美元的損失；2020 年 9 月瑞典時裝公司 H&M 因新疆維吾爾人被迫參加勞動改造，而發布「不與新疆的服裝製造工廠合作，也不從該地區採購產品或原料」的聲明。由這些紛爭可見中美貿易戰已越出經濟的領域，而有全面對抗的趨勢。由於這種對抗的背後是體系和價值的衝突，因此有政治學者認為美、中正在進行「新冷戰」，其結果可能會再將世界劃分成兩個基本的陣營。2021 年，美國新總統拜登（Joe Biden）在就職後，與印度總理莫迪（Narendra Modi）、日本首相菅義偉和澳洲總理莫里森（Scott Morrison）透過視訊召開領袖高峰會，進行四方安全

---

[*]　臺灣大學中文系教授。

對話，強調維護印太地區自由、開放的重要性，加上拜登修復與西方盟國的關係、緩和與俄羅斯的緊張局面，似乎著意於建構反制中國的戰略框架，這些作法也加強了「新冷戰」的聯想。新冷戰的世界格局似乎只在國際關係及科技競爭上發酵，然而 2019 年引發的新冠肺炎疫情除了加劇了全球公共衛生、經濟、政治、社會方面的危機外，也威脅著所有人類生命的存續。新冠疫情的危機在 2021 年 4 月一度因為疫苗的施打而有趨緩之勢，然而在 5 月之後又因為變種病毒的產生，使得對其傳染的抑制充滿了不確定，衝擊了世界上每一個角落的人，它的影響更甚於大國之間的博弈。

　　由上述世界局勢的變化，可知我們正生活於一個全球性的危機時代，既無從確定危機何時結束，也難以預知危機會將我們帶往何種方向。然而，中文的「危機」除了有「潛藏的危險或禍害」的意思，也有「危險的轉變樞紐」的意思，前者的意義是建立在我們對危險的「判斷」上，而後者則是建立在我們對危險判斷的「選擇」與「決定」上。有趣的是：英文中的「危機」crisis 原是拉丁借用詞，最初是醫學術語，指「病情發展的關鍵期」，是疾病轉好或轉壞的時間點，17 世紀以後 crisis 的意思才從醫學領域引伸為「危機」或「轉捩點」之義。[1] crisis 在拉丁語中具有「決定性的大轉變、轉機、危象、驟退、臨界」的意義，源自古希臘語 κρίσις（krisis），意思是「裁決、判定、決定」，其字根 κρίνειν（krinein）有「下決定」（to decide）以及「分離」（to separate）的意思。可見不論是中文的「危機」或西方的 crisis 都有「判定」與「決定」的意思，這兩個意思都與主體的活動有關，這也意謂著「危險的環境」或「對危險的判斷」會迫使人們從陌生或全新的角度，重新審視「自身」、「社會」與「自然環境」的倫理關係，並且在對危機的認識與反省

---

[1]　參見 Kyle Harper: *The Fate of Rome: Climate, Disease, and the End of an Empire*, (Princeton University Press, 2017)，中譯本李一帆：《羅馬的命運：氣候、疾病和帝國的終結》（北京：北京聯合出版公司，2019 年），第四章〈世界的晚年〉，頁 161。

之中，也會帶來新的體驗與決定，成功地尋獲展開新局的轉機。因此，在面對無法確定的未來時，我們比以往任何的時代更需要以思考、對話與互相聯結來面對當前危疑。

　　認識時代的危機並對之進行思考，可以由多方面的途徑來進行，它可以建立在各種學科對知識與數據的分析上，也可以建立在古代經典的智慧上。就現代人而言，知識與智慧應該同等重要，然而急功好利的心態，往往使人們忽略智慧，「內捲」[2] 於知識與技術之中而難以脫身。學科知識主要是以經驗領域的事理為指向，它的限制在於無法充分地說明世界整體的關聯性，也無法從「善」與「美」的立場追究「什麼是理想的存在形態」或「如何達到好的生活」等問題。例如 economy（經濟）這個字，源於古希臘語 οικονομία；οικος 為家庭的意思，νομος 是方法或者習慣的意思，因此 οικονομία 本來是指「管理家庭財物的方法」。即使後來的學者定義「經濟學」為「研究個人與社會的經濟行為，主要是用來研究如何選擇具有多種用途的有限資源，以生產物品與勞務，供應目前與將來的消費」，[3] 經濟學都是無法脫離「分析與推理技術的學問」。

---

2　內捲化（Involution）出自拉丁詞「involutum」，原意是「轉或捲起來」，「內捲」
　本為社會學概念，原用以形容社會文化重複勞作、發展遲緩。2017 年末，「內捲化」
　一詞逐步在網路上被公眾大量使用而脫離原本的社會學內涵，有時用來指內部的
　惡性競爭，如一家公司因為有些人自願加班並得到管理階層的嘉獎，此時原先按
　時上下班的人因擔心自己成為劣勢者，也自願加班，久而久之加班便成為常態，
　最後變成不自願加班，就會影響自己在職場上的生存。牛津大學人類學者項飆在
　2021 年 5 月 1 日《澎湃新聞》的專訪中，將網路上流行的「內捲」描述為「不斷
　抽打自己的陀螺式的無窮迴圈」及「一種不允許失敗和登出的競爭」。本文此處是
　採取「在既定的社會模式、知識體系與經濟技術下，不斷抽打自己的陀螺式的無
　窮迴圈」的意思。

3　這是張清溪與許嘉棟等四人所撰寫的《經濟學：理論與實際》（臺北：三民書
　局，2016 七版）上冊的定義，其說法出於 Paul Anthony Samuelson（1915-2009）
　在其 1973 年出版的教科書《經濟學》（Economics）中的定義：Economics is the
　study of how men and society end up choosing, with or without the use of money, to
　employ scarce productive resources which could have alternative uses, to produce various
　commodities and distribute them for consumption, now or in the future, among various

而一般的民眾對經濟學的認識，大都預設「財富」等同於「幸福」，只想運用其分析技術以增加財富，而不會去思考「財富」與「幸福生活」的關係。相對於學科知識，經典的內容不是一種分析的技術，它從不同的方面切入了宇宙人生的深處，以某種方式真切地反映人對這個世界、對其自身的深層認識和多樣理解，因此閱讀經典的主要目的不在獲取特定的知識，而在於回溯前人所經驗到的智慧歷程，以思考自身的處境與生命的意義，讓它來引導我們成為知識和技術的主人。

在古漢語中並沒「危機」一詞，但若要找一個與「危機」對應的語詞，則以「憂患」最為恰當。「憂」、「患」二字的意義十分接近，「憂」指內心的愁思，也有「疾病」與「閉塞不通」的意思；「患」，《說文解字》說是「从心上貫」，同時有「憂」、「苦」、「惡」的意思，也有禍害與疾病的意思。因此，用「憂患」來指說當代「新冷戰」與「新冠肺炎疫情」下的「危疑心態」似乎沒有違和之感。在儒家的經典中，與「憂患」直接相關的經典莫過於《周易》，《繫辭下傳‧第七章》說「《易》之興也，其於中古乎！作《易》者，其有憂患乎」、《繫辭下傳‧第八章》說「（《易》之為書也不可遠，為道也屢遷）其出入以度，外內使知懼，又明於憂患與故」，皆說明《周易》與「憂患」的關聯。徐復觀先生（1904-1982）據《易傳》的說法，在其《中國人性論史》中說「周人革掉了殷人的命，成為新的勝利者，但通過周初文獻所看出來的，並不像一般的民族戰勝後的趾高氣揚的氣象。而是《易傳》所說的憂患意識」，他認為「憂患心理的形成乃是從當事者對吉凶、成敗的深思熟慮而來的遠見；在這種遠見中，主要發現了吉凶、成敗與當事者行為的親密關係，及當事者在行為上所應負的責任。憂患正是由這種責任感來的，要以己力突破困難而尚未突破時的心理狀態。所以憂患意識乃人類精神開始直接對事物發生責任感的表現，也即是精神上開始有了人地自

---

people and groups in society.

覺的表現」。徐復觀先生的這番話完全透徹《周易》或《易傳》作為經典的意義,而「憂患意識」這個概念雖是周初的精神產物,但它也可能發生於任何時間之中,成為任何時代的人思考面對困境與重探自我價值的心理契機。

## 二、儒學的經書教育與孔子之讀《易》

今日所指的儒家經典,主要是指由孔子(551-479BCE)所整理的《詩》、《書》、《禮》、《樂》、《易》、《春秋》等六部古代文獻,《莊子‧天運》中有「丘(孔子)治《詩》《書》《禮》《樂》《易》《春秋》六經」的說法,所以這六部文獻也稱六經。六經中的《樂》已亡佚,而《禮》的所指也有變化,西漢早期多指《儀禮》,其後有《周禮》(又稱《周官》)出現,又有戴德、戴聖所編成的《禮記》,於是有「三禮」之稱。六經中以《詩》、《書》、《禮》、《樂》的內容最沒有學派的特色,如《左傳》僖公二十七年記載了春秋時期晉國晉文公大夫趙衰(?-622 BCE)的話:「說(悅)《禮》《樂》而敦《詩》《書》。《詩》《書》,義之府也;《禮》《樂》,德之則也;德、義,利之本也」,可見《詩》《書》《禮》《樂》在孔子之前可能是貴族養成教育的教材,不能專屬於儒家;而且「經」的最初指意也沒有神聖典籍的意思,如《莊子‧天下篇》就說:墨家學者「俱誦《墨經》」,可見各學派都可以稱他們自身的權威教材為「經」。一直到了漢武帝獨尊儒術以後,知識份子所說的「經」才專指儒家的要籍,而所謂的「經學」則指研究儒家經典的學問。漢代「經學」一詞的確立,除了標定儒學的範疇之外,同時也意味政府及知識份子認定儒家學說乃是經國濟世的根本學問,此後「經」才逐漸具有神聖典籍的意義,漢代重用儒生,以經師為大臣,甚至依經義裁決法律案件,都可以說明這種發展的趨勢。

在儒家經典中,以《易》與《春秋》最能彰顯儒學的特色。如前文所論,《詩》《書》《禮》《樂》是相關於上古史、祭祀、外交辭令的教

材，是各國貴族子弟必備的基本學養，也是儒者必需的教養。《春秋》所以成為儒學的要籍，是因為這部經是孔子根據魯國史書修訂而成，其中寄寓了他對史事及君臣上下的褒貶。而《易》何以能作為儒學的經典則存有討論的空間，這是由於《易》是巫或史所掌管的占卜之書的緣故，一般人不必然要學習。如《荀子‧勸學》說：「《書》者，政事之紀也；《詩》者，中聲之所止也；《禮》者，法之大分，類之綱紀也。故學至乎《禮》而止矣，夫是之謂道德之極。《禮》之敬文也，《樂》之中和也，《詩》《書》之博也，《春秋》之微也，在天地之間者畢矣」，強調學《書》、《詩》、《禮》的重要，唯獨不談《易》在「學」中的地位，可見荀子並不重視《易》的教學。荀子之外，如《莊子‧天下》說：「《詩》以道志，《書》以道事，《禮》以道行，《樂》以道和，《易》以道陰陽，《春秋》以道名分」，指出六經分別對應著六個不同的範疇：《詩》表達情志，《書》記載古代歷史，《禮記》談論言行的儀節，《樂》講求聲音的和諧之美，《易》研究陰陽學說，《春秋》講究君臣尊卑上下的關係，這種說法認為經書的內容大都有關於具體的人事政治，而只以《易》專論抽象的形上學說，似乎也將《易》視為是六經中的異數。

　　《論語》中論及《易》的材料也不多，〈述而〉篇中有「子曰：加我數年，五十以學易，可以無大過矣」的記載，但唐代陸德明（550-630）《經典釋文‧論語釋文》說「《魯》讀『易』為『亦』，今從古」，意思是說：西漢時魯國人所傳的《論語》將「五十以學易」的「易」讀成「亦」，錢穆（1895-1990）《論語新解》因此將本章斷句為「加我數年，五十以學，亦可以無大過矣」，這種讀法使得此章與《易》的關聯產生了問題。然而司馬遷（145-?BCE）《史記‧孔子世家》記載：「孔子晚而喜《易》，序《彖》、《繫》、《象》、《說卦》、《文言》。讀《易》，韋編三絕。曰『假我數年，若是，我於《易》則彬彬矣』」，可見孔子晚年喜《易》也非全然無據。

　　如果孔子果真晚年喜《易》，他所認為的《易》學特色到底是什麼？這個問題的答案可能與「天命」的說法有關。《論語‧述而》的

「五十以學易」,古今的注本幾乎異口同聲地認為「五十」是指五十歲,主要的證據是《論語・為政》有孔子自言「五十而知天命」的說法,因此何晏(196-249)《論語集解》就說「《易》,窮理盡性以至於命。年五十而知天命,以知命之年,讀至命之書,故可以無大過矣」。「知天命」既與《易》學具有關聯性,則所謂的「天命」是指什麼?

　　古今對「天命」一詞大約有三種詮釋:

(一) 以「命」為「賦與」之義,「天命」即是「天所給與的東西」。如《中庸》所說的「天命之謂性」,宋代朱熹(1130-1200)依此義在《論語集注》中解釋「知天命」說:「天命,即天道之流行而賦於物者,乃事物所以當然之故也。知此,則知極其精,而不惑又不足言矣」;又他在《論語或問》也說:「天道運行,賦與萬物,莫非至善無妄之理,而不已焉,是則所謂天命者也。物之所得,是之謂性;性之所具,是之謂理。其名雖殊,其實則一而已」。朱熹的解釋說:「天」賦與(授給)「人」「至善無妄之理」,人得到此「理」而有「至善無惡之性」。以這個解釋為基礎,也可以理解前文何晏《論語集解》中引《周易・說卦傳・第一章》所說的「窮理盡性以至於命」。

(二) 以「命」為「命令」義,「天命」即是「天的命令」。如日本江戶時代(1603-1867)的儒者荻生徂徠(1666-1728)所著的《論語徵》將「知天命」解釋為「知天之命,孔子傳先王之道於後也」;又如清代劉逢祿(1776-1829)〈論語述何篇〉以為「知天命」為「受命制作垂教萬世」,都將「命」理解為「領受天之命令」的意思。

(三) 「天命」為「非人力之所能改變的客觀限制」之義,如南朝皇侃(488-545)《論語義疏》說:「天命,謂窮通之分也」、「此窮通皆由天所命也」;又如江戶儒者伊藤仁齋(1627-1705)《語孟字義》說:「何謂天之所命,以其非人力所致而自至,故總歸之于天,而又謂之命」,都意謂貧窮與通達不是一己的努力所能完全掌握,有

其主觀之外的各種可見或不可見的限制。

上三種意義，在經書注解上雖然不能同時成立，但若將「知天命」視為是有關於「天」與「人」之關係的陳述，三者也可能統合成具有延伸意義的天人觀。此天人觀即是：從「天命」為「非人力之所能及的客觀限制」，進而思考人在此不能主觀掌握的世界中有何價值，從而認識到自我的主體性才是決定自我價值的所在，而有追隨於「義」而不追隨於「命」的「義命分立」的想法；再由此「義命分立」的想法，重新認識到自我是否具有不可易、不可移的「天性」，而此「天性」也可以介入不可知、不可測的客觀世界，從而創造自己與客觀世界的價值意義；再綜合上述兩個意義的「天命」義，因而有孔子在「知其不可為」的世界，進行「傳道」與「制作垂教」的努力。

延伸上述對「天命」的詮釋，也可以進一步地用「客觀限制」、「命令」與「賦與」的三個意義理解《周易》與「天命」的關係：

(一)「天命」之「命」作為「客觀限制」的意義：它可能意謂著在時空的流變中人所不可測知的變動，而《周易》中以陰爻、陽爻符號所形成的六十四卦系統，正可以象徵種種對人之限制的情境，以及其可能的變動，故《繫辭傳》說「易與天地準，故能彌綸天地之道」、「極天下之賾（幽深難見）者存乎卦，鼓天下之動者存乎辭」。由此，讀《易》者在面對卦、爻、辭時，就如同面對種種不同情勢的變動，這一方面使讀《易》者彷彿可以看見過去所經驗到的，或從未遭遇過的種種情境，另一方面也可以從中反省自己與情境的關係，思考最為合理的決定與作為。

(二)「天命」之「命」作為「命令」義：這在《周易》中可以被理解為「天的運行有恆常的規律」。顯明的天行有常，如舉目可見的日月運行、四時的變化；而隱伏的天行有常，則映現於自然的現象與萬物的活動之中，這二者都可以用簡易的原理來把握，故《繫辭傳》說「剛柔相摩，八卦相盪，鼓之以雷霆，潤之以風雨。日月運行，一寒一暑。乾道成男，坤道成女。乾知（主）大始，坤作

成物」。

（三）「天命」之「命」作為「賦與」義：「賦予」之義是指「人」所擁
　　　有的，如自然律則一般的不變本性，《詩・大雅・烝民》說「天生
　　　烝民，有物有則，民之秉（執持）彝（常），好是懿（專久而美）
　　　德」，即將「民之秉彝」視為是「有物有則」的表現。又如《繫辭
　　　傳》說「一陰一陽之謂道，繼之者善也，成之者性也」，此即意謂
　　　「繼善成性」亦即是「陰陽」或「乾坤」所展開的「天行之常」在
　　　人身上的表現。

若「知天命」、「天命」與《周易》具有上述三種「蘊義」，則可以順解
《繫辭上傳・第七章》中「《易》之興也，其於中古乎！作《易》者，
其有憂患乎」的意思。所謂「《易》之興」應該在於區別「《易》之
作」。「《易》之作」的目的在於占卜，它的製作在時間上可以往前推於
「上古」伏犧的畫卦；而「《易》之興」的意義在於《易》脫離了史官
的卜筮專業，而成為知識份子的基本素養。二者的轉變在於「中古」，
即殷、周之際文王的重卦，文王一方面將八卦相重成六十四卦，而且為
六十四卦繫辭，即著作了六十四卦的卦辭與爻辭，在原有的卦爻占辭
上，賦予修身、齊家、治國、平天下之道。而文王之重卦及繫辭，是在
被殷商囚禁於羑里之憂患環境中的思考所得，此即文王遭受不可知、不
可為的客觀限制，思慮自身的處境與其當有的作為而有的成果，也表現
了文王在患難的環境中，尋求並體現了他在這個世界中的價值及貢獻。

## 三、《周易》的符號形式與想像力的運作

　　《周易》所以能對處於憂患中的人形成啟示，主要在於它的符號系
統可以模擬天地萬象與人的互動，所以《繫辭上傳・第二章》說：「是
故，君子居則觀其象，而玩其辭；動則觀其變，而玩其占，是以自天祐
之，吉無不利」，意即：平素之時讀《易》，可以從卦象中揣摩它與人事
之間的可能對應，並且玩味卦辭、爻辭所表示的吉凶的意思，由此思考

進退居處的可能結果；而臨事卜筮，則可以藉由卜筮的結果，觀察所占之爻在全卦中的變化，讓自己重新考慮之前的謀畫是否存有盲點，重新確立自己的決策與行動；若能如此謹慎地思慮與行事，必能使自己的心中無疑，而能面對事情發展下的種種結果，因此不論結果是吉是凶，都可以勇敢面對，以柔軟的心態而變通向前，此即是「吉，無不利」的意思。

　　由於《周易》之書，是由「卦」、「爻」、「辭」所組成，所以不論是「觀象玩辭」或是「觀變玩占」，都離不開這三個基本成素，因此在讀《易》之前，有必要清楚的認識卦、爻符號在《周易》中是如何形成「動」與「靜」的象徵，以下從「八卦的象徵意義及其相互作用」與「三種符號系統的作用與符號的飛躍」二方面簡要的說明「卦」、「爻」、「辭」三者如何形成《周易》的形式意義與內容意義：

## （一）八卦的象徵意義及其相互作用

　　（1）在《周易》中，宇宙萬有可由八卦所代表的八大基素所組
　　　　成，而萬物的變化也基於八卦的相盪與互動，因此八卦可象
　　　　徵無窮無盡的萬物。以近身之物而言，八卦的基本象徵是
　　　　「自然界的元素」（天、地、雷、風、水、火、山、澤）、「家
　　　　庭成員」（父、母、長男、中男、少男、長女、中女、少女）
　　　　與「活動力的特質」（健、順、動、入、陷、麗、止、悅）。
　　　　如〈☰乾〉象徵天、父、健；〈☷坤〉象徵地、母、順；〈☳震〉
　　　　象徵雷、長男、動；〈☴巽〉象徵風、長女、入；〈☵坎〉象徵
　　　　水、中男、陷；〈☲離〉象徵火、中女、麗；〈☶艮〉象徵山、
　　　　少男、止；〈☱兌〉象徵澤、少女、說（悅）。

　　（2）八卦依其屬性，又可化約為剛、柔（或者陰、陽）兩大動力
　　　　或質性，如〈☰乾〉〈☳震〉〈☵坎〉〈☶艮〉屬剛屬陽，〈☷坤〉
　　　　〈☴巽〉〈☲離〉〈☱兌〉屬柔屬陰。這兩大動力或質性是萬物內

在的衍生力，《繫辭傳》名此內在的衍生力為「乾、坤」，《文言傳》稱之為乾元、坤元，所謂「乾主大始，坤作成物」即在說明這兩種內在衍生力的最大效用。因此，在剛、柔二者「相摩相盪」所形成的宇宙萬有中，萬有的歧異只是表象上的，而其本質不脫乾、坤二者，故〈睽〉卦的《象傳》說：「萬事睽（乖離不合）而其事類（相似）也」，即有將萬有之變化類歸為乾、坤之互動的意思，而聖人也因之可以「見天地之動」而「觀其會通」。

（3）八卦的剛柔二者也有因彼此相交而引發的化生力，故〈說卦〉說「天地定位，山澤通氣，雷風相薄（入），水火不相射（厭），八卦相錯」。如〈䷊泰〉之象為天在下、地在上，〈䷞咸〉之象為山在下、澤在上，〈䷩益〉之象為風在上、雷在下，〈䷾既濟〉之象為水在上、火在下，皆因為與所知的現象（如天在上、地在下）相反，而有相交而化生之意。

（4）八卦的剛柔除了有相交化生之力外，也有同類「相感」，與異類「相應」的作用。《乾・文言》說：「同聲相應，同氣相求，水流濕，火就燥，雲從龍，風從虎，聖人作而萬物睹。本乎天者親上，本乎地者親下，則各從其類也」，即是從所象徵之物具有相同的質性，而說二者之間的「相感相應」。在「感應」之外，卦、爻之間也有異類「呼應」的作用，大多是指六爻卦中的上卦與下卦（或者稱外卦與內卦）中，相同的爻位，初（一）與四爻、二與五爻、三與上（六）爻之位，所居爻的剛、柔不同，所形成的互補與呼應。如〈䷱鼎〉的《彖辭》說「得中而應乎剛」，即指：第五位的陰爻（六五），居上卦之中的尊位，向下呼應於第二位的陽爻（九二）。

## （二）「三種符號系統的作用」與「符號的飛躍」

《周易》是由卦、爻、辭三者組成，這三者可自成一個符號系統：

（1）卦的「象徵系統」與辭的「辭義系統」：不論是以三爻所組成的三畫卦，或以六爻所組成的六畫卦，其符號都具有可以系列展開的象徵意義，可稱之為「象徵系統」。「象徵系統」雖給予意義的暗示，但由於象徵性的指示可概括無限的事物，如八卦是以天、地、山、澤、風、雷、水、火為主要的象徵內容，而依《說卦傳》，〈乾〉同時可以是天、圜、君、父、玉、金、寒、冰、大赤、良馬、老馬、瘠馬、駁馬、木果的象徵，因此為了利於原則性的思考，必須將象徵的範圍限縮在相對具體的脈絡之中來思考，如此就必須憑藉說明一爻之義的〈爻辭〉，以及說明一卦之義的〈卦辭〉，而形成了「辭義系統」。

（2）由不同爻之關係所形成的「互動系統」：由陰陽爻所形成的六爻，彼此間有一種相互的作用，可稱之為「互動系統」。在「互動系統」中最常見的模式是對立，其中包括陰、陽或剛柔的「質性的對立」；以及陽爻或陰爻是否居於一、三、五之陽位，或二、四、六之陰位的「位置的對立」；在六爻間也可以有「眾寡的對立」，包括一爻對數爻，如〈䷗復〉之初九爻[4]對其他五個陰爻。又如〈䷦蹇〉，是第三位的陽爻（九三）對下面兩個陰爻（初六、六二），《象傳》稱這種情形為「內喜之也」，所謂「內喜」是指下卦三爻只有九三是陽爻，可以作為下卦的憑恃。

（3）「符號的飛躍」：在《周易》中，上述三個符號系統皆會呈

---

4　在〈爻辭〉中，以九稱陽爻，以六稱陰爻，如「初九」意謂「初爻之位是陽爻」，「六三」意謂「第三爻位是陰爻」。

現一種變動的情態,如「象徵系統」為先天的形式,它決定了「辭義系統」,如〈乾〉以「龍的剛健之德」作為主要的象徵,因此《爻辭》的「初九,潛龍勿用」、「九二,見龍在田」、「九四,或躍在淵」、「九五,飛龍在天」、「上九,亢龍有悔」皆圍繞在「龍德」的變化上。然而「辭義系統」一方面受限於象徵系統,一方面又受「互動系統」的影響,使得辭義由「靜態的象徵措辭」轉變成「具有脈絡與活動性的行動措辭」,如〈乾〉的最上爻有陽剛至大極盛之象,因為物極必反,故《爻辭》說上爻是「亢龍有悔」。而其後言「用九,見群龍无首,吉」,「用九」意謂著行動與操作,即將六陽爻變為六陰爻,如此卦德也會由〈乾〉的「陽剛的上進之德」,轉變成〈坤〉的「陰柔的順承之德」,而成「群龍无首」之象,就原本卦爻的符號而言,此「用九」即是一種「符號的飛躍」。「符號的飛躍」不但可以改變原有辭義的說明,也會改變原先的象徵體系,而展開新的情境。如〈䷋否〉第四爻,向下位移於第一爻以成〈䷩益〉,此「符號的飛躍」造成了「損上益下」的轉變。而且,不論是「用九」或是「損上益下」,都在於標示這是主體的行動與作為所產生的改變。

經由上述的說明,可以發現讀《易》除了必需了解卦爻的基本形式、意義與變化的規律之外,還需要更多的「想像力」。例如〈䷊泰〉只是由陽爻與陰爻所形成的符號,就「☰」「☷」這對符號而言,它可能是「天」「地」的象徵,也可能是「父」「母」、「男」「女」的象徵,「☰」「☷」可以象徵不同的事物,這意謂我們的「想像力」可以自由且任意地「運用」所有與「☰」「☷」這對符號可以產生任何本質性關聯的各種事物,使之符合於玩《易》或卜問時的具體情境。而且,「想像力」並不是指模擬或幻想卦、爻對應於現實的能力,而是將「意象」關聯於「自身」的思維能力。從《易》可能揭示「天」或「天命」的立場,在面對由卦、爻、辭所形成的象徵、譬喻時,讀《易》者的目的在於:發現其中

存有什麼我們在平時思考時所未發現的奧秘。而「想像力」的作用，即在於將卦、爻、辭所形成的種種關係與意義，還原為精神與自身的關係，從而使由卦、爻、辭所隱含的天啟之奧秘，透過人自身在徵象情境的思考與推理下，而能具有理性知識的意義。

「想像力」一方面打開了通向本質知識的可能通道，使「☰」「☷」這對符號被賦予的各種類型的知識得以展開，一方面也連繫了「現實」的「呈顯」與「非現實」中各種「隱蔽的可能性」。當「☰」被連繫於「天」、「☷」被連繫於「地」的意義時，讀《易》者並不是由「☰」「☷」這組符號憑空去「想像」或「幻想」天地的意義是什麼，而是藉由「☰」「☷」將過去對「天」與「地」的種種知覺、經驗與知識呈現出來，而且在這個呈現中還包含「天」與「地」的關係與互動。當〈䷊泰〉呈現出「地在上，天在下」的關係時，這種天地的關係雖然並未在「現實」中被我們真正意識到，但藉由這種「非現實」的新意識，我們可以連繫到各種現實中「上下顛倒」的事物，從而思考其中是否具有更本質性的意義。就靜態的「天地顛倒」而言，這或許意謂著「非常態的失序」如「天崩地裂」的災禍，但從動態的過程而言，這種「破壞」形成了新的流動性的關係，它也可能意謂著擺脫一成不變的「創新」，而這種「創新」的意義，在過去往往被隱蔽於現實的經驗中而無法展開。藉由「想像力」，「現實」的「呈顯」與「非現實」中「隱蔽」的「可能性」被連繫起來，使得「非現實的可能性」成為一種「在現實中」可以被理解與操作的知識，從而打開了思維的固執性，使得人們的思維可以脫離有限的「人」的位置，而能更加接近「天」的無限奧秘。

## 四、憂患九卦的「三陳」與前三卦之義

經過上節的說明後，我們可以理解《周易》的卦、爻、辭所以能形成啟示的原因，在於讀《易》者對人、事、物的思考具有一種「可變動」的新視域，這種新視域連帶的也使人意識到吉凶的可變動性，

從而提高了人的作為的重要性。若人能意識於此,則在面對危機或憂患時,就有一種從容玩味與積極面對的心態,因此《繫辭傳・第七章》特別六十四卦中選出〈履〉、〈謙〉、〈復〉、〈恒〉、〈損〉、〈益〉、〈困〉、〈井〉、〈巽〉九卦,列在「作易者,其有憂患乎」的文字之後,以作為閱讀《周易》的提示,其文字如下:

> 是故,〈履〉,德之基也;〈謙〉,德之柄也;〈復〉,德之本也;〈恒〉,德之固也;〈損〉,德之修也;〈益〉,德之裕也;〈困〉,德之辨也;〈井〉,德之地也;〈巽〉,德之制也。

> 〈履〉,和而至;〈謙〉,尊而光;〈復〉,小而辨於物;〈恒〉,雜而不厭;〈損〉,先難而后易;〈益〉,長裕而不設;〈困〉,窮而通;〈井〉,居其所而遷;〈巽〉,稱而隱。

> 〈履〉,以和行;〈謙〉,以制禮;〈復〉,以自知;〈恒〉,以一德;〈損〉,以遠害;〈益〉,以興利;〈困〉,以寡怨;〈井〉,以辨義;〈巽〉,以行權。

上引文所述的九個卦,被稱為「憂患九卦」,因為《繫辭》依三個不同的角度陳述這九卦,所以又稱「三陳九卦」。若將《周易》視為是有「憂患意識」的經書,則憂患九卦無疑可作為面對「憂患」或「危機」的基本教材。「憂患九卦」之「三陳」,是以「德」作為首陳的主軸。「德」者「得」也,這意謂讀《易》者若能從卦、爻、辭中得到啟示,且能內化於身心之中而付諸實踐,即是有德的表現。其次,二陳與三陳則從「心」的「體用」的關係說「德之體」與「德之用」。如〈履〉是「德之基」,指「德」的起點在於奉行眾人共同認可的行為規範,能如此是因為有「和之至」的心態本體,而後能產生「以和行」的行為作用。

　　「三陳九卦」以「三」的形式建立說法,其中含有不同面向的「三」的變化,因此九卦也可以分成「〈履〉〈謙〉〈復〉」、「〈恒〉〈損〉〈益〉」、「〈困〉〈井〉〈巽〉」這三組卦來理解,以下我們可以先透〈履〉

〈謙〉〈復〉這三卦的意思，再來思考九卦整體的意義：

（一）〈☱履〉為「德之基」。「基」原意為「牆始」，即築牆的基礎，引申為基始與開始之點；「履」原為鞋子之義，引申為履行、踐履，意指人所應當遵行的種種，因此「履」也解釋作「禮」。《象傳》說「上天下澤，履，君子以辯上下，定民志」，「辯上下」即《禮記‧樂記》所說的「禮辨異」，「異」指「尊卑」或「貴賤」的不同。所謂的「辯上下」與「辨異」可以從德性才智的「賢」，與政治職分的「位」兩方面，來考慮上下的關係。結合「德之基」與「禮」的說法，〈履〉的整體意義可以說是：以行禮作為德性的起始。在面對危機時為何要講究行禮之德？這是因為愈是困難之時，愈不能令心志散亂而放縱，而失去對賢、長或天道應有的敬畏之故。在卦象上，〈履〉特別重視第三爻的陰爻，《象傳》說：「履，柔履剛也。說（悅）而應乎〈乾〉，是以履虎尾，不（咬）人，亨」，「柔履剛」指第三爻為陰爻，處在兩個陽爻之上，而且第三爻是奇數的陽位，陰爻居於陽位，有陽爻不處於陽位以及陰陽互補的意思，所以王弼（226-249）《周易注》說「履者禮也。謙以制禮，陽處陰位，謙也。故此一卦，皆以陽處陰為美也」。〈☱履〉的下卦為〈☱兌〉，〈兌〉在自然界有「澤」之象，在人事則有「悅」之象；上卦為〈乾〉，〈乾〉在上而〈兌〉（悅）在下，意謂以喜悅的態度呼應上卦的〈乾〉德，因此《象傳》說：「說（悅）而應乎〈乾〉」。以柔爻處陽位而呼應於上卦的陽德，這表示不論是「踐履」或「辨上下之異」皆要有柔順之「敬」，才能維持自我的「和而不同」，與人我之間的「上下之和」，因此全卦的《爻辭》也以是否「存敬」來判定吉凶。〈履〉的《卦辭》以「履虎尾」釋義，意指在險惡的情勢下，如果能以存敬循禮之心來面對，如同能讓老虎不咬人般地避免凶險。〈☱履〉的旁通卦為〈☷謙〉，兩卦的陰陽爻都相對反，所以〈履〉與〈謙〉互為表裡，〈謙〉虛心於內，〈履〉則為施行於外。

（二）〈☶☷謙〉為「德之柄」。「柄」有執持之處、入手處的意思；「謙」有
　　敬、讓、不自滿的意思，所以「德之柄」意指以「不自滿而敬讓」
　　的心態作為德性的入手處。卦象為〈☶艮〉山在〈☷坤〉地之下，
　　唐代李鼎祚《周易集解》引鄭玄（127-200）的說法：「山體　，今
　　在地下。其於人道，高能下下，謙之象」。山崇高而居於地下，意
　　謂：處卑下而不可踰越，因謙卑而更形崇高，此即是「尊而光」
　　之義；又《象傳》說「地中有山，謙，君子以裒（取）多益寡，
　　稱物平施」，在尊高而不矜誇的「謙卑」之義外，另說「公正地衡
　　量物情」的「廉正」之義，此即《繫辭》所說的「以制禮」，意謂
　　一方面能謙卑，一方面又能自尊自重地衡量各種情勢而形成處世
　　的原則。〈謙〉卦的《爻辭》多見吉兆，如初六「吉」、六二「貞
　　吉」、九三「吉」、六四「無不利」、六五「無不利」、上六「利用行
　　師、征邑國」，這種吉兆皆與「謙」的修養有關，故卦辭言「謙，
　　亨，君子有終」，意謂：君子履行謙道，若自始至終都沒有改變，
　　居處行事必能亨通無礙。

（三）〈☷☳復〉為「德之本」。「本」原義為樹木之根，引伸為生命根柢
　　之意；「復」有「往來」之義，也有「返」、「還」的意思，因此
　　〈復〉也有「返其根本」或「回到初衷」的意思。「德之本」意
　　指以「返回本初」作為德性的根本。從卦象上看，全卦只有初爻
　　為陽爻，象徵陽氣的歸來。初爻之陽又可以是「善」、「君子」的
　　象徵，因此〈復〉也有反歸於初始萌動的善心，用以改過遷善
　　之義。漢代有卦氣說，將〈☷☳復〉〈☷☱臨〉〈☷☰泰〉〈☳☰大壯〉〈☱☰夬〉
　　〈☰☰乾〉〈☰☴姤〉〈☰☶遯〉〈☰☷否〉〈☴☷觀〉〈☶☷剝〉〈☷☷坤〉的卦象看成是
　　一年由十一月到十月陰陽消長的變化，九月為〈剝〉卦尚有一點
　　陽氣，至十月〈☷☷坤〉卦時陽氣被剝除到盡，〈復〉為十一月冬
　　至之卦，此時也是進入下一輪陰陽消長的轉折點，故《序卦》說
　　「物不可以終盡剝，窮上反下，故受之以〈復〉」。從上下卦的關
　　係言，〈☳震〉雷在〈☷坤〉地下，雷為動，象徵生機，生機藏在

地底下，為萬物復甦之象，表面上一片死寂，卻蘊藏無限生機，故《象傳》認為〈復〉卦除了可看到「反復其道」的天地運行規律外，也可以看到超越於動靜、生死的「天地之心」或「天地之本」，王弼《周易注》因此而說「天地雖大，富有萬物，雷動風行，運化萬變，寂然至无（無），是其本矣。故動息地中，乃天地之心見也」。[5] 從對天地的觀照而言，〈復〉可由天地的小本（春為萬象更新之本）而照見天地之大本（天地之心），此即《繫辭》所說的「小而辯（辨）於物」。如果將「小而辯於物」用在觀照自己（辨己）的思考上，則能返歸自己本有善心，而知自我的心性中含藏無盡通達光明的可能性，這也就是《繫辭》所說的「以自知」之義。

由上文對〈履〉〈謙〉〈復〉三卦的解析，可知這三卦是著眼於「自身」所形成的一組卦象。〈履〉先說明一種面對「失序」或「非常態」的危機或病徵時，人不應失去自己的常行，而能維持內心的秩序狀態。若不如此，自己將與人群隔絕而渙散於恐懼、憂慮之中，無從產生一種集合全體以對抗危機的信念與力量。〈謙〉強調「不自滿」與「不自尊」，即去除一種自以為權威，或不顧慮他人的心態；而〈復〉則是回到本心或初心的狀態，從反省自己本初的所據與所願，重新找到積極面對危機的重點，而不致急躁地從事茫無目標的應對。這三卦可從自身的心態來理解，三者之間也有相互的關聯，因此在思考上也可以用其中的一卦為主，以其他兩卦為輔，如方以智（1611-1671）在《周易時論合編》中說「入德先從復禮始」、「〈履〉以旋元，〈謙〉以平施，而〈復〉乃无悔矣」，這乃是取〈復〉卦的「復得本心」為主，再加上鄭玄《禮記注·禮序》云「禮者，體也，履也。統之於心曰體，踐而行之曰履」的

---

5　王弼《周易注》：「復者，反本之謂也，天地以本為心者也。凡動息則靜，靜非對動者也。語息則默，默非對語者也。然則天地雖大，富有萬物，雷動風行，運化萬變，寂然至无，是其本矣。故動息地中，乃天地之心見也。」

說法，意指：若能復得本心，則處事就能謙虛，行事就能合於禮法。

## 五、憂患九卦的後六卦與「天地人」的關聯

　　將憂患九卦分成三組卦來看待，前文所說的第一組卦〈履〉〈謙〉
〈復〉是著眼於人自身應有的心態；第二組卦〈恒〉〈損〉〈益〉則是對
「天道」的效法，著眼於天的健行有常，與合於善之目的的損益之道；
第三組〈困〉〈井〉〈巽〉則是對「地道」的效法，著眼於「環境」與
「人」的互動關係。以下先看〈損〉〈益〉〈恒〉這組卦：

（四）〈䷟恒〉為「德之固」，「固」有「堅固」及「沒有缺漏」之義；
　　　「恒」則是持久、長久之意，因此「德之固」意謂以「長久的堅
　　　持」來穩固德性，《象傳》說「雷風，恒，君子以立不易方」，即
　　　是由「君子當堅持原則而不變」立說。從卦象上看，〈恒〉由〈☳
　　　震〉雷、〈☴巽〉風組成，〈震〉與〈巽〉都有「動」的意思，然
　　　〈☳震〉以一陽爻為主，屬剛動，〈☴巽〉以一陰爻為主，屬柔動，
　　　因為剛柔互濟、相應，使得二者的互動可長可久，所以《彖傳》
　　　說「剛上而柔下，雷風相與，巽而動，剛柔皆應，恒。恒，亨，
　　　无咎，利貞，久於其道也」。此外《彖傳》也從「日月得天而能久
　　　照，四時變化而能久成」說聖人效仿天道之恒常，「久於其道而
　　　天下化成」。就人事而言，〈☳震〉象徵長男，〈☴巽〉象徵長女，
　　　長男動於外，長女柔順於內，男主外、女主內，六爻相應，因此
　　　〈恒〉也象徵一個可以穩定長久的家庭。《繫辭》說〈恒〉「雜而不
　　　厭」，是著眼於「剛柔相與相應」、「柔順以漸入而影響於剛」的卦
　　　象；說「以一德」則是從「立不易方」之堅定的處事原則立說。

（五）〈䷨損〉為「德之修」。「修」原是「修飾」之意，而「損」有「減
　　　少」之意，以「減損」來修整自己的德性，有減損不必要之情
　　　緒與欲望的躁動之意，因此說是「懲忿窒欲」；從修德的目的而
　　　言，減損自己的貪欲，也有犧牲小我的利益以貢獻群體的意思。

由於損必有所失，這在施行上並不容易，所以《繫辭》說是「先難而後易」。從卦象上看，〈☲☷損〉是從〈☷☰泰〉變化而來，即減損〈☷☰泰〉下卦的〈乾〉剛，而增益〈☷☰泰〉上卦的〈坤〉柔，所以《彖傳》以「損下益上」解釋〈損〉的卦象，這可以對應到犧牲小我的意義。另外，〈☲☷損〉的上卦是〈☶艮〉，下卦是〈☱兌〉，〈艮〉有止的意思，〈☱兌〉有悅的意思，合此二意也有「內有愉悅，外在行為也知分寸而有所節制」的意思，這種自然地出於內心之喜悅而不踰越的行為，合於《詩經・大序》「發乎情，止乎禮義」的說法。相較而言，《繫辭》認為「懲忿窒欲」的目的在「以遠害」，是將「忿」與「欲」視為「身心之害」，則有刻意去害的意思。

（六）〈☳☴益〉為「德之裕」。「裕」的本義為「衣物饒」即衣物富足的意思；「益」的古文「从水皿」會意，象水滿溢出，為「溢」的本字，引申為增益、助益之義，也有富饒的意思，故「德之裕」有「以助益他人來富己之德」的意思。從卦象言，〈☲☷損〉〈☳☴益〉二卦是相反相成的一對卦，〈☲☷損〉是由〈泰☷☰〉第三爻的「損下益上」而來，而〈☳☴益〉則是由〈否☰☷〉第四爻的「損上益下」而來，「損上益下」喻指「上位者通過減損自己的利益來幫助下位者」，有別於〈損〉的犧牲小我以成就大我。富足或有能力的人對困乏的人或者是對公眾事務的支持，不能自我限縮，務必盡其財力，形成寬裕有餘的助力，這即是《繫辭》所說的「長裕而不設」的意思。從卦象上看，〈☳☴益〉為上〈☴巽〉、下〈☳震〉，〈☳震〉有「動」之意，而〈☴巽〉有「順而入」之意，所以《彖傳》說「〈益〉，動而巽，日進无疆」，意指君子若能動而漸進，則其進展無所限量，這是從「長裕而不設」的心態而言，能漸進而長久必能興利，所以《繫辭》說「〈益〉，以興利」。從修養而言，「動而巽」，也可以解釋作「由外漸入而動於內」，這意謂修養的動力，是由看見他人的長處或聽從建議而來，所以《彖傳》說「風雷，

益，君子以見善則遷，有過則改」。

對於「〈損〉〈益〉〈恆〉」這組卦，方以智說「〈損〉修〈益〉裕，乃〈恆〉之消息盈虛，如入終日之飯、泄也」，意謂：天行有常，日月有不變的盈虛消息，而人也有每日進食排泄的需要，如果從天人有恆常的盈虛、損益來論德性，則人在心境及行事上也要避免「過」與「不及」的極端狀態。在上述的解釋中，可見方以智是以〈恆〉為主，從「天常」來思考人的行止，天行除了盈虛有常之外，也有「損有餘，補不足」、「無過、無不及」的平衡作用。

　　相對於「〈損〉〈益〉〈恆〉」的取象於「天」，「〈困〉〈井〉〈巽〉」這組卦則有取象於「地」或「環境」的意思:

(七)〈䷮困〉為「德之辨」。「辨」有分判、明察的意思，「困」為窮、苦之意，所以「德之辨」意謂以「窮苦的處境」來檢證自己德性的真偽。從卦象言，〈困〉為〈☵坎〉水在〈☱兌〉澤之下，水漏於下，有「澤無水」之象。此外，〈☱兌〉也有折毀的意思，而〈☵坎〉也有陷阱、險危的意思，因此〈䷮困〉也象徵內憂外患。困境考驗著君子的德性，所以《象傳》說「澤無水，困。君子以致命遂志」，「致命遂志」意謂君子不因困境動搖心志，故能捨棄生命來實現理想。〈☱兌〉除了有折毀的意思外，也有喜悅的意思，《彖傳》說「困，剛揜也。險以說（悅），困而不失其所亨，其唯君子乎」，《彖傳》所說的「剛揜」是指〈☵坎〉的中間陽爻被二個陰爻所掩蓋，全卦（䷮）中的四、五兩個陽爻被三爻與上爻二個陰爻所掩蓋，在「剛揜」與〈☵坎〉險的情況下，能夠保持〈☱兌〉悅的心態，不懷憂喪志，這正足以顯示君子的特質。君子能「險以說（悅）」，故能有窮而通的進取之心，在面對危難時就能寡怨，因此《繫辭》說「窮而通」、「以寡怨」。

(八)〈䷯井〉為「德之地」。「地」為萬物的陳列之所；而「井」為地穴出水之所，有「求水之眾人所聚之地」的意思，地、井二者皆有公而無私之意，所以「德之地」意謂：以無私聚眾作為德性的歸

止。從卦象言，〈䷯井〉由〈☵坎〉與〈☴巽〉組成，〈☵坎〉為水象，也是險象；〈☴巽〉則有木象，又有風象。由「水下有木」，可以解釋為「以木桶汲水」之象；由「內〈☴巽〉風，外〈☵坎〉險」而言，則有「巽風吹散坎險」之象。另外，「水木的汲水之象」也可以引伸為「水清可以養民聚眾」之義，《彖傳》因此而說「巽乎水而上水，井，井養而不窮也」；由「水風的散險之象」，可以說「修井而使民聚集之義」。將「水清」、「修井」連繫於「修德」，泉水用以養人，貴在自清，可比喻為「君子誠心養德，眾人將歸附」的意思；水井從敗壞到修復，最後又為眾人所飲用，可比喻為「君子改過遷善的過程」。由於上述兩種說法，皆可決定民眾的遷移聚集，所以《繫辭》說「居其所而遷」；而從「君子自清無私」而言，此即是義之方，所以《繫辭》說「以辯（辨）義」。

（九）〈䷸巽〉為「德之制」。「制」有「裁」的意思，而「巽」從二人跪伏會意，有「遜順」與「消散」的意思，分別對應〈☴巽〉的「順入之象」與「風之象」，《象傳》說「隨風，巽，君子以申命行事」，是取義於隨風而行，有服從、聽命於賢者或尊位者的意思；而《繫辭傳》言「稱而隱」、「以行權」，其說法的重點在於「稱量物情而不刻意顯露，以避免僵固不仁」、「順時合宜而行其權變」，這二者都是從「順入之象」取「應物情與時勢，不固執強行」的意思。綜上所述，「德之裁」意指：以遜順的態度量時宜，來裁斷德性應當如何展現。從卦象上看，上下或內外都是〈巽〉的風象，有「風行」且「無所不入」的意思，如同時代的風潮流行，也如同天命、王令的施行，都無所不至。另外，〈䷸巽〉的第二爻與第五爻為陽爻，居於上下兩卦的中正之位，初爻與四爻之陰都順承二、五陽爻，所以《象傳》說這是「剛巽乎中正而志行，柔皆順乎剛」的吉兆。

針對「〈困〉〈井〉〈巽〉」這組卦，方以智以「歷〈困〉而後辨焉。金以冶鍛而益精也，〈困〉自能通〈井〉為用地。彼徒株守而无用者，豈所

貴于復禮之仁哉！故〈巽〉以轉風之權終焉」說之，意謂：處於困境，當不抱怨而思考能脫困、通達吉安的方向；〈井〉為地中泉水之象，泉水用以養人，貴在自清，可引伸為君子誠心養德之意，且井為眾人得以聚居的中心，所以也有回到能聚眾人的基礎，以思考窮通的方法之意，若能如此則既能不違背禮法，也能如巽風般流行無阻，通權達變而創造新的契機。

　　由上文的說明可知：若將憂患九卦視為三組卦，可以隱約地意會到這三組卦可以對應於「人」、「天」、「地」三組概念，因此我們也可以藉這三組卦，思考自身與天、地的關聯性，從而建立面對危機的信念、修養與行為決策。除了將憂患九卦視為是三組卦之外，《周易》的形式也允許我們做更多的想像與運用，如從《周易》上下經六十四卦的排列次序上看，「憂患九卦」也好像具有規律性：憂患九卦雖然不將〈乾〉列入，但從六十四卦的排列次序而言，上經自〈乾〉至〈履〉九卦，下經自〈恒〉至〈損〉〈益〉亦九卦；上經〈履〉至〈謙〉五卦，下經〈益〉至〈困〉〈井〉亦五卦；上經〈謙〉至〈復〉又九卦，下經〈井〉至〈巽〉亦九卦；上經自〈復〉而八卦為下經之〈恒〉，下經自〈巽〉而〈未濟〉亦八卦，轉為上經之〈乾〉，可說是「始於〈乾〉，終於〈乾〉」。此外，憂患九卦雖然沒有代表光明的〈離〉火，這可能蘊藏「憂患之中難見光明」的意思，但取〈履〉及〈井〉的二三四爻成一卦、取〈困〉及〈巽〉的三四五爻成一卦，皆可見〈離〉火，此中也可能含藏有著「由對災禍之反省而得光明」的「悔而明」的意思。九卦中多見〈巽〉，含蘊著柔以處下、潛修權變的意思；《序卦》及《說卦》以〈巽〉為「入」，或許是「伏」的引申義，可能取其「潛伏而入」的意思。如上文所說，〈巽〉除了「入」的意思，也有「風」的意思，所以緯書《乾坤鑿度》取「〈巽〉風無所不入」的特性，而有「聖人曰：乾坤成氣，風行天地，運動由風氣成也。上陽下陰，順體入也。能入萬物，成萬物，扶天地，生散萬物」的說法，這也意謂：人應當與萬物或世上的一切相滲相入，不能有一種對立、對抗的心態，而必須在包容

中，努力建構一種相互扶助的生態系統。

## 六、結語：憂患九卦中的德之意義

　　宇宙的自然以及人類的文明，無時無刻都處於變動不息之中，人生存於其間就必然會遭遇不可計數的危機與憂患。遠古的社會在面對這不可知測的危機時，會基於信仰而求助鬼神，藉由卜筮來解憂除難、趨吉避凶，因此才有卜筮《易》書的形成，夏代有《連山》，商代有《歸藏》，周代則有《周易》。古代《易》的文化在孔子時開始了人文化的歷程，他將《周易》由「占卜之《易》」轉換為「德性之《易》」，這種轉換意謂著孔子意識到：「憂患」或「危機」看似由外部的因素形成，但其真正的癥結在於自我對世界的錯誤關聯與知識的運用。人對世界的錯誤關聯大都出於人對世界的控制欲，因為這種控制的心態，所以要求運用所有的知識來形成宰制，而將知識導向對人力及自然資源的恣意取用。就中國古代社會而言，這種控制的心態表現在富國強兵的霸道上，而在現代的社會中，除了表現在政治意識型態的對抗之外，也表現在科學家對解決疾病、社會及環境問題的自信與自滿上。控制與對抗，表現在當代生活的各種面向，在集體的範疇上有各種文化體系、政治意識型態與宗教價值的對抗；在個人的範疇上則可能隱藏於由個人或社會所設定的「自我」與「他我」的對抗之中。對抗與控制以具有對立性的形式意義，表現為不同的內容，同時也不斷的複製，使人身陷其中而產生一種永劫回歸的虛無感。面對這種虛無感，若我們能認識到它的背後的相同形式（如二元對立），以及形式與內容間不必然的連結關係（如人與病毒不可共存），就可能脫離這些形式與內容的糾纏，從而在思考上，形成能創造新生的主體。就閱讀《易經》而言，讀《易》者在解讀卦、爻、辭時，事實上是運用一種想像力的機能，藉由符號的形式去發掘沒有被我們意識的種種「控制」與「對抗」的事實，以及事與物在這種「控制」與「對抗」之外的，在過去沒有被我們意識到的連繫。以

讀《易》者在面對〈履〉〈謙〉〈復〉這組卦時為例，〈復〉即是讓自己回歸到對世界之真實期待的本初之心，藉由這種回歸，可以減損自我對世界的不當關聯、對知識的錯誤運用。而且，在去除自信與不滿的同時（〈謙〉），也有超越於原先虛無之自我，而重新調整方向、踐履向前的意義（〈履〉）。

如果將《周易》視為是「占卜之《易》」，只是想要藉由占卜取得鬼神的啟示，這無疑是放棄了應為、當為的主體意識，因此孔子並不將《周易》視為「占卜之《易》」。在《論語・子路》中，孔子說「不占而已矣」、「不恆其德，或承之羞」；[6]《荀子・大略》也說「善為《易》者不占」、「不足於行者，說過（誇誇其談）；不足於信者，誠言（裝成誠懇的樣子說話）」，[7]這都表示孔子、荀子所設想的面對危機之道，不在於向外求取支援，而在於回到本初的自己，堅持自己所應為，參與環境、時勢而創造新局。在《周易》中，「參與創造」可以從「天」、「人」、「地」的「三才」互動來說明。而在「三才」之中，尤以「人」為關鍵，這是因為「人」在「天」「地」之中，有自己決定其生命發展的自由，他可以重覆其生活樣態而形成生命的輪迴型態，也可以從通變的立場而創造生命的日新型態。《易傳》所強調的「生生之謂易」，除了有「天道生生不息」的意思，也有「人可以參贊天地之化育」的意思。從八卦的形式系統而言，八卦之初畫、中畫、上畫分別象徵地、人、天；而六十四卦之六個爻序，兩兩並列，以初二兩爻象徵地，三四兩爻象徵人，五上兩爻象徵天。《繫辭下傳・第十章》說「《易》之為書也，廣大悉備。有天道焉，有地道焉，有人道焉。兼三才而兩之，故六」、「道有變動，故曰爻；爻有等，故曰物；物相雜，故曰文；文不當，故

---

6　《論語・子路》有如下的記載。子曰：「南人有言曰：『人而無恆，不可以作巫醫』善夫！『不恆其德，或承之羞』。」子曰：「不占而已矣。」

7　《荀子・大略》：「不足於行者，說過；不足於信者，誠言。故春秋善胥命，而詩非屢盟，其心一也。善為詩者不說，善為易者不占，善為禮者不相，其心同也。」

吉凶生焉」，這是說六爻可以呈現「天」、「地」、「人」三者的「常」與「變」，因其交錯，使人有「吉」「凶」「悔」「吝」的感受，其中「凶」即是「危機」的標示。《繫辭傳》說：六爻的交錯之「文」有「當」與「不當」的區別，這也意謂著在人的努力之下，可以改變「不當」的交錯之「文」，人的作為及努力可以形成如同在卦爻符號上之「符號的飛躍」，從而使原先的「吉」「凶」產生改變。依此，所謂「參與創造」不是決定於天地運行時的「規律的趨力」，也不是決定於由欲望所形成的「欲望的趨力」或由知識所形成的「知識的趨力」，而是決定於不屈服於自然災害與欲望、不迷信於技術知識的「自由的趨力」。

　　「自由的趨力」來自於「天命」，是「天」所賦予的一種「內在的神性」或「內在的道性」，所以《繫辭上傳・第五章》說「一陰一陽之謂道，繼之者善也，成之者性也」，它會趨使人嘗試打破無限重覆的生命型態，而形成「生生」的「創造力」，也由於這種「創造力」是協調天、地的環境與物種的結果，所以它也是一種具有倫理意義的「道德力」，因此《繫辭傳》在談憂患九卦時，將「創造力」與「道德力」的展現，統稱為「德」。《繫辭上傳・第二章》說「六爻之動，三極之道也」，「三極之道」指的是「天道」、「人道」、「地道」，這章一方面指出六爻的變化能呈現為三極的原理，一方面也說明了三極之間具有一體性，而這種一體性也可以藉由讀《易》者根據其「內在神性」所形成的「德性的創造」來展現。因此，在面對憂患時，讀《易》者在「觀其象而玩其辭」或「觀其變，而玩其占」的時候，實際上是在經歷以下的過程：（1）肯定「內在的神性」使人具有超越於有限存在的可能，若將這種天命之性運用在對《周易》卦爻辭的玩味上，則會消除個體性的界線，將個人帶入整體人類與天、地的關聯之中，體會到「天」、「地」、「人」不是分立的狀態，而是具有連繫關係的統一體；（2）從這種「天」、「地」、「人」一體的感悟中，人可排除個體在生命中因孤立無援所產生的虛無感；（3）帶著「天」、「地」、「人」的一體感重新回到個體所面對的現實處境，重新思考自己所當為、所當行，對所處的環境與

過去的作為進行變化與更新，而這三個歷程也即是「德」的全幅展開。

　　上述的歷程看似只具有個體的視角，但從《周易》的符號可作無窮的象徵而言，個體也可以引伸為「政府」，而涉及「政府的權力運用」與「政府的存在意義」等問題。以臺灣在新冠肺炎疫情，及新冷戰政治格局下所發生的事例而言，政府必須面對民眾如下的質疑：政府是否可以不顧學術標準與人民感受，而左右疫苗的授權、延遲疫苗採購的時程；是否因為不願修改僵固的能源政策，而破壞了自然環境並且增加了難以償還的債務；是否可以為了政黨自身的選舉利益，來選擇國際間的對抗與合作？在面對這些問題時，政府主體也可以經由〈履〉〈謙〉〈復〉這組卦象，反省其權力運作的基本心態；從〈損〉〈益〉〈恒〉這組卦象，反省其施政是否違反天的常行之道與生生之德；並藉〈困〉〈井〉〈巽〉這組卦象，得到如何與環境的變化互動，而形成相容變通的啟示，從而調整與民眾、環境及國際的關係。

　　由於想像力是沒有窮盡的，藉由想像力，我們可以將個體或群體的各種問題帶入卦、爻、辭中，去扣問《周易》可以為我們帶來什麼新的啟示，這使得《周易》成為儒者在面對憂患或危機時必讀的經書。

第八章

# 災祥在德：
# 傳統儒家看待災疫的方式及其啟示

張崑將 *

chapter 8

## 一、前言：所謂「災祥在德」

自從 2019 新冠病毒流行以來，已經有專家看出這波病毒並不會短時間消失，我們正面臨過去人類歷史上出現傳染病的歷程，而其規模之大、蔓延之廣、時間之久、死亡人數之多都不斷攀升，並且病毒不斷變種，致死率與傳播率，也是史上空前。事實上，傳染病實與人類文明發展史處於不可分割的關係，並且也沒有一個時代可以徹底消除傳染病，它幾乎與人類或地球生態文明處於一個共存關係。

正如黃俊傑教授指出傳染病與人類文明史的發展關係有以下二種關係，即「相互對抗性」與「互相依存性」。[1] 言其「相互對抗性」是因傳染病重創或摧毀人類文明，舉其犖犖大者如公元 542 年起，鼠疫使羅馬和波斯帝國無力抵抗阿拉伯人入侵，並引起歐洲文明由地中海地區向北移動；再如 14 世紀歐洲黑死病、13 世紀 -14 世紀中國的鼠疫，都使大量人口死亡。又如公元 1520 年墨西哥印地安的阿茲提克帝國（Aztec Empire）因為西班牙士兵傳入天花而使其帝國崩落；又如 1832 年霍亂流行於英國，直接促成了地方健康委員會之成立，1848 年成立中央衛

---

* 　臺灣師範大學東亞系。
1 　參黃俊傑教授：〈新冠病毒與儒家人文精神：問題與啟示〉中的演講內容，發表於 2021 年 8 月 6 日，由「臺灣大學夏季學院」與「中華民國通識教育學會」共同舉辦的線上演講課程。

生委員會，並建設下水道系統，這是人類開始有公共衛生系統的建立。言其「相互依存性」，病毒也是經由人類傳播到各地，諸如透過「戰爭媒介」、「宗教媒介」與「交通媒介」。如 14 世紀鼠疫經由蒙古戰士傳入中國。還有 1816-1818 年霍亂由英國軍隊從加爾各答傳到尼泊爾與阿富汗，這是「戰爭媒介」；再如自古以來霍亂即與印度的朝聖之旅相終始，這是「宗教媒介」；當然隨著 1870 年代崛起的輪船網路，是鼠疫傳播於全世界的交通工具，更不用說 2003 年的 SARS、2020 年的COVID-19，都是透過飛機傳播到全世界，這是「交通媒介」。[2] 總之，傳染病與人類文明的發展史是一種「既相互對抗，又相互依存」的關係。

　　本文企圖從傳統中國文明的儒家智慧，在面對傳染病或大型的災變中，分析其看待災疫的方式與態度，並在諸多文獻有關災疫的認識與解決態度中，嘗試提煉出一個關鍵概念，既可通貫說明看待災變方式，也能闡釋因應災變的態度，發現「災祥在德」這個概念及其精神，頗具代表性。所謂「災祥在德」是傳統經常出現的用語，出自《偽古文尚書》的〈商書・咸有一德〉中，文曰：「惟吉凶不僭，在人；惟天降災祥，在德。」意謂吉凶禍福之事，不會有差失，主要在人的行為表現；而天降災難或祥瑞，關鍵在有無德行的涵養。「災祥在德」雖出自東晉偽書，但就其思想源流而言，仍是前有所承，與現存《今文尚書》思想內涵有其連續關係，理由是《今文尚書》〈商書〉中也有文曰：「作福作災，予亦不敢動用非德」，表達德行是禍福的關鍵，語意相通，後來儒者也多引用，甚至面對災變有都有類似的思想精神或概念。[3]

---

2　以上的傳染病與人類文明所造成的各種現象，可參 William H. McNeill，Plagues and People (New York: Doubleday, 1976)。中譯本楊玉齡譯：《瘟疫與人》（臺北：天下文化，1998 年）。Arno Karlen 原著，楊幼蘭譯：《疾病與人類的戰爭》（臺北：晨星出版社，1990 年）。

3　《偽古文尚書》固然可疑，但《今文尚書》也不完全是真，諸多學者也多指出，例如錢穆在《中國史學名著》（臺北：三民書局，1988 年）一書對《今文尚書》舉出

本文因應新冠病毒之時事，故討論「災祥在德」偏重在「災」而非「祥」，雖然二者是一體兩面，且又有無災即祥的意涵，但為集中論述，仍以「災」為主，傳統文獻也多論「災」而少言「祥」。此外，由於傳統文獻常將傳染病稱為「疫」，且拿來與「災」並用，而曰「災疫」，故「災疫」一詞是描述傳染病及大型災難如水災、旱災、震災、蝗災……等之通稱，甚至天文意象的異常變化皆屬之，故本文不限於討論傳染病的「疫」，而是用「災變」或「災疫」來通稱人類常面臨的重大災難。傳統儒家「災祥在德」如何解釋這種現象？又「災祥在德」這樣的論述，在當代會遭遇哪些挑戰？以及該如何回應？由此以窺其當代意義。

## 二、傳統儒家看待災疫之方式

傳染病只是傳統文獻中的「災疫」的一種，古稱「災疫」或「災變」包含地震、水災、旱災、火災、蝗災、戰爭、隕石降落、天文異象（如太白晝見、日蝕與月蝕……）等等。至於災疫為何會發生，從傳統文獻約可歸納兩個因素：一是失時引起的自然災，此與四時失序、陰陽失調息息相關；一是小人當國導致災害接連到來。前者是自然現象，屬自然災害，但這種自然災害也不能逃離人事關係；後者是人為現象，可稱政治災害，這兩者往往又有其連續的關係。

（1）失時的自然災：天地失衡、陰陽失調

春夏秋冬四季，各有其序，古人以氣論四季，如東漢末年張仲景（150-219）《傷寒雜病論》中說：「春氣溫和，夏氣暑熱，秋氣清涼，冬氣冰冽，此則四時正氣之序也。」（卷三）春夏是陽氣，秋冬屬陰氣。《傷寒雜病論》雖言人身體之氣，但身體之氣如小宇宙，天地之氣如大宇宙，本自相通，成書於西漢之前的中國最早醫書《黃帝內經》處處有

---

很多事例說明其不可信，頁 6-8。

這種思維，如〈素問‧生氣通天論篇〉記載：「夫自古通天者生之本，本於陰陽天地之間，六合之內，其氣九州九竅五藏十二節，皆通乎天氣。其生五，其氣三，數犯此者，則邪氣傷人，此壽命之本也。」〈素問‧寶命全形篇〉亦載：「人以天地之氣生，四時之法成」等等之論。[4] 天地陰陽失序產生災疫，人體的五臟六腑也各有陰陽，陰陽失序則生疾病。顯見，天地本有四時秩序，運作正常，但破壞四時秩序者，往往還是人。

傳統中國典籍記載諸多這種四時失序的狀況，而這種失序往往來自人君未能依據時節施行政令，將使陰陽二氣紊亂失序，進而引發人間社會的災難，如以下《禮記‧月令》所言：

（1）孟秋行冬令，則陰氣大勝，介蟲敗穀，戎兵乃來。行春令，則其國乃旱，陽氣復還，五穀無實。行夏令，則國多火災，寒熱不節，民多瘧疾。[5]

（2）季冬行秋令，則白露蚤降，介蟲為妖，四鄙入保。行春令，則胎夭多傷，國多固疾，命之曰逆。行夏令，則水潦敗國，時雪不降，冰凍消釋。[6]

以上兩則，都提到人君不依四時之序實施政令，也就是在孟秋七月，如果施行冬季政令，就會導致「陰氣」壓制「陽氣」，結果會招致介殼類蟲物毀壞穀物，以及敵軍來擾。同樣地，如果在孟秋七月施行春季的政令，就會給國家帶來旱災，因為陽氣重新回歸，就會導致五穀無法結實。一樣地，如果在孟秋七月施行夏季的政令，那麼國內就會多火災，

---

4　文中提及的「其生五，其氣三」，指的是地之五行，上應三陰三陽之氣，三陰者，寒燥濕也；三陽者，風火暑也。參〔清〕張志聰：《黃帝內經集注》（杭州：浙江古籍出版社，2002 年），頁 14。

5　參〔清〕孫希旦：《禮記集解》（北京：中華書局，1989 年），卷 17，頁 470。

6　同上，卷 17，頁 505。

會招致天氣冷熱無常，人民多患瘧疾。下一則也說明若人君在季冬之際行秋令、春令、夏令等不合時宜之政令，導致產生各種水火災害及疾病。兩條資料都提到「介蟲敗穀」或「介蟲為妖」，介蟲是甲殼類的節肢昆蟲，如同今日農作物的蟲害，農作物生產因陰陽失序而大受影響，造成「五穀無實」，接著便是糧食的危機。因此，陰陽失序不僅有疫病，還會有糧食危機，甚至產生戰爭，而導致陰陽失序的罪魁禍首還是來自統治者不懂得依循天地正道。

可見四時失序，導致陰陽失調，是疫病流行原因，這幾乎是中國醫書的通論。前引醫家張仲景《傷寒雜病論》卷四記載：

> 春秋病溫，此其常，冬時病溫，此其變。冬時應寒而反大溫，此非其時而蓄其氣，及時不病，至春乃發，名曰大溫。此由冬不藏精，氣失其正，春時陽氣外發，二氣相搏為病則重，醫又不曉病源為治，乃誤尸氣流傳，遂以成疫。

人體之氣陰陽失調如此，天地之間失衡也有類似情景，彷如今日全球暖化，氣候異常，冬天酷冷或溫熱，夏天則酷熱，水災、火災、旱災不斷，幾乎已成地球常態，這像極了張仲景這裡所說「冬時應寒而反大溫」。但張仲景這裡特別提到「冬不藏精，氣失其正，春時陽氣外發」，暖冬會將暖氣蓄積至春天，使得春天太溫，造成陽氣過度外發，成為「大溫」的現象。在今日地球暖化的情況，顯然「大溫」現象不僅從春天還持續到夏天，導致有些國家單日溫差氣溫甚至高達三十度以上（如加拿大），最高溫已將達攝氏50度，這些都是「氣失其正」，也是最終造成疾疫發生的原因。

醫書言天地陰陽失衡，造成疫疾，儒家經典的《易經》更是闡釋陰陽變化消長之理，故《莊子‧天下篇》說：「易以道陰陽」。《易經》中陽主生、陰主化，萬物之生化，即陰陽之消長，陰陽若極度失衡，表示「其道窮也」。例如〈坤卦〉上六爻：「龍戰于野，其血玄黃。」這是一種象徵性的敘述，表達的是陰陽消長，「龍戰於野」，表示象徵龍的陽，

與陰交戰，「其血玄黃」則是呈現交戰後受傷的狀態，擴大而解即是災疫現象。〈象傳〉解曰：「龍戰于野，其道窮也。」謂陰盛已極，伏陽不屈，則趁機而起，此消長之戰，正見坤道之窮也。[7]陰氣過盛，陽氣與之抗衡，正也顯現天地陰陽失衡之現象。今日人類過度消費，不知節制，不斷創新的科技產品所造成快速生產（如農藥、塑膠、紙張、手機、電腦……）及快速丟棄的消費行為，在日積月累下，造成諸如森林與濕地的大量快速消失、極端氣候變化的形成、地上與海上環境汙染等，直接造成諸多其他生物生命受到威脅，甚至物種消滅，這些也都是天地失衡、陰陽失調所造成不利的天地凶象。

（2）因小人引起的政治災：小人當國，災害並至

傳統古典文獻，描述災疫發生，也多連結到政治上災害所引起，形成所謂「小人當國，災害並至」的論述。以下論之。

1.《四書》中的《大學》即載：[8]

> 孟獻子曰：「畜馬乘，不察於雞豚；伐冰之家，不畜牛羊；百乘之家，不畜聚斂之臣。與其有聚斂之臣，寧有盜臣。」此謂國不以利為利，以義為利也。長國家而務財用者，必自小人矣。彼為善之，**小人之使為國家，災害并至**。雖有善者，亦無如之何矣！此謂國不以利為利，以義為利也。

2.《荀子・王霸》篇也說：[9]

> 傷國者，何也？曰：以小人尚民而威，以非所取於民而巧，是

---

7 有關「龍戰於野」，參朱維煥：《周易經傳象易闡釋》（臺北：學生書局，1980年），頁 32-33。

8 〔宋〕朱熹：《四書章句集注》（臺北：大安出版社，1994年），頁 15。

9 按「以非所取於民而巧」一句，依俞樾所解：「按非所，猶非時也。」意謂以非時取民而巧為之名也。參〔清〕王先謙：《荀子集解》（北京：中華書局，1988年），頁 226。

傷國之大災也。大國之主也，而好見小利，是傷國。

3.《易經・剝卦》〈彖傳〉：

> 剝，剝也，柔變剛也。不利有攸往，小人長也。順而止之，觀
> 象也。君子尚消息盈虛，天行也。

前兩則論述國家的存在本來應該「以義為利」，讓天下萬民過著有道義
且豐衣足食之日子。國家如果養出許多「聚斂之臣」的小人，只求私
利，處處與民爭利，或是挾百姓而作威作福，罔顧國家之義，上下交
征利，將導致「災害並至」或「國之大災」的結果。當然，造成這種
「小人當道」，也須問責於國君本人，上引《荀子》也特提及「大國之
主也，而好見小利，是傷國。」好見小利，格局就小，著眼的都是自己
私利，罔顧人民的苦難，對國家傷害也是很大。第 3 則《易經・剝卦》
也闡釋陰盛陽衰的凶相闡釋君子與小人消長的情形，剝卦是坤下艮上
【☶】，文曰：「剝，不利有攸往。」意謂不宜有遠行，會有不利之事發
生，〈象傳〉解曰：「山附於地」，即是艮山為坤地所裂而落，用於陰陽
的解釋則是「陰盛剝陽」，朱維煥解此卦頗值得參考：「剝卦正取陰盛剝
陽為象，而陰盛剝陽，乃示正面價值之減退，負面價值之增長。」[10] 顯
示世道晦暗之時，正面價值難以伸張，故不利前往。因此剝卦顯出小人
當道，群陰剝陽，故君子需注意到這個盈虛消長之理，適時阻止小人，
體現天行之道。

　　小人當國，導致國家衰敗、災害並生的歷史事蹟不勝枚舉，齊桓公
晚年在管仲死後寵幸小人易牙、豎刁，《史記・齊太公世家》載：「桓公
病，五公子各樹黨爭立。及桓公卒，遂相攻，以故宮中空，莫敢棺。桓
公尸在床上六十七日，尸蟲出于戶。」結果，齊國由此政爭惡鬥，臣弒
君頻仍，終至田氏篡齊。另外，《漢書・五行志》記載魯桓公事蹟：

---

10　參朱維煥：《周易經傳象易闡釋》（臺北：學生書局，1980 年），頁 172-173。

> 桓公元年「秋，大水」。董仲舒、劉向以為桓弒兄隱公，民臣
> 痛隱而賤桓。後宋督弒其君，諸侯會，將討之，桓受宋賂而
> 歸，又背宋。諸侯由是伐魯，仍交兵結讎，伏尸流血，百姓愈
> 怨，故十三年夏復大水。

魯桓公繼位這年秋天出現了大水災。天有異象，來自人禍，乃因桓公的
得位是殺了兄長魯隱公而來，而此弒君之舉來自於佞臣羽父的慫恿。
魯桓公這個弒君之舉不但惹來諸侯國伐魯，導致「伏尸流血，百姓愈
怨」，幾年後又有大水災出現，更是禍不單行，魯國元氣大傷，桓公更
是身死齊國。值得注意的是，漢代的劉向、董仲舒都將人禍與災異連串
起來，開啟了天人感應說，董仲舒的《春秋繁露》更謂災變發生，是
由於：「王者不明，善者不賞，惡者不絀，不肖在位，賢者伏匿，則寒
暑失序，而民疾疫。救之者，舉賢良，賞有功，封有德。」[11] 這是典型
「災祥在德」的思維，但這種思維在《公羊春秋》已有雛形，在過去帝
王時代，儒臣的天人感應說無非想制約君主的言行，這種「小人當國，
災害並至」的思維，背後都有以修德消除災禍的政治理想。

（3）災祥在德：解除自然災與政治災之關鍵

以上分別闡述了傳統士人對「自然災」與「政治災」的大致看法，
但這兩項災害往往並非別別無關。論述這兩者關係，莫過於漢代初期董
仲舒（179-104BCE）的天人感應政治學說，董仲舒如是表達天降災害
的意志：[12]

> 災者，天之譴也；異者，天之威也。譴之而不知，乃畏之以
> 威。《詩》云「畏天之威。」殆此謂也。凡災異之本，盡生於
> 國家之失。國家之失乃始萌芽，而天出災害以譴告之；譴告之
> 而不知變，乃見怪異以驚駭之，驚駭之尚不知畏恐，其殃咎乃

---

11 〔漢〕董仲舒：《春秋繁露》，〈五行變救〉第六十三。
12 〔漢〕董仲舒：《春秋繁露》，〈人必且智〉第三十。

　　至。以此見天意之仁而不欲陷人也。

上述緊密地將天降災異完全連結到國家政治之失，警告人君必須行德政以消災解厄，故〈五行變救〉篇云：「五行變至，當救之以德，施之天下，則咎除。不救以德，不出三年，天當雨石。」[13] 天人感應政治學說影響漢代深遠，東漢《白虎通義》特有〈災變〉一篇進一步認為國君失德與災變之關係而曰：「天所以有災變何？所以譴告人君，覺悟其行，欲令悔過修德，深思慮也。」天有災變發生，就是警告人君，要反省己行，並進一步悔過修德，方能轉禍為福，這種要人君自省而解決災疫的方式即是典型的「災祥在德」。「災」表示困境，「祥」表示順境，一個君子處於順境或逆境，均以修德的方式來面對一切。

　　「災祥在德」的思維概念在漢代以前已有，從《尚書》到《呂氏春秋》的國君下詔罪己，已都有類似的表達，當然其成熟的運用在漢代，此後常出現中國士人的作品中，當然人臣之所以運用災變警告人君，帶有政治上制約君權的動機。[14]《論衡》作者王充（27-97）雖然批評天人感應說，但並不排除「德」對解除災疫的功用，在〈解除篇〉如是說：[15]

　　行堯、舜之德，天下太平，百災消滅，雖不逐疫，疫鬼不往；
　　行桀、紂之行，海內擾亂，百禍並起，雖日逐疫，疫鬼猶來。

這種以德來消災的思想，以後成為儒家文化傳統。即使宋代大儒朱熹，在面對災變情況也是如此。朱熹任職「提舉兩浙東路常平茶鹽公事」（53 歲時）時，兩浙地區旱災、蝗災肆虐，疫氣盛行，見百姓「十室九病，呻吟哭泣之聲所不忍聞」，並且餓死者眾，曾多次上書賑濟、免

---

13　〔漢〕董仲舒：《春秋繁露》，〈五行變救〉第六十三。
14　有關天人感應說之政治動機之分析，可參孫廣德：《先秦兩漢陰陽五行說的政治思想》（臺北：臺灣商務，1993 年）之第五章〈災異祥瑞與政治責任〉，頁 227-243。
15　黃暉：《論衡校釋》（北京：中華書局，1996 年），卷 25〈解除篇〉，頁 1043。

稅、輸通糧食等，其中有一篇〈乞脩德政以弭天變狀〉上奏宋高宗，文曰：[16]

> 為今之計，獨有斷自聖心，沛然發號，深以側身悔過之誠解謝
> 高穹，又以責躬求言之意敷告下土，然後君臣相戒，痛自省
> 改，以承皇天仁愛之心，庶幾精誠感通，轉禍為福。其次則唯
> 有盡出內庫之錢，以供大禮之費，為收絕之本，而詔戶部無得
> 催理舊欠，詔諸路漕臣遵依條限，檢放稅租，詔宰臣沙汰被災
> 路分州軍監司守臣之無狀者，遴選賢能，責以荒政，庶幾猶足
> 以下結民心，消其乘時作亂之意。如其不然，臣恐所當憂者不
> 止於餓莩，而在於盜賊；蒙其害者不止於官吏，而上及於國家
> 也。

上文前半段的重點顯然在「災祥在德」，故要君臣相戒、痛自省改，多發揮人君仁愛之心，精誠感通天地神靈，轉禍為福。下半段則建議具體措施，戶政上不要再催繳舊欠之稅，並在財政上減稅，人事行政上則選賢與能，改變久習的荒政。質言之，即使大儒碰到大的災疫，終究還得抬出「災祥在德」的思維。事實上，朱子最關心的應還是「災祥在德」，畢竟無德或是被蒙蔽的國君，所下的行政命令，往往無法消災解厄，甚至提油救火，使災情更為嚴重，關鍵還是「小人當道，災害並至。」因為小人不關心災民死活，政治不清，災情就不斷。

上述傳統儒者相信「災祥在德」，指出了一項事實，小人把持國政，不關心公眾福利，以私心從政，非以公心服務人民，對於該防患於未然的災害視而不見，這是怠政的結果。歷史上這類情況指不勝數，即便今日執政者亦在所多有。例如今日新冠病毒肆虐全球，全世界防疫不力導致疫情蔓延的領導人，都有「小人當國，災害並至」存在的問題，

---

16　〔宋〕朱熹：〈乞脩德政以弭天變狀〉，收入《朱子文集》（臺北：德富文教基金會，2000年），卷17，頁578。

他們防疫無能，使得疫情難以控制，與該國領導人的「私心」治國有關。

## 三、「災祥在德」在「天人合一」下的律則關係

有關傳統天人合一思想的研究，已經有諸多學者進行研究探討，具代表的作品是余英時的《論天人之際：中國古代思想起源試探》，指出孔子及先秦諸子（孟子、莊子、墨子）帶給中華文化帶來因革與損益的變化，是通過新的「天人合一」的精神修練以建立理想的政治、社會秩序，擺脫了過去舊的以巫階級文化傳統的「天人合一」之功能，將過去「人」與「神」交通管道或中介物的「巫階級」，轉化為「心」，「心」成為天人合一的中介物，堪稱是「巫」轉世的後身。[17] 由於重視「心」作為天人合一的媒介物，故不得不從人身上「德」涵養起。

天人合一思想重視和諧的宇宙秩序與人世間的平和秩序，故儒家經典中的六經《詩》《書》《易》《禮》《樂》《春秋》，無不重視中和或調和的秩序，《禮記・樂記》：「樂者，天地之和也；禮者，天地之序也。和故百物皆化；序故群物皆別。」又如司馬遷《史記・太史公自序》：「《禮》以節人，《樂》以發和，《書》以道事，《詩》以達意，《易》以道化，《春秋》以道義。」質言之，六經都是為了建立和諧、有序的太平社會。可見這種思想本是取自天地之道，如孔子所說：「天何言哉，四時行焉，百物生焉。」（〈陽貨〉）天地人自古合稱「三才」，「人」加入了這個天地秩序的行列，產生了「天人合一」思想的智慧，從個人生命到國家命運以及自然環境的吉凶禍福皆與天地秩序構成一個綿密的平衡秩序關係。因此，災變之發生，一定是平衡關係被打破，處於一個失序狀態。反之，也唯有在穩定平衡的狀態，才會出現吉祥現象。但無

---

17　參余英時：《論天人之際：中國古代思想起源試探》（臺北：聯經，2014 年），〈延續與改造—新舊「天人合一」說的交涉〉一節，頁 191-200。

論災變或祥瑞的出現，反映在人身上，傳統儒家都會連結到「德」的有無。本文引〈商書〉中所言：「**惟吉凶不僭，在人；惟天降災祥，在德。**」明代儒者王龍溪（1498-1583）的文集中註解此句甚佳：[18]

> 「災祥在德」，是推天以驗之人者也。又曰「吉凶不僭」，是修
> 人以合於天者也。非通於天人之故，其孰與於斯？」

因此，「災祥在德」的思維概念，實是「天人合一」思想下的產物。「災祥在德」是由上天下驗於人，「吉凶不僭」是下學以上達，天與人的災祥與吉凶禍福是相貫通的緊密關係，並且有其一定的「律則」。本文用「律則」，是在學者所指出的「聯繫性思維方式」（correlative thinking）下而使用的概念。所謂「聯繫性思維方式」是指中國古代的宇宙觀如《易經》八卦的類型學及世界觀所認為的「己」與「群」、「家」、「國」、「天下」等社會政治範疇，都有聯繫，而且連續開展。[19] 毫無疑問，「災祥在德」也正是「聯繫性思維方式」的表現之一，它具有聯繫宇宙論的規律性（principle），又通貫人事儀則的規範（norm），易言之，君臣父子夫婦兄弟朋友的五倫關係以及忠孝節義的倫理綱常和道德規範，均與天地之道相通，天道與人道具有相貫通的「律則」。

　　為了說明這個關係，以下即從五種律則關係，進一步窺探「災祥在德」在「天人合一」下的律則關係，凸顯儒家在面對災疫時所抱持的積極正面態度。

　　（1）根源律：「德」之根源來自於天地之合

---

18　〔明〕王龍溪：〈自訟帖題辭（商廷試）〉，收入吳震編校整理：《王畿集》（南京：鳳凰出版社，2007年）之〈附錄二：龍溪會語卷四〉，頁486。

19　提到中國古代宇宙觀與人之間的有機體式的「聯繫性思維方式」之學者有李約瑟（Joseph Needham）、史華慈（Benjamin I. Schwartz）還有黃俊傑等人，以上參黃俊傑：《孟學思想史論（卷一）》（臺北：東大圖書，1991年），頁20-27。另外，安樂哲（Roger T. Ames）原著、孟巍隆譯：《儒家角色倫理學——一套特色倫理學詞彙》（濟南：山東人民出版社，2017年）一書中，在論述《易經》、中國醫書及儒家的道德宇宙觀也充分用「互繫性思維」，可資參照。

　　誠如余英時先生在闡釋「天人合一」思想時所說：人與天地、萬物合一即是回到「生命之源」、「價值之源」。[20] 這個「生命之源」、「價值之源」，筆者以為可以從《易經》〈乾卦・文言〉：

> 夫「大人」者，與天地合其德，與日月合其明，與四時合其序，與鬼神合其吉凶，先天而天弗違，後天而奉天時。天且弗違，而況於人乎？況於鬼神乎？

這個「大人」是能體現乾道人格者，天地運行法則中，看到「德行」的根源，天地有「生生之德」，即是生命之根源，「生生」即是生長萬物、孕育萬物，這就是其根源價值，《易・繫辭下》又言「天地之大德曰生」、「生生之謂易」，以及〈彖傳〉曰：「大哉乾元，萬物資始」、「至哉坤元，萬物資生」，「元」就是一切生命的源頭與法則，透過天地這個的「生生之德」，陰陽交會消長，化育萬物，綿延不已。除了可從化育萬物看出天地之「德」，實則天地之德也展現在祂的「無私」，故《禮記・孔子閒居》：「天無私覆，地無私載」，當然日月亦無私照。質言之，「天地之德」是整個宇宙萬物的生命根源，所以天地是總體生物的大父母，《易經》乾坤兩卦代表天與地，〈彖辭〉：「天行健，君子以自強不息。地勢坤，君子以厚德載物。」前半句的「天行健」與「地勢坤」講的是天地之道，後半句言君子「自強不息」與「厚德載物」是人道，人道必從天道而來。因此，古代聖賢從天地之道的運行法則，凝鍊出「人道」的儀則，正如漢代陸賈《新語》解釋伏羲畫八卦解云：「先聖乃仰觀天文，俯察地理，圖畫乾坤，以定人道，民始開悟，知有父子之親，君臣之義，夫婦之道，長幼之序。於是百官立，王道乃生。」人道的人倫秩序依著天道而定，故孔子也提到：「**天何言哉？四時行焉，百物生焉，天何言哉？**」（〈陽貨〉）這是從天的無言之教，體證透過四時運轉的秩

---

20　參余英時：《論天人之際：中國古代思想起源試探》（臺北：聯經，2014 年），〈延續與改造—新舊「天人合一」說的交涉〉一節，頁 191-200。

序,連結到人道也須有倫常秩序。如是,天地這個「大父母」並無私親,具有存有論暨宇宙論的普遍律則,在儒家則通用「仁」來表述之。儒家從天地無私中,看到人也須學這個無私普遍的心胸格局,讓自己的「德」也能追隨天地之德,修身觀念也是從這裡展現開來,故《中庸》首章「天命之謂性,率性之謂道」就帶有修德以體證天道的根源命題。

(2)因果律:災變之發生乃因違逆陰陽之道

災變的發生是「果」,探究其「因」而得出不得違逆天道或陰陽之序,即是「因果律」。最典型的即是「順之則生,逆之則亡」的因果律則,《黃帝內經‧四氣調神大論》充分表達這樣的思維:

> 故陰陽四時者,萬物之終始也,死生之本也,逆之則災害生,從之則苛疾不起,是謂得道。道者,聖人行之,愚者佩之。從陰陽則生,逆之則死,從之則治,逆之則亂。

醫書管的是人體的健康禍福,用之於國家治理之道也是同樣的道理。所謂陰陽四時就是天地之道,「逆之則災害生,從之則苛疾不起」,這種因果律最典型是用神話寓言或歷史故事來警惕國君,故凡是中國神話中射天或射日乃至追天的英雄最後都死於非命或難逃一死,例如后羿射太陽及夸父追日的故事。上述射天之事雖出自志怪之書,但歷史上卻真有如此荒唐之事,《史記‧殷本紀》就記載商紂王的曾祖父武乙因射天而遭雷震死的事蹟:「帝武乙無道,為偶人,謂之天神。與之博,令人為行。天神不勝,乃僇辱之。為革囊,盛血,卬而射之,命曰『射天』。武乙獵於河渭之閒,暴雷,武乙震死。」這是一個因國君射天而亡的歷史,天實不可逆、不可射,順天則生,逆天則亡,因果不爽。

逆天的故事也不全然結果都是不好的下場,想要扭轉因逆天而又能轉禍為福,唯一可行就是透過「修德」並行仁政於百姓。《孔子家語‧五儀解》中闡述了兩個商朝國君的故事,兩者同樣「以己逆天時」卻得到不同的結果。由於這個故事涉及災害禍福與違背天時之間的關係,頗值得拿來討論本節的因果律的課題。第一個例子是商紂王時代有一隻

小麻雀在城外卻生了一隻大鳥，紂王請教占卜師，得到了「以小生大，國家一定發達且昌盛」的大吉兆答案，結果紂王不修國政，反而暴虐無道，朝臣皆無法救之，終至亡國。這是「以己逆天時，詭福反為禍者」的例子，也就是自己違逆天時，放棄修德，放縱慾望，所以表面有福兆的天時，反而成為禍害的例子。另一個是商朝中宗太戊時代，當時道德淪喪，法紀敗壞，朝堂上長出一棵怪樹「桑穀」，七天內就長成兩手合抱之粗的大樹。占卜者說：「桑穀這種野生的樹木」不應生長在朝堂上，是否國家要滅亡了嗎？」結果君王大戊甚為驚恐，謹慎修身，常懷先王的仁政，使養民之道得以彰顯。結果，三年之後，遠方羨慕其仁義之道，並傳到各國，結果重新追隨君王者共有十六個諸侯國。這是「以己逆天時，得禍為福者」的例子，也就是自己違逆天時，只要懂得修德治身，所以表面有禍兆的天時，反而成為享有福報的例子。以上兩個例子，《孔子家語》重點表明如下：[21]

> 故天災地妖所以儆人主者也；寤夢徵怪所以儆人臣者也。災妖不勝善政，寤夢不勝善行。能知此者，至治之極。唯明王達此。

千說萬說，天災、地變的發生，都是為了警惕執政者（含國君及人臣），要更謹慎小心，推出「善政」與「善行」。但若執政者執迷不悟，算計的都是自己的地位，藉著災疫謀取個人或一黨的私利，不知深切反省，諉過成性，置人民生死於不顧，國家滅亡，殷鑑不遠。古人用這種天變災異以論因果，如同《易經・坤卦・文言曰》「積善之家，必有餘慶；積不善之家，必有餘殃。臣弒其君，子弒其父，非一朝一夕之故，其所由來者漸矣，由辯之不早辯也。《易》曰：『履霜，堅冰至。』蓋言順也。」運用「履霜，堅冰至」這樣的自然變化現象，推論善因得善

---

21　楊朝明注說：《孔子家語》（開封：河南大學出版社，2008 年），〈五儀解〉，頁114。

果，惡因得惡果。對於正面臨疫情不止的當代執政者乃至人類本身的言行，若能從深遠的因果關係來衡量未來國家甚至人類的命運，當更能謹慎且正確地面對眼前不斷變化的疫情！

（3）警策律：災變是「天」警戒自我的修煉方式

將災變或天變當成一種「警示」作用，藉著這樣的警示，從而「策發」自己應如何謹慎小心，此即是「警策律」。

《論語・鄉黨篇》記載孔子「迅雷風烈必變」，意謂遇到了疾雷猛風的天地之變，必變其容色，朱子註解：「必變者，所以敬天之怒。」堪稱善解，因疾雷猛風必致災變，災變必傷及動植飛潛的生命，對此天變異象，孔子心存敬畏，從而升起警策之心，這種警策，也帶有關懷天下蒼生的仁者胸懷。

面對大型的災變，若禍及自己及身邊的家人，儒者則以不怨天、不尤人之態度處之，仍然以「災祥在德」方式論之，這方面孔子本身做了最好的示範，孔子說：「不怨天，不尤人。下學而上達。知我者，其天乎！」（〈憲問〉）「知我者，其天乎」充分表達即使遇到困境，仍相信「天知道」，展現「己心」與「天心」相貫通的信仰。孔子又說：「五十而知天命」，其天命觀如同劉述先所說「內在於我的天命」與「外在於我的天命」，[22]「災疫」屬於外在於我的天之客觀限制，難以突破與掌握甚至避免，「在德」則屬「內在於我的天命」，屬於自己可以掌握或決定，藉著「修德」來掌握與天命的結合及面對外在客觀限制應有的警覺態度。因此，孔子即便處於陳蔡絕糧的困頓階段，仍然固守其道義（內在於我的天命），不會因為一遇生命受威脅，就輕易拋棄堅守的仁義之道，孟子所謂「殀壽不貳，脩身以俟之，所以立命也」（〈盡心上〉）表

---

22 劉述先認為同源於「天」有一內在於我們生命的天命，也有一個不可以理解的同樣來自天的外在的命運，必須結合這兩方面的體證，才能真正把握到「知命」的深刻的含義。參氏著：〈論孔子思想中隱涵的「天人合一」一貫之道〉，收入國家教育研究院主編：《校長的通識素養》（臺北：國家教育研究院，2003年），頁227-229。

達的也是這個意思。以上孔孟面對外在客觀限制的困境（災變也是個大
困境），事實上也不脫「災祥在德」的思維，不論遇到順境或逆境，關
鍵還是在「修德」，天道用這種方式來考驗人對生命的真誠。明代王陽
明弟子王龍溪以下〈白雲山房答問紀略〉便是典型表達這種思想：[23]

> 凡災變之來，皆是自己不德所致，天心警戒，將以玉成於我，
> 惟當順受以待其定。見在料理身家種種缺陷，以人情視之，若
> 非所能堪，賴有了心之法，只見在缺陷處，皆作意安，常覺平
> 滿，無有不足。天定勝人，人定勝天，消息盈虛，時乃天道。

王龍溪所謂「凡災變之來，皆是自己不德所致」，這裡面充滿修德以解
災的思維。值得注意的是，以上引文提及「天心」、「天道」，天與人之
間存在著感通的方式，所謂「天心警戒，將以玉成於我」，反而將災變
作為警策自己的試煉，目的也是為了要完成自我的修德，這就是藉著
「災變」的警示轉成策發自己的改正，轉災為祥，以符順天道之則。

（４）感應律：人君應感通災變，修行納諫，變災為祥

　　感應律指的是有「感」即有「應」。災變既是「感」也是「應」，他
有前後連續不斷循環的因果關係，換言之，災變發生是前一項的「感」
得而來的「應」，同時也是「感」得下一個「應」的開始，天人感應論
即是此論。董仲舒所言「天人之際，合而為一，同而通理，動而相益，
順而相受。」[24]的論述，最能表達出天人感應之理。

　　朱子所編《近思錄》引用程明道之說如是論感應：「天地之間，只
有一箇感與應而已，更有甚事？」又引程伊川：「有感必有應。凡有動
皆為感，感則必有應。所應復為感，所感復有應，所以不已也。感通之
理，知道者默而觀之可也。」[25]質言之，所謂感應，就是天地之間陰陽消

---

23　〔明〕王龍溪：〈白雲山房答問紀略〉，收入前引吳震編校：《王畿集》，頁 495。
24　〔漢〕董仲舒：《春秋繁露》，〈深察名號〉第三十五。
25　〔宋〕朱熹編、〔清〕張伯行集解：《近思錄》（臺北：臺灣商務印書館，1991 年），

長變化，太極的陰陽消長圖表現的即是感應之理，陰消則陽長，陽消則陰長，如同朱子舉晴天與雨天之例，雨天不只是雨天，它本身既可感得未來的晴天，也是應了過去晴天所感，這就是「感則必有應，所應復為感。寒暑晝夜，無非此理。」[26] 在這裡我們只看到陰陽消長變化的感應之理，但這種自然感應之理運用到國君身上，形成政治學的天人感應說，國君隨時要對災變異象進行相對應的行為，以解消上天之怒，變災為祥，成為過去儒臣常運用的政治學原理，這就是「災祥在德」的感應論，以勸誡國君須敬天憂民之舉。中韓兩國儒臣對此表現相當淋漓盡致。

記載唐太宗君臣論政得失的《貞觀政要》，其中第十卷特論「災祥」，茲摘錄以下一則：[27]

> 貞觀十一年，大雨，谷水溢，沖洛城門，入洛陽宮，平地五尺，毀宮寺十九，所漂七百餘家。太宗謂侍臣曰：「朕之不德，皇天降災。將由視聽弗明，刑罰失度，遂使陰陽舛謬，雨水乖常。矜物罪己，載懷憂惕。朕又何情獨甘滋味？可令尚食斷肉料，進蔬食。文武百官各上封事，極言得失。」

唐太宗看到異常的大雨災害，導致許多百姓無家可歸，感受自己為德不足，皇天降災警示，下詔斷肉食而進蔬食，並鼓勵文武百官直言進諫，

---

頁 8 及 20。

26　朱子如是論災與感應：「《周易》傳『有感必有應』，是如何？」曰：「凡在天地間，無非感應之理，造化與人事皆是。且如雨暘（雨天和晴天），雨不成只管雨，便感得箇暘出來；暘不成只管暘，暘已是應處，又感得雨來。是『感則必有應，所應復為感』。寒暑晝夜，無非此理。如人夜睡，不成只管睡至曉，須著起來；一日運動，向晦亦須常息。凡一死一生，一出一入，一往一來，一語一默，皆是感應。」參〔宋〕黎靖德編：《朱子語類》（臺北：文津出版社，1986 年），卷第72，頁 1813。

27　〔唐〕吳兢：《貞觀政要》，收錄於《二十五別史》（濟南：齊魯書社出版社，2000年），第 12 冊，卷 10，頁 311。

這是典型的「災祥在德」的體現。因此，唐太宗在災變後不久，下詔：
「十三日，詔曰：『暴雨為災，大水泛溢，靜思厥咎，朕甚懼焉。文武
百僚，各上封事，極言朕過，無有所諱。諸司供進，悉令減省。凡所力
役，量事停廢。遭水之家，賜帛有差。』二十日，詔廢明德宮及飛山宮
之玄圃院，分給河南、洛陽遭水戶。」在災情甚重下，停止嚴重干擾民
事的皇家宮廷建築，並將款項核撥救災，使災情減到最低。[28] 國君自己
本身若有此體認，能夠反躬自省，君臣可以相得益彰，苦民所苦，積極
投入救災，解民倒懸，這才是真正的轉災為祥。但若國君無此體認，或
是視而不見，大臣就須提醒國君，而運用這種「災祥在德」的感應論
者，莫過於朝鮮時代的儒臣，以下兩則堪稱典型之例：

1. 成宗 25 年（1494）：[29]

> 臣等謹按，《書》曰：「作善降之百祥，作不善降之百殃。」又
> 曰：「惟吉凶不僭在人，惟天降災祥在德。」天人感應之理，
> 微矣。天之與人，其勢雖遠，而其理無間。人事正則正氣應
> 之，祥瑞之所由起，人事不正則邪氣應之，災變之所由生也。
> 《洪範》庶徵，雖曰：「牽合」，而感召之理，不誣。乃於本月
> 十一日丙寅，天大雷電以雹。殿下惻然警懼，下旨求言，錄囚
> 疏放，勿令有冤枉，其所以敬天憂民之念，至矣。

2. 燕山君 3 年（1497）：[30]

> 臣等聞，天之降災祥在德，惟吉凶不僭在人。古之人君遇災而
> 懼，側身修行，故能變災為祥。伏見，近日以來，天文失度，

---

28　〔後晉〕劉昫撰、楊家駱主編：《舊唐書》（臺北：鼎文書局，1981 年，據清懼盈齋
　　刻本），卷 37，〈志第十七・五行〉，頁 1352。
29　《朝鮮王朝實錄》（太白山史庫本）之〈成宗實錄〉25 年（1494）10 月 28 日，卷
　　295，頁 16-1。
30　《朝鮮王朝實錄》之〈燕山君日記〉3 年（1497）6 月 1 日，卷 24，頁 1-1。

太白晝見，垂象示譴，豈無所召？殿下當痛自省怨，咨訪得
失，惟恐不及，而以濫爵為不足惜，以公議為不足聽，雖臺諫
辭退，久曠其職，但例召復職，羈縻而已，不聞有推誠納諫之
實，忽天象而不謹，蔑人事而不修，傷敗乃至，雖悔何及？伏
願殿下，上畏天戒，下恤人言，以保治安。

上則兩文，儒臣都以天降雷電冰雹或白天出現太白金星等災異現象，抬
出《尚書》「災祥在德」的話語，表達天人感應之理，進諫國君要深切
反省，推誠納諫，實施仁政，以解消天變或災變異常的現象。以上唐太
宗及朝鮮成宗在歷史上算是明君，能夠納臣受諫，「災祥在德」的諫言
在他們身上多少取得一些治國的效果，化為具體行動救災，使災害降到
最少。但碰到像燕山君這樣荒淫無道之君，感應論只是聊備一格。不過
感應論也是古代儒臣制約君權的一種方式，無非希望透過「畏天威」或
「畏天戒」對人君產生警惕效果，勿對人民的受苦受難而無動於衷，若
置之不理，前此因果律所言的逆天之罰也勢必將會出現。

（5）時中律：天地中和，萬物各得其所，災變不生

「時中」一詞來自於《中庸》：「君子之中庸也，君子而時中；小人
之中庸也，小人而無忌憚也。」「時中」即是中庸思想的體現，也就是在
因人、因時、因地、因事的各種情況，進退皆能得宜，運用出最恰到、
最適中的自然狀態。筆者將「時中」拆成「得時」而「中庸」以而稱其
為「時中律」，不得時則無法達中庸。就「災祥在德」而言，得其時的
中庸狀態是正向的「吉祥」，不得其時的反中庸狀態是負向的「災變」。
實則古代儒者有關時中的思想，也是源自天地之間的和諧精神，正如
《中庸‧30》：

仲尼祖述堯舜，憲章文武。上律天時，下襲水土。辟如天地之
無不持載，無不覆幬。辟如四時之錯行，如日月之代明。萬物
並育而不相害。道並行而不相悖。小德川流；大德敦化。此天
地之所以為大也。

上述「上律天時，下襲水土」一語點出上順應天時循序變化，下依據水土的地理而制其宜，天地之德充分展現在這八個字，「時中」思想堪稱儒家的核心思想之一，也是天人合一思想的關鍵，更是貫穿以上「災祥在德」各種律則的綱領。本節所說的第一根源律則若是「體」，時中律便是「用」；失去了天地的時中平衡，由「祥」而「災」，有其因果可循，故與因果律則有關；災變發生也是因為長期「不得時」，故隨時警策自己維持時中之道，故與警策律則有關；當然，作為政治領導人何以要在災象未出現時，就須在合宜季節舉行祭祀、動用民工，或是在災變出現，大赦天下、下詔罪己，故與感應律則息息相關。

時中的中庸思想，表現在天地上，係處於最適切的陰陽平衡之道；表現在人事上，也希望能達到動容周旋，無不中禮的自然狀態，《論語》的〈鄉黨篇〉無不展現孔子的這種「中和」氣象。錢穆先生嘗從兩個面向解釋中庸這個「至德」：「其所以至者，言其至廣至大，至平至易，至可寶貴，而非至高難能。」[31] 筆者擬用「至廣至大」及「至平至易」來解釋《中庸》首章：「喜怒哀樂之未發，謂之中；發而皆中節，謂之和；中也者，天下之大本也；和也者，天下之達道也。致中和，天地位焉，萬物育焉。」若就上述錢穆先生「至廣至大」而言，此就宇宙論中的天地平衡或萬物各得其所而言；質言之，天地之中的喜怒哀樂，表現在天上的風雨雷電，地上的震火旱澇，這些統稱現代的自然現象，亦即天地陰陽消長的交相感應，無一不是天地的喜怒哀樂之展現，達到「發而中節」就是中和氣象。若就「至平至易」言之，此就個人修德而言，如同黃俊傑論自然與人文和諧中所指出，人經由日用常行之間踐履倫理道德的責任，而與宇宙的超越實體產生互相感通的關係，於是，「天命」與「人」構成一種「詮釋的循環」。這種天人合一的境界，使人可以體神化

---

31　錢穆：《論語新解》（臺北：臺灣商務印書館，1965 年），頁 215。錢先生解釋用「至廣至大」及「至平至易」兩個面向解釋「中庸」是來自《論語・雍也》所說：「中庸之為德也，其至矣乎！民鮮久矣！」一章而來。

不測之妙於人倫日用之間，從而使儒家的「宗教性」融入在社會的「禮教性」之中。[32] 換言之，人透過倫理道德的責任實踐，經常向內省察自己的起心動念，克制好自己的喜怒哀樂之情緒，應用於人事的儀則，他所依從的根據也是來自天地的中和氣象。可見，此章雖表面講人的修養，維持中和之氣，但最後提到「致中和，天地位焉，萬物育焉」，也是闡釋自然生態平衡的問題，人人若都能依中和之道「發而皆中節」，災變自然不生。

　　以上簡單歸約「災祥在德」在天人合一思想下的五個律則，如果借用佛家的「體」、「相」、「用」關係來說，「根源律」是「體」，「因果律」與「感應律」是「相」，「警策律」與「時中律」是「用」。而真正能活用的關鍵在於掌握「時中律」，因為時中的中庸原則，帶有將「至廣至大」的天地中和原理，運用到「至平至易」的人倫日用之中，需要仁者的氣度胸襟，更需要智者的抉擇智慧，德行涵養從此而出，由此而成。

## 四、「災祥在德」所面臨的挑戰及其回應

　　「災祥在德」固然是傳統儒學因應自然災變之際，對應到己身的修德涵養，以此論天人合一的智慧。但要運用到 21 世紀，不免將遭到以下的挑戰：

　　（1）「災祥在德」無助於處理眼前災害，且用在醫療有迷信之虞

　　「災祥在德」這種著重個人的反省懺悔並無助於解決疫情，當然也不是科學，更生不出疫苗來對抗流行病毒。同時，陰陽五行學說，早在接觸近代西方文明之際，就被批評迷信，無法取信於人。當 1774 年江戶日本一位蘭醫學者杉田玄白（1733-1817）翻譯西方醫書《解體新

---

32　參黃俊傑：《東亞儒家人文精神》（臺北：臺大出版中心，2016 年），頁 32-33。

書》，引進西方解剖術，一一指出身體器官、臟器血管之功能，全然拋棄陰陽五行，邁開近代西醫之路。[33] 杉田玄白對傳統漢醫的挑戰尚在近代之前，但無疑的拋出了震撼彈，近代明治維新以後，漢醫幾乎一蹶不振，在中國、韓國的情況也是如此，魯迅小說〈藥〉筆下的人血饅頭可以治療癆病正是諷刺中醫的無能。

（2）「災祥在德」有反科學的傾向，其感應說、因果律則太過玄學，沒有科學根據

董仲舒的天人感應政治哲學，太過主觀推斷，早在東漢王充《論衡》一一提出反駁，儒門內部不是沒有反省這類幾近牽強附會的說法。但自從孔子「為政以德」的論述開始，中國政治學與道德倫理學早就綰合為一，不僅政治學要從屬於道德倫理學，中國的一切學問，由於太過專注於道德倫理學，導致科學發展不開來，所以「災祥在德」的概念並沒有讓災變成為一個獨立的專門學，從而導致客觀研究「災變」這門屬於科學範疇的學問胎死腹中。即便在宋代朱子提出了理學，但理學一樣關注的是人的性命道德論上，而物之理或物之性，也都在此層面上才被附帶論述，因此實難開發出自然科學的「物理」。儒家道德學阻礙了科學的發展，即使到了中國明末士大夫受耶穌會士影響，也介紹西洋自然科學的著作（如艾儒略的《西學凡》，1623 年刊刻）及從事「格致學」的研究著作（如熊明遇的《格致草》，1648 年刊刻），乃至有科學之母之稱的數學《幾何原本》也經利瑪竇、徐光啟（1562-1633）譯成中文。這些洋學的窮理之學雖先進於同時期的日本，但誠如學者所感嘆的，這種「由數達理」的近代科學思維方法，在往後二百年中幾乎無所

---

33　杉田玄白在其所著《狂醫之言》指出中醫諸家的諸多錯誤：「然至論其病，則既經王叔和，玉石相混，又頗有錯簡，不可為典要矣。自是以下，相續興者，社稷素靈，本仲景、思邈、王燾等書，立說論論，稱為一家，皆是意度附會，人人阿其所好，以我意決事，不足為正鵠。語云：其本而末治者否矣，豈不然乎！是予所以廢支那之書特取和蘭之書也。」收入「日本思想大系・64」之《洋學》上（東京：岩波書店，1976 年），頁 240。

進展，使得中國喪失了發展近代科學的機遇。[34] 五四時代喊出的「德先生」與「賽先生」及其之後在 1920 年代展開「科學」與「玄學」的論爭，也多少反應儒家阻礙科學發展的一面。

（3）「災祥在德」只能作為個人層次的道德修養，無法開出公共道德內涵

這項質疑，主要著重「災祥在德」只能是「私德」，不能開出「公德」，上一節所分析的警策律、感應律、因果律，信者恆信，全出自私人性質願意相信與否，對於不相信者也無法形成制約的力量。何況，過去帝王專制時代這種學說是來誆騙專制帝王者，希望制約其君權，但今日已無帝王，邁入民主時代，所以這套災祥在德學說可說是無用武之地。雖然天人感應說多少反應優良的士人抗議精神，但對於不相信感應說，或不懂得反躬自省、涵養德行的君王，只能徒呼負負，遇到暴君還得賠上自己性命，無怪乎牟宗三先生所稱中國以前沒有「政權的民主」，只有「治權的民主」，[35] 並稱儒家有「學統」、「道統」，但因委屈於家天下的君主專制，難以開出「政統」。[36] 美國漢學家狄培理（William Theodore de Bary, 1919-2017）稱這些不惜犧牲生命勇於諫爭的士人為「個人英雄式的犧牲行為」，如過去明帝國時代的海瑞乃至文革時代的吳　皆是如此，他們的犧牲只是一種個人平白的犧牲，類似西方中產階級的個人主義運動，無法全面性的為人民利益服務，即使至今自由化在中國還只能是有限範圍的展開。[37] 狄培理由此看到即便中國儒家有自由的精神傳統，但很明顯有相當的侷限性。換言之，像「災祥在德」這種

---

34　陳偉平：《第一頁與胚胎：明清之際的中西文化比較》（上海：人民出版社，1992 年），頁 117-121。

35　牟宗三：〈新版序〉，氏著：《政道與治道》（臺北：學生書局，1991 年），頁 24。

36　牟宗三先生的「道統」、「學統」、「政統」三統之說，參氏著：《生命的學問》（臺北：三民文庫，1997 年），頁 60-71。

37　狄百瑞（de Bary, William Theodore）原著，李弘祺譯：《中國的自由傳統》（臺北：聯經，1983 年），頁 119-122。

概念或論述，若無法行諸人人可行的外在規範制度，只能停留在「私德」，無法成為「公德」。

以上三點對「災祥在德」的挑戰批評，筆者也有以下的回應：

（1）「災祥在德」之思維重在「預防災變」甚於「處理災變」，仍有其當代意義

陰陽五行學說在傳統中固然有被附會和迷信之處，但中醫的氣論與筋絡系統，不能說不科學，庸醫或民間療法誤用中醫，這是過去醫療不發達造成的主因問題。目前醫療技術且資訊愈來愈發達，過去迷信已經大幅減少，且因西醫糾正了中醫不足或錯誤的部分，不必因噎廢食，全盤鄙視中醫。其次，「災祥在德」至少觀察到所有事物都與天地之間息息相關，頗類萬物有靈論或是天地萬物都普遍聯繫的思維方式與態度，亦有其當代的意義。如前所言傳統儒學的「天人合一」思想，自孟子說出「萬物皆備於我」之論，體現自我與天地萬物之間的緊密關係，至宋儒以降發展出「仁者渾然與物同體」、「仁者以天地萬物為一體」（程明道語）到王陽明言「草木瓦石皆有良知」、「天地萬物與人原是一體」，皆訴說一種「物我一體之仁」之生命關懷，[38] 展現物與我之間是互為體用而超越彼此的限界，自我與他者成為不可分割之關係，既是目的，同時也是工具，他者已被融攝到「自我」而成為「一體」。人若有此「物我一體之仁」的胸襟，當能更珍視存在於我們自然界中動物、植物、礦物三者相依而存，與我們身心靈都息息相關。

「災祥在德」有關「感應律」、「因果律」、「警策律」及「時中律」

---

38　王陽明「萬物一體論」論述如下：「朱本思問：『人有虛靈，方有良知。若草木瓦石之類，亦有良知否？』先生曰：「人的良知，就是草木瓦石的良知。若草木瓦石無人的良知，不可以為草木瓦石矣。豈惟草木瓦石為然，天地無人的良知，亦不可為天地矣。蓋天地萬物與人原是一體，其發竅之最精處，是人心一點靈明，風雨露雷、日月星辰、禽獸草木、山川土石，與人原只一體。故五穀、禽獸之類皆可以養人，藥石之類皆可以療疾，只為同此一氣，故能相通耳。」參陳榮捷：《傳習錄詳註集評》（臺北：學生書局，1992 年），第 274 條，頁 331。

的思維，實也是「預防災變」重於「處理災變」，在這方面有其千古的智慧可循。另外，中醫近年來也做了諸多臨床實驗，企圖擺脫非科學面向，並且中西醫合作例子也愈來愈多，且如新冠病毒流行之際，中醫也加入了醫療行列，臺灣研發「清冠一號」、「淨斯本草飲」，大陸也研發各種中醫療法，也多少解決一些病患之苦。

（2）科學始終不離人性，人性無法不言道德，「災祥在德」談的是人生態度問題

人生遇到災難，為何是你，不是別人，有偶然，有必然，偶然與必然之間的關係是如何？遇到災變，我們可以有什麼態度因應？等等這類的問題是人生態度的問題。「災祥在德」是一種人生實踐態度，不能直接與反科學劃上等號。

由於「德行修養」的哲理，任哪個時代都是無法逃避的課題，即使論及「如何使用科學」的課題，也是不離道德問題。因為科學本身固然是客觀的，但也是始終不離人性。科技可以破壞自然，當然科技也可用之於保護自然，關鍵在人性。而談及人性，不得不涉及人內面性的「道德」。如著名的諾貝爾獎量子動力學家費曼（Richard P. Feynman，1918-1988），認為有了科學的知識雖可以做各種事情，製造各種東西，但他語重心長地說：「當然，我們製造出的東西若是好的，這不只要歸功於科學，還要歸功於道德的抉擇。」他並從一次參觀夏威夷的佛教寺廟中一位和尚的開示中受到很大的啟發：「人生而擁有開啟天堂之門的鑰匙，同樣的，這支鑰匙也可以開啟地獄之門。」[39] 費曼提到「道德抉擇」可以讓科學發展為正向的，沒有了「道德抉擇」是隨著人類物質慾望取向的科學發展，結果科學發明也將造成「科技災」，這也就是「災祥在德」對科學發展有其警示的重大意義。

（3）「災祥在德」可助於開展有良知的公共知識份子

---

39　Richard P. Feynman, *What Do You Care What Other People Think?: Further Adventures of a Curious Character*, (W. W. Norton & Company, 2001), pp. 182-183.

　　論者似乎覺得只要公私分開就可以培育出「公共道德」的公民，但從看似公與私分立的民主國家諸多的公共政策或國家政策的錯誤決定，導致人民的苦難或戰爭的威脅看來，顯然也是問題重重，並且對民主體制有嚴重的傷害，理由是這些協助指定公共政策或國家政策的知識份子，常假公濟私，違反道德的底線。以下舉著名的語言學家杭士基（Noam Chomsky）及文化評論家薩伊德（Edward W. Said，1935-2003）之言論為例。

　　如所周知，杭士基早年反對美國越戰的行動，在一次有關 "Philosophers and Public Philosophy" 座談時，看出了如美國發動的越南戰爭在很大部分上係由新型的「行動知識分子」（action intellectuals）所設計，他們以救濟全體為原因而合理化美國的霸權意識型態。當這些知識階層渴望掌權時，杭士基認為危險性比以前更大，因為他們能運用科學以及科技的威望，同時這類知識份子因已被引入控制的機制內，使得他們喪失了身為社會評論家的角色。[40] 杭士基對這類新型的行動知識分子之控訴，頗值得我們反思，這類知識分子可以設計出「美國權力者所想要的知識」。薩伊德（Edward W. Said）在名著《東方主義》也有類似的表達，他曾經區分「純粹知識」（pure knowledge）與「政治知識」（political knowledge），特別批判連學術界中的許多知識，如經濟學、政治學和社會學都是意識型態的科學，他們都曾經接受過國家情報、國防或軍事單位提供高額獎助金幫助其研究，為他們所屬的「帝國」在國外的利益或政策提供過政治上需要的知識，汙名化了阿拉伯世界或他們所謂的「東方」。這些赤裸裸地假借學術之名的知識，其實都和政治行為有目的性的關連，從而使得真正客觀、超越黨派、超越信仰的「純粹知識」隱而不彰。[41]

---

40　Noam Chomsky, "Philosophers and Public Philosophy," *Ethics*, Vol. 79, No. 1 (Oct., 1968), p. 5.

41　Eaward W. Said, *Orientalis*, (New York: Vintage Books, 1979), pp. 9-28. 翻譯本參王志

　　以上著名學者所擔心「新型的行動知識份子」或製造帝國所需要的「政治知識」，即使在今日號稱民主的國家都一再上演。過去傳統士人為制約君權，想方設法設計出一個「天人感應」或「災祥在德」，其初衷動機不免出於良善，雖然也會被有邪惡政治動機者所利用成為政治鬥爭的工具。但上述民主國家那些製造帝國所要的知識的那群「行動知識分子」其實也沒高明到何處，甚至更為邪惡，尤其他們假借民主之名，行霸者或合理化霸者的行為，由於他們擁有支配科技能力的權力，所以更讓世界動盪不安。這時候「災祥在德」的修身內涵乃成為一個公共知識起碼應具備的因素。畢竟傳統儒家從內聖的「正心誠意」到外王的「治國平天下」，中間的「修身」便是集「公德」與「私德」於一身，公德與私德之間的模糊界線，確實是儒家的罩門，也常被批評公私不分，這是從負面角度來看公私不分。但這也是「以西攝中」的視角，[42] 未能從儒學本身如此設計的正向視角來思維這個與德行涵養息息相關的「修身」。就修身理念而言，它之所以公私不分或者是難分，是因為儒家的思維角度從來就不是二元論，應該說整個東方儒釋道的文化都不是二元論，所謂公私，就是「公中有私」、「私中有公」，帶有前所言的「聯繫性思維方式」，易言之，一個人無論他的身份是什麼，當他進行「修身」的同時，他就為其將來處理公事時，不僅要清楚「道德的底線」不可逾越，甚至在參與公共事務上還會要求自己比別人更道德，而不只是守住道德的底線而已。

　　杭士基與薩伊德所希望見到有良知的公共知識分子，如果少了德性基礎，不正是製造大量的假公濟私或以霸為王的唯利是圖的知識份子

---

　　弘等譯：《東方主義》（臺北：立緒，1999 年）。

42 「以西攝中」是黃俊傑教授在《東亞儒家仁學史論》（臺北：臺大出版中心，2017年）一書中提出的研究方法論，指的是在近代東亞歷史文化發展過程中，「西方」一直是一個重要的「他者」。在 20 世紀亞洲學者的諸多論述中，西方文化不但是一個主要的參照系，而且常常以西方文化與思想作為檢核東亞文化與思想的唯一標準，這個研究方法稱為「以西攝中」。頁 24-27。

嗎？可見，「災祥在德」對於開展有良知的公共知識分子而言，仍有其當代的實質意義。

　　以上對「災祥在德」論述的挑戰與回應，指出一個相當明顯的事實，即光靠科技本身，無法阻止一個霸權或獨裁者，關鍵還是在「人」，而討論到人，不得不碰觸到道德的課題。職是之故，傳統「災祥在德」的倫理話語，看似一個已經過時，卻又告誡每個士人或執政者須尊重甚至敬畏一個「隱形且巨大的力量」（例如病毒或災變）隨時會出現，相對於此，我們自己內在也有一個隱形難以察知的「道德良知」，常與內心陰暗的欲望力量拉拔著，也需要經常被喚醒。尤其在面對天地巨大災變力量的出現時，能用一種謙虛、敬天、愛人、愛自然、中正平和的內省方式，抉擇出比較正確的實踐行為，如科技發明是否嚴正的考慮其副作用，又如怎樣正確地運用科技的力量，不讓科技成為權力者濫用的工具等等，都些都仍需要有倫理底線的「德性」思考。

## 五、結語
## 「災祥在德」對今日「科技災」的啟示

　　本文提到過去傳統儒家看待災疫的方式有「自然災」與「政治災」，今日則有「科技災」，導致快速造成更大的生態失衡現象。過去人類相信地球資源取之不盡，用之不竭，但 21 世紀的今天，人類堪稱面臨地球最嚴重的天地失衡現象。天空上極端氣候，造成地球暖化、臭氧層破洞、空氣汙染；地面上北極冰山快速融化、世界大森林快速減少、農藥侵蝕土壤、堆積如山的百千年不壞的塑膠垃圾、河川、海洋汙染，以上皆造成生態環境及地球生物的威脅。易言之，科技文明愈來愈發展的結果，也是造成地球自然生態大破壞的殺手，嚴重造成天地失衡，今日各種對人類傷害的病毒，從 2003 年 SARS 到 2012 年的 Mers，乃至今日的 covid-19，一次流行比一次更為嚴重及肆虐，出自人禍當不可避免，因為這些病毒的傳播先從動物再傳播到人類身上，或是因冰山融

化，潛伏上千萬年的病毒得到解封。我們只要思索動物病毒為何會跑到人身上，也因人類吃了不該吃的食物，殺了不該殺的動物有關，另外動植物也因生態環境改變逐漸消失，影響病毒寄宿宿主的生存場所，在歷經長時的變種適應後，找到了人類最佳寄宿之處。正如科學作家 Arno Karlen 早在 1995 年 *Man and Microbes: Disease and Plagues in History and Modern Times* 在考察了人類自有歷史以來即與病菌處於不斷的對抗與融合過程中，雙方不斷進化，人類出現新技術對抗病菌，但病菌也不斷進化潛伏在自然環境與動物之間，並隨時傳染到人類身上，該書並早已預測大型流行病毒造成的人類大量死亡的悲劇必將再重演，而其關鍵之一在於環境生態的改變，也就是寄生物與宿主之間的平衡共生關係，[43] 而當時 2003 年的 SARS 及 2012 年的 Mers 都還未出現。以上種種，只要努力追溯病毒起源，關鍵還是在於人禍，正如古人所說：「萬物之有災，人妖最可畏」。[44] 而這些人禍來自於人類讓綠色森林大量消失，水資源、海資源汙染，造成地球極端氣候，生態環境驟然改變，本不該寄宿在人類身上的病毒，變成也適應了人體環境。

既然災疫的來源與「人禍」分不開，那麼解決災疫的現象還是得由人本身探索根本解決之道。「災祥在德」粗略看起來似乎很不科學，並沒有直接對災疫提出有效的解決辦法。但如果仔細思維，其背後實蘊藏高明的智慧哲理。人禍來自人心敗壞，人心敗壞根源來自「自私」，而自私的特質是只想到「自己」，沒想到「他者」，只要自己好，不管別人好不好。但「德」不是這樣，「德」是希望他人好，自己就會好，或是想要自己好、他人也要好的雙方都好的心境。用現代話來說，即「利他就是利己」，並且沒有不好的副作用。換言之，「德」本身帶有一種公

---

43　Arno Karlen, *Man and Microbes: Disease and Plagues in History and Modern Times*, (New York: Putnam, 1995)。中譯本楊幼蘭譯：《疾病與人類的戰爭》（臺北：晨星出版，2000 年）。

44　語出〔漢〕韓嬰：《韓詩外傳》（湖北崇文書局，光緒三年版），卷 2，頁 3。

共的理性力量，不光是停留在自我修養層次而已。中國的註解書，幾乎都將「德」解釋為「德者，得也」，即做了一件有利於他人而在自己內心得到真正的喜悅。在儒家朱子對《論語》「據於德」的解釋：「據者，執守之意。德者，得也，得其道於心而不失之謂也。得之於心而守之不失，則終始惟一，而有日新之功矣。」心中有利他之德，一直執守在心，始終如一，這個「德」會日新又新、愈來愈廣大，這就是修德的概念，也是「修己以敬」到「修己以安人」甚至「修己以安百姓」的修德次第功夫。

　　本文提出的「災祥在德」的倫理思維，正可提供科技者一方面追逐其日新月異的發明，另一方面也應警覺其發明在未來可能引發重大災害的副作用。同時，現代知識份子常參與公共政策或國家政策的制訂，或是擔任國家智庫，他們常製造了許多當權者需要的「政治知識」，而不管其引發未來可能不良的「災害」後果，要如何喚醒這類遊走在道德出軌的知識份子，「災祥在德」對於國家危難或面臨道德兩難取捨時，或可提供更深廣的道德層面思考。

chapter 9

# 第九章
# 「大抵心安即是家」：
# 陽明心學一系「家」哲學及其現代影響

陳立勝 *

## 一、問題的提出：近現代「家庭革命」思潮多重因緣中的內生性資源

　　「眾鳥欣有托，吾亦愛吾廬。」儒家傳統素以重視家庭而聞名。《周易・序卦》：「有夫婦然後有夫子，有父子然後有君臣，有君臣然後有上下，有上下然後禮義有所措。」夫婦一倫，乾坤法象，萬化之宗，為五倫之根基。[1] 家庭是傳統人倫關係、社會關係與生產關係的基本單位。《禮記・禮運》人義有十（「父慈、子孝、兄良、弟弟、夫義、婦聽、長惠、幼順、君仁、臣忠」），家庭之倫占其八。嚴格說來，在傳統五倫中，夫婦、父子、兄弟均屬家庭一倫，其餘二倫亦是由家庭一倫類推而得，故有擬君為父、擬朋友為兄弟的說法。[2] 家園情懷、葉落歸根意識是中國人永恆的鄉愁。不惟如此，「天下一家」「萬物一體」更是宋明理

---

* 　廣州中山大學哲學系教授、逸仙學者，福建江夏學院講座教授。

1　一般而論，五倫中君臣、父子、夫婦三倫最重，《荀子・禮論篇》禮有三本（「生之本」「類之本」「治之本」）即是例證。而以上三倫中，夫婦一倫則為最。孔子說：「天地不合，萬物不生；大昏，萬世之嗣也。」（《禮記・哀公問》）《禮記・郊特牲》云：「天地合而後萬物興焉。夫昏禮，萬世之始也。」《白虎通・嫁娶》云：「男女之交，人倫之始，莫若夫婦。」

2　馮友蘭：《新事論・說家國》，《三松堂全集》（鄭州：河南人民出版社，2000 年），第 4 卷，頁 231。擬君為父，不是說君與父同位。父子之親自然要重于君臣之義，君臣以人合，不合則去；父子以天合，無相離之法。故《郭店竹簡・六德》云：「為父絕君，不為君絕父。」

學縈繞於懷的政治理念,而「齊家」則是傳統儒者由修身走向治國、平天下修身功夫歷程中不可或缺的一環。《周易·家人·彖》曰:「男女正,天地之大義也。家人有嚴君焉,父母之謂也。父父,子子,兄兄,弟弟,夫夫,婦婦,而家道正,**正家而天下定**矣。」《孟子·離婁上》曰:「人有恆言皆曰『天下國家』。天下之本在國,國之本在家,家之本在身。」

　　然而,在近代國家主義與世界主義浪潮強力衝擊下,「家」(「家人」)與「國」(「國民」)、「家」(家人)與「世界」(「世界民」「天民」)成為二元對峙的範疇:有「家」則無「國」,有「家國」則無「世界」。無論是同一的國家意志的凝聚抑或是無遠弗屆的世界主義情懷的培育,「家」都成為「絆腳石」乃至「萬惡之原」。國家主義與世界主義雖針鋒相對,目標迥異,但在「毀家」「破家」「去家」上卻也不謀而合。從維新、革命到五四新文化運動,不同時期演繹著不同的時代精神,但對「家」「家庭」「家族」的批判卻是一脈相承,乃至愈演愈烈。[3] 到了三十年代,國民政府立法院院長胡漢民拋出了「三問」,[4]「三問」可謂「毀家」「破家」「去家」思潮的最強音,將近現代「家庭革命」這一激進主

---

3　趙妍杰:《為國破家:近代中國家庭革命反思》,《近代史研究》,2018 年第 3 期;《去國去家:家庭在重構社會倫理中的地位》,《清華學報》,2020 年第 2 期。

4　「要不要姓」「要不要結婚」「要不要家庭」三問:1930 年 4 月 18 日,國民政府進行民法修訂工作,其中一項議程就是制定親屬法,立法院院長胡漢民邀請全國教育會議會員(蔡元培、李石曾、蔣夢麟、吳稚暉)餐敘。席間胡漢民拋出了著名的「三問」:一問姓的問題。要姓?不要姓?如果要姓,應保父姓抑應從母姓?二問婚姻問題。要結婚?不要結婚?如果要結婚,早婚或遲婚有無限制?三問家庭問題。要家庭?不要家庭?如果要家庭,是大家庭好,還是小家庭好?而答案竟不約而同。蔡元培這位帝制時代的進士不僅主張取消婚姻,更是主張「用別稱符號」代替「姓」。胡漢民:《民法上姓、婚姻、家庭三問題之討論》,見中國國民黨中央委員會黨史委員會編:《胡漢民先生文集》(臺北:中國國民黨中央黨史委員會,1978 年),第 4 冊,頁 870-871。轉引自《去國去家:家庭在重構社會倫理中的地位》,《清華學報》,2020 年第 2 期,頁 15。

義的時代精神推上了頂峰。[5]

　　「家庭革命」實則是要革「家」的命。「革命家」之所以要革「家」之命，從革命理想上說是要建立一無家之國、一無家之社會、一無家之世界，用青年傅斯年的話說「四海無家，六親不認。」[6]而之所以要不認親、不認家，則無非是因為「親」「家」成了「自私」「奴性」「依附」「束縛」「罪惡」等等「舊道德」之代名詞，而有悖於愛國、愛人類、獨立、自由的「新道德」。富有革命氣質的現代新儒家熊十力就對梁漱溟《中國文化要義》將傳統中國社會稱為「互以對方為重的倫理社會」說大為不悅：倫理與社會本是兩個不同向度的存在，倫理是人所遵從的教條、德目，家庭組織則是社會制度與結構，故以倫理本位言社會是諱言家庭之弊，是「巧避家庭本位之醜」。「其實家庭為萬惡之源，衰微之本」，國人「無國家觀念，無民族觀念，無公共觀念，皆由此。甚至無一切學術思想，亦由此。一個人生下來，父母兄弟姐妹族戚，大家緊相纏縛。能力弱者，悉責望其中之稍有能力者。或能力較大者，必以眾口累之，其人遂以身殉家庭而無可解脫。說甚思想、說甚學問？有私而無公，見近而不知遠，一切惡德說不盡。」「中國家庭確是中國民族衰敗危亡之原」，「拿倫理本位來粉飾太過。實則帝制之久，封建思想之長不拔，與學術、社會、政治之敝，皆由家庭之毒太深。千言萬語說不

---

5　康有為《大同書》「去家界為天民」為此激進的家庭革命奠定了基調，青年毛澤東在《健學會之成立與進行》（《湘江評論》1919 年 7 月 21 日）一文中描述當時思想界動態：「近數來年，中國的大勢鬥轉。蔡元培，江亢虎，吳敬恒，劉師復，陳獨秀等，首倡革新。革新之說，不止一端。自思想，文學，以至政治，宗教，藝術，皆有一改舊觀之概。甚至國家要不要，家庭要不要，婚姻要不要，財產應私有應公有，都成了亟待研究的問題。」見中共中央文獻研究室中共湖南省委《毛澤東早期文稿》編輯組編：《毛澤東早期文稿 1912·6—1920·11》（長沙：湖南出版社，1990 年），頁 364。
6　王汎森著、王曉冰譯：《傅斯年：中國近代歷史與政治中的個體生命》（北京：三聯書店，2012 年），頁 44。

了。」[7] 被認定為「醇儒」的馬一浮也一度感慨說，儒家即便程朱諸公亦未嘗不婚，儒者自大賢以下鮮不為家室所累。[8]

在一個**視家如命**的儒家文明中，這套激進的**革「家」之命**的意識形態究竟是如何形成的？

一般而言，宗教信仰會因其超越世俗界的需要而與家庭一倫發生衝突，耶穌基督就對其門徒說過：「弟兄要把弟兄，父親要把兒子，送到死地。兒女要與父母為敵，害死他們。〔……〕你們不要想我來，是叫地上太平。我來並不是叫地上太平，乃是叫地上動刀兵。因為我來，是叫人與父親生疏，女兒與母親生疏，媳婦與婆婆生疏。人的仇敵，就是自己的家裏的人。愛父母過於愛我的，不配作我的門徒；愛兒女過於愛我的，不配作我的門徒。」(《馬太福音》10:21,10:34-37) 耶穌本人就遭其家人誤解，他們曾認為他「癲狂了」(《馬可福音》3:21)，連他的弟兄也「不信他」(《約翰福音》7:5)。《佛說四十二章經》「佛言人系於妻子寶宅之患，甚於牢獄桎梏鋃鐺。牢獄有原赦，妻子情欲雖有虎口之禍，己猶甘心投焉，其罪無赦。」佛教又將「親裡覺」列為「八惡覺」之一(《大乘義章卷五》)，稱之為「細垢」「細罪」「愚痴相」(《雜阿含經卷第四十七》《大智度論卷三十九》《成實論卷十四惡覺品第一百八十二》)。[9] 實際上，要構建一個超大規模的、同質化的「想像共同體」——這個共同體無論是普世的教會抑或是民族國家以及人間烏托邦，如何突破家庭一倫的限囿是不得不處理的難題。就此而言，在由「宗法社會」向「現代社會」的「過渡時代」中，傳統家庭幾乎成為一種「現代性的原

---

7　見熊十力：《與梁漱溟》、《致葉石蓀》兩書，《熊十力全集》(武漢：湖北教育出版社，2001年)，第8卷，頁651-652，頁645-646。審稿人楊祖漢先生指出，徐復觀對熊十力激進的反孝治立場是持批評態度的，唐君毅與牟宗三雖然不直接批評熊先生，但非常強調家庭倫理是仁道實踐的基本，這應該也算是對近當代反家庭觀念的一種回應。

8　馬鏡泉等點校：《馬一浮集》(杭州：浙江古籍出版社、浙江教育出版社，1996年)，第3冊，頁1053。

9　感謝陳劍虹君向我提供上述佛教材料。

罪」,成為源自於西方的各種現代「主義」(國家主義、世界主義、無政府主義等等)窮追猛打的對象,也就不足為奇了。換言之,「毀家」「破家」「去家」思潮與現代西方文明強行叩關是分不開的。王汎森在討論近代愛國救國與反傳統的關係時指出:很多知識分子認定中國近世社會的病源在於「未能急速凝聚全國的每一寸力量來應付空前的危局,而力量之所以無法動員,實因各種藩籬與隔閡太多,使得縱的意志無法貫徹,橫的聯繫也不可能,以至於全國的力量像碎粉般,無法被磁鐵盡可能吸附上來。這些藩籬與隔閡,包含星羅棋布於全國的家族宗法勢力,森嚴的階級區分、三綱五常的束縛、政府與民意的嚴重隔閡等等,因此打破上述種種『分別』相,使這個國家的所有基本分子相『通』,是這個時代許多知識分子共同的要求。」[10]而所謂的「藩籬與隔閡」其實質即是家、家族制度。1907 年,《天義報》上刊文《毀家論》,正式提出「蓋家也者,為萬惡之首」的口號,社會革命的大幕以毀家、破家、去家徐徐拉開。愛國、救國的動機與激烈的破壞傳統倫常確實有著內在的聯繫。[11]

近代中西文明的撞擊集中體現於近代民族國家與傳統宗法社會的衝突,然而所謂中西之分的背後大多亦有「古今之異」的因素。西方近代文化乃是由近代產業革命塑造的,這個革命的實質即是捨棄以家為本位的生產方式(「人工生產」),而代之以社會為本位的生產方式(「機器生產」)。生存方式的變革必然導致生活方式與價值觀念的變革。在生產家庭化的傳統中國,「一個人的家是一個人的一切,因為他有了家他才有一切」,故一切道德,「皆以家為出發點」;而在生產社會化的現代社會中,人之生老病死皆都發生在社會中,「人雖無家,亦可生存」,

---

10 王汎森:《中國近代思想與學術的系譜》(上海:上海三聯書店,2018 年增訂版),頁 146。

11 王汎森:《中國近代思想與學術的系譜》(增訂版),頁 148-151。

「『六親不認，四海為家』。他亦可很快樂地過了他的一生。」[12] 就此而論，「毀家」「破家」「去家」的思潮亦是中國由以家庭為單位的傳統生產方式向近現代產業革命過渡所掀起的思想浪花。

需要補充的是，近代「家庭革命」（「毀家」「破家」「去家」）思潮就其實際影響來說是有限度的，提倡者如譚嗣同、吳虞、傅斯年、顧頡剛等等多親自經歷過「綱倫之厄」，故其立論亦有個人生存實感的升華因素。[13]

無論是中西政治與社會制度之碰撞抑或是古今人工生產與機器生產之更替，都與「西方衝擊」分不開。但是中國近代思想絕不簡單只是對「西方衝擊」的一種被動「回應」，西方衝擊的概念有可能忽視中國傳統文化內含的彈性、張力乃至發展動力，後者才是中國知識分子「回應」西方的「背景能力」（a set of background capacities）。[14]「沒人會否認隨著關於民族主義、政治參與、科學、技術和經濟發展等西方觀念的湧入，中國在很大程度上擺脫了過去。但我們必須追問，導致上述轉變的衝動，在何種程度上自相矛盾地依賴於固有的思想淵源？其間又有何種文化模式一直未遭破壞而得以存續下來？」[15] 張灝、王汎森等學者對傳統

---

12　馮友蘭：《新事論‧說家國》，《三松堂全集》，第 4 卷，頁 235。盧作孚《中國的建設問題與人的訓練》（生活書店）也指出：「人從降生到老死的時候，脫離不了家庭生活，尤其脫離不了家庭的相互依賴。你可以沒有職業，然而不可以沒有家庭。你的衣食住都供給於家庭當中。你病了，家庭便是醫院，家人便是看護。你是家庭培育大的，你老了，只有家庭養你，你死了，只有家庭替你辦喪事。」梁漱溟對馮友蘭「本于唯物史觀」的此說頗不以為然， 提出種種「反證」。見梁漱溟：《中國文化要義》（上海：學林出版社，1987 年），頁 28-31。

13　余英時：《現代儒學的回顧與展望》（北京：三聯書店，2004 年），頁 96、頁 119。羅志田：《重訪家庭革命：流通中的虛構與破壞中的建設》，《社會科學戰線》，2010 年第 1 期，頁 79-84。

14　張灝著、崔志海、葛夫平譯：《梁啟超與中國思想的過渡（1890—1907）》（南京：江蘇人民出版社，1995 年），〈前言〉，頁 1-2。

15　墨子刻著，顏世安等譯：《擺脫困境：新儒學與中國政治文化的演進》（南京：江蘇人民出版社，1995 年），頁 17。

思想在近代中國自我人格與心態塑造過程中扮演的角色已有深入闡述。理學中變化氣質的工夫論與心學中的主體性之張揚為轉型時期的新人格的鍛造、革命行動的決心與勇氣之培養提供了豐富的精神資源。本文認為，**陽明心學「身家之私」、「身家之累」、「心安是家」、「友道第一」、「孔孟在家出家」**這一系列「家」觀念的提出，均是由其「一體不容已」之仁學終極情懷而來。此「一體不容已」宛若基督宗教之聖靈成為縉接心學講學活動所構成的性命共同體的紐帶。被此「聖靈」所感動之先知先覺者「自不容已」地要突破「身家之私」「身家之累」的限囿，與「同志」（即被同一聖靈所感動者）結為一「會」、一「孔氏家」、一「道」「學」「政」三位一體的共同體。這一系列「家」觀念為近現代中國「毀家」「破家」「去家」的「革」家之「命」的革命意識形態不僅提供了「材料」「憑藉」，而且在某種意義上也為後者做出了「主題」上的鋪墊工作，而「西方衝擊」則讓兩者之間的連續性呈現出「斷裂性」。回溯這段歷史，不只是為了認清陽明心學一系「家」哲學的現代效應，亦不只是為了釐清近現代「毀家」「破家」「去家」思潮的內源性因素，更是為了進一步反思在現代性中究竟如何安頓儒學的「家」情懷。

## 二、從「身家之累」到「孔子在家出家」：
### 陽明心學一系家思想的另一面向

「天下一家，萬物一體」一直是陽明心學一系的政治理念。

「天下一家」的觀念形成於戰國時期。在秦漢時期「天下一家」的觀念基本上限於天子一統天下這一政治意義。秦始皇完成統一六國大業之後東巡嶧山，留下《嶧山刻石文》，文中稱「乃今皇帝，壹家天下，兵不復起。」《漢書‧高帝紀下》十一年二月詔書云：「今吾以天之靈，賢士大夫，定有天下以為一家，欲其長久世世奉宗廟亡絕也。」天下一家的觀念不過是說天下被合併為一家，即君主之一家。日人尾形勇將天下一家的意思歸結為以下三點：第一，四海雖廣，君義與王法皆通達無

阻；第二，天下統一為「一家」；第三，「普天之下，莫非王土」。[16]除此之外，尾形勇還指出，天下一家尚有「命運共同體」的意思，《潛夫論・浮侈篇》說：「王者以四海為家，兆人為子。一夫不耕，天下受其饑；一婦不織，天下受其寒。」顯然這種仁愛共同體的天下一家義可追溯至《尚書・洪範》「天子作民父母」的觀念。實際上《論語・顏淵》子夏「四海之內皆兄弟」的說法也蘊含著四海猶如一家之親的意思。孟子「老吾老以及人之老、幼吾幼以及人之幼」這一「及人」邏輯必得出天下一家之結論。《荀子・王制》「四海之內若一家」、《禮記・禮運》「以天下為一家，中國為一人」均體現了作為命運共同體的天下一家的觀念。

宋儒力倡民胞物與、萬物一體的仁愛精神，陸象山有「宇宙無際，天地開闢，本只一家」之說。而在張載「乾父坤母」的宇宙大家庭中，人人皆「天地之子」，君主只是作為「宗子」（「元子」）統領眾兄弟一起打理大家庭之家務。[17]

陽明心學一系「天下一家」的觀念與「萬物一體」聯繫在一起，二者共同構成心學一系「王道」觀之核心命題。

> 明明德者，立其天地萬物一體之體也。親民者，達其天地萬物
> 一體之用也。故明明德必在於親民，而親民乃所以明其明德
> 也。是故親吾之父，以及人之父，以及天下人之父，而後吾之
> 仁實與吾之父、人之父與天下人之父而為一體矣；實與之為
> 一體，而後孝之明德始明矣！親吾之兄，以及人之兄，以及天
> 下人之兄，而後吾之仁實與吾之兄、人之兄與天下人之兄而為
> 一體矣；實與之為一體，而後弟之明德始明矣！君臣也，夫婦

---

16 尾形勇著，張鶴泉譯：《中國古代的「家」與國家》（北京：中華書局，2010年），頁178-187。

17 林栗就一度斥《西銘》此論為「易位亂倫，名之大賊也」，詳見朱子：《記林黃中辨易西銘》一文，《晦庵先生朱文公文集》卷71，《朱子全書》第24冊，頁3409。

也，朋友也，以至於山川鬼神鳥獸草木也，**莫不實有以親之**，以達吾一體之仁，然後吾之明德始無不明，而真能以天地萬物為一體矣。夫是之謂明明德於天下，是之謂家齊國治而天下平，是之謂盡性。[18]

聖人之心，以天地萬物為一體，其視天下之人，無內外遠近。凡有血氣，皆其昆弟、赤子之親，莫不欲安全而教養之，以遂其萬物一體之念。〔……〕當是之時（「唐虞三代之世」——引者），天下之人熙熙皞皞，**皆相視如一家之親**。〔……〕蓋其心學純明，而有以全其萬物一體之仁，故其精神流貫，志氣通達，而無有乎人己之分，物我之間。」[19]

夫人者，天地之心。天地萬物，本吾一體者也，生民之困苦荼毒，孰非疾痛之切於吾身乎？〔……〕世之君子惟務致其良知，則自能公是非，同好惡，視人猶己，視國猶家，而以天地萬物為一體，求天下無治，不可得矣。〔……〕而凡有血氣者**莫不尊親**，為其良知之同也。」[20]

人者，天地之心；民者，對己之稱也；〔……〕是故親吾之父以及人之父，而天下之父子莫不親矣；親吾之兄以及人之兄，而天下之兄弟莫不親矣。君臣也，夫婦也，朋友也，推而至於禽獸草木也，**而皆有以親之**，無非求盡吾心焉以自明其明德也。是之謂明明德於天下，是之謂家齊國治而天下平。[21]

---

18　《大學問》，王陽明撰，吳光等編校：《王陽明全集》（上海：上海古籍出版社，1992 年），卷 26，頁 968-969。
19　《答顧東橋書》，《王陽明全集》卷 2，頁 54-55。
20　《答聶文蔚》，《王陽明全集》卷 2，頁 79-80。
21　《親民堂記》，《王陽明全集》卷 7，頁 251。

以上四段文字均為陽明晚年居越期間所作，可謂其晚年定論。[22] 親民被上升到「天地之心」的高度，擁有形上學的終極理據。在先秦儒學中，親親—仁民—愛物這一仁愛的自然次第由「親」「仁」「愛」標出（此處「仁愛」之「仁」是廣義上的仁，「仁民」之「仁」是狹義上的仁），但在陽明的上述文字中，由於強調「一體之仁」的「一體」與「無間」，「親」字被不加區別地用於所有仁愛的對象：親親、親人之親、親禽獸草木，天地萬物均成為「一家之親」的範疇（「莫不實有以親之」「皆相視如一家之親」「皆有以親之」），這無疑充分體現了心學一系天下一家、萬物一體的精神旨趣。後世「良知之學」不明，天下之人用其「私智」行其「私欲」，遂致天下無序、民人陷溺、萬物失所。陽明提出「致良知」無非是要起到「拔本塞源」的效果，使人克其「有我之私」、去其「物欲之蔽」，以復其「心體之同然」。

對治私欲是理學工夫論的一大論域，舉凡膨脹無節的生理欲望以及由此衍生的名利心乃至生死一念都會被視為私欲的範疇。種種私欲於人心有所牽引而成為「天理」「良知」之蔽錮、遮障、牽累。故須存天理、滅人欲。「盡夫天理之極，而無一毫人欲之私」，這是陽明與朱子對「止於至善」的共同理解。程朱理學通常會將人欲追溯到「身」這一環節：「大抵人有身，便有自私之理，宜其與道難一。」[23] 這跟老子「吾有大患，為吾有身」理路是一致的，陽明心學一系亦沿襲此思路將私欲歸結為「軀殼」起念。

不過除此之外，心學一系還常將「家」視為私欲的一個源頭，提出「**身家之私**」的說法。王龍溪《懷玉書院會語》云：「**人心有私欲，**

---

22　薛侃說：「『明明德』工夫只在『親民』上。**陽明先生晚年發得如此親切，初年猶未說到此。**」見薛侃：《雲門錄》，陳椰編校：《薛侃集》（上海：上海古籍出版社，2014 年），頁 4。筆者對王陽明親民思想的變化有專文闡述，見陳立勝：《如何與天地萬物成「一家之親」：王陽明親民說發微》，《孔學堂》2022 年第 2 期。

23　《二程遺書》卷 3，王孝魚點校，程顥、程頤著：《二程集》（北京：中華書局，2004 年第 2 版）（上冊），頁 66。

**只因有身有家**。人無常活之身，身享有限之用，何苦妄認虛名、浪生幻念？一鄉之善士以一鄉為家，一國之善士以一國為家，天下之善士以天下為家，其心愈公，則其善愈大。其所為善，乃心與人同，視之如一體，是所謂公也。」[24] 身家之私與為鄉、為國、為天下之心形成對峙之局，因有身有家，故心靈生活受到「限制」。惟有打破身家之私，心靈才能「常活」而「無限」。而在鄉─國─天下的關懷序列中，「家」的外延愈「大」，心就愈「公」，最後以天下為一家，方可稱萬物一體，大公無私。劉蕺山在釋《論語・八佾》「君使臣以禮，臣事君以忠」一章時指出：「君臣之分，等之天地。天地以泰交成化，君臣之道亦然。故君道以下濟為光，臣道以上行為順。使臣以禮，方能鋤驕貴之色而下交其臣；事君以忠，方能破身家之私而上交於君，此天地交泰之象也。」[25]「破身家之私」是形成君臣相交形上學內涵（「天地交泰之象」）的先決條件。

　　與「**身家之私**」的觀念聯繫在一起，「**身家之累**」的觀念也開始見於心學一系的文獻中。陽明與黃久庵與湛甘泉結為盟友，但離多聚少，陽明每每引以為憾，並將原因歸為「**家累所牽**」。[26] 在《寄諸弟》信中，他告誡諸弟說：「人方少時，精神意氣既足鼓舞，而**身家之累**尚未切心，故用力頗易。迨其漸長，世累日深，而精神意氣亦日漸以減，然

---

24　吳震編校整理：《王畿集》（南京：鳳凰出版社，2007 年），卷 2，頁 40。

25　《論語學案》，吳光主編：《劉宗周全集》（杭州：浙江古籍出版社，2007 年）第 1 冊，頁 299。

26　《與黃宗賢四》，《王陽明全集》，卷 4，第 151 頁。諦觀久庵與陽明、甘泉書信往來，除陽明抱怨家累之外，久庵、甘泉特別指出「居鄉不易」，「鄉族難處」，「鄉土士風之薄，難以久居」。見《寄陽明先生書》、《寄甘泉書》，黃綰撰、張宏敏編校：《黃綰集》（上海：上海古籍出版社，2014 年），卷 18，頁 338-339，頁 341。程朱理學中，已有人以應舉求仕為「為親」而與「為己之學」對置，以為「家貧親老，應舉求仕，不免有得失之累」。此一觀點受到程朱本人的嚴厲批評，見《近思錄》卷 7，第 34-35 條，朱熹、呂祖謙纂，張京華輯校：《近思錄集釋》（長沙：岳麓書社，2010 年）（下），頁 632-635。

能汲汲奮志於學,則猶可有為。至於四十五十,即如下山之日,漸以微滅,不復可挽矣。」[27]

　　王龍溪晚年仍栖栖遑遑,轍環天下,流連於講學之所而欲罷不能。《天柱山房會語》記載弟子輩(裘子充、周繼實)跪勸其在家安享晚年,勿再往來交際(「靜養寡出、息緣省事,以待四方之來學」)。天柱山講會發生在萬曆二年(1574年),是年王龍溪已76歲高齡。龍溪答曰:「二子愛我可謂至矣!不肖亦豈不自愛?但其中亦自有不得已之情。若僅僅專以行教為事,又成辜負矣。時常處家與親朋相燕昵,與妻奴佃僕相比狎,以習心對習事,因循隱約,固有密制其命而不自覺者。才離家出游,精神意思便覺不同。與士夫交承,非此學不究;與朋儕酬答,非此學不談。晨夕聚處,專幹辦此一事,非惟閑思妄念無從而生,雖世情俗態亦無從而入,精神自然專一,意思自然沖和。教學相長,欲究極自己性命,不得不與同志相切劘、相觀法。同志中因此有所興起,欲與共了性命,則是眾中自能取益,非吾有法可以授之也。男子以天地四方為志,非堆堆在家可了此生。『吾非斯人之徒而誰與』,原是孔門家法。吾人不論出處潛見,取友求益,原是己分內事。若夫人之信否,與此學之明與不明,則存乎所遇,非人所能強也。至於閉關獨善,養成神龍虛譽,與世界若不相干涉,似非同善之初心。予非不能,蓋不忍也。」[28]王龍溪明確將「家」領域與「友」領域區隔開來:在「家」領域中,與親朋、妻奴相處,是「習心對習事」的世俗領域,用佛教的術語說是「煩惱因緣」;離家出游,與士夫、朋儕交接,精神專一,意思沖和,這才是究極「自己性命」的神聖領域。只有在後者之中才能隔斷「世情俗態」。更為重要的是,離家出游並不只是為了傳道而已(「僅僅專以行教為事」),而是「成己」「成人」所必須者:性命之學惟有「共了」,即只有在一個「性命學共同體」中才能成全,如「閉關獨善」,則

---

27　《王陽明全集》卷4,頁172。

28　吳震編校整理:《王畿集》(南京:鳳凰出版社,2007年),卷5,頁120-121。

只能成就一「虛譽」，與真實世界不相干涉。「男子以天地四方為志，非堆堆在家可了此生」，王龍溪說這本是「孔門家法」。有弟子問：「吾人處世，未免**身家之累**，思前慮後，有許多未了勾當，未免累心，奈何？」龍溪稱此問題是「切問」，[29] 由此可見，「身家之累」實是心學一系追求為己之學、了自家性命之學過程中時常遭遇到的生存問題。

這種身家之累的觀念也早見於陳白沙的書信中，陳白沙一生都在出處中仿徨不定，乃至有「不必於隱，亦不必於不隱」之感慨，最終「安心」於在家養母。[30] 但在信中白沙傾訴衷腸說：「〔……〕賤疾幸少脫體，但尋常家中亦被聒噪，情緒無歡。大抵吾人所學，正欲事事點檢。今處一家之中，尊卑老少咸在，才點檢著便有不由己者，抑之以義則咈和好之情。於此處之，必欲事理至當而又無所忤逆，亦甚難矣。」[31] 追求自得之學、為己之學的白沙乃至有出家的衝動：「某別後況味如昨，但年來益為虛名所苦，應接既多，殊妨行樂耳。平生只有四百三十二峰念念欲往，亦且不果。男女一大俗緣，何日可盡？雖云道無疑滯，其如野性難拗，尋欲振奮一出，又未能也。」[32]

突破「身家之私」與「身家之累」不僅為「成己」（「內聖」）所必須，亦必表現於「成物」（「外王」）之過程中。「孔子之道，其難在以天下為家而不有其家，以群賢為命而不以田宅為命。故能為出類拔萃之人，為首出庶物之人，為魯國之儒一人，天下之儒一人，萬世之儒一人也。」「聖人之志，常常不違此仁，蓋自終食之間起，以至終日終年，而直至七十終身，其心心念念，以天下為一家而不計自己之家；以中國為

29　王龍溪：《白雲山房答問紀略》，吳震編校整理：《王畿集》卷 7，頁 170。
30　朱鴻林：《陳白沙的出處經驗與道德思考》，《中國近世儒學實質的思辨與習學》（北京：北京大學出版社，2005 年），頁 185-219。
31　《與李德孚二》，陳獻章撰，黎業明點校：《陳獻章全集》（上海：上海古籍出版社，2019 年），卷 2，頁 328。
32　《與陳德雍》，《陳獻章全集》卷 2，頁 327。

一身，而不計自己之身。」[33] 聖人以天下為一家、以中國為一身，正是其超越一家、一身之私的表現。

　　心學一系惟道是求、惟心是求的精神旨趣不免產生「身家之私」與「身家之累」之感，究其實，則其終極關懷者方是「家」，此「心」安處方是心學之家。心安是家的觀念本出自有濃厚佛教信念的白居易，[34]長期游學在外的陽明弟子中也出現了類似的觀念。嘉靖五年，陽明弟子董蘿石自海寧渡江至紹興與陽明一同過除夕夜：「人過中年，四方之志益倦。客途歲暮，戀戀兒女室家，將舍所事走千里而歸矣。道人今年已七十，終歲往來湖山之間，去住蕭然，**曾不知有其家室**。其子穀又賢而孝，謂道人老矣，出輒長跪請留。道人笑曰：『爾之愛我也以姑息。吾方友天下之善士，以與古之賢聖者游，正情養性，固無入而不自得。**天地且逆旅，奚必一畝之宮而後為吾舍耶？**』」[35]《列子‧仲尼第四》有「處吾之家，如逆旅之舍」的說法，這一說法在傳統儒家中是不可理喻的，二程子就將「溺於佛」之「學者」擬為「舍於逆旅者」：「夫托乎逆旅者，蓋不得家居之要爾。未有人既安於家，而又樂舍於逆旅者也。」然而旨在「正情養性」的董蘿石將「天地」視為「逆旅」，遑論一畝之宮的家舍。重視孝道的董蘿石公子董穀長跪勸留，蘿石竟無動於衷（「曾不知有其家室」）。董蘿石在陽明家守歲尚有詩作留念，詩云：「南渡江來樂有餘，廣堂守歲即吾廬。二三千個同門聚，六十九年今夜除。〔……〕**到處是家安便□，□心即聖擬還初**。」[36] 詩歌在表達心安是家的

---

33　方祖猷等編校整理：《羅汝芳集》，頁 83，頁 148。

34　此主題在白居易詩歌中反復出現，如「我生本無鄉，心安是歸處。」（《初出城留別》）「身心安處為吾土，豈限長安與洛陽。」（《白吾土》）「心泰身寧是歸處，故鄉可獨在長安。」（《重題》）「無論海角與天涯，大抵心安即是家。」（《種桃杏》）

35　王陽明：《守歲詩序》，錢明編校整理：《徐愛 錢德洪 董沄集》（南京：鳳凰出版社，2007 年），頁 278-279。

36　董沄：《丙戌除夕》，錢明編校整理：《徐愛 錢德洪 董沄集》，頁 352。詩歌結尾兩句字跡漫漶，廣東社科院孫海燕副研究員告訴我，兩句原文可能是「到處是家安便止，此心即聖擬還初」。

觀念同時，還透露出兩三千位陽明弟子同在陽明家附近守歲這一盛況。王艮詩歌中有《次先師陽明先生除夕韻》一首，當亦是對此除夕夜同門團聚事件的一種追憶，詩曰：「此道雖貧樂有餘，還知**天地似吾廬**。東西南北隨吾往，春夏秋冬任彼除。渾沌一元無內外，大明萬世有終初。雲行雨施風雷動，辟闔乾坤振此居。」[37]「天地似吾廬」與董蘿石「到處是家」正遙相呼應！

　　長年遠游求學、求道，勢必會給正常的家庭生活帶來嚴重的影響，亦會造成「家庭」與性命共同體、同志結社之間的緊張。「持家」乃至「齊家」的重任往往落入「在家」的太太身上，與西哲蘇格拉底遭際不同，每個成功的理學家背後都有一位任勞任怨的好太太。以王龍溪為例，觀其婉約哀傷的《亡室純懿張氏安人哀辭》長文即知，龍溪之所以能常年在外講學，與其妻的大力支持分不開：舉凡一家之治生，家務糾紛之調停，乃至龍溪接宗傳代、身體安養、居家修持均賴其賢妻傾力相助。龍溪有「使安人不為女子，可以與於儒者心性之學，不然亦為敦行君子，無疑也」之感嘆。[38] 另外「父母在，不遠游」，在心學一系中，遠游的弟子也往往需要得到父母的支持。陽明弟子黃夢星從潮州到紹興求學於陽明，居數月而告歸省其父，然後又復來紹興，如是者屢屢。黃夢星身體屢弱，陽明勸阻說：「生既聞吾說，可以**家居養親**而從事矣。奚必往來跋涉若是乎？」黃夢星遂告訴陽明，其父督促他向陽明學道，自己在家逗留旬日，其父即促之啟行，並稱倘其子「一聞夫子之道焉，吾雖啜粥飲水，死填溝壑，無不足也矣。」[39] 王塘南的弟子周宇和「不遠百里裹糧而來赴，無問寒暑，至則必數月而後返。其為學能屏外紛，棲靜室，內省而密探，一切塵情俗態，脫然不以幹其衷也。」王塘南問曰：「何獨無**家累**相關涉乎？」周宇和曰：「是賴吾母之深慈，躬綜家政而令

---

37 《王心齋全集》（南京：江蘇教育出版社，2001 年），頁 58。

38　吳震編校整理：《王畿集》卷 20，頁 647-651。

39 《書黃夢星卷》，《王陽明全集》卷 8，頁 283。

輔也殫志專業，以奉先生之教。輔也乃遵慈命不敢違也。」[40]

　　心學中人克服「身家之私」，化解「身家之累」，以其心安處為家，皆源自其日趨高漲的交友、結社以求道之需要。周海門自稱：「余一生全得友樂，全得友力，〔……〕**寧可終歲不問田園，而必欲當時相聚書舍；寧可半載不近房室，而不可一日不見友朋。**」[41] 儒家一直重視友道，「不可一日不求友」是心學性命共同體的共同主張。重視自立、自主、自覺、自悟的心學卻又同時重視友道與講會，此確實是一耐人尋味之現象。[42] 羅近溪甚至說：「無一時離朋友，亦無一刻廢講論。」查毅齋稱「念庵云：『父母生我身，朋友成我仁。此身如不仁，形神皆非真。』〔……〕苟為性命之心誠切，則於朋友真如魚之於水，一刻亦不可離。」[43] 即便以標榜主靜、收攝保聚工夫而聞名的羅念庵亦稱「旬日不見友人，則皇皇不自寧。」[44]

　　在心學一系中將友道提到至高無上地位者首推何心隱。其「平生精力自少壯以及老死，自家居以至四方，無一日不在講學，無一事不在講學。自講學而外，舉凡世之所謂身家兒女、一切世情俗態，曾無纖毫微眇足以罣先生之口而入先生之心。」[45] 李贄稱其「直與一世賢聖共生於天地之間」。[46] 何心隱《論友》一文是心學友道論的巔峰之作：「天地交

---

40　王時槐撰：《慶節壽周母歐陽孺人七帙序》，《友慶堂存稿》卷 3，錢明、程海霞編校：《王時槐集》（上海：上海古籍出版社，2015 年），頁 79。

41　《題友人書札》，《周海門先生文錄》卷 4，《四庫存目叢書·集部·別集類》（濟南：齊魯書社，1997 年），第 165 冊，頁 212-213。

42　陳立勝：《如何守護良知──陸王心學工夫中「自力」與「他力」辯證》，《哲學研究》，2017 年第 10 期。

43　《查先生闡道集》卷 4，《四庫未收書輯刊·七輯·十六冊》（北京：北京出版社），頁 475。

44　《答王龍溪庚戌》，徐儒宗編校整理：《羅洪先集》（南京：鳳凰出版社，2007 年），卷 6，頁 211。

45　程學博：《祭文》，容肇祖整理：《何心隱集》（北京：中華書局，1960 年），〈附錄〉，頁 136。

46　李贄：《何心隱論》，《焚書》卷 3，張建業主編：《李贄文集》（北京：社會科學文

曰泰，交盡於友也。友秉交也，道而學盡於友之交也。昆弟非不交也，
交而比也，未可以擬天地之交也，能不驕而泰乎？夫婦也，父子也，君
臣也，非不交也，或交而匹，或交而昵，或交而陵、而援。八口之天地
也，百姓之天地也，非不交也，小乎其交者也，能不驕而泰乎？」就天
地之交而論，五倫中只有朋友一倫乃能體現「天地之交」的真精神，
夫婦、父子、君臣都有異化的可能性，陷入「匹」「昵」「陵」「援」偏
頗之中。在《與艾冷溪書》中，何心隱又提出「達道終屬朋友」的觀
點：「達道始屬君臣，以其上也；終屬朋友，以其下也。下交於上，而
父子、昆弟、夫婦之道，自統於上下而達之矣。夫父子、昆弟、夫婦固
天下之達道也，而難統乎天下，惟君臣而後可以聚天下之豪杰，以仁出
政，仁自覆天下矣。天下非統於君臣而何？故唐虞以道統統於堯舜。
惟友朋可以聚天下之英才，以仁設教，而天下自歸仁矣，天下非統於
友朋而何？〔……〕且君臣之道，不有友朋設教於下不明，友朋之道
不有君臣出政於上，不行。行以行道於當時，明以明道於萬世，非表
裏而何？」[47]就「達道」而論，只有君臣與朋友兩倫才具有統攝天下的意
義，君臣是政治權力所系之一倫，是「行道」（行仁政）於天下的權力
保障；朋友是設教傳道之一倫，是「明道」的共同體。前者之職責在於
「行道」，後者之職責在於「明道」。而行道只有一時之效，明道則有萬
世之功。實際上，何心隱在其家鄉推行一種「會」，兼「明道」與「行
道」於一體，他提出「群」（「會」眾的團結）與「均」（「會」眾之間
財富的均平）作為「會」的原則來統攝天下，確實具有某種「社會烏托
邦」色彩，[48]對已有的家庭組織而言也具有某種破壞性。隆慶壬申（1572

獻出版社，2000 年）（一），頁 82。
47　容肇祖整理：《何心隱集》卷 3，頁 66。
48　侯外廬等主編：《宋明理學史》（上海：人民出版社，1987 年）（下），頁 454-458。
　　對何心隱友道思想之分析見容肇祖：《何心隱及其思想》，《容肇祖集》（濟南：齊
　　魯書社，1989 年）；陳來：《何心隱的社會活動與思想特質》，《文史》，2012 年第
　　3 輯；王淑琴：《何心隱友朋思想論析》，《管子學刊》，2016 年第 4 期。

年），程學博摯何心隱拜訪耿定向耿定理兄弟，耿定理即當面質疑何心隱說：「子**毀家**忘軀，意欲如何？」何心隱答曰：「姚江始闡良知，知眼開矣，未有身也；泰州闡立本旨，知尊身矣，而未有家也。茲欲聚友，以成**孔氏家**」。[49] 由開發良知、到尊身，再到聚友成孔氏家，在何心隱看來其所悉心經營之「會」乃是承陽明良知學與王艮尊身學精神而再進一境。

　　中晚明高舉友倫者當然不限於何心隱一人，呂坤、陳繼儒、顧大韶、陶望齡有「四倫少朋友不得」、「四倫非朋友不能彌縫」、「朋友者五倫之綱」、「世間惟道德朋友是真，餘悉假偽」之論，[50] 其中顧大韶甚至提出朋友一倫大於父子一倫的主張：「曰：『吾今而後知父子之大也。』曰：『又有大焉者，子知之乎？敢問其大。』曰：『朋友。夫父子以身屬者也，朋友以心屬者也。人之身或殤或夭，上壽百年而死矣，既死矣，烏在其為父子哉？若夫心，則亘千古而不死者也。故以君臣為首者，名教也，為善無近名，則不仕無義可也；以父子為首者，人情也，大上忘情，則析骨還父，析肉還母可也；以朋友為首者，真心也，至於心則無復之矣。**故朋友者，五倫之綱也**。以堯遇舜，則君臣而朋友矣；以文王遇周公，則父子而朋友矣；以文王遇後妃，則夫婦而朋友矣；以武王遇周公，則兄弟而朋友矣。〔……〕我所謂朋友，謂其超五倫者也，謂其成五倫者也，非謂共間五倫者也。』」[51] 朋友一倫以心屬、以心交，因而既超越了肉身與時間，又能協調、成全其餘四倫。值得注意的是，此時歐洲文化的友論亦已傳入中國。萬曆二十三年（1595）利瑪竇受邀編譯歐洲友論，遂有《交友論》一書刊行。此書廣為流行，在眾多教士著述

---

49　耿定向：《里中三異傳》，《耿天臺先生文集》卷 16，《四庫全書存目叢書・集部・別集類》（濟南：齊魯書社，1997 年），第 131 冊，頁 404。

50　呂妙芬：《陽明學士人社群：歷史、思想與實踐》（北京：北京師範大學出版社，2017 年），頁 254-255。

51　顧大韶撰：《炳燭齋稿・放言二》，《四庫禁毀書叢刊》（北京：北京出版社），第 104 冊，頁 530-531。

中，為教外人所翻刻者以此書稱最。利瑪竇自稱：「這本《交友論》為我與為歐洲人爭了不少光彩，比我所做的其它事件都要大，〔……〕許多人非常喜歡這本書。」而高一志、衛匡國亦皆撰文致意朋友一倫，後者在其《述友篇》序言中宣稱「夫五倫之四皆本乎天，獨朋友則本乎人」。[52] 顯然傳教士也有意彰顯友倫與其他四倫的本質區別，而與友道高漲的中晚明士人形成聲氣相通之勢。陳繼儒在讀到利瑪竇《交友論》後曾撰《友論小叙》一文，文中稱：「伸者為神，屈者為鬼。君臣、父子、夫婦、兄弟者，莊事者也。人之精神，屈於君臣、父子、夫婦、兄弟，而伸於朋友，如春行花內，風雷行元氣內，四倫非朋友不能彌縫，〔……〕**人則朋友其最耦**也。」[53] 而在民間文化中甚至早已出現了為交友結義而「破家」的觀念。《新編全相說唱足本花關索出身傳》（成化七年永順堂刻本）記載劉備、關羽、張飛三人結義為兄弟，劉備道：「我獨自一身，你二人有老小挂心，恐有回心。」關公道：「我壞了老小，共哥哥同去。」張飛道：「你怎下得手，殺自家老小？哥哥殺了我家老小，我殺了哥哥底老小。」劉備道：「也說得是。」於是關、張二人各奔對方家中，關羽殺了張飛全家，張飛殺死了關家大小十八口，最終不忍心才帶走了已經長大成人的關羽長子關平，放走了身懷六甲的關羽妻子胡金定，後來胡金定生下了小英雄關索。這種毀滅人倫成就友道、**毀家結社**的觀念是儒家傳統中是非常罕見的，由此也可看出中晚明友道高漲的新形勢。

實際上，以友道調整、涵化家庭一倫的思想在陽明親炙弟子輩中即

---

52 李奭學 林熙強主編：《晚明天主教翻譯文學箋注》（臺北：中研院中國文哲研究所，2014年）（卷一），頁5-6。
53 李奭學 林熙強主編：《晚明天主教翻譯文學箋注》（卷一），頁53。實際上耶穌會不僅以友道接引儒學，更將基督宗教的博愛譯為「仁愛」，而將儒學差等之愛的仁愛成為「情愛」。如李九功《慎思錄》：「天教愛人，分為三等：一曰私愛，一曰情愛，一曰仁愛。〔……〕惟仁愛，則心胸廣大，所謂視天下為一家，中國猶一人。此乃聖賢之愛，萬代所瞻仰者。」此仁愛觀念亦與陽明學天下一家的觀念相呼應。

已流行。薛中離說：「朋友在五倫，如五行之土，金、木、水、火非土不生；**君臣、父子、長幼、夫婦之倫，非朋友不盡。是何等重！**今人容易稱為朋友，看得朋友輕了，如何謂之大倫？」[54] 王龍溪亦以志於聖道的理想同志關係涵化家庭關係：「古人謂父子兄弟不責善，以責善歸之朋友者，為不同志者言也。若文王之於周公，明道之於伊川，即父子兄弟為師友，家庭唯諾，尤一毫躲閃不得，此志苟同，千百年之遠，尚得相應；志苟不同，堯舜之於朱均，亦徒然耳。」呂妙芬引申說，王龍溪「不但一改孟子之言，以為父子兄弟間仍應相互責善，他自己與兒子王英吉也在天心精舍中立盟為同志師友。換言之，道德上的成就被推舉為至高，而與成就德性深切相關的同志關係被認為應該涵攝家庭中的血緣關係和政治上的臣屬關係，成為最崇高也最基本的人際關係。這在概念上相當接近某種因著共同宗教信仰所開創出嶄新的，同時也是隱含著一種比血緣更緊密、更崇高、連屬更廣闊的人際關係，只是明代講學的同志仍主要是在士大夫圈內活動，同志關係並不涵括其他的社會階層與婦女。」[55] 如上所引，王龍溪一度感慨其妻子如為男子完全「可以與於儒者心性之學」，而在清初楊愧庵（名甲仁，約 1639-1718）處，則完全突破了性別、主僕的界限，一以師友之道涵化家庭一倫：他一方面提出五倫雙方「互師」的主張，另一方面又強調「朋友之交貫於四倫之中」（君臣而朋友、父子而朋友、夫婦而朋友、昆弟而朋友）。他稱「女人皆可任道」「道不分男女」，並稱其側室周氏（號悟性）為「哲徒」，而周氏則稱其夫婿為「師」，夫妻二人儼然證道之學侶。周氏本人不僅有理學家一樣的悟道體驗，更在日常生活中屢呈機鋒。[56]

---

54 薛侃：《雲門錄》，陳樹編校：《薛侃集》（上海：上海古籍出版社，2014 年），頁10。

55 呂妙芬：《陽明學士人社群：歷史、思想與實踐》，頁 253。

56 如，一日楊甲仁寫字，風吹字紙，甲仁說不幹風事，是自己沒壓好，但周氏聞後即曰：「心一莽蕩了，就是風。」楊甲仁之生平、其與側室及家僕論學之場景見呂妙芬：〈女子與小人可談道：楊甲仁性命之學的日用場景〉，《新史學》，第 21 卷第

　　何心隱還將官場視為「樊籠」：「若在樊籠戀戀，縱以展高才，不過一效忠立功耿介之官而已。於大道何補？」惟有跳出樊籠，「直須出身以主大道，如孔孟復生於世，則大道有正宗，善人有歸宿，身雖不與朝政，自無有不正矣。」顯然在何心隱看來「大道」之行在現有的政治網絡中是無法展開的，惟有通過一種特殊的社會組織（「講會」）方能落實。實際上，陽明本人也一度稱仕途為「爛泥坑」，對佛教徒能擺脫世俗牽滯表現出羨慕之情，[57] 並曾設想擇一地與志同道合的一起踐行其心中之大道：「先師存日，嘗與吾輩約住一鄉，內外立師，居則同修，出則同事，一則共精此學，一則共明一體之義於一方。」[58] 陽明對曾子反對同門「以所事夫子」事有子頗感遺憾：「孔子歿，門人以有若似夫子，請以所事夫子事之。曾子雖不可，某竊有取於其事。未論有若之德何如，**但事有宗盟，則朋友得以相聚相磨，而當年同志之風不息，庶乎學有日新之幾，亦無各是其是之弊。**」[59] 顯然在陽明看來，當時曾子如能認可同門的做法，則儒家會形成自己的「磐石」（有若極有可能成為基督宗教的聖彼得一樣的人物），有固定的盟會（「宗盟」），形成一個修行共同體（孔教會），慕道友（朋友）於其中可以相聚相磨，過上團契生

---

2 期，2010 年，頁 61-105。

57　《與黃宗賢 七》，《王陽明全集》卷 4，頁 153。

58　薛侃：《與劉晴川》，陳椰編校：《薛侃集》，頁 302。

59　《稽山承語》，《王陽明全集》（杭州：浙江古籍出版社，2010 年新編本），卷 40，頁 1615。值得指出的是，這不是陽明一人的看法，陽明弟子朱得之、南中王門楊豫孫皆持類似看法。孟化鯉《讀 < 參元三語 > 臆言》：「凡事必有宗盟，事乃有濟。且如會日，眾所推遜者未至，則此日友朋只成聚訟，便無整肅雍餙意。此近翁（朱得之，號近齋——引者）所以有取于門人事有若之事也。」見《孟雲浦先生集》卷 7，穆孔輝等撰，鄒建鋒、李旭等編校：《北方王門集》（上海：上海古籍出版社，2017 年），頁 516。楊豫孫：《西堂日記》：「古之學者必有宗，學無宗則無以一道德。孔子既沒，此時當立宗。子夏、子游、子張欲事有若，正此意也。時年長莫如子貢，學醇莫如曾子，然子貢又獨居三年，曾子年最少，惟有若年亞子貢，而學亦大醇，故門人多宗焉。使曾子稍能推之，則宗立矣。七十子之徒，朝夕相依，各陳孔子之業，則微言豈易絕哉！」王雲五主編：《叢書集成初編》（臺北：商務印書館），頁 3-4。

活。陽明這裏已經產生了朦朧的**「團契」意識、「教會」意識**。何心隱的「會」（「孔氏家」），可以說在某種程度上實現了薛中離所描述的陽明這一夙願。

友道的高漲，最終在心學一系中醞釀出為「出家」辯護的聲音。泰州學派傳人鄧豁渠（1498-1569）長期雲游四方，父親去世，女兒已過適婚期，[60] 廣西全州的友人強迫他還鄉。豁渠遂扔下一句擲地有聲的豪言：「舜生於諸馮〔……〕卒於鳴條，〔……〕**大丈夫擔當性命，在三界外作活計，宇宙亦轉舍耳。又有何鄉之可居，而必欲歸之也？**」[61] 這種為了「求道」、為了自家性命而離家雲游，將傳統的家庭義務、傳統的禮儀完全拋諸腦後，在當時固屬「異類」，但「擔當性命」與家庭倫理的緊張於此已顯豁無遺。這種「緊張」不僅見於陽明學一系，在高攀龍的《祭歸季思》（《高子遺書》卷十一）一文中也有生動的表現：「往者予得交於武塘吳子往，已復得交於兄。予生以壬戌，兄後我一歲生，子往後兄二歲，生年相次，志相許，私相評以為我三人者，無葉俗之才，亦無用俗之福，柔身弱骨，惟是泉石間合有斯人。余有水居，踞漆湖山，子往有獲秋，在野塘、蓁竹間。皆豁然以野屋受景。兄亦築陶庵於郊垌，茅堂三楹，樹槿自蔽。三人者相過從，味世俗所不味，騷騷乎樂也。然餘有婚嫁累，子往有舉業累，兄有病累，私相期，以三人者一旦脫去所苦表裏。蕭蕭得數十年枕琴臥書、餐山茹水，死不可恨。」李卓吾（1527-1602）亦曾稱孔子「視富貴如浮雲，唯與三千七十游行四方，

---

60　耿定向：《里中三異傳》記曰：「其家故去邑城三裏而近居，嘗寓一蕭寺中，時來往邑城，就大洲問學道。經家門，過不入。兒女子或見，邀之，牽裾呱呱啼，勿顧也。時父年七十余在堂，室有女逾笄未嫁，又有祖喪未舉，皆不顧。」後鄧豁渠北游衛輝，遇到趙大洲，大洲割田租百石促其返鄉，此時渠之父親去世，「宗人尋以外艱歸」，但鄧豁渠將田租券還給大洲，堅持不返鄉守喪，而「複游齊魯間」。鄧豁渠生平見島田虔次著、鄧紅譯：《中國思想史研究》第 2 部《异人鄧豁渠傳》（上海：上海古籍出版社，2009 年），頁 150-162。

61　鄧豁渠著，鄧紅校注：《南詢錄校注》（武漢：武漢理工大學出版社，2008 年），頁 40。

西至晉，南走楚，日夜皇皇以求出世知己，是雖**名為在家，實終身出家者**矣。故餘謂釋迦佛辭家出家者也，**孔夫子在家出家者也**，非誕也。」[62]
孔子是「在家出家者」，這一說法也見於羅近溪高足、官至北京吏部右侍郎的楊復所（1547-1599）：「人之性，在家固非減，出家亦非增也。然而貪著之累，非見性不脫；見性之地，非出家不詣。吾中國之聖人，雖無出家之名，而有出家之實。堯舜之有天下也，其心不與焉，傳授之際，不私其子。**孔孟終身席不暇暖。則其名在家，其實出家也。**豈若後世貪戀情愛，纏綿不解，而藉口於倫理者哉！」[63]楊復所稱中國聖人無出家之名有出家之實，接著就說有天下之堯舜「傳授之際，不私其子」，這一說法似暗藏玄機，「出家」還有走出「家天下」的這一面向。而在家非減、出家非增的「性」究竟還是不是儒家的「倫理之性」，不免啟人竇疑。無論如何，「孔孟在家出家論」倘放在程朱理學一系，一定是悖逆不道之言。二程辟佛一個重要原因就是其出家制：「佛逃父出家，便絕人倫，只為自家獨處於山林，人鄉里豈容有此物？」，「釋氏有出家出世之說，家本不可出，卻為他不父其父，不母其母，自逃去固可也。至於世，則怎生出得？既道出世，除是不戴皇天，不履後土始得。然又卻渴飲而饑食，戴天而履地。」[64]

　　心學一系這種「孔子在家出家論」與中晚明的三教合一思潮不無關係，更折射出中晚明商業文化崛起的時代背景。早在宋初，晁迥（948-1031）就有何者是身、何處是家的哲學疑問：「人皆以實時稱我者為己身，夢中亦然。一生之中，其夢無數，定以何者為我身？是以古人有作《普示道俗用心偈》云：『莫認紛紛境，唯觀了了心。知身不是我，

---

62　《書黃安二上人手冊》，《焚書》卷3，張建業主編：《李贄文集》（一）（北京：社會科學文獻出版社，2000年），頁122。

63　楊起元撰，謝群洋點校：《證學編》（上海：上海古籍出版社，2016年），卷4，頁211。

64　《河南程氏遺書》卷15、卷18，程顥、程頤著，王孝魚點校：《二程集》，頁149、頁195。

煩惱更何侵！』又以實時所居之宇為己家，或士或庶，改卜經營不定，果以何處所居之宇為己家？又以先世相承生育之地為己鄉，亦有遷移隔絕，別成故里者，果以何處之地為己鄉？復有舟居之民，舟中生子，其子但以舟為家，舟之往來不停，亦有改造易換其舟者，此舟中所生之子，果以何舟為家？何處為鄉耶？故白樂天有自誨之詞云：『無妄喜，無浪憂，此中是汝家，此中是汝鄉，汝何舍此而去自取其遑遑？』又有詩云：『我生本無鄉，心安是歸處。』白公大達。」[65] 晁迥對「家」認同的疑問頗有點類似於西方哲學中的特修斯之船（The Ship of Theseus）悖論，只是前者處理的是「家認同」，後者的主題是自我認同。作為居所之「家」的不斷變換反映出唐宋變革這一時代變遷所造成身份認同問題。中晚明白銀經濟興起，交通網絡日益改進，社會流動性日趨加速，科舉考試所塑造的「遠游求學」「遠游求道」的群體不斷壯大，都會導致個人認同由地緣、血緣轉向更加抽象、更加普遍的「道緣」。一度漂泊無定的陽明本人亦生「盡日岩頭坐落花，不知何處是吾家」之感慨。[66] 不過，中晚明「靡然成風」的講學活動，因「共了性命」需要而建構的性命共同體，以及由此而透出的「成己」「成人」「成物」淑世使命感的空前高漲，才是「孔子在家出家」論出現的內在原因。

　　心學結社所形成的性命共同體的確具有某種宗教聖靈團契的色彩。眾所周知，基督教會被稱為「基督的身體」（哥林多前書》12:27；《以弗所書》1:23；《歌羅西書》1:18），而基督則是這身體的「頭」，在基督中「我們不拘是猶太人、是希利尼人、是為奴的、是自主的，都從一位

---

65　晁迥撰：《藏碎金錄》卷 10，《景印文淵閣四庫全書》（臺北：臺灣商務印書館），第 1052 冊，頁 600。
66　《岩頭閒坐漫成》，《王陽明全集》卷 20，第 774 頁。龔鵬程指出中晚明文人出現了「**遠游意識**」逆轉「**鄉土安居的傳統**」現象，他對晚明小品游記、居人的神游臥游均有精彩分析。見氏著：《游的精神文化史論》（石家莊：河北教育出版社，2001 年），頁 238-270。龔鵬程的考察側重中晚明的文人出游，理學家的出游與游記現象值得學界進一步探討。

聖靈受洗，成了一個身體。」(《哥林多前書》12:13；《加拉太書》3:28)
良知即是人人本具的「聖靈」，萬物一體即是通過「一體不容已」之
情而證成的「大身子」。質言之，**「身家之私」「身家之累」「心安是家」**
**「友道第一」「孔孟在家出家」**這一系列「家」觀念，均是由「一體不
容已」之仁學情懷而來。**「一體不容已」宛若基督宗教之聖靈而成為貫**
**通、縮接心學講學活動所構成的性命共同體的紐帶。被此「聖靈」所**
**感動、所激發之先知先覺者「自不容已」地要突破「身家之私」「身家**
**之累」的限圍，並與「同志」(即被同一聖靈所感動、所激發者)結社**
**為一「會」、一「孔氏家」，這是「道」「學」「政」三位一體的共同體。**
**只有在此「會」、此「孔氏家」中才有如魚得水般的「心安」之感，才**
**能徹底滿足其「成己」「成物」之「成就」感與使命感。**韋伯在討論儒
教與清教的異同時指出，儒教統治下的中國從未出現與「世界」的緊
張關係，「因為沒有任何一種倫理，能夠像激進的現世樂觀主義的儒教
體系那樣，堅定不移地徹底消除現世同個人超現世的規定之間悲觀的
緊張關係。」[67] 這一看法受到了墨子刻的強烈質疑。墨子刻指出以韋伯為
代表的西方論述中國宗教的著作通常只注重鬼、神、祖先崇拜一類的信
仰現象，而忽略了儒家經典中許多表達宗教情感的地方，尤其忽略了
儒家修行生活中的「內在精神生活」，而這種內在生活具有強烈的宗教
意義。[68] 確實心學結社所建構的性命共同體擁有(1)共同的救世使命
感，(2)共同的聖經，(3)聖傳認信系統(「道統」)，(4)精神領袖，
(5)統一的組織(「講會」)，(6)活動場所(「書院」)，並舉辦(7)定
期化、儀式化的講會活動。「這些陽明學者的生命是在一群同樣對儒家
聖學具有宗教般熱忱的朋友中尋找認同。雖然無論從觀念或行動上，他
們都無法像學佛者一樣捨離這個世界，從家庭中出走，但是他們的確渴

---

67　韋伯著，王榮芬譯：《儒教與道教》(臺北：商務印書館，1995 年)，頁 287-288。
68　墨子刻著，顏世安等譯：《擺脫困境：新儒學與中國政治文化的演進》，頁 192-
　　193。

望暫時拋開世間雜念和家庭的牽累，在一群純男性的、志同道合的朋友中追求他們認為最純粹高超的精神境界。」[69]

那麼，這一系列的心學「家」觀念與「過渡時代」中的「毀家」「破家」「去家」思潮有何關聯？它在「數千年一大變局」中究竟會扮演何種角色？

## 三、繼承與斷裂：近現代「家庭革命」思潮與陽明心學一系家思想的糾纏

王汎森先生在《中國近代思想中的傳統因素》一文中指出，「宋明理學的道德修養資源在近代思想與行動中所造成的影響是紛紜多樣的」，一些觀念從其原有的有機母體中抽離而出，成為「散開的分子」（「材料」），並在新的母體（「理念」「主義」）中重組，這樣「理學的諸多成分，被以化合作用般的方式重新組織到一個新的結構中，〔……〕宋明理學本身原來的一套倫理觀及價值觀已經不再居核心地位，它的各個分子被收攝到一個個與理學無關的最終的目標上去。這個目標可以是革命，可以是打到傳統，可以是救國，甚至可以是反理學。」[70] 王汎森先生特別提到理學思維的三個要素（「自然人性論」「自我轉化」「心的強調」）對新文化運動前後的道德思想之轉變、近代仁人志士的人格塑造、革命與解放運動中的「心的神化」「人的神化」都起到了某種「憑藉」作用。的確，心學一系救世的使命感、知行合一果敢行動力，破生死一念的「不怕死」精神，在塑造領袖人格、凝聚全民的意志中，在建

---

69　呂妙芬：《陽明學士人社群：歷史、思想與實踐》（北京：北京師範大學出版社，2017 年），頁 236。又參彭國翔：《王畿的良知信仰論》，《中國哲學史》，2002 年第 3 期。

70　王汎森：《中國近代思想與學術的系譜》（上海：上海三聯書店，2018 年增訂版），頁 152-153。

構民族國家與大同世界運動中都起到了不可或缺的作用。[71]

就陽明心學一系的「家」觀念而論，它不僅成為近現代「毀家」「破家」「去家」的精神「材料」「憑藉」，而且兩者之間具有某種主題上的遞進性與思維模式上的對應性。

第一，主題上的遞進性係指近現代的「毀家」「破家」「去家」思想是接續「萬物一體」「天下一家」心學精神而演進的一個「結果」。如上所述，心學一系的一體之仁思想重在強調「一體」與「無間」，乃至「親」字被不加區別地用於所有仁愛的對象，天地萬物均成為「一家之親」的範疇。陽明雖偶因弟子的質問而指出一體之仁與墨子兼愛之不同（《傳習錄》第 93 條），但當羅近溪將「孝」與「仁」闡發為「一團生意」，「滿腔皆惻隱，遇物遇人，決肯方便慈惠，周恤博濟」，而遭到門人「如此，卻恐流於兼愛」之質疑時，近溪就直接反駁說：「君之所恐，卻不會流矣。但或心尚殘忍，無愛可流焉耳。」[72] 心學一系這種「親密無間」的一體之仁的觀念已彰顯出仁之無所不「通」性，鄒東廓、羅近溪、耿天臺、方本庵均提出「**通天下為一身**」的說法。[73] 這種「通天

---

71 高瑞泉指出譚嗣同仁學與心力的一個重要思想資源即是陽明心學。見《動力與秩序：中國哲學的現代追尋與轉向（1895-1995）》（桂林：廣西師範大學出版社，2019 年），頁 102。

72 方祖猷等編校整理：《羅汝芳集》（南京：鳳凰出版社，2007 年），頁 15。毋庸置疑，心學乃至宋明理學「仁者以萬物為一體」的理念極容易與墨子的兼愛混同，而有悖于傳統情有親疏、愛有差等的理念。陽明的心學盟友黃久庵曾在晚年對此有深刻的反思：「今之君子，每言『仁者以天地萬物為一體』，以為大人之學如此。而究其說，則以吾之父子，及人之父子，及天下人之父子為一體；吾之兄弟，及人之兄弟，及天下人之兄弟為一體；吾之夫婦，及人之夫婦，及天下人之夫婦為一體；吾之朋友，及人之朋友，及天下人之朋友為一體；乃至以山川、鬼神、草木、瓦石皆為一體，皆同其愛，皆同其親，以為一體之仁如此。審如此，則聖人之所謂『親親而仁民，仁民而愛物，情有親疏，愛有差等』者，皆非也。實不知其說已墮于墨氏之兼愛，流于空虛，蕩無涯涘。」黃綰撰，張宏敏編校：《黃綰集》，頁 657。

73 通天下為一身的說法可以溯至王陽明《書趙孟立卷》：「惟夫明其明德以親民也，故能以一身為天下；親民以明其明德也，故能以天下為一身。**夫以天下為一身**

下為一身」在近代新仁學論述中直接被引申為仁之為仁的「第一義」。譚嗣同論仁，始終圍繞「通天地萬物人我為一身」而展開，由通一己之身而「通於」一家，由一家而通於鄉里，由一鄉一縣通於一國，進而通於全球，「通者如電綫四達，無遠弗屆，異域如一身也。」[74] 而對墨子兼愛淆亂親疏之傳統批評，譚嗣同反駁說，就體魄而言乃有親疏之別，且是「妄生分別」，「不生不滅之以太，通天地萬物人我為一身，復何親疏之有？」[75] 康有為《大同書》同樣稱吾人之身通天、通地、通人，「如電之行於氣而無不通」，而種種人道之苦則皆源自「界隔」（國界、級界、種界、形界、家界、業界、亂界、類界、苦界）不通。就「家界」而言，「有家之害大礙於太平」，其害計有十四種之多，其中一半因「各私其家」所致。欲太平大同則必「去家而為天民」。其《春秋董氏學》更將「仁愛」劃分上中下三大級：「孔子之道，最重仁。人者，仁也。然則天下何者為大仁？何者為小仁？鳥獸、昆蟲無不愛，上上也；凡吾同類，大小、遠近若一，上中也；愛及四夷，上下也。愛諸夏，中上也；愛其國，中中也；愛其鄉，中下也。愛旁側，下上也；愛獨身，下中也；愛身之一體，下下也。」[76] 梁啟超也反複說孔教是「兼善主義」，而非「獨善主義」：「然則言博愛者，殺其一身之私以愛一家可也。殺其一家之私以愛一鄉族可也。殺其一身、一家、一鄉族之私以愛一國可也。

---

也，則八荒四表，皆吾支體，而況一郡之治，心腹之間乎？」《王陽明全集》卷28，頁 1024-1025。

74　《譚嗣同全集》（北京：三聯書店，1954 年），頁 11。

75　《譚嗣同全集》，頁 28。

76　《康有為全集》（上海：上海古籍出版社，1999 年），第 2 冊，頁 832。蕭公權著，汪榮祖譯：《近代中國與新世界：康有為變法與大同思想研究》（南京：江蘇人民出版社，2007 年），頁 48-50。賀麟指出，康有為《大同書》中許多膽大激越的理想，如毀滅家族，公妻共產，破除國界、種界、形界、類界、級界等等主張，也頗與王學末流猖狂的一派接近。見賀麟：《五十年來的中國哲學》（商務印書館，2002 年），頁 3。

國也者，私愛之本位，而博愛之極點。」[77]

　　深受譚嗣同影響的楊昌濟在其《達化齋日記》（1898 年前後）寫道：「夫仁者以天地萬物為一體，非獨一時之天地萬物也，千載以上之天地萬物，吾有情焉；千載以下之天地萬物，吾有情焉。〔……〕蓋盈天地一氣也，**通**古今一氣也。氣出於吾之口而入人之鼻，離古人之身而成我之身，誠一氣也，焉有不相感動者乎？〔……〕吾觀世之君子，有殺身亡家而不悔者矣，彼非不欲生，實不忍以一身一家而害天下後世也。家有大難，死一男而生一家，孝子所願也。天下萬世有大難，死一男一家而生天下萬世，仁人所願也。夫人誰不愛其生，然而甘心死者何也？不忍不死也。毒蛇螫手，壯士斷腕，非不愛腕，非去腕不足以全一身也。**彼仁人者，以天下萬世為身，而以一身一家為腕，惟其愛天下萬世之誠也，是以不敢愛其身家。身雖死，天下萬世固生，仁人之心安矣**。成仁而死，則身死而心生；害仁而生，則身生而心死。哀莫大於心死，而身死次之。人之心非他，即天地之心也，非徒以私利其身而已。彼仁人者，以心為天地之主宰，而身為心之廬舍，則其以一身為腕固宜。夫仁人之甘死以成仁，庸眾之所以不喻也，非達性道之源者，曷足以語於斯！」[78]

　　以上種種突破「家界」而「成仁」之論述，其基調都是強調突破身家之私，強調仁愛之無所不通性，這皆可視為陽明心學天下一家萬物一體家國天下情懷的演進。只不過，比陽明心學一系「以天下為一家而不計自己之家」「以天下為家而不有其家」的論調相比，近代新仁學論述更加強調為了成全「大家」而不惜「殺身亡家」這一面向。這一點梁啟超早已點出。他在論乃師康有為大同說時指出：其「**最要關鍵，在毀**

---

[77]　梁啟超著：《新民說》（商務印書館，2016 年），頁 57。

[78]　王興國編校：《楊昌濟集》（北京：民主與建設出版社，2016 年），頁 351-352。毛澤東在其《講堂錄》中對楊昌濟此說有節錄，見《毛澤東早期文稿 1912・6—1920・11》，頁 590。

**滅家族**。有為謂佛法出家，求脫苦也，不如使其無家可出；謂私有財產為爭亂之源，無家族則誰複樂有私產？若夫國家，則又隨家族而消滅者也。」[79] 而在為譚嗣同《仁學》所作序言中，梁啟超又指出：新仁學「以求仁為宗旨，以大同為條理，以救中國為下手，以**殺身破家**為究竟。」

　　第二，陽明心學萬物一體、天下一家的情懷乃基於深刻的一體不容已生命體驗，這種體驗往往在悟道現象中充分展示出來。其中最有代表性的就是王艮的托天之夢：夢中天墜壓身，萬眾呼號求救，王艮奮臂托天而起，又順手將日月星辰整布如故，醒後則頓感心體洞徹，萬物一體。[80] 這個帶有濃厚宗教色彩的夢境很能體現出心學一系「萬物一體、天下一家」成己、成人不二這一體用一如的思維方式。自我拯救（天墜壓身）與拯救世界（萬人奔號求救）、「明明德」與「親民」是一體不可分的。這一成己成人不二的思維模式也同樣見於清末民初新仁學論述中。依《我史》所記，康有為的大同追求其精神動力也是源自其「忽見天地萬物皆成一體，大放光明」的悟道體驗。譚嗣同在闡述其「天下一家，中國一人之大慈悲」情懷時指出：「人外無己，己外無人。度人即是度己，度己即是度人。譬諸一身，先度頭乎？先度手乎？頭亦身之頭，手亦身之手。度即並度，無所先後也。」[81] 而在他論述仁之四通義（「上下通」「中外通」「男女內外通」「人我通」）時，最終訴諸的是其靜中自觀的生命體驗：「吾每於靜中自觀，見腦氣之動，其色純白，其光燦爛，其微如絲，其體紆曲紆繞。」[82] 除了將「心氣」換成了「腦氣」之外，這一光色體驗與陽明心學一系的萬物一體的體驗並無異同。梁啟超

---

79　梁啟超撰：《清代學術概論》（上海：上海古籍出版社，2005 年），頁 68。
80　實際上陽明詩歌中亦有類似「補天」豪情，其《游落星寺》詩云：「女媧煉石補天漏，璇璣晝夜無停走。自從墮却玉衡星，至今七政迷前後。混一晝夜徒搞摩，敬授人時亦何有？玉衡墮却此湖中，**眼前誰是補天手**？」《王陽明全集》卷 20，頁 777。
81　《譚嗣同全集》，頁 89。
82　《譚嗣同全集》，頁 81。

則說：「若大聖大賢，把天下國家看成他的乳兒，把一切人類看成他的戀人，其痛癢一體之不能自已，又何足怪？」[83] 陽明《睡起偶成》詩云：「四十餘年睡夢中，而今醒眼始朦朧。不知日已過亭午，起向高樓撞曉鐘。起向高樓撞曉鐘，尚多昏睡正懵懵。縱令日暮醒猶得，不信人間耳盡聾。」[84] 島田虔次曾指出，陽明這種傳道使命的自信感、緊迫感與狂者胸次，與四百年後的譚嗣同「厄運就要到了！」的 喊很相似，這是一種「深刻的危機意識」、一種「迫切的心情」、「一種動的傾向」。[85]

近現代「毀家」「破家」「去家」精神雖與陽明心學一系家思想具有某種主題上的遞進性與思維模式上的對應性，但「對應」只是一思維模式上的對應，而其「遞進」則實越出了原來的「觀念間架」而呈現出「裂變」與「斷裂」之勢態，這主要表現以下四個方面。

第一，陽明心學一系雖有「一體無間」的觀念，但「一體」從未脫落身一家一國一天下這一存有脈絡，而「身」在本質上是扎根於「大地」（鄉土共同體）之中的有根系之身、一「**根著父母，連著兄弟，而帶著妻子**」之身，這是儒家仁愛的母體，由此母體沿著「縱向的時間軸」與「橫向的空間軸」無限延伸，而成就一「**貫古今、聯遐邇**」的天地之大身子：「**聯屬中國為一身，統會萬古為一息**」，「**聯天下國家以為一身，聯千年萬載以為一息**」，「**萬物皆為吾體，萬年皆為吾脈。**」[86]「聯屬」突顯現時的族群、社群之團結，「統會」強調歷時的世代更替之一脈相承。天地生生之機即展現於此身的「根、連、帶、聯、統」之中。康有為、譚嗣同等所倡導的新仁學在「通」之義上繼承了傳統心學一體

---

83 梁啟超：《王陽明知行合一之教》，《梁啟超論儒家哲學》（北京：商務印書館，2012年），頁237。
84 《王陽明全集》卷20，頁780。
85 島田虔次：《王陽明與王龍溪──主觀唯心論的高潮》，《日本學者論中國哲學史》（臺北：駱駝出版社，1987年），頁392-394。
86 詳見拙文〈羅近溪「身不自身」觀〉，收入陳立勝：《宋明儒學中的「身體」與「詮釋」之維》，（北京：商務印書館，2019年），頁69-73。

無間、感通無礙的精神，兩者也均要「通天下為一身」的境界，但傳統
仁學之「通」是有根之「通」，即在人倫共同體中，聯屬父母、兄弟、
妻子，統會古人與後人，讓天地生生不息的「仁意」「生機」自不容已
地旁聯縱貫於天下與萬世之中，而新仁學之「通」則是一「橫通」，且
是一「無差別的橫通」，即打破「中外」「男女」「上下」「人我」之徹底
平等之「通」。

　　第二，儘管陽明心學一系注重友道，且有以友道涵化、調攝其他
四倫的思想，但「友道」在根本上是乃「成全」而不是「取代」其他
四倫。而在譚嗣同的新友道論述中，朋友一倫由涵化、調攝其他人倫
之「首倫」遞進為社會組織的唯一之倫，傳統儒家的人倫社會一舉被同
質化的、清一色的、純潔的友道共同體取代。依譚嗣同之看法，傳統人
倫中，惟有朋友一倫「於人生最無弊而有益」，體現出「平等」「自由」
「節宣惟意」三大特點，兄弟一倫於朋友之道「差近」，夫婦、父子、
君臣三倫「皆為三綱所蒙蔽，如地獄矣」。友倫無弊的觀念顯然與陽明
心學一系友道論一脈相承。更為重要的是譚嗣同還進一步指出，孔子與
耶穌之學均有賴於組織「學會」、有賴於「聯大群」，「合數千萬人以為
朋友」。而孔與耶為推行其學，乃至「背其井裏，捐棄其君臣、父子、
夫婦、兄弟之倫」，此亦可謂孔子在家出家說之再版。另外譚嗣同還指
出：「在孔教，臣哉，鄰哉，與國人交，君臣朋友也；不獨父其父，不
獨子其子，父子朋友也；夫婦者，嗣為兄弟，可合可離，故孔氏不諱出
妻，夫婦，朋友也；至兄弟之為友，於更無論矣。其在耶 明標其旨曰視
敵如友，故民主者，天國之義也，君臣，朋友也；父子異宮異財，父子
朋友也；夫婦擇偶判妻皆由兩情相願，而成婚於教堂，夫婦朋友也；至
於兄弟更無論矣。」[87] 此與心學一系以友倫涵養其他四倫亦有相似處。其
「四倫之圭臬，四倫咸以朋友之道貫之」與心學一系「朋友者五倫之綱」

---

87 《譚嗣同全集》（北京：三聯書店，1954 年），頁 67-68。

「四倫非朋友不盡」的說法也是遙相呼應的。惟陽明心學一系從未有因高舉朋友一倫而廢棄其餘四倫之設想，而譚嗣同則明確斷定「夫惟朋友之倫獨尊，然後彼四倫不廢自廢，亦惟明四倫之當廢，然後朋友之權力始大。」[88]更值得注意的是，譚嗣同之所以獨尊友倫其學理視野是出自其新天道：「上觀天文，下察地理，遠觀諸物，近取之身，**能自主者興，不能者敗。公理昭然，罔不率此**。倫有五，而全具自主之權者一，夫安得不矜重之乎！〔……〕夫朋友，豈真貴於餘四倫而已，將為四倫之圭臬，而四倫咸以朋友之道貫之，是四倫可廢也。此非讕言也。」[89]五倫中只有朋友一倫「不失自主之權」，自主之權本是一國家主權、政治自決的觀念，[90]今被轉換成一種修身要求，與此相關，傳統儒家的天地位、萬物育的「天道」已被「能自主者興，不能者敗」這一物競天擇的「新天道」取代。

第三，雖然陽明心學跟程朱理學一樣將「天理之公」與「人欲之私」對置，在王龍溪「其心愈公，則其善愈大」的論述中，亦可見到團體、國家、天下被賦予公義價值上不斷遞進的優越性色彩，但此處「公」「私」論述在本質上有別於近代「公」「私」話語。「父慈子孝、君仁臣忠」是「公共底道理」「〔……〕自天地以先，羲、皇以降，都即是這一個道理，亙古今未嘗有異。」[91]質言之，夫婦、父子這樣的根本性人倫，儘管屬今人所謂「私」的範疇，但卻也是「公」。[92]在陽明心學中，

---

88 《譚嗣同全集》，頁 68。

89 《譚嗣同全集》，頁 66-67。

90 「自主之權」是晚清學人翻譯西方權利（rights）或自由（liberty）所用術語，該詞最初由傳教士引入中國，開始之時指涉國家主權的意味較濃，但逐漸地康有為等人開始用來討論與西方相關的一些環繞著個體與群己權界的概念。見黃克武：**《近代中國的思潮與人物》**（北京：**九州出版社**，2016 年修訂版），頁 20-23。

91 《朱子語類》卷十三，朱杰人等主編：《朱子全書》（上海：上海古籍出版社；合肥：安徽教育出版社，2020 年），第 14 冊，頁 397。

92 陳弱水：《中國歷史上「公」的觀念及其現代變形》，《公共意識與中國文化》（北京：新星出版社，2006 年），頁 85。

身家之私只是妨礙求道、求性命之學的一種的障礙，但性命之學在本質上是在日用倫常之中落實，故不會逸出「愛親敬長」這一倫常價值。

心學士人雖然以天下為己任，其一體不容已之情在身—家—國—天下這個連續體展現時卻又是極富彈性的，王陽明評定宸濠之亂後遭到讒議，曾一度謂門人曰：「此時若有一孔可以竊父而逃，吾亦終身長往而不悔矣。」[93] 此即意味著「獨善其身」也是士人的一項選擇，而「家」一直是可進可退的栖身之所。這充分說明，在傳統的身家之私與天下之公的論述中，公私是極富伸縮性的一對範疇，[94]「公」與「私」的分際並無斷裂為兩橛，「公」領域是「私」領域的擴大與延伸，且「一直以親親之恩來涵容、滋潤僵硬的政治或法律秩序，使之成為有生機的生命。」[95] 孟子一直以親親敬長論仁義，《孟子・離婁上》曰：「仁之實，事親是也。義之實，從兄是也。」其著名的「桃應之問」更是顯明聖人絕對不會「以公義廢私恩」（當然也不會「以私恩害公義」）。而在現代革命意識形態的公私論述中，「大公無私」成為一種基調，「一家之私」與「大群之公義」完全是一零和關係。在世界主義眼中，家與國都是私；在國家主義眼中，家與族都是私。[96] 梁啟超斷然否定了「獨善」之可能性：「不孝此私德上第一大義，盡人能知者也。群之於人也，國家之於國民也，其恩與父母同，蓋無群無國則吾性命財產無所托，智慧能力無所

---

93 《年譜二》，《王陽明全集》卷 34，頁 1270。

94 費孝通稱儒家的道德範圍不同于耶穌、墨翟「一放不能收」，它能根據需要「能放能收、能伸能縮」。見費孝通：《鄉土中國》（上海：上海人民出版社，2006 年），頁 24。

95 黃俊傑：《東亞近世儒者對「公」「私」領域分際的思考》，黃俊傑、江宜樺編：《公私領域新探：東亞與西方觀點之比較》（臺北：臺大出版中心，2005 年），頁 125。另參陳弱水：《中國歷史上「公」的觀念及其現代變形》，《公共意識與中國文化》，頁 69-117。

96 「人人皆知有己，不知有天下。君私其府，官私其爵，農私其疇，工私其業，商私其價，**身私其利，家私其肥，宗私其族，族私其姓**，鄉私其土，黨私其裏，師私其教，士私其學，以故**為民四萬萬，則為國亦四萬萬，夫是之謂無國**。」梁啟超：《說群序》，《梁啟超全集》（北京：北京出版社，1999 年），第 1 冊，頁 93。

附，而此身將不可以一日立於天地，故報群報國之義務，有血氣者所同具也。苟放 此責任者，無論其私德上為善人、為惡人，而皆為群與國之蟊賊。〔……〕**明乎此義，則凡獨善其身以自足者，實與不孝同科。**」「耗矣哀哉！吾中國人之無國家思想也，其下焉者惟一身一家之榮瘁是問，其上焉者則高談哲理以乖實用也。〔……〕**夫獨善之與私惡其所以自立者雖不同，要其足以召國家之衰亡，一也。**」[97] 傳統儒家獨善其身、守道不回的隱退之路被截斷，人於其家中自足存在的合理性被連根拔起。與此相關，傳統「修齊治平」中的「齊家」一節也變得多餘了。

第四，譚嗣同新仁學已經明確指出一旦「仁」之「通」得到落實，「千里萬里，一家一人。視其家，逆旅也；視其人，同胞也。父無所用其慈，子無所用其孝，兄弟忘其友恭，夫婦忘其倡隨」，家人與國人、天下人皆得「一視同仁」，「齊家」遂失去了正當性與必要性。譚嗣同完全否定了《大學》「家齊而後國治，國治而後天下平」的次第，「齊家」只是「封建世之言」：「封建世，君臣上下，一以宗法統之。天下大宗也，諸侯、卿大夫皆世及，複各為其宗。民受田於其上，而其上之制祿，亦以農夫所入為差。〔……〕宗法行，而天下如一家，故必先齊其家，然後能治國平天下。自秦以來，封建久湮，宗法蕩盡，國與家渺不相涉。**家雖至齊，而國仍不治；家雖不齊，而國未嘗不可治；而國之不治，則反能牽制其家使不得齊。**於是言治國者，轉欲先平天下；言齊家者，亦必先治國矣。」[98] 後來青年傅斯年則進一步將「修身」與「齊家」的對立起來：「《大學》上說『修身然後齊家』在古時宗法社會，或者這樣。若到現在，修身的人，必不能齊家。齊家的人，必不能修身。修身

---

97 陽明心學中惟王艮對「獨善其身」說持保留態度。1538 年御史陳讓作歌贊美王艮，稱其「海濱有高儒，人品伊傅匹」。王艮笑而不受：「伊、傅之事我不能，伊、傅之學我不由。」因為「伊、傅得君，可謂奇遇。如其不遇，終身獨善而已。孔子則不然也。」此即是說大丈夫無論窮、達，始終應以天下為己任，出必為「帝者師」，處則必為「萬世師」。

98 《譚嗣同全集》，頁 85。

必要『率性』，齊家必要『枉己』，兩件是根本不相容的。」最後傅斯年奉勸「沒有掉在網裏的人」：「獨身主義是最高尚、最自由的生活，是最大事業的根本。」[99] 如此，傳統修身學中重要環節「齊家」於其上下一節「修身」「治國」皆被視為「無涉」，甚至被視為「不相容」。周海門云：「舍了家庭，更無所謂學者。」[100] 今所謂仁學、修身學均將「家庭」一節截去，這在傳統陽明心學是絕對不可設想的。

## 四、結論：如何在現代性中安頓儒之「家」

近代喧囂一時的「毀家」「破家」「去家」思潮反映了由宗法社會（滕尼斯所謂的「共同體」）向現代社會過渡所遭遇的困境。金耀基在《個人與社會──儒家倫理範典的特性及其在現代社會中的問題》一文中稱儒家嘗試超越楊朱為代表的個人主義與以墨子為代表的集體主義而走「第三條路」，即「修齊治平」之路。這是調和、結合個人與社會的關係以建立人間秩序的一個「文化設計」（cultrual project），只是這個設計出現了兩種充滿矛盾的傾向：在「家之內」個人是「去自我中心化」的，個人成為一種依存者；在「家之外」個人成了狹隘的個人主義者，完全不具有公共意識。問題的癥結在於「家」：「在儒家的『文化設計』中，『家』本來只是由己到國再到天下一條路上的一站，但這一站特別大，特別重要，儒家的心計幾乎都放在家上」，「以致『家之內』出現了個人淹沒於家的群體中之集體主義傾向性；『家之外』則出現了有個人而無他人的利己主義的傾向性。」於是救亡圖強者將對「家」的忠誠轉為對「國家」的忠誠，而走向集體主義、國家主義之路；個人啟蒙者則將家視為羈絆個性的枷鎖而走向個人主義、自由主義之路。「救亡」

---

99　孟真：《萬惡之原（一）》，《新潮》，1919 年第 1 卷第 1 號，頁 127。

100　周汝登撰：《海門先生文錄》卷 2，《四庫全書存目叢書・集部》（濟南：齊魯書社），第 165 冊，頁 170。

與「啟蒙」的雙重奏卻有共同的基調即批判中國傳統的「家」。[101]

經過百年的整體結構的騰挪轉身，扎根於傳統盤根錯節的「血緣共同體」中的個人已經抖落一空身上的「身家」土層，從宗法網絡中「脫嵌」而出，並被「再嵌入」現代社會中而成為一個自由流動的「分子」。的確，人在原則上是有能力擺脫對宗教、種族、民族、國家的依附而成為「天民」即擁有自由與尊嚴的獨立自主的個體。然而無可否認的是，傳統的依附網絡儘管對個體自主有抑制乃至束縛的一面，但也為個體提供了保護、依托與行為指引，故使人有「在家」的感覺，而現代個體作為「無負擔的自我」（the unencumbered self），即是「出離自身」的，在本質上即是「無家可歸」的，「這種不具有任何必然的社會內容和必然的社會身份的、民主化了的自我，可以是任何東西，可以扮演任何角色、采納任何觀點，因為它本身什麼也不是，什麼目的也沒有。」[102]他雖然享受到了無限選擇的可能性，但卻也因此背負了因失去「參照系」而不知所措的焦慮，自由反而成為個體不能承受之重，於是而有弗洛姆（E. Fromm）所謂的「逃避自由」的衝動；同時又因市場主義、消費主義、物質主義的盛行而喪失了自製力，看似自主的主體實已淪為馬爾庫塞（H. Marcuse）所謂的「單向度的人」而不自知。社會生活的孤立化、原子化所造成的「孤獨的人群」（lonely crowd），現代社會組織官僚化、形式化、人際關係的物化、去個人化所造成的「鐵牢籠」（iron cage），個體與經濟及政治的疏遠所造成的「異化」（alienation），個體喪失了與他者可靠聯繫所造成的「失序」（anomie）等等一系列所謂「現代性的隱憂」現象，[103]成了現代個體揮之不去的「夢魘」。生活世界變成了「計算」「工作進取」與「加工」的「冰冷對象」，而不再是「溫

---

101 金耀基：《金耀基自選集》（上海：上海教育出版社，2002 年），頁 162-168。

102 麥金太爾著，宋繼杰譯：《追尋美德》（南京：譯林出版社，2011 年第 2 版），頁 40。

103 什托姆普卡著，程勝利譯：《信任：一種社會理論》（北京：中華書局，2005 年），頁 8-9。

暖的、有機的家園」與「愛和冥思的對象」。[104] 這一現象的本質症候可用「無家可歸」表示。[105]

　　一方是有「依附」而無「獨立」的歸屬感、親切感，此是私人領域，是修身齊家的範圍；一方是「無負擔」而無歸屬的自由感、獨立感，此是公共領域，是治國平天下的範圍。兩者之間形成了「一道難以跨越的鴻溝」，「如果不能在『家』與『公共領域』之間關係這個關鍵部位有所突破，中國文化傳統的『修齊治平』也就再難在現代社會立足」。[106] 實際上，如何建設一個「好的社會」，既讓人之個體自由與尊嚴得到保障的同時，又讓人有「在家」的溫暖感、親切感與歸屬感是當今中西文明面臨的共同問題。[107] 金耀基曾指出今天中國文化面對的挑戰就是要真正打通儒家文化設計的「第三條路」，而要打通此路則必須承認現代性中的個人生活世界已經從熟人社會（面對面的社群）進入到陌生人社會，因此必須把個人從「家」成員身份擴展為社會公民身份。在這個擴展身份的過程中，「一方面從傳統的家的集體中找回孔孟儒學所強調的個體的尊嚴與獨立性，一方面把傳統家的親和的人際間紐帶擴大到社會中的陌生人上去。」[108] 金先生的洞見恰恰也是杜維明先生一直設想的「儒家社會」的道路，即在「信賴社群」中達成個人的「自我實現」之路。「人的尊嚴、自由和獨立，在所有現代社會中都受到高度珍視。如果在一個儒家社會，既以它所信奉的『為己之學』的價值觀和不斷『自我實現』的道德律令為基礎，又能形成基於自由和權利的觀念並發

---

104 舍勒：《愛與永生》，劉小楓編：《舍勒選集》（上海：上海三聯書店，1999 年），頁 988。

105 Peter Berger, *Pyramids of Sacrifice: Political and Social Changes*, (Anchor Press, 1976), p. 23.

106 孫向晨：《家：個體與親親》（上海：華東師範大學出版社，2019 年），頁 308-309。

107 羅伯特・貝拉即指出個體的尊嚴與自主要得到真正的保證，就必須實現一種新的社會聚合。見貝拉等著，翟宏彪等譯：《心靈的習性：美國人生活中的個人主義和公共責任》（北京：三聯書店，1991 年），頁 433。

108 《金耀基自選集》，頁 170。

展保障公民隱私的法制，那麼，這種社會會視個人為一切關係之中心而非孤立個體的信念，將會有助於建立穩定的民主。」[109] 杜先生還指出，傳統中國社會中，作為人際關係原初聯繫的典範的家庭必須經過「創造的轉化」，才可能成為「現代價值的助緣」，否則，「還有異化為扼殺個性的外在機制的危險。」[110]

因此最為關鍵的一步仍然是「齊家」這一環節。必須重新恢復被「毀家」「破家」「去家」思潮所否定的「齊家」一節的正當性與必要性，激活「齊家」一節在傳統向現代轉化過程中應有的作用。在某種意義上，這是向陽明心學一系「天下一家、萬物一體」觀念的一種「回歸」，即在身—家—國—天下這一存有脈絡中重建一種既能安頓個體自尊與自由又能保障人際和諧的社會秩序。毫無疑問，這不是一種簡單的回歸，而是螺旋式的上升與進步。

激活新世紀的齊家意識，需要一番系統而深入的理論闡釋工夫。概言之這取決於：第一，重新聯通「家」（私域）與「社會」（公域）之間的良性互動的關聯性。第二，重新闡述「家」存在向度的深刻精神內涵。筆者《在「現代性」中如何安頓儒「家」》一文集中討論此兩個議題，此處不贅。

---

109 郭齊勇、鄭文龍編：《杜維明文集》（武漢：武漢出版社，2002 年），第 5 冊，頁 492。
110 杜維明：《現代精神與儒家傳統》，郭齊勇、鄭文龍編：《杜維明文集》，第 2 冊，頁 373。

# 第十章
# 啟蒙的辯證：
# 徐復觀與西方馬克思主義的觀點

陳昭瑛 *

chapter 10

## 一、前言

　　本文擬從徐復觀和西方馬克思主義對「啟蒙」（Enlightenment）的省思，指出雙方皆認為啟蒙本身會產生反啟蒙，即具有走向自己對立面的傾向。雙方對「啟蒙的辯證」有相似的理解，實是基於雙方相似的世界觀。

　　阿多諾（Theodor W. Adorno, 1903-1969）與霍克海默（Max Horkheimer, 1895-1973）於《啟蒙的辯證》（ *Dialektik der Aufklärung* ）中從許多方面指出啟蒙如何變成啟蒙所反對的神話。在啟蒙中，克服迷信的理性可以掌控失去魔力的自然；理性成了至高無上的權力，足以奴役一切生物。對啟蒙而言，自然界是數學上可以掌握的，而這是一種思維的自我物化，「數學方法變成了思想上的儀式」。另一方面，「商品失去了它的經濟性質，而具有了拜物教的性質」，並且滲入社會生活的各個角落。徐復觀（1903-1982）也主張啟蒙精神造成人對自然的掠奪，造成人與自然關係的疏離，他也批判啟蒙的現代性將人文領域之豐富精神內涵化為數字，化為數學上可以掌握的東西。其次，《啟蒙的辯證》對現代「文化工業」的批判與徐復觀對現代藝術的批判更是桴鼓相應。啟蒙原是為了啟迪民智，結果卻以愚民告終。徐復觀認為「被動依靠」大眾的個體失去了主體性，阿多諾等人也認為文化工業是反主體性的，

---

*　臺灣大學中國文學系特聘教授兼人文社會高等研究院副院長。

破壞了藝術的自律自主。從許多方面來看，雙方對「啟蒙」發出雷同的批判，值得彰顯出來並加以探析。

## 二、啟蒙與自然

啟蒙的辯證意指啟蒙如何導致啟蒙自身的異化，也就是如何走向自己的對立面，成為反對自己的一股力量。徐復觀和阿多諾、霍克海默一樣，皆將焦點置於「自然」，即啟蒙如何解除自然的神祕性，如何物化自然，又如何經由物化自然，而物化自身。《啟蒙的辯證》開宗明義即引述培根（Francis Bacon, 1561-1626）的看法，「他認為克服迷信的人類心靈可以指揮失去魔力的自然。」[1]「知識就是權力，認知沒有障礙，不論是奴役人或是順從世界的統治者皆然。」[2] 阿多諾與霍克海默認為這種知識的本質是技術（technology），這種技術性的知識非以概念、意象和洞見來運作，而是基於「方法」（methods），基於對其他人的工作和資本的「剝削」（exploitation）。培根認為「許多東西」（many things）只不過是「工具性的」（instrumental）。[3] 人們想從自然學到的是如何「利用」（use）自然，以便完全「宰制」（dominate）自然和人。[4] 上述「技術」、「方法」、「剝削」、「工具」、「宰制」皆針對自然，且最終也針對與自然共生的人自身。由人的理性、心靈出發的啟蒙，最終通過宰制自然而宰制人自身，這即是啟蒙的辯證。

根據阿多諾和霍克海默的看法，在啟蒙的思維中，人為了利用自然、宰制自然，就必須先行解除自然的神祕性。原來在原始宗教、巫術宗教、自然宗教當中，自然因具有某種神祕性，甚至神聖性，

---

[1]　Theodor Adorno & Max Horkheimer, "The Concept of Enlightenment," *Dialectic of Enlightenment*, trans. by John Cumming (London: Verso, 1979), p. 4.

[2]　Ibid., p. 4.

[3]　Ibid., p. 4.

[4]　Ibid., p. 4.

尚為人所崇拜與恐懼。因此，「要解除世界的神秘，就要消解泛靈論（animism）。」[5] 依照《啟蒙的辯證》，世界至少經歷兩次的解除神秘（disenchantment）。當空氣、火等物質被視為自然界的原始物質，已指出神話的理性化（rationalization）。從尼羅河傳到希臘的一些關於水和土壤的意象，變成萬物有生論（hylozoistic）的原理。同樣的，神話中的魔鬼也變成了存有論的本質。最後的高潮在於柏拉圖（Plato, c. 427-347 BCE）。柏拉圖以其理念，將奧林匹斯山上宗法制的諸神，理解為哲學的「邏各斯」（logos）。[6] 近代啟蒙則更進一步，從近代啟蒙來看，邏各斯是舊形上學的遺留，實體（substance）和質（quality），能動（active）與受動（suffering），存有（being）與存在（existence），這些哲學的核心概念，已經不為科學所用。[7] 阿多諾和霍克海默指出，柏拉圖最後著作中出現數字與理念的神秘等式傳達了解除神話（demythologization）的渴望：數字變成了啟蒙的典範。[8] 對啟蒙而言，凡是不能化約為數字（numbers）的，最終就會化約為「一」（the one），淪為幻想，現代實證論則將之一筆勾銷為「文學」（literature）。[9] 文學被數字取代，數字化、數量化無遠弗屆，無所不能，成了啟蒙的新神學。

　　徐復觀一再批判反自然的西方現代文化思潮，這股思潮在精神上便是以《啟蒙的辯證》所批判的啟蒙為先驅。徐復觀在檢討現代文明時，雖未特別強調現代文明為「啟蒙」的遺緒，但就他對啟蒙和現代文明的了解，其實正有此意。首先，徐復觀對啟蒙也有正面評價，他盛讚孔子對啟蒙運動發揮了正面的影響。[10] 其次，徐復觀也注意到啟蒙運動之

---

5　Ibid., p. 5.

6　Ibid., p. 6.

7　Ibid., p. 5.

8　Ibid., p. 7.

9　Ibid., p. 7.

10　如〈再論「古為今用」〉：「西方十八世紀的啟蒙時代，通過教士而傳到西方去的中

後西方的發展是朝向資本主義、殖民主義，而最後到達了帝國主義，[11]
甚至軍國主義。[12]而在文化上，這一趨勢則是走向虛無主義。他指出從
文藝復興到啟蒙運動，歐洲市民階級要求由「神的支配」轉向「人的支
配」，因此種下虛無主義的種子。其中之重大轉折在於因科學技術的進
步，又由「人的支配」進入「機器的支配」。[13]因此徐復觀其實和阿多
諾、霍克海默一樣，認為啟蒙開啟現代文明、現代人生活中的諸多負面
能量。雖然作為新儒家代表人物，徐復觀也接受新文化運動的價值：民
主與科學，但他的接受絕不盲目，除了主張在中國文化的土壤上種植民
主政治與社會主義之花，他也敏銳的看出科學被誤用的危機。他對邏輯
實證論的批判與《啟蒙的辯證》所論幾乎如出一轍，他於〈今日中國文
化上的危機〉（1959 年 3 月 2 日發表於《東風》）指出：

> 邏輯實徵〔證〕論則否定認識性以外的一切文化生活的價值。
> 於是，兩千多年來，經過多少艱辛努力所奠定的人的地位，
> 開始動搖、巔墜；他們認為凡是不能數量化的東西，凡是超出
> 刺激反應之外的東西，都是來自低於一般動物的迷妄；他們
> 要求把人釘住在一般動物的位置之上，以便他們好作實驗、演
> 算。[14]

這段話不只批評邏輯實證論，也批評行為主義心理學。在批評現代為

---

國文化，得到了正常的理解，得到了很高的評價。」見《徐復觀雜文 1：論中共》
（臺北：時報出版公司，1980 年），頁 35。在〈當前讀經問題之爭論〉亦言：儒
家德治禮治思想在德國法國有推動啟蒙運動的作用。見《徐復觀文錄（二）文化》
（臺北：環宇出版社，1971 年），頁 27。

11　見〈再論「古為今用」〉，《徐復觀雜文 1：論中共》，頁 35-36。
12　〈藝術與政治〉，《徐復觀文錄（三）文學與藝術》（臺北：環宇出版社，1971 年），
頁 63。
13　〈危機世紀的虛無主義〉，《徐復觀文錄（一）文化》（臺北：環宇出版社，1971
年），頁 34-35。
14　徐復觀：〈今日中國文化上的危機〉，《徐復觀文錄（二）文化》，頁 12-13。

「不思不想的時代」，徐復觀同樣對數量化提出質疑。他指出現代科學的宣傳家對於不能用自然科學方法處理，「不能使其可用數字測量」，也不能為耳目感官接收者，皆斥之為「不真實的、不需要的東西。」[15]不僅批評邏輯實證論時，徐復觀和阿多諾、霍克海默一樣直指其「數字化」、「數量化」的謬誤將導致對「文學」等價值加以抹煞，雙方更是有志一同的將此一數量化連結於商品化。《啟蒙的辯證》指出資產階級社會由等價物所支配，將非等值的東西化約為抽象的量。[16]徐復觀也指出現代人「是由機械、支票，把大家緊緊地縛在一起的當中的分裂者，孤獨者。」[17]貨幣化、商品化將屬於人的價值化約為數字。這是啟蒙之數量化的極致，雖然阿多諾、霍克海默暗示柏拉圖已埋下伏筆，但此一現代社會的商品化、數字化的表現絕非柏拉圖所樂見。

　　徐復觀對以民主科學為代表的西方近代文明的看法曾經歷變化。上述〈今日中國文化上的危機〉發表於 1959 年，然在更早，在 1954 年發表的〈中國知識份子的歷史性格及其歷史的命運〉，他尚對西方之「量化」取正面態度，他說：

> 中國文化，應由與西方文化的接觸而開一新局面；中國的歷
> 史，應由與西方文化的接觸而得一新生命。代表西方文化的科
> 學與民主、一方面可以把中國文化精神從主觀狀態中迎接出
> 來，使道德客觀化而為法治，使動機具體化而為能力；並以可
> 視的可量的知識，補不可視不可量的道德文化所缺少的一面。
> 另一方面則由科學民主而提供了我們以新的生活條件與方法，

---

15　徐復觀：〈不思不想的時代──東京旅行通訊之二〉，《徐復觀文錄（四）雜文》（臺北：環宇出版社，1971 年），頁 12。

16　Theodor Adorno & Max Horkheimer, "The Concept of Enlightenment," *Dialectic of Enlightenment*, p. 7.

17　徐復觀：〈不思不想的時代──東京旅行通訊之二〉，《徐復觀文錄（四）雜文》，頁 9。

　　使我們可以解決二千年久懸不決的問題。[18]

在這段話，「二千年久懸不決的問題」指中國的長期專制，徐復觀期
待以民主解決專制，這一點可以理解。另一方面，我們可看出徐復觀
對「可視的可量的知識」是肯定的，並認為可以「補不可視不可量的道
德文化所缺少的一面。」「可視的可量的」正是他在〈今日中國文化上
的危機〉所批評的行為主義、邏輯實證論的主要方法。自 1960 年代以
降，徐復觀逐漸集中火力批評西方近代文化。探討這段時間徐復觀對西
化的批判，必須考慮兩個背景：一是 1960 年徐復觀的東京旅行，其次
是兩場他參與的論戰。他在東京旅行中為《華僑日報》撰寫一系列文
章，集中檢討現代文化，以收於《徐復觀文錄（四）雜文》中的情形來
看，共 11 篇，其中第 6 篇〈毀滅的象徵──對現代美術的一瞥〉是與
之後現代藝術論戰相關的重要文獻。第二年即 1961 年 2 月發表的〈世
界危機中的人類〉，徐復觀於序言中提及東京旅行通訊系列文章，頗有
承其餘緒之意。以〈世界危機中的人類〉為首，寫於 1961 年評論現代
文化的文章亦達十篇，全數收於《徐復觀文錄（一）文化》，他稱之為
「未來世界的通信」。1961 年之後，徐復觀仍持續批評西方現代文化，
其動力可能來自在東京旅行期間對日本現代化的反省；其次，應該與臺
灣發生的兩場論戰有關，這兩場論戰是中西文化論戰和現代藝術的論
戰。

　　1961 年胡適（1891-1962）在一次演講，對著外國人士批評東方文
明「很少有靈性，或者沒有。」這場演講的內容招致徐復觀為文大力
批判。在〈中國人的恥辱，東方人的恥辱〉，雖然可看出徐復觀用詞犀
利，義憤填膺，論述的理路依舊非常清晰，除了為東方文明辯護，更提
出對胡適之科學觀的質疑。由於胡適主張「科學和技術」「代表著真的

---

18　徐復觀：〈中國知識份子的歷史性格及其歷史的命運〉，《學術與政治之間》（臺
　　北：臺灣學生書局，1980 年），頁 192。

理想和靈性」，而批評東方文明沒有靈性，促使徐復觀針對「科學與技術」提出了許多寶貴見解。他引述多位科學家的說法，指出自然科學中「捨質求量的研究方法」導致人類發展的困境。他認為科學技術本身是無顏色的，「科學技術，要由用的人賦予顏色，方向，亦即所謂理想；理想與科學技術的本身沒有內在的關連。」[19] 這是反駁胡適認為科學技術即代表理想與靈性的說法。徐復觀對西方科學家對科學的反省非常留意，從東京旅行通訊到「未來世界的通信」處處可以看見西方科學家為人文世界發聲的身影。然而在中國社會，尤其是當時的臺灣，五四運動影響深遠，新文化運動的旗手更在臺灣學術界居於主流地位，對科學之「讚頌」[20] 掩蓋了對科學之反省。西化論之反中國文化的言論促使徐復觀加強對西方現代文化的批判。

　　1961 年的另一場論戰是關於現代藝術。[21] 徐復觀在 1961 年 8 月 14 日於香港《華僑日報》發表〈現代藝術的歸趨〉，引爆了與現代畫家之間的論戰。此文可視為東京旅行通訊的續篇。東京旅行通訊之六為〈毀滅的象徵──對現代美術的一瞥〉，其中重要論點為〈現代藝術的歸趨〉提供基礎。〈毀滅的象徵──對現代美術的一瞥〉記錄了徐復觀於京都參觀美術館展覽的心得。他述及在西方畫室看到的現代西洋畫的印象，「覺得他們正在想極力破壞世界上可以用清明之光照得見的形相」，[22] 而代以極端的「雜亂」和「混沌」。[23] 他並指出現代美術所代表的西方文化

---

19　徐復觀：〈中國人的恥辱，東方人的恥辱〉，《論戰與譯述》（臺北：志文出版社，1982 年），頁 166。

20　徐復觀：〈中國人的恥辱，東方人的恥辱〉，《論戰與譯述》，頁 169。

21　關於這場論戰，論之者眾，可參考李公明：〈徐復觀與現代藝術思潮：以二十世紀六〇年代初臺灣現代藝術論戰中的徐復觀為中心〉，收於陳昭瑛編：《徐復觀的思想史研究》（臺北：臺灣大學人文社會高等研究院東亞儒學研究中心，2018 年），頁 477-521。

22　徐復觀：〈毀滅的象徵──對現代美術的一瞥〉，《徐復觀文錄（四）雜文》，頁 45。

23　同上文，頁 45。

是從反合理主義的根源中發生的。他所謂反合理主義指涉「原始生命的盲目性」,[24] 指涉科學與資本主義結合之下,產生的「以機械及功利為主的世界」,[25] 指涉「假科學之名以否定人的理想性的邏輯實證論,心理行為主義,精神分析等等。」[26] 他認為依此方向前進,人類將走向「毀滅的深淵」。[27]〈現代藝術的歸趨〉寫於東京旅行次年,顯然在東京之行與現代美術會面的經驗太過深刻,經過一年多的反省,徐復觀提出更為精警扼要的批判。他指出現代藝術破壞了藝術的形象,其所謂「抽象」,即抽掉自然形象,而最終破壞了藝術的形象。[28] 他並指出現代藝術的另一特性是「反合理主義」,反對「由合理主義所解釋,所建立起來的歷史傳統與現實上的生活秩序。」[29] 因此,現代藝術不僅反自然,也反歷史。而自然與歷史有深刻的聯結。

　　徐復觀於 1964 年 4 月發表的〈風景‧幽情〉,彰顯中國文化中自然與歷史的聯結,他指出「當人把自己的感情移向自然時,乃是無形之中,把自然加以有情化,加以人格化。」[30] 他進一步強調此中的「感情」對於具有文化意識的人,常是「發思古之幽情」。徐復觀在文中回憶 1960 年 5 月的京都之行所見的亭園之「清幽」。[31] 文末更神來一筆批評西化派缺乏文化教養,發不出懷古之幽情。[32] 依徐復觀之意,西化派不了解自然之有情化。中國的西化派可以說是阿多諾所論西方啟蒙之中國代理人,西化派對待自然的態度接近於西方啟蒙對自然的態度,是可

---

24　同上文,頁 48。
25　同上文,頁 47。
26　同上文,頁 47。
27　同上文,頁 48。
28　徐復觀:〈現代藝術的歸趨〉,《徐復觀文錄(三)文學與藝術》,頁 49。
29　同上文,頁 50。
30　徐復觀:〈風景‧幽情〉,《徐復觀文錄(四)雜文》,頁 152。此文原發表於《自由談》(1964 年 4 月)。
31　同上文,頁 153。
32　同上文,頁 155。

以理解的。

　　若說啟蒙中的自然未能被「有情化」、「人格化」，更可歎的是，連人也被「物化」。徐復觀指出，當人忘卻自己的主體性，而為科學所宰制時，人便「物化」了。他說：「使人化為物的是人的自身，科學家也並不曾叫人『物化』。」[33] 其意在於人誤用科學。徐復觀認為「人恢復了自己在科學中的主宰性」，[34] 才能恢復在現代文明中的主體性。「物化」（reification）是西方馬克思主義的重要概念，是西方馬克思主義大力批判的啟蒙現象。徐復觀也認為人被「物化」是現代文明的危機。他說：「現代文明，是把人從屬於自己所造出的機械。機械變成了主體，而人自己反成為機械的附庸。」[35] 至於人與人的關係，「變成了機械零件與零件間的關係。」[36] 現代文明不僅將人「物化」，也將人與人的關係「物化」。不僅人與自然之間缺乏感情，人與人之間亦然。於是，啟蒙的政治內涵浮現了。

## 三、啟蒙與政治

　　徐復觀認為失去主體性、自主性的人淹沒於技術與官僚之中成了「大眾」，[37] 他說：

　　這一趨向的形成，一般的說，是由於每一個人，都被編入於萬
　　能化的技術家政治（TECHNOCRACY），及日益擴大的官僚政

---

33　徐復觀：〈不思不想的時代──東京旅行通訊之二〉，《徐復觀文錄（四）雜文》，頁 16。

34　同上文，頁 16。

35　徐復觀：〈櫻花時節又逢君──東京旅行通訊之一〉，《徐復觀文錄（四）雜文》，頁 5。

36　同上文，頁 6。

37　徐復觀：〈不思不想的時代──東京旅行通訊之二〉，《徐復觀文錄（四）雜文》，頁 11。

治（BUREAUCRACY）之中，使每一個人，不是以「一個人」的身分而存在，乃是以「大眾」的身分而存在。「大眾」這個名詞，我覺得很有意思。一個人，在萬能地技術與龐大地官僚集團之前，真會感到太渺小、無力。失掉了存在的權力與勇氣，於是只好以「大」而且「眾」的集體形相，來向技術與官僚，爭取一點平衡，表現一點存在。這樣一來，每個人，只有被動地依靠「大眾」，才能獲得生存的安全感。[38]

在此徐復觀僅論及技術與官僚，尚未論及技術與民主政治，因為他對民主政治一直存有信心。然深受法西斯之害的法蘭克福學派，親眼目睹民選總統希特勒（Adolf Hitler, 1889-1945）造成的人類浩劫，對於啟蒙中的民主已失去信心。過度重視民主程序而忽略民主的實質，相當於重視工具理性而忽略真正的理性。民主選舉所造成的非理性不應包括在啟蒙的原初規劃之中，但其非理性的極致就如奧斯維茲的不可承受之重。法蘭克福學派諸子經常悲歎：奧斯維茲之後我們還能做什麼。奧斯維茲集中營的大屠殺是人類非理性的極致。而如果不是通過政治權力的極端集中與科技的運用，如此大規模的屠殺，如此慘絕人寰的手段，就不可能發生。阿多諾和霍克海默在 1969 年的新版序中，即提及出版於 1947 年的《啟蒙的辯證》是寫於納粹恐怖統治即將滅亡的前夕。[39] 對於阿多諾和霍克海默而言，納粹不只是寫作此書的政治背景，也是寫作此書的社會心理因素。《啟蒙的辯證》的寫作或許是遭逢致命創傷者的自我療癒。對於阿多諾和霍克海默而言，納粹在政治上，提供了「啟蒙的辯證」之恐怖範例，亦即由啟蒙之理性出發，可以走向如此極端的非理性；另一方面，我們也可以說，如果沒有經歷過納粹，《啟蒙的辯證》

---

38　同上文，頁 10。

39　Theodor Adorno & Max Horkheimer, "Preface to the New Edition," *Dialectic of Enlightenment*, p. ix.

不可能蘊藏如此深邃的對「理性」與「非理性」之辯證關係的思考。

　　納粹如果有哲學，那便是「物化」。阿多諾和霍克海默批評法西斯主義將人視為物（things），視為各種行為模式的軌道。[40] 當權者們合謀以堅固的組織反對人民，這種反人民的計謀近似馬基維利（Niccolò Machiavelli, 1469-1527）和霍布斯（Thomas Hobbes, 1588-1679）以來直到現代資產階級國家的啟蒙精神。[41] 對這些統治者而言，人成了物質（material），就像整個自然界對人的社會而言也成了物質。「在自由主義短暫的中場演出中，資產階級相互宰制，之後宰制（domination）採取法西斯主義式的合理形式，呈現出太古時期的恐怖。」[42] 所謂「自由主義短暫的中場演出」指資產階級演出相互競爭制衡的民主戲碼，產生了看似合理實則恐怖的法西斯政權。這裡指出自由主義與法西斯的恐怖聯結，而此一聯結之所以能夠順利完成，是因為無數失去主體性、被物化的個人形成了民眾、公眾等集體，理智被弱化，身心靈彷彿受到法西斯幽靈的控制。

　　物化與商品化息息相關。「工業主義」（industrialism）將人的精神對象化，經濟「自動地賦予商品以價值，這些價值足以決定人之行為」，[43] 最終形成「拜物教」（fetishism），[44]「通過無數的大眾生產和大眾文化的機構，約定俗成的行為模式被當作是唯一自然的、可敬的、合理的模式強加在個人身上。」[45] 這樣就形成了集體（the collective）。物化也就是「主體在技術過程中將自身對象化。」[46] 而學院裡的邏輯思維，卻認可了發生在工廠和辦公室中的「人的物化」（reification of man），[47] 這樣

---

40　Theodor Adorno & Max Horkheimer, *Dialectic of Enlightenment*, p. 86.

41　Ibid., p. 87.

42　Ibid., p. 87.

43　Ibid., p. 28.

44　Ibid., p. 28.

45　Ibid., p. 28.

46　Ibid., p. 30.

47　Ibid., p. 30.

一來，啟蒙就溢出了它的精神範圍。[48] 在這裡，阿多諾和霍克海默批判科技掛帥的學院風事實上助長了社會上的物化現象。

　　他們指出，受操縱的集體團結乃基於對個體的否定，簇擁在「希特勒青年」（the Hitler Youth）組織中的群眾便是如此。[49] 在另一篇論法西斯的文章中，阿多諾指出，法西斯的人民共同體完全符合弗洛伊德（Sigmund Freud, 1856-1939）的集體概念，即若干個人，以同一個對象（即領袖）取代了他們的自我理想，並因而相互融為一體。領袖又反過來從集體力量中獲取原始族長般的無上權威。弗洛伊德所描述的領袖正好符合希特勒的形象。[50] 而成千上萬的「希特勒青年」正是徐復觀批判的「『大』而且『眾』的集體」。

　　個體淹沒於集體之中，喪失主體性、自主性，而獨裁者的統治正需要這樣的群眾、集體的組合。霍克海默於〈人的概念〉（1957）提出相同的批判。他指出人發明了機器，人的智能也逐漸變得類似機器的智能，即看似具能動性，實則越來越被動，對社會對自己都顯得無力，而這樣被孤立被分散的個體正是獨裁者夢寐以求的統治對象。[51] 徐復觀說，在「萬能化的技術家政治」下，人不再是個人，而「被動地依靠『大眾』」，[52] 其意相近。雖然徐復觀在此沒有特別指出希特勒統治下的大眾與此類似，但他常提及史達林（Joseph Stalin, 1879?-1953），偶而則史達林與希特勒並稱，作為極權主義領袖的代表。徐復觀認為這是「朕即國家」的復辟，而且由於掌握了機器，其統治較之秦始皇更為殘暴。他說：「『朕即國家』，雖然是近三百年來的歷史笑談，但自希特勒史達

48　Ibid., p. 30.

49　Ibid., p. 13.

50　阿多諾：〈佛洛伊德理論和法西斯主義宣傳的程式〉，張明、張偉譯，收於《法蘭克福學派論著選輯》（北京：商務印書館，1998 年），頁 193。

51　Max Horkheimer, "The Concept of Man," *Critique of Instrumental Reason* (New York: A Continuum Book, 1974), p. 27.

52　徐復觀：〈不思不想的時代──東京旅行通訊之二〉，《徐復觀文錄（四）雜文》，頁 10。

林之徒出世後，早成為許多落後國家的天經地義。他們口裏的國家，便是他們自己，而他們口裏的人民，則被他們裝進自己的褲襠中，與他們早成為一體了。」[53] 而人民何以甘於如此被宰制？因為領袖被偶像化，徐復觀指出：「以一個偶像化的人物和意識形態作金字塔尖的極權統治的，必然是謊言的大集結。」「由說謊而投入虛無，這是極權主義必然的命運」，[54] 他感歎：「秦始皇的專制，和現代的極權比起來，真是小巫見大巫。」[55]

　　徐復觀和西方馬思主義者皆非個人主義者，但都關懷個體與共同體之間的關係。依他們的看法，如果共同體不是由具有獨立性、主體性的個體所組成，就造成了共同體的危機。徐復觀說：

> 個人主義，在抵抗某一個人（如大獨裁者）或某一小特殊階級，拿著群體的名義（國家、民族、階級、神國等）以否定個體的基本價值，因而毒害每一個體時，有其特別地意義。但若把個人主義完全孤立起來，甚至拿個人主義的招牌來否定群體生活，抵抗群體的共同要求願望時，則個人主義不僅會成為負號的意義，而且也會成為廢話玄談，勢必流入虛無主義；而虛無主義的轉手便是極權主義。[56]

這裡清楚地說明了「個體」與「群體」之間的關係不能是相互否定的，個體也不可孤立自群體。所謂負號的個人主義類似霍克海默所言「被孤立被分散的個體」，就像霍克海默擔憂這樣的個體是獨裁者夢想中的統治對象，徐復觀也認為這樣的個人主義將走向極權主義。徐復觀在此加

---

53　徐復觀：〈由索忍尼津事件所引起的思考〉，《徐復觀雜文 2：看世局》（臺北：時報出版公司，1980 年），頁 381。

54　徐復觀：〈蘇聯統治者的意識形態與謊言〉，《徐復觀雜文 2：看世局》，頁 385。

55　同上文，頁 385。

56　徐復觀：〈反極權主義與反殖民主義〉，《徐復觀雜文 3：記所思》（臺北：時報出版公司，1980 年），頁 214。

了「虛無主義」的轉折，強調個體失去了自主性的「基本價值」，而統治又基於謊言的大集結，等同於虛無主義。

徐復觀對於希特勒是由民選產生的極權主義獨裁者，並未提及，所以他始終對民主政治抱持正面態度，甚至偶有過於樂觀的言論，如謂「照射政治黑暗的真正太陽是民主政治。」[57] 這裡是在檢討蘇聯的極權統治。在談及西方國家針對蘇聯的「人權外交」時，他認為「人權外交，是在混亂分裂的世局中，導向共同努力的方向，因而也是導向真正和平共存的一顆北極星。」[58] 稱西方的民主、人權價值為「太陽」、「北極星」，顯示徐復觀在 1970 年代初期對世界兩大陣營陷入冷戰的憂慮，以及對中共、蘇聯治下人民生活的關心。徐復觀甚至自嘆：「中國文化中沒有出現民主政治，這是我們最大的汙點。」[59] 這是在 1974 年美國發生水門事件時的感觸。水門事件中出現的民主政治的危機，以及藉由民主政治、司法獨立所做的危機處理，讓徐復觀對美國政治刮目相看。他沒有忽略事件中顯露的民主政治的缺陷。他指出選舉的競爭造成一方侵犯了對方的自由權，違反公開合理的競爭原則，使對方受到「暗箭」的傷害，「使選民受到實質上的欺騙」。[60] 他稱許水門事件的三大意義：一是人民保有完全知道事件真相的權利；其次，此一事件的處理證明了司法的獨立，足以對行政權有所制衡；再者，徐復觀強調此事件一旦公開對當事人造成的難堪，顯示了法律以外的道德意涵。[61] 此外，徐復觀指出民主政治的另一個危機是競爭過程中競爭者有偽裝自己、破壞對手的現象，且煽動群眾、亂喊口號，不顧上臺後能否實現。[62]

---

57　徐復觀：〈由索忍尼津事件所引起的思考〉，《徐復觀雜文 2：看世局》，頁 380。

58　徐復觀：〈人權外交的光輝與困惑〉，《徐復觀雜文 2：看世局》，頁 290。

59　徐復觀：〈美國水門事件的歸結〉，《徐復觀雜文 2：看世局》，頁 279。

60　徐復觀：〈何年何月，我們才能出現水門事件？〉，《徐復觀雜文 2：看世局》，頁 268。

61　同上文，頁 268-269。

62　徐復觀：〈民主政治危機的另一形態——看美國麥高文的競選口號〉，《徐復觀雜文 2：看世局》，頁 261。

大致而言，徐復觀對民主政治仍然懷抱信心，特別是在與極權政治比較之下，他更明確指出民主政治是以人民為實質的存在，而在極權政治之下，領袖才是實質的存在，人民是領袖權力意志的工具。[63] 對極權主義的考察，徐復觀雖主要是聚焦於蘇聯統治，卻與阿多諾、霍克海默的法西斯批判殊途同歸。

## 四、啟蒙與現代文化

徐復觀對美國民主政治雖多有肯定，但對美國文化卻批評再三。徐復觀之批評大意指出美國的科學文化是一種低級的唯物主義，徐復觀的批評犀利而深刻：

> 他們對於人的根本觀點，比共產黨的唯物主義對人的機械觀念，還要來得徹底。只是共產黨的唯物主義要歸結到一個階段〔可能為「階級」之誤〕的利益上面，歸結到將來的一種遠景上面，而這些偽裝地科學家的唯物主義，則只歸結到個人的利益，歸結到當下的享受。換言之，從共產黨的唯物主義中減去其理想的成份，減去作為共產黨所不自覺的價值的成份，這便是今日風行美國的科學文化。[64]

徐復觀認為將唯物主義減去其中的理想和價值即得出美國的科學文化。他認為美國已經喪失了開國時期清教與拓荒的精神，而沉溺於流行的娛樂文化。[65] 徐復觀認為美國的現代文化是啟蒙「進步」概念與文化的結合，而事實上「進步」概念並不適用於評價文化的價值。

就藝術而言，徐復觀認為「技術的進步」可增加藝術「表現手段

---

63　徐復觀：〈從法國此次大選看民主政治〉，《徐復觀雜文 2：看世局》，頁 196。
64　徐復觀：〈什麼是美國今日的根本問題〉，《徐復觀雜文 2：看世局》，頁 238-239。
65　同上文，頁 239。

上的自由」,「可以使藝術的形式、種類,更為豐富。」[66] 但形式、種類的豐富是「量」的增加,不代表「質」的升進。[67] 徐復觀得出一個結論:「凡是屬於『價值』層次的事物,不能輕易適用進步的觀念。」[68] 徐復觀認為濫用啟蒙運動的「進步」概念可能導致「至高價值成為無價值」,上帝隱退,科學當道,形成由「神的支配」到「人的支配」,再到「機器的支配」的演進。人最終從屬於機器,隨著機器旋轉,人們將感到「無聊」。而「上帝隱退」與「機器無情」就是「歐洲的虛無世紀的訊號」。[69] 他進一步說,「實存哲學,現代藝術,邏輯實證論,都是這一絕望地虛無主義的變貌。」[70] 實存哲學應是指存在主義,現代藝術主要指他一再批評的達達主義、表現主義、抽象主義與超現實主義,而邏輯實證論對徐復觀而言便是重事實不重價值,以觀察取代理性思考的學派。

馬庫色(Herbert Marcuse, 1898-1979)在論及實證主義的興起時特別強調,「在黑格爾去世後的十年,歐洲思想進入了『實證主義』的時代。」[71] 這裡呈現的不是時間順序的問題,這裡的重點是:缺乏黑格爾(G. W. F. Hegel, 1770-1831)精神養分的土壤是實證主義的溫床。馬庫色認為實證主義哲學循著兩條路線反擊批判的理性主義,德國的謝林(F. W. J. Schelling, 1775-1854)與法國的孔德(Auguste Comte, 1798-1857)是代表人物。[72] 反黑格爾一時成為後黑格爾的潮流。

馬庫色認為隨著 19 世紀前半葉科學的進步,實證主義者對先驗哲學的攻擊變本加厲。[73] 實證主義反對經驗必須受理性檢證此一原則。最

---

66　徐復觀:〈文化的「進步」觀念問題〉,《徐復觀雜文 3:記所思》,頁 57。

67　同上文,頁 57。

68　同上文,頁 57。

69　徐復觀:〈危機世紀的虛無主義〉,《徐復觀文錄(一)文化》,頁 34-35。

70　同上文,頁 36。

71　Herbert Marcuse, *Reason and Revolution: Hegel and the Rise of Social Theory* (New York: The Humanities Press, 1954), p. 323.

72　Ibid., p. 326.

73　Ibid., p. 326.

終，實證主義哲學促使思想臣服於一切經驗事實。[74] 思想臣服於事實的時代正是徐復觀批評的「不思不想的時代」，在〈不思不想的時代——東京旅行通訊之二〉的簡短序言，徐復觀寫道：「不思不想，大約也是現代社會生活特性之一。」[75] 徐復觀將這系列文章與次年寫的「未來世界的通信」並論，實已預感 21 世紀可能延續「不思不想」的特性。

在《啟蒙的辯證》〈文化工業：作為大眾欺騙〉一章，美國的娛樂業受到強烈的批判。首先，阿多諾和霍克海默批評，在壟斷之下，所有的大眾文化趨於同一，缺乏風格，因為文化工業的技術成就即在於標準化和大量生產。[76] 其次，這些文化工業商品的消費者成了愚民，受到廣播節目的「控制」（controlled），[77] 消費者變成統計資料（statistics），出現在宣傳機構的圖表上，化作紅色、綠色、藍色不同色塊所區分出來的不同收入的團體。[78] 接著，他們指出文化被工業化，文化工業具有自由主義的傾向，受自由市場的調控。[79] 他們感歎流行歌手的喃喃自語和電影明星刻意包裝的優雅可以風靡一時。[80]

最後，他們嚴厲地批判廣播與廣告如何將啟蒙推向啟蒙前的神話狀態。無線電廣播電臺變成國家的傳聲筒，變成獨裁領袖（Führer，指希特勒）的傳聲筒。傳遍大街小巷的領袖之聲，就像海妖賽任（Siren）的嘶吼聲那樣令人恐慌。[81] 國家社會主義者深諳廣播的妙用，充滿穿透力

---

74　Ibid., p. 326.

75　徐復觀：〈不思不想的時代——東京旅行通訊之二〉,《徐復觀文錄（四）雜文》,頁 7。

76　Theodor Adorno & Max Horkheimer, "The Culture Industry: Enlightenment as Mass Deception," *Dialectic of Enlightenment*, p. 121.

77　Ibid., p. 122.

78　Ibid., p. 123.

79　Ibid., p. 132.

80　Ibid., p. 130.

81　Ibid., p. 159.

的領袖演講公然欺騙，但聽眾無法辨析其中的謊言。[82] 流行文化中的廣
告也像領袖之聲一樣具有感染力，且不乏謊言，法西斯可以說是善用廣
告宣傳的始祖。

在廣告中，語言成為宣傳工具。語言的「去神話化」
（demythologization）是啟蒙的要素，但現在語言又再度墜入魔道。[83]
廣告中的言辭若是發自名人，如電影女明星，就產生了魔力。[84] 就像
希特勒的聲音成了廣播員的官腔，他們用這樣的腔調向全國人民說：
「再見」，說「這裡是希特勒青年」，甚至說：「領袖在向你們說話」。[85]
所有的詞語都受到虛假的法西斯人民共同體（the Fascist pseudo-folk
community）的扭曲和變造。語言原本具有的進步功能消失了。文化工
業成為啟蒙之退化乃至惡化的極致，難怪阿多諾和霍克海默痛斥啟蒙淪
為大規模的大眾欺騙。[86]

徐復觀同樣對美國的電影明星文化和電影廣告的手段大加批評。
徐復觀感歎：「美國今日實力的領導者，是華爾街的老闆；精神的領導
者，卻是好萊塢的電影明星。」更大歎在受好萊塢影響的落後地區，
「星權」政治就快取代「神權」政治了。[87] 徐復觀認為科學一旦淪為
「追求財富，追求官能刺激的一種工具」，科學就成了「偽科學」，科學
原初之「為知識而知識」的精神與價值便淪喪了。[88]「今日由美國所領
導的文化，是沒有精神深度的文化」，「是有自由而沒有價值世界的文
化。」[89] 因此他認為應對此一文化現況徹底反省，並加以導正，如在經濟
方面，應該「把以鼓勵浪費物質為維持經濟繁榮的法則，稍稍轉向以

82　Ibid., p. 159.
83　Ibid., p. 164.
84　Ibid., p. 164.
85　Ibid., p. 166.
86　Ibid., p. 42.
87　徐復觀：〈什麼是美國今日的根本問題〉，《徐復觀雜文 2：看世局》，頁 239。
88　同上文，頁 240。
89　同上文，頁 241。

謀求人類共同幸福、長久幸福為維持經濟繁榮的方式。」[90] 科學的價值應該在這裡顯現。徐復觀亦曾批評美國的裸裸舞，gogo 就如達達主義之dada，即指無意義，在這種喧鬧音樂中「即興的」獨舞，徐復觀認為失去舞蹈的社交作用，流於「反社會舞蹈」。[91] 最後他總結現代文化，尤其是美國文化，他認為有兩個重點：一是由「機械之力」把每個人揉進各種集團，然每個人又要求和他的集團分離。這種現象反映到文學藝術，把文學藝術「成其為偉大的『共感』，完全失墜了。」[92] 其次，科學、技術的突飛猛進，快速改變了人們的生活方式，造成年輕人追逐新潮，「反抗自己的上一代」。[93] 他並預言裸裸舞很快就會風靡港臺，成為「最便宜的西化運動」。[94] 徐復觀的預言成真，後來臺灣流行的阿哥哥舞便是裸裸舞。

　　阿多諾反對流行音樂的理由之一也是在於流行音樂的即興特質（improvisational features）。[95] 同時徐復觀所批評現代文學藝術失墜的「共感」也是阿多諾音樂哲學的核心概念。阿多諾認為藝術應具有形成「感覺共同體」的力量，他認為參與交響樂的聽眾會有「肉身被共同體擁抱」的感受。[96] 另一方面，就像阿多諾、霍克海默批評文化工業製造了新神話，徐復觀也諷刺神權一般的「星權」風靡於受美國影響的落後地區。從對流行文化的批判到對傳統文化的依歸，徐復觀和西方馬克思主義可以一起入列文化保守主義。

---

90　同上文，頁 242。

91　徐復觀：〈從裸裸舞看美國的文化問題〉，《徐復觀文錄（一）文化》，頁 210-213。

92　同上文，頁 213。

93　同上文，頁 213。

94　同上文，頁 214。

95　Theodor Adorno, "Perennial Fashion-Jazz," *Prism's* (Cambridge, Mass.: MIT Press, 1981), p. 123.

96　上述「感覺共同體」之說，以及徐復觀與阿多諾在音樂美學上的會通，參考陳昭瑛：〈音樂與政治：徐復觀與阿多諾的音樂美學研究〉，收於陳昭瑛編：《徐復觀的思想史研究》，頁 545-564。

# 五、結語：「未來世界的通信」

　　徐復觀將寫於東京旅行次年 1961 年，作為東京旅行通訊續篇的一系列文章稱為「未來世界的通信」。1960 年於日本所見的現代文化，以及其中呈現的現代文化與傳統日本文化的反差之大，令徐復觀為之震撼，此一震撼太大，且餘震未已，延續到 1961 年的「未來世界的通信」。東京旅行通訊中所謂「不思不想的時代」除了指徐復觀所在的 20 世紀下半葉，也可能指涉「未來世界」，亦即，人類若未能對現代文化徹底反省，則不思不想的時代可能延伸到 21 世紀。這 21 世紀對徐復觀是「未來」，對我們是「現在」。以徐復觀和阿多諾、霍克海默對科技濫用的批判，他們若面對本世紀的 AI 科技，以及政治對網路的濫用，一定會提出更深的反省。

　　在政治方面，徐復觀批評左翼的極權主義史達林，阿多諾、霍克海默批評右翼的極權主義希特勒。由於對民主政治始終懷抱信心，徐復觀未如阿多諾、霍克海默提出對民主政治的批判。希特勒是民選獨裁的典範，成為西方馬克思主義批判自由主義的活教材。過度依賴工具理性的民主運作，容易導向政治對科技的誤用濫用。一方面擁護人民是徐復觀與西方馬克思主義的共同信念，但徐復觀看出現代社會中的大眾乃是一群失去主體性的個人的聚合，阿多諾與霍克海默更痛斥法西斯主義造就唯領袖之命是從的群眾。啟蒙的初衷是掃除神話的迷霧，放射理性的光芒，然其極致，通過對自然的剝削、對政治的操弄、對文化的胡鬧，走向了啟蒙的對立面。徐復觀之「無意義地熱鬧」、「胡鬧」，[97] 正是阿多諾、霍克海默批評的「無意義的快樂」（happy nonsense）。[98] 胡鬧的群眾

---

97　徐復觀：〈不思不想的時代──東京旅行通訊之二〉，《徐復觀文錄（四）雜文》，頁 14。

98　Theodor Adorno & Max Horkheimer, "The Culture Industry: Enlightenment as Mass Deception," *Dialectic of Enlightenment*, p. 142.

成了獨裁者的子民，當領袖如教主般君臨萬民，一呼百諾，徐復觀和阿多諾、霍克海默一樣，驚呼「新神學」的復活。從舊神學走入新神學，啟蒙的反啟蒙道路究竟是人類的宿命，還是不慎誤入的歧途？這值得徐復觀所說的「未來世界」的人類，也是處於 21 世紀的我們深深反省。

# 第十一章
# 曾國藩幕府《論語》解釋中徂徠學「革命論述」的作用

徐形康[*]

緒形康[*]

## 一、晚清學術界遭遇物徂徠《論語徵》

中國經學史上《論語》注釋書中最有影響的是，鄭玄（127-200）《論語注》、何晏（？-249）《論語集解》、皇侃（488-545）《論語義疏》、邢昺（932-1010）《論語注疏》、朱熹（1130-1200）《論語集注》。其中皇侃《論語義疏》雖然南宋以降散失，但日本足利學校卻保存了其抄本。享保五（1750）年荻生徂徠（1666-1728）弟子山井鼎（？-1728）與根本遜志（1699-1764）發現了該抄本，並花費兩年時間，將之與足利學校所藏《五經正義》相互校對，編輯成較完備的《五經》及《論語》、《孟子》、《孝經》之校勘本，於享保十六（1731）年冠以《七經孟子攷文》之名出版，頗為大清帝國學術界器重，獲得被收入《四庫全書》唯一一部日人著作的名譽。

《七經孟子攷文》被收入四庫館之後，山井鼎之師物徂徠（即荻生徂徠）成為大清考證學文化圈的熱門話題。尤其最早流行大陸且最受矚目的物徂徠作品為《論語徵》十卷。雖然該書第一版是在物徂徠逝去後的享保十三（1728）年發行，但在大陸出版界確認該書流行的卻是嘉慶九（1804）年。京城帝國大學教授藤塚鄰（1879-1948）於 1935 年在《支那學研究》（斯文會發行）上發表了《物徂徠之論語徵與清朝之經師》，較系統地整理了荻生徂徠《論語徵》對嘉慶以後中國學術界之廣

---

* 日本神戶大學大學院人文學研究科教授。

泛影響。據藤塚鄰論述，嘉慶時期，江蘇吳縣人吳英撰著的《有竹石軒
經句說》二十四卷（《叢書集成》三編所收），首次評論了物徂徠的《論
語徵》，隨後，道光時期江蘇溧陽人狄子奇著《論語質疑》就該書內容
進行了詳細分析。而主辦浙江杭州詁經精舍的阮元（1764-1849）也在
山井鼎的著作基礎上寫成《十三經注疏校勘記》，爾後也一直關注物徂
徠之考證成果。他看到狄子奇在《論語質疑》裡積極評論《論語徵》學
說之後，立即將附有狄之批注的《論語徵》寄給正在寫作《論語正義》
的江蘇揚州人劉寶楠（1791-1855），把它推薦為撰寫過程中的有益參考
書。[1]

　　劉寶楠《論語正義》的出版是他咸豐五年卒後十年的同治四
（1865）年，此時正值曾國藩（1811-72）攻克天京滅亡太平天國，克復
大清帝國的金陵，進而開展全面且徹底的儒學復興運動時期。曾國藩文
化復興事業中最輝煌可稱以儒學經典之校勘、編輯、出版為中心的金陵
書局之創建。同治六（1867）年，清朝公羊學派代表浙江德清人戴望
（1837-73）來到江陵金陵書局，參與曾國藩幕府活動。接著，在同劉寶
楠的兒子劉恭冕（1824-83，也是曾國藩的幕僚）一起從事群經校勘工
作之際，把自己曾在杭州一家書肆購買的《論語徵》借給恭冕，恭冕抓
住這一機會對先考的《論語正義》進行修改，至少兩處引用《論語徵》
的解釋，但我們在詳細研究《論語正義》的論述後，不難發現《論語正
義》裡恭冕所參考的地方不僅限這兩處，還是有更多方面。為恭冕提供
《論語徵》的戴望本人亦是經公羊學的義例闡發孔子思想之際，借鑒徂
徠學觀點來加強《春秋》華夷之辨的微言大義。

　　曾國藩幕府其他文人也因此有所跟進。浙江德清人俞樾（1821-
1907）主持詁經精舍三十幾年，是戴望同鄉，也是金陵書局核心人物，
但其考證立場卻與戴望大相徑庭。作為揚州學派的重鎮，俞樾堅持古文

---

1　藤塚鄰：《物徂徠の論語徵と清朝の經師》，收入斯文會編：《支那學研究》（東京：財團法人斯文會，1935 年），第 4 輯。

經學派的立場，就公羊學派根據《春秋》大義闡發制度創新的學說多持異見。儘管如此，正如俞樾的高第章太炎（1869-1936）在《俞先生傳》所言「（先生）治《春秋》頗右公羊氏，蓋得之（宋）翔鳳云。為學無常師，左右採獲，深疾守家法違實錄者」，俞樾和戴望都重視其自身在曾國藩幕府內的文人身分，故並未因學術之不同立場導致公開的學術論爭。恰恰相反，俞樾表示了對戴望讀書傾向的共鳴，他在《春在堂隨筆》卷一中介紹《論語徵》之際，評價該書「議論通達，多可采者」，並且還在自己的書裡論及《論語徵》的分量達十七條之多。[2]

## 二、物徂徠《論語徵》闡發的「革命論述」

物徂徠可稱為日本近代政治學的開端人物。他把中國儒學的自然法體系轉至實定法體系，從而使其政治主體的能動性得以解放。依據他建立的政治學理論，真理（道）是古先聖王所制作的禮樂刑政，故「欲求聖人之道者，必求諸六經」（辨名）。然而，假如先王是制作者，那麼孔子之作用究竟在哪裡？倘若孔子不是制作者而是闡述者，那麼稱他為聖人是否有道理？圍繞這一系列問題，物徂徠的立場是貫穿一致的。即，儘管孔子不曾遇到制作時機，但他卻始終保持「制作之心」。貫徹物徂徠的《論語徵》[3]之關鍵方法，可以歸納至「制作之心」這個詞。

《論語徵》丁1a「子曰：述而不作，信而好古，竊比於我老彭」（述而第七）指出：

「述而不作，信而好古」。是必古稱老彭之語，孔子誦之以自比也。以其行適同也。是孔子知命之言。<u>王者不興，孔子不可當</u>

---

2　俞樾：《春在堂隨筆》（南京：江蘇人民出版社，1984年）（原著1889年），頁4-7。
3　以下《論語徵》文本內容都引用於小川環樹編輯：《荻生徂徠全集》（東京：みすず書房，1977年），第3・4卷（經學編）。

作者之聖，故云爾。(中略)「述而不作」，有不能作者；有能
作而不敢作者；能作而不敢作。是以稱焉。「古」者，古之道
也。謂堯舜禹湯文武之道也。信之故好之。好之故博學而詳
盡之。是以能述焉。老彭則不可得而考矣。若孔子之聖，可以
作而可以述也。命不至，故不敢作。故曰：「知命之言」也。
朱子曰：「不惟當作者之聖，而亦不敢顯然自附於古之賢人。
蓋其德俞盛而心俞下，不自知其辭之謙也」。殊不知孔子不作
禮樂，故曰：「不作」。豈謙乎哉。先師當尊。豈可命以謙乎。
且其意以智自高，俯視萬世，如蟲蟻然。以此其心而視孔子。
故以為謙爾。然則孔子非聖邪。虞夏商周之道，待孔子而戴諸
簡。微孔子則古聖人之道若有若亡。《中庸》曰：「苟不至德，
至道不凝」(第二十七章)。是其所以聖邪。(下線部均為筆者
補充，以下如同)

津田左右吉（1873-1961）已證明：《論語》中如孔子可以作禮樂等論
述，也均是在孟子提倡的以孔子為素王之「革命言說」、以及荀子提倡
的聖人創建禮樂之「制作言說」的影響下，大至於戰國時代後期（公
元前 3 世紀後半）補充的。[4] 因此，物徂徠對「述而不作」的詮釋，是
用歷史的眼光來探討，勢必將會遭到「認錯時代」的指責。然而，如此
詮釋不僅僅是物徂徠的個人問題，恰恰相反，19 世紀初在劉逢（1776-
1829）發表《論語述何》之後，公羊學派倡導的《論語》詮釋學，也一
貫堅持了聖人制作禮樂的言說。

　　應該提到的是，物徂徠本人從未認識到公羊學在歷代「革命言
說」裡所佔有的重要位置。《徂徠集》中有發給熊本藩之水足博泉的信
（《徂徠集》卷之二十四，「復水神童」），專門討論《公羊傳》和《穀梁

---

4　津田左右吉：《論語と孔子の思想》，《津田左右吉全集》（東京：岩波書店，1964
　　年），第 14 卷，頁 69、137、385。

傳》的資料價值。從中可窺知，徂徠對公羊學發展的歷史脈絡以及《公
羊傳》在經學歷史上的正當位置，幾乎沒有予以準確的把握。他主張
《公羊傳》和《穀梁傳》該屬於「子」類，不該屬於「傳註」類。因為
它們僅僅是戰國時代的詭辯而已。由此可斷，物徂徠之「革命論述」及
孔子制作說無外是他自己開創的獨特學說。[5]

　　物徂徠的聖人制作禮樂的論述，同劉逢 以後清代公羊學派的言說
相比，突出強調了只有聖人才能發動革命的觀點。他說「若孔子之聖，
可以作而可以述也。命不至，故不敢作」；又說「微孔子則古聖人之道
若有若亡。」徂徠之所以把孔子所處的時代叫做「革命之世」或「革命
之秋」，是因為在孔子活躍的時代，由於天命未降至，孔子不敢推進關
於禮樂的著述，只是整理了有關虞夏商周時代聖人之道的資料，反而期
待著制度轉型機遇（即「革命之世」，「革命之秋」）的來臨。物徂徠的
這種「革命之世」，「革命之秋」的說法也反映了 17 世紀後半江戶時代
所面臨的嚴重危機。正如徂徠的警世之作《政談》所示，當時商品經濟
之擴大加劇了農村人口大量遷移大城市的趨勢，從而解體了儒家倫理所
依託的傳統宗族結構。為了挽救農村倫理紐帶的崩潰，物徂徠呼籲中央
政府儘快設計限制城市人口的戰略方針。這種時代變遷，使他深感自己
正處於「危機時代」。

　　這種時代背景，亦使他對「三年之喪」之儒學詮釋學史上尚未達到
共識的懸案做出自己獨特的解釋。《論語徵》壬 16a「宰我問：三年之
喪期已久矣。君子三年不為禮，禮必壞。三年不為樂，樂必崩。舊穀既
沒，新穀既升，鑽燧改火，期可已矣。子曰：食夫稻，衣夫錦，於女安
乎。曰：安。女安則為之，夫君子之居喪，食旨不甘，聞樂不樂，居處
不安，故不為也。今女安則為之。宰我出。子曰：予之不仁也，子生三
年，然後免於父母之懷，夫三年之喪，天下之通喪也。予也有三年之愛

---

5　今中寬司：《徂徠學の史的研究》（京都：思文閣出版，1992 年），頁 372-373。

於其父母乎」（陽貨第十七）有如下主張：

> 孔子時，當革命之秋。孔子之道，大行於天下必改禮樂。宰我
> 之智，蓋見其意。故有「期可已矣」之問。是非已欲短喪也。
> 言若制作禮樂則期可已矣耳。不然，三年之喪，先王之制也。
> 當時之人，遵奉而不敢違也。況宰我之在聖門，豈無故而有此
> 問乎。宋儒好自高而輕詆人，亡論已。仁齋先生怪其孔門高
> 弟而有此問也，乃曰：「其必在於具慶之日乎」。是不得其解
> 而為之回護者也。夫禮者緣人情而作者也。故孔子曰：「安則
> 為之」。後儒不知道，故以為深責宰我（朱子、仁齋）。可謂謬
> 矣。宰我曰：「君子三年不為禮，禮必壞。三年不為樂，樂必
> 崩」。可見孔子時禮樂至重耳。故宰我不以它而以禮樂。若後
> 世儒者，何有此言乎。

《論語徵》戌 9a「鳳鳥不至，河不出圖，吾已矣夫」（子罕第九）進一
步這樣解釋：

> 「鳳鳥不至，河不出圖，吾已矣夫」。邢昺曰：「傷時無明君也」
> （疏）。得之。孔子又曰：「聖人吾不得而見之矣」（述而篇）。
> 亦此意。蓋鳳鳥河圖，制作之段。聖王出則孔子得當制作之
> 任，而盡其所學。聖王不出，孔子不能竭其才。所以嘆也。祇
> 制作必在革命之世。故孔子不欲顯言之，乃以鳳鳥河圖言之
> 耳。後世儒者昧乎聖字之義。故不知此意。又歐陽修破祥瑞之
> 說。其言辯而如可觀。殊不知「聖人以神道設教」（易，觀卦
> 象傳）。豈凡人所能識哉。宋儒出而古先聖王之道壞矣。其禍
> 殆甚於佛老，悲哉。

《論語徵》己 1a「子曰：先進於禮樂，野人也；後進於禮樂，君子
也。如用之，則吾從先進」（先進第十一）也指出：

所謂「禮樂因世損益」者，開國君制作禮樂時事。今先進後進，皆以周人言之。夫禮開國君所定，孰敢損益。雖孔子亦謹奉之耳。《中庸》所言可見矣。而孔子欲以區區議論而移風易俗。豈有此事乎。<u>如告顏子四代禮樂（衛靈公），及《戴記》所戴，頗有謂殷何如周何如者，乃以孔子時當制作之秋，故時或與門人私相論者有之已。</u>何晏不識其意，妄謂先進後進既已以己意肆損益周禮，而孔子又以不得其位而欲移風易俗。妄之甚者也。故朱註為得之。

總上之述，可見物徂徠直言不諱地主張「孔子時當制作之秋」，並且闡明這個「制作之秋」意味著「革命之世」。換言之，孔子面臨革命旋即爆發的時期，意以毫不躊躇想將革命進行到底且從事禮樂的制作。儒學詮釋學史上，如此大膽構築革命家孔子形象的論述恐怕是空前亦絕後。

## 三、物徂徠推動「蘐園」黨人的文藝復興運動

樹立革命家孔子形象就意味著背離儒學詮釋學的大潮流而與其徹底告別。且看《論語徵》乙 28a「子曰：管仲之器小哉。或曰：管仲儉乎。曰：官事不攝，焉得儉乎。曰：然則管仲知禮乎。曰：邦君樹塞門，管氏亦樹塞門。邦君為兩君之好，有反坫，管氏亦有反坫。管氏而知禮，孰不知禮」（八佾第三）的說明，就會發現物徂徠在此又超越了津田左右吉所譴責的「認錯時代」的底線。

孔子無尺土之有，亦異於湯與文武焉。使孔子見用於世邪，唯有管仲之事已。<u>然其時距文武五百年，正天命當革之秋也。使孔子居管仲之位，則何止是哉。故孔子與其仁（憲問篇）而小其器。蓋惜之也。亦自道也。</u>夫孔子小之，而終不言其所以小之，可以見已。夫管仲以諸侯之相，施政於天下，可謂大器已。而孔子小之。或人之難其解，不亦宜乎。楊雄曰：「大器

猶規矩準繩。先自治而後治人」（法言，先知）。是書生常言，
程朱諸家所祖述。是而為大，咀宋儒糟魄者，皆能管仲而上
之哉。程子曰：「奢而祀禮，其器之小可知」（朱註）。是論經
奪席者之言，可謂能言此章之義而縱橫無敵已。其不解孔子
之言，亦何殊夫或人哉。仁齋曰：「器小，謂管仲所執之具甚
小，不濟用也」。可謂不知字義已。大氐詩學不傳矣，後儒之
不知微言也。

假如稍微慎重處理《論語》文本，可以了解該章中對管仲的高度評價，
不過只是反映了《齊論語》之作者所表達的把桓公及管仲視為黃金時代
代表這一觀點而已，因此不得不說，這種觀點畢竟與孔子本人的想法有
相當大的距離。然而，物徂徠完全忽視這種文本寫作時期的差異，冒然
用「詩學」這種從明代「後七子」李攀龍（1514-70）和王世貞（1526-
90）那裡獲得的修辭學方法，毫無懷疑把孔子對管仲的評價進行全面肯
定。

「後七子」指李攀龍、王世貞、謝榛、梁有譽、徐中行、宗臣、吳
國倫，其領袖人物是李攀龍、王世貞。他們開啟的復古文學運動，提倡
「文必秦漢、詩必盛唐」，推進對古典審美理想的追求。在 17 世紀後半
的江戶，物徂徠組織了文學結社「蘐園」，蘐園黨人標榜後七子的修辭
學方法，並在江戶發動文藝復興運動。

物徂徠設想的《論語》之「詩學」的含義在《論語徵》己 1a「點
爾何如。鼓瑟希，鏗爾舍瑟而作。對曰：異乎三子者之撰。子曰：何傷
乎。亦各言其志也。曰：莫春者春服既成，得冠者五六人童子六七人，
浴於沂，風乎舞雩，詠而歸。夫子喟然歎曰：吾與點也」（先進第十一）
的解釋中看得很清楚：

按曾點浴沂之答，微言也。後世詩學不明，故儒者不識微言，
尠得其鮮者。按曾點有志於禮樂之治，見於《家語》（七十二
弟子解）。是必有所傳授矣。孟子（盡心篇下）稱點狂者。其

言曰：「古之人，古之人」。其志極大，有志於制作禮樂，陶冶
天下。何也。所謂古者豈非三代之盛時乎。古之人豈非文武周
公乎。大者豈非治天下乎。外此而語大，非老莊則理學也。
然制作禮樂者，天子之事，革命之秋也。故君子諱言之。顏
子問為邦（衛靈公篇），可以見已。且公西華謙於禮樂，而曾
點承其後，則不容言禮樂。且其意小三子志諸侯之治也，而
難言之。故不言志，而言已今之時也。是微言耳。夫子識其意
所在。故深嘆之也。（中略）待明王興而出。出則道大行於天
下，制作禮樂，以陶冶天下焉。是其志安可言哉。且孔子其人
也。故不言其志，而言已今之時，則志自可知耳。比諸南容則
曾點大　利。南容所言（憲問篇），亦曾點之志，但露其機。
故孔子所以不對也。

在此，物徂徠將「詩學」同公羊學派理論中的「微言大義」緊密關聯起
來。徂徠認為：《論語》上篇和下篇是由人分別編輯，即：「上論成於
琴張，而下論成於原思」（《論語徵》甲 3a）。此外，《論語》的各篇各條
含有在不同時代、多種區域被傳承下來的「古言」，而這種「古言」的
本身歸根結底不過是「先王法言」而已，正如在《論語徵》戊 17b「子
曰：法語之言，能無從乎，改之為貴。巽與之言，能無說乎。繹之為
貴，說而不繹，從而不改，吾末如之何也已矣」（子罕第九）的解釋中
所說：「『法語之言』，先王之法言也。謂之『語』者，如『樂語』、『合
語』之語。」其中所提到的「法」也指後七子所說的「法度」。所謂法
度是，在文章的寫作規則上展開的自由表達的作家之主體精神。顯而易
見，從物徂徠的視角來看，《論語徵》可稱為多種「法語」之集大成，
未經「詩學」的解讀原則就不能把握孔子的真正想法，只有「詩學」的
詮釋，才能抓住《論語》之所以終始的話語框架。在《論語徵》癸 16b
「孔子曰：不知命，無以為君子也。不知禮，無以立也。不知言，無以
知人也」（堯曰第二十），徂徠又這樣表達：

「禮」者，德之則也。故不知禮，無以立。「立」者，立於道
也。先王之道，其可守以為則者，禮已。「言」者，先王之法
言也。先王之法言，猶規矩準繩也。夫非規矩準繩，何以能知
方圓平直哉。非此而知，亦目巧耳。皆取諸其臆者也。取諸其
臆，則人恣其所見，有何窮極。故知先王之法言而後所知合於
道。故知人。「知人」者，謂知賢者也。夫賢者，其德行合於
先王之道者也。故以先王之法言為之規矩準繩而後可知已。孟
子「知言」（公孫丑篇上），知它人之言也。觀於孔子「聽訟吾
猶人也」（顏淵篇），則知它人之言，聖人亦不敢言吾能之矣。
夫聖人所不敢言能之，而孟子能之，豈理哉。故知孟子之非
也。先王之法言在詩書，而先王之詩書禮樂，君子所以學也。
上論首學與知命（學而篇），而下論又以此終之。是編輯者之
意也。王者出征，告諸天，受命於廟，受成於學，還亦獻馘於
學（禮記，王制篇）。學者，聖人之道所在也。聖人之立道，
奉天命以行之。故君子之道，歸重於天與聖人者，無適不然
焉。《論語》之所以終始，可以見已。

借用《論語》之所以終始的「詩學」原則，而提起嶄新的詮釋之例是，
《論語徵》甲 37a、37b、38a「子曰：攻乎異端，斯害也已矣」（為政第
二）的論述：

「攻乎異端」，古註：「攻治也。善道有統，故殊途而同歸。
異端不同歸也」。異端雖無明鮮，與善道對言。故正義（邢昺
疏）曰：「謂諸子百家之書也」。朱子因之，旁及佛老。然孔
子之時，豈有諸子百家哉。且「攻治也」，本諸《周禮》：「攻
金之工，攻木之工」（冬官，考工記）。謂治而成器也。故攻字
可用諸學者，不可用諸道藝。故「治六經」，古無是言。況有
治諸子百家而成之之理哉。蓋「攻」如「鳴鼓而攻攻之」（先
進篇）之「攻」。異端，稽諸漢、晉諸史，多謂人懷異心者，

乃多岐之謂也。人之懷異心，遽以攻之，必至激變。故孔子誡
之。異端字不它見。獨見《論語》、《家語》（辨政篇）。而《家
語》註：「猶多端也」。乃孔安國王肅輩，必有此鮮。故諸史
所用。依其解已。<u>魏篡漢祚，以攻異端為務</u>。何晏《集解》，
據序文，非何氏私書，孫邕、鄭沖、曹義、荀顗、何晏署名，
則必奉魏帝而作者，如唐《正義》、明《大全》耳。<u>故避時忌
諱，特設新義，後儒不察，遂為定說也</u>。「也已」如「可謂好
學也已」。明祖解已為止。此方學者，復有鮮「已」為甚者，
皆可謂誤也矣。

物徂徠以為，「異端」這個詞彙，是為壓倒非正統的政治思想，3 世紀
魏帝國的奠定者故意造出的具有濃厚意識型態之用語，因此它是嚴重違
背《論語》之「古言」所包涵的「先王之法言」的。如此分析，充分
撤開了《集註》之「其率天下至於無父無君，專治而欲精之，為害甚
矣，」「佛氏之言，比之楊墨尤為近理，所以其害為尤甚」等認識框架的
桎梏，顯示異端的含義只是人們的黨派活動而已。這一解釋一經傳到
18 世紀初的清朝學術界，當即獲得不少讚許及共鳴。我們先前談及阮
元主動將《七經孟子攷文》納入自己的校勘資料裡，他的一位摯友焦循
（1763-1820，以《孟子》注釋為著名的考證家）在阮元那裡得知物徂
徠及《論語徵》後，對其正在撰寫的《論語通釋》，全面引進物徂徠對
「異端」的解釋，從而把「異端」條同「一以貫之」條結合起來，重新
檢討「一以貫之」所揭示的內涵。焦循的《論語通釋》4b、5a、5b 指
出：

唐宋以後斥二氏為異端，闢之不遺余力，然於論語攻乎異端
之文，未之能解也。惟聖人之道至大，其言曰：一以貫之；
有曰：焉不學無常師；又曰：無可無不可；又曰：無必無固
無我。異端反是。孟子以楊子為我，墨子兼愛，子莫執中為執
一，而賊道執一即為異端。賊道即斯害之謂楊墨執一，故為異

端。孟子恐其不明也，而舉一執中之子莫。然則凡執一者，皆
能賊道，不必楊墨也。<u>聖人一貫，故其道大；異端執一，故其
道小。</u>子夏曰：雖小道，必有可觀者焉。致遠恐泥，是以君子
不為也。致遠恐泥，即恐其執一害道也。（中略）<u>聖人之道，
貫乎為我兼愛執中者也。</u>善與人同，同則不異。舜以同為大。
故執一者異，則為小農圃醫卜，皆聖人所為，執之則小也。
許行並耕，何非神農之教。神農不執一於農，故為聖人。許行
專於耕則小道矣。執一則人之所知所行與己不合者，皆屏而斥
之。主出奴，不恕不仁，道日小，而害日大矣。[6]

對焦循來說，「異端」之所以必須反對，是由於它將會徹底摧毀中庸的
狀態。無論是楊子，還是墨子，或子莫，他們所主張的「執一」都站在
某種偏激的立場，會傷害知行合一之道，因而被譴責為「異端」。針對
朱熹《集註》之「非聖人之道而別為一端，如楊如墨是也」的解釋，焦
循把楊墨二氏從叛離聖人之道的譴責圈中解救出來。

　　值得關注的是，後來劉寶楠寫過《論語正義》之際，高度評價焦
循《論語通釋》及《論語補疏》對「攻乎異端」章的解釋。他指出：焦
循參考《韓詩外傳》之「別殊類，使不相害，序異端，使不相悖」的說
法，以為「有以攻治之，即所謂序異端也。」焦氏此說，謂攻治異端，
而不為舉一廢百之道，則善與人同，而害自止。其說尤有至理。雖然焦
循和劉寶楠都不採用把「攻」解釋為「鳴鼓而攻攻之」之攻的徂徠之注
釋，但他們之所以得以擺脫《集註》解釋圈套的背後，不難看出《論語
徵》的啟發。

　　順便說明一下，較於焦循的這一解釋，物徂徠對該章的闡發是賦予
更多的「詩學」色彩。《論語徵》乙 44a「子曰：參乎，吾道一以貫之

---

6　焦循：《論語通釋》，嚴靈峯編輯：《無求備齋論語集成》（臺北：藝文印書館，
　　1966 年），第 22 函，頁 4b-5b。

哉。曾子曰：唯。子出。門人問曰：何謂也。曾子曰：夫子之道，忠恕
而已矣」（里仁第三）則說：

　蓋孔子之道，即先王之道也。先王之道，先王為安民立之。
故其道有仁焉者；有智焉者；有義焉者；有勇焉者；有儉焉
者；有恭焉者；有神焉者；有人焉者；有似自然焉者；有本
焉者；有末焉者；有近焉者；有遠焉者；有禮焉；有樂焉；
有兵焉；有刑焉。制度云為，不可以一盡焉。紛雜乎不可得
而究焉。故命之：「曰文」（易，繫辭下）。又曰：「儒者之道，
博而寡要」（史記，太史公自序）。然要其所統會，莫不歸於安
民焉者。故孔門教人曰：「依於仁」（述而篇）。曰：「博文約
禮」（雍也篇，顏淵篇）。謂學先王之道以成德於己也。學先王
之道，非博則不足盡之。故曰：「博文」。欲歸諸己，則莫如以
禮。故曰：「約禮」。然禮亦繁矣哉。故又教之以仁。仁先王之
一德也。故謂先王之道仁盡之，則不可矣。然先王之道，統會
於安民。故仁先王之大德也。依於仁，則先王之道，可以貫之
矣。故不曰：一。而曰：「一以貫之」。辟諸錢與襁。仁襁也。
先王之道錢也。謂錢即襁可乎。是一貫之旨也。宋儒亦有錢
襁之喻，以一理謂襁。然一理貫萬理，則萬理一理之分，豈容
言貫乎。一理貫萬理，則岐精粗而二之。依然老佛之見已，
可謂不成喻矣。忠恕者為仁之方也。故曾子云爾。然忠恕能
盡先王之道乎。由此以往，庶幾可以盡之。示之以其方也。
故「而已矣」者，非竭盡而無餘之辭。（中略）仁之為道，亦
在與人交之間，而長之養之，匡之成之，使各遂其生者也。然
仁道至大，非門人之所能。故以忠恕示其方也。如舊註「天道
也」；「人道也」；「體也」；「用也」（朱註，程子語）；「天之忠
恕也」；「聖人之忠恕也」；「學者之忠恕也」（大全，黃氏說）。
皆堅白類耳。任口而言其理，則莫有不可言者。<u>然求諸古言，</u>

豈若是其恣乎。可謂道之賊已。

揆之「古言」或「先王之法言」無外是《論語》所說的「一以貫之」的
表現，而只有這種堅持「先王之道」的根本規劃，才能導致方方面面
的「儒者之道」。在此意義上，「一即多，多即一」。因此，物徂徠高舉
的依據「先王之道」的儒學規劃，絕對不是束縛人們的活動自由，恰恰
相反，其規劃或許展開更大範圍的自由空間：繼承徂徠思想的本居宣長
（1730-1801）後來鑒於《源氏物語》而掀起「物的悲哀（もののあわ
れ）」之解放感情的思想革命，是有其充分理由的。

　　在物徂徠學的抨擊下，宋明理學所體現的合理主義開始解體，儒學
已完全被政治化。然而，倫理規範在向政治實體昇華的同時，個人的自
由精神也被解放，並開啟自由發展的道路。以本居宣長為代表的國學思
想家們，一方面完全拋棄道的真理是來自聖人的制作這種徂徠之說，另
一方面繼承徂徠學的反抗儒教倫理規範的立場，從而確立了獨立於一切
道學範疇的文學精神，即作為日本古代詩歌物語的本質表現之「物的悲
哀」。

## 四、《論語徵》的公羊學轉型：戴望《論語注》

　　張文虎（1808-85），江蘇南匯縣周浦鎮人。晚清著名校勘家。同
治二（1863）年，他赴安慶入曾國藩幕府。三年入金陵書院。同治五
（1866）年至九（1870）年，他與唐仁壽（1829-76）一起校勘《史記》
版本，完成了金陵書院本《史記集解索隱正義合版本》。那段時間，他
完成了《舒藝室日記》，[7] 其中描述同在金陵書局工作的劉恭冕和戴望的
狀況。同治六年十一月十八日（1867.12.13）條言及有關戴望《論語

---

7　以下《舒藝室日記》文本內容都引用於陳大康整理：《張文虎日記》(上海：上海
　　書店出版社，2001年)。

注》：

> 閱戴子高所撰《論語注》。多用《公羊》、《春秋》傳說，傅合
> 處多矯強，惟於樊遲從遊雩章（顏淵第十二），引昭二十五年
> 秋七月上辛大雩，季辛又雩，傳曰：「又雩者，非雩也，聚眾
> 以逐季氏也。」樊遲有感昭公孫齊之事，因以發問，謂下章問
> 仁亦感昭公之禍，頗近事情。

張文虎不太讚同摯友戴望之見解，但從他的記載中可以確認戴望《論語
注》[8] 的刊行是同治六（1867）年後半。

　　張文虎看破該書的基本寫作方針，是「齊論蓋與公羊家言相近。是
二篇（《問王》、《知道》）者，當言素王之事，改周受命之制，與春秋相
表裏，而為禹所去，不可得見希已」（《論語注》序）。戴望是，晚清學
術界中最早看穿《論語徵》的學術價值且向別人積極宣傳《論語徵》的
核心人物。俞樾在《春在堂隨筆》卷一中如下記錄：

> 《論語徵》甲乙至壬癸十卷，日本物茂卿撰。其書每頁二十
> 行，每行二十字，每卷首末兩頁版心，皆有「滕元啟謹書」五
> 字。同治五年，戴子高於杭州書肆得之，以示余。其大旨好與
> 宋儒牴牾，然亦有謂朱注是處，議論通達，多可采者。

將孔子描寫為「受命制作」之革命家（素王）的趣旨無疑是戴望解讀物
徂徠《論語徵》的直截回答。戴望《論語注》里仁弟四 2b「曾子曰：
夫子之道，忠恕而已矣」指出：

> 春秋三世，異辭以見。恩有深淺；義有隆殺。然而，於所尊致
> 其嚴；於所親致其愛；於所哀致其戚；於所痛致其重；於所善

---

8　以下《論語注》文本內容都引用於趙之謙署：《戴氏注論語》20卷，同治十
　（1884）年，哈佛大學所藏。

致其喜；於所賢致其美；於所危致其憂；於所賤致其辨；於所
惡致其尤；於所誅誅其法；於所矜致其疑。質，質而文，文；
忠，忠而恕，恕。其辭有常變焉。其義有經權焉。致五至行，
三無以橫於天下。<u>非聖心，其孰能與於此。</u>是故，欲求人倫之
至，達王道之大於忠恕，欲觀忠恕之道之盡於春秋。

他發出的「非聖心，其孰能與於此」之感慨，特別是用「聖心」一詞，
或許是悟出《論語徵》所主張的「制作之心」。《論語注》子罕弟九
2b，對「子曰：鳳鳥不至，河不出圖，吾已矣夫。」也說：

此孔子傷世無明王也。明王出，致太平，則鳳鳥至，河出圖
矣。今天無此瑞已矣。夫恨不制作禮樂也。<u>制作必當革命之
際，不欲顯言。</u>故以鳳鳥河圖見意焉。

戴望強調孔子對明王的期待，有可能參考《論語徵》的相關記載，如
「蓋曾點所志，乃伊呂之事。方其未出，則釣渭耕莘，若欲終其身者
也。<u>待明王興而出。</u>出則道大行於天下，制作禮樂，以陶冶天下焉。」
　　還有，《論語注》子罕弟九 4a「子曰：法語之言，能無從乎，改
之為貴」闡述：「法語，先王之法語。述之以箴君過。言者，無罪。聞
者，足以戒。故不能不從也。此謂諷諫。」戴望對「法語」的解釋，若
沒有物徂徠《論語徵》之成果則很難得出。
　　戴望對「一以貫之」的說明也是同物徂徠的見解有高度認同。
《論語注》里仁弟四 2b「子曰：參乎，吾道一以貫之。」說：「一以貫
之」之「一」意味著「仁」。其解釋正符合物徂徠所說的「仁先王之一
德也。故謂先王之道仁盡之，則不可矣。然先王之道，統會於安民。故
仁先王之大德也。依於仁，則先王之道，可以貫之矣。故不曰：一。而
曰：『一以貫之』」。

貫，讀如「一貫三為王」之貫。貫，中也，通也。一，謂仁
也。仁為德元。義；禮；智；樂，皆由此出。故變文言一。

一者，萬物之所從始也。董子曰：「古之造文者三畫，而連其
中謂之王。三者，天地人也。連其中者，通其道也。取天地，
與人之中，以為貫而參通之。非王者，孰能當」。是故王者必
法天以大仁，覆育萬物，既化而生之，又養而成之。仁，天志
也。人之受命於天，取仁於天也。

當然，戴望在所有問題上無需全部接受物徂徠的想法。物徂徠曾說：孔
子指向的革命目標是「東周」，即周帝國之東邊，包括日本在內。徂徠
的想像裡恐怕假設日本是最有資格復興中國文化的。故此，強調「吾邦
之道，即夏商古道也。今儒者所傳，獨詳周道，遽見其與周殊，而謂非
中華聖人之道，亦不深思耳。」因此，《論語徵》壬5a，對「公山不擾
以費畔，召。子欲往，子路不說曰：末之也已。何必公山氏之之也。子
曰：夫召我者，而豈徒哉。如有用我者，吾其為東周乎」（陽貨第十七）
有如下主張：

　　「興周道於東方。故曰：東周」（古註）。何晏解也。興周道於
　　東方者，尊王室以號令天下。管仲之事也。而抑三家不足道
　　矣。後人或執孟子，以仁義治邦為說，則何必言周也。

誠然「東周」所指的「東方的周帝國」，其中又包含管仲統治過的齊
國。可是，戴望否定物徂徠的這種解釋。他說：孔子所復興的王國是
「新周」的。《論語注》陽貨弟十七1b「用我者，吾其為東周乎」指出：

　　敬王去王城，入成周，始號王。用我者，當繼文武之治。豈猶
　　為東周乎。明天命已訖也。春秋宣公十六年，成周宣謝火。
　　（公羊）傳曰：「成周者，何東周也。何言乎。成周宣謝火，樂
　　器藏焉爾。外炎不書。此何以書。新周也。（何注：）『孔子以
　　《春秋》當新王。上黜杞，下新周，而故宋。因天災中興之樂
　　器，示周不復興。故繫宣謝於成周，使若國文，黜而新之，從
　　為王者後記災也。』」

眾所周知，《公羊傳》對春秋宣公十六年的論述蘊藏了關於孔子大一統
和致太平理想的公羊學核心構想。為了復興正在崩潰中的王朝，宣公
十六年文本給我們顯示了叫做「新周」的擁有新的理想之未來朝代。
「成周宣謝火」的文字裡，可以看到公羊學派所認為的孔子理想之新的
國家規劃，他們通過「宣謝火」的解釋告知後代人：舊周已死，要領會
孔子的微言大意，必須從他所整理的《春秋》大義文字中追尋。[9]

　　戴望的解釋背後就有公羊學派的徹底革命的思想。東周滅亡後新興
的帝國應該不是西周，也不是東周，而是「新周」。正如津田左右吉所
提，《論語》的「東周」話語大概是秦帝國誕生前後成立的。因為孔子
時代無法想像東周帝國之外的國家體制。戴望的解釋則借用孟荀以後秦
帝國思想的邏輯，因而「認錯時代」的程度比物徂徠更加激進。

## 五、金陵書局同仁對《論語徵》的探索

　　《張文虎日記》於同治六（1867）年八月和十二月記載了金陵書局
人員的調動情況：

> 八月十九日：戴子高進局，與劉叔俯（恭冕）同居。
>
> 十二月朔：節相命劉伯山子恭甫入書局，來拜。於是書局凡七
> 人：汪梅岑、唐端甫、劉叔俛（俯）、戴子高、周孟餘（興）、
> 恭甫、壬叔及余也。

劉寶楠《論語正義》最早刻本是同治五（1866）年三月發行的，先於劉
恭冕在金陵書院與戴望開始同居的同治六年。但令人費解的是，《論語
正義》裡共有十條戴望《論語注》之引用，而《論語注》的出版時間卻

---

9　柳存仁：《孔子的遺教》，《和風堂新文集》（臺北：新文豐出版，1997 年），上冊，
　　頁 22。

是在同治六年十一月，因此，一般發行的《論語正義》儘管記載著同治
五年的出版年，但實際上，寶楠的兒子恭冕在金陵書局對該書進行校對
時，將《論語正義》做進一步修改及補充後才最終出版，因此會出現上
述情況。該書之所以引用物徂徠《論語徵》的兩條注釋（述而篇「子釣
而不綱，弋不射宿」章和子罕篇「子貢曰：有美玉於斯，韞 而藏諸，
求善賈而沽諸」章）不難想像恭冕在金陵書局任職期間，從購買了《論
語徵》的戴望那裡獲悉了相關信息。值得注意的是，正如藤塚鄰所推測
過的那樣，恭冕參考的《論語徵》注釋不僅僅是他所引用的那兩條，還
有在更多的地方可能採用了物徂徠的觀點。例如，對「子曰：夏禮吾能
言之，杞不足徵也。殷禮吾能言之，宋不足徵也。文獻不足也，足則吾
能徵之矣」（八佾第三），《論語徵》乙 11b-12a 所述：

> 古註：「文獻」為二國之君文章賢才；「徵」訓成。誤矣。如子
> 貢所謂「賢者識其大者，不賢者識其小者」（子張篇），是獻足
> 徵也。「文獻不足徵」者，言二國無識夏殷禮之人與典籍也。
> 「徵」如《中庸》「無徵不信也」（二十九章）。蓋孔子洞知古
> 聖人作禮樂之心，又熟知人情世變。故夏殷之禮雖殘缺，僅得
> 一二，推知其餘，如 諸掌。而謙曰：「吾能言之」。豈唯言其
> 義而已哉。然無徵則民不信。故孔子不傳夏殷禮。是此章之義
> 也。

而劉恭冕《論語正義》卷三 9 也指出：

> 正義曰：「文」謂典策，「獻」謂秉禮之賢士大夫。子貢所謂賢
> 者識大，不賢者識小，皆謂獻也。《禮》「中庸」云：「子曰：
> 『吾學夏禮，杞不足徵也；吾學殷禮，有宋存焉。』」言祇有宋
> 存，而文獻皆不足徵也。又「禮運」云：「孔子曰：『我欲觀夏
> 道，是故之杞，而不足徵也，吾得夏時焉，我欲觀殷道，是故
> 之宋，而不足徵也，吾得坤乾焉。』」夏時、坤乾，皆文之僅存

者。夫子學二代禮樂，欲斟酌損益，以為世制，而文獻不足，雖能言之，究無徵驗。故不得以其說箸之於篇，而祇就周禮之用於今者，為之考定而存之。[10]

可見，這一章的解釋，劉恭冕忠實地重複了徂徠的邏輯，引用公羊學派格外重視的《禮記》「禮運」篇來加強自己的學說。另外，《論語徵》壬16a「宰我問：三年之喪期已久矣」（陽貨第十七）指出：

三年之喪，先王之制也。當時之人，遵奉而不敢違也。況宰我之在聖門，豈無故而有此問乎。宋儒好自高而輕詆人，亡論已。仁齋先生怪其孔門高弟而有此問也，乃曰：「其必在於具慶之日乎」。是不得其解而為之回護者也。夫禮者緣人情而作者也。故孔子曰：「安則為之」。後儒不知道，故以為深責宰我（朱子、仁齋）。可謂謬矣。宰我曰：「君子三年不為禮，禮必壞。三年不為樂，樂必崩」。可見孔子時禮樂至重耳。故宰我不以它而以禮樂。若後世儒者，何有此言乎。

而《論語正義》卷二十 18 也說：

宰我親聞聖教，又善為說辭，故舉時人欲定親喪為期之意，以待斥於天子。夫謂「君子三年不為禮，禮必壞；三年不為樂，樂必崩」，此亦古成語，謂人久不為禮樂，則致崩壞，非為居喪者言。而當時短喪者或據為口實，故宰我亦直述其語，不為諱隱也。[11]

劉恭冕在此提到的「古成語」便是徂徠經常關心的由「先王法言」織成的「古言」。他參照《論語徵》論述的痕跡，從上述兩處可以明顯看

---

10　劉寶楠撰，高流水點校：《論語正義》（北京：中華書局，1990 年），頁 92。
11　《論語正義》，頁 701。

出。此外，更值得關注的是在《清史稿》劉寶楠傳附帶的「劉恭冕傳」
中的如下記述：

> 幼習《毛詩》，晚年治《公羊春秋》，發明「新周」之義，闢何
> 邵公之謬說，同時通儒皆讋之。[12]

恭冕的「新周」思想就圍繞《論語正義》卷二十 4「公山弗擾以費畔」
中「吾其為東周乎」的解釋而闡釋的。恭冕在該注釋中說明：

> 「吾其為」者，「其」與「豈」同，言不為也。「東周」者，王
> 城也。周自文王宅豐，武王宅鎬，及後伐紂有天下，遂都鎬，
> 稱鎬京焉，天下謂之宗周。迨周公復營東都於郟，是為王
> 城。幽王時，犬戎攻滅宗周，平王乃遷居東都，遂以東都為東
> 周，而稱鎬京為西周也。《史記》「孔子世家」：「定公九年，陽
> 虎奔於齊，是時孔子年五十。公山不狃以費畔季氏，使人召孔
> 子。孔子循道彌久，溫溫無所試，莫能己用，曰：『蓋周文武
> 起豐鎬，今費雖小，儻庶幾乎。』欲往。子路不說，止孔子。
> 孔子曰：『夫召我豈徒哉。如用我，其為東周乎。』然亦卒不
> 行。」據「世家」之文，是孔子欲以費復西周文武之治，此當
> 出故也。《鹽鐵論》「襃賢篇」：「孔子曰：『如有用我者，吾其
> 為東周乎。』庶幾成湯，文武之功，為百姓除殘去賊，豈貪祿
> 樂位哉。」亦據文武為孔子欲復西周，而兼言成湯，此皆《古
> 論》家說。其後夫子作《春秋》，據魯新周，即此意。必據魯
> 者，周道幽厲傷之，而猶在魯，故據魯《春秋》而一新以西周
> 之治。新以西周，不得不絀東周，故此文亦言不為東周也。[13]

在此，恭冕「新周」的含義是對公羊學的傳統看法，特別對何休有權威

---

12 《論語正義》附錄《清史稿劉寶楠傳附劉恭冕傳》，頁 800。
13 《論語正義》，頁 681-682。

的注釋，進行了可觀的修正。在恭冕來看，據魯復興西周，不像何休著述的那樣，據文武（宗周）復興西周。他認為，是因孔子首先據文武考慮復興西周，但編輯《春秋》之後，他重新探討在魯保存下來的文獻，決定通過魯國的記憶來建構西周文化的本來面貌。劉恭冕的此次嘗試，一方面繼承戴望《論語注》的據魯復興「新周」的想法，但另一方面卻強調孔子要靠魯復興西周，這就淡薄了戴望注釋所帶有之濃厚的公羊學氛圍。

繼恭冕「新周」思想登場後過去了半個世紀，胡適（1891-1962）在《說儒》（1935 年）裡再次宣傳了據魯復興「新周」的儒學文化戰略。儘管如此，胡適不是要復興「西周」，而是想復興「東周」，所以他的戰略就又回到物徂徠的「興周道於東方」的軌道。

> 《論語》裡記著兩件事，曾引起最多的誤解。一件是公山弗擾召孔子的事。（中略）一件是佛肸召孔子的事。（中略）後世儒者用後世的眼光來評量這兩件事，總覺得孔子決不會這樣看重兩個反叛的家臣，決不會這樣熱中。疑此兩事的人，如崔述（《洙泗考信錄》卷二），根本不信此種記載為《論語》所有的；那些不敢懷疑《論語》的人，如孔穎達（《論語正義》十七），如程頤，張栻（引見朱熹《論語集注》九），都只能委曲解說孔子的動機。其實孔子的動機不過是贊成一個也許可以嘗試有為的機會。從事業上看，「吾其為東周乎。」這就是說，也許我可以造成一個「東方的周帝國」哩。[14]

將「東周」看成「東方的周帝國」的胡適戰略，似乎刻印了物徂徠的邏輯框架，而卻離開了戴望或劉恭冕所提倡的復興「新周」的思想。

---

14　胡適：《說儒》，歐陽哲生編：《胡適文集》（北京：北京大學出版社，1989 年），第 5 卷，頁 40-41。

## 六、康有為和章太炎的解釋

　　辛亥革命前夜，康有為（1858-1927，戴望的繼承人）及章太炎（1869-1936，俞樾的高弟）圍繞今文經和古文經問題以及中國革命的前途，展開了激烈的論爭。眾所周知，丸山　男（1914-96）視徂徠學為日本近代思維的開端。假使延伸他的這種觀點，我們不難想像，在晚清危機時代，對中國文化復興有重要貢獻的曾國藩幕府內，各自代表儒學兩大學說的內涵，即制度理想和制度創新的俞樾和戴望，都借鑑徂徠學所帶來的近代思維，共同建立充滿理想及創新精神的近代建國思維。

　　然而，通過他們這種制度理想及制度創新的均衡合力來得以有效實現的近代思維，到辛亥前夕，不僅喪失了它們具有的平衡關係，反而導致了如康有為和章太炎論爭所凸顯的那種不可調和的對抗關係。

　　康有為在發動戊戌變法前的 1898 年 4 月，公開出版了《孔子改制考》。該書將幾乎所有的儒學經典集中起來，用歷史的眼光來闡述孔子構建古代文化體制的基本框架之具體過程。當進行如此工作中，康有為積極採用從劉逢　到戴望的公羊學派所積累的《論語》詮釋學的成果，尤其對所謂「三年之喪」的懸案，雖然沒點名提到，但從其內容來看，無疑是借用戴望之《論語注》的觀點。而假如考慮上述《論語注》和《論語徵》之間的互動關聯，康有為的觀點，從某種意義來講，還是間接反映了物徂徠的「革命論述」。比如，要證明「喪葬之制為孔子改定者」，康有為在《孔子改制考》卷十六「經皆孔子改制所作考」中作如下主張：

> 宰我為聖門高弟大賢。若三年之喪，是當時國制，天下人人皆
> 已服從。今日雖極不肖之人，不能守禮，亦必勉強素服，從未
> 聞有發言吐論，以為應改短為期喪者。豈有聖門高弟大賢，
> 而背謬惡薄若此。即使背謬惡薄，亦不過私居失禮而已。奚
> 有公然與師長辯攻時王之制，以為隻可服期，不應三年之久

者。且此事既是時王之制，與孔子辨亦無益。即孔子從之，亦當上書時王言之。而二千年來亂篡弒賊之人，踵接肩望，亦未聞有人敢改短喪者。匪特不敢改，亦未有人敢言短喪者。但日益加隆，如舅姑加三年；妾母加期；嫂叔加大功而已。而高弟大賢，乃敢犯大不韙，為必不可之舉，以攻時王之制，有是理乎。蓋三年喪為孔子所改，故宰我據舊俗服期，以與孔子商略，謂孔子何必增多為三年。蓋當創改之時，故弟子得以質疑問難也。《論語》此條，古今皆疑不能明。非通當時改制之故，宜其不能明也。[15]

康有為的論述要點則是將「三年之喪」視為「時王之制」，並且明確指出由於該制度是「時王之制」，孔子的作用幾乎等於制度的改定者。可見康有為的孔子改制論述則是戴望學說譜系裡的產物。

有趣的是，與康有為對峙的章太炎，在辛亥革命爆發之後的 1911 年 10 月 26 日、28 日、31 日在《光華日報》（於檳榔嶼發行）發表了《誅政黨》。該文章探討在古代中國誕生的諸類政黨的作用，以及當代歐美政黨的政治得失，並評價康有為、梁啟超、嚴復等一大批重要人士的所作所為。他指出：

蓋歐美政黨，自導國利民至，中國政黨，自浮誇奔競，所志不同，源流亦異，而漫以相比，非妄則誇也。當世黨人，可約而數，觀其言行，相其文質，校第品藻，略得七類：

治公羊學，不逮戴望甚遠，延其緒說，以成新學偽經之論，劉歆所謂當門妒道真者也。（中略）今則曲事大璫，以求祿秩者有之矣。不特不逮漢、明，方以牛僧孺、李德裕之徒，猶有漸

---

15　康有為撰，姜義華、張榮華編校：《康有為全集》（北京：中國人民大學出版社，2007 年），第 3 集，頁 131。

德，昏淫猖詐，古未曾有。是漢種將滅之妖，而政黨之第一類
也。[16]

同年 12 月 2 日，章太炎公開發表《章炳麟之消弭黨見》，提到「革命軍
起，革命黨消，天下為公，乃克有濟」之著名口號（《大公報》1911 年
12 月 12 日）。這篇公開信亦對孫中山（1866-1925）組織的同盟會進行
了強烈的抨擊。

　在章太炎的眼裡，康有為（和梁啟超）建立的政黨（起於 1898 年
的強學會）之黨綱在晚清的動盪時期將其改良立場左右搖擺；先投靠皇
帝後高舉立憲，未能擺脫嚴重機會主義的弱點。尤其該黨領導人康有為
之學術程度，遠遠不如曾國藩幕府人戴望的水準，而且戊戌變法以後，
每況愈下。儘管章太炎對康有為的評價有些過激，然而不可否認他的
關於政黨的總論，給為何 20 世紀以來中國政黨政治一直處於低調的狀
態，提供了某些尋找謎底的線索。

　回溯早在 17 世紀末，組織「蘐園」政黨的物徂徠的立場，如果以
章太炎的評價標準，他會在我們面前呈現怎樣的論斷呢？歸根結底，儘
管他的聖人制作之學說開拓了新的日本政治意識型態，但由他組織政黨
的嘗試，對後來的日本歷史未曾留下絲毫痕跡。雖然他的「革命論述」
給嘉慶以後的中國學術家，尤其是文化復興時期的曾國藩幕府的考據家
帶來了莫大啟發，但原來受到後七子的詩社運動啟示而展開的蘐園學社
之發起，也同強學會以後的近代中國政黨運動缺乏任何關聯。

　本文檢視如此複雜的中日儒學之「相互關聯性」，從而探討東亞儒
學在危機時代所展現的思維空間之多重面貌。簡要地說，中國的「革命
論述」比起從物徂徠到明治維新的「革命論述」激進得多，也深刻得
多。歷史的各種巧合，使中國革命到了 20 世紀後半呈現出其極端的狀

---

16　姚奠中、董國炎：《章太炎學術年譜》（太原：山西古籍出版社，1996 年），頁 185-
　186。

態，也對制度理想和制度創新予以不太健康的影響。所有這些問題迫使現在和未來儒學經典的詮釋者反躬自問。

# 第十二章
# 「天」與「數」：
# 佐藤一齋的命運觀探析

藤井倫明[*]　金培懿[**]

## 一、前言

　　新冠肺炎疫情蔓延禍害全世界已過兩年半，世界各國雖然想方設法投入疫苗開發，鼓勵民眾積極接種注射疫苗，然疫情並未因此好轉，病毒脅威依然方興未艾，陸續出現了 Delta、Eta、Mu、Omicron 等一系列突變的變異病毒株，此等變異病毒更具有免疫逃逸（immune escape）能力，導致全世界恐慌不安，人心惶惶不可終日。這段時日以來，世界各地感染變種肺炎的人數仍舊日益擴大，國與國之間，人民彼此的往來受到前所未有的限制，全世界一度處於緊急的「非常事態」狀況中。截至今日，全人類堪稱仍持續共同面對著全球性規模的重大「逆境」。

　　根據筆者手邊的《西日本新聞》所做的統計，在撰稿當下的 2022 年 4 月 6 日，全世界新冠肺炎的感染人數高達 4 億 9374 萬 9733 人，死者人數則已達 615 萬 9291 人。而因為新冠肺炎而喪命的人們，彼等之所以感染新冠肺炎的理由、原委各式各樣，其中未必都可以將之單純地解釋為「不可迴避之天災」，但是彼等之死亡，則確實都不是其自身所招致的，可以說是「想像外」的意外。再者，眾所周知的，為了預防感染而施行的各種警戒規制，或是籲請民眾自律、自肅其日常行動，使得

---

*　日本九州大學人文科學研究院副教授。
**　臺灣師範大學國文系教授。

餐飲業、觀光業遭受前所未有的衝擊，因而導致眾多相關產業人士的經濟生活陷入窮困境地。然彼等之所以突然陷入此等困苦窮途，既非其自招之過失，亦非其人之失德所導致，從表面看來這可以說是毫無道理可言而遭受的無妄之災，對彼等而言，此種遭遇恐怕也只能說是毫無道理的人生「荒謬」吧。

自不待言地，人類自古以來即不斷飽受命運捉弄，常言人生不如意之事十之八九，故而人生苦惱不斷。所謂「善有善報，惡有惡報」似乎是句徒具形式的口號，在過往歷史事實與現實人生中，善人反而多不幸，義人反而多不遇，彼等人生多歷經劫難，終其一生悲苦不已的事例不勝枚舉。早在二千多年前，司馬遷面對所謂：「善人」之伯夷、叔齊卻遭致餓死；「好學」之顏淵苦於貧困且因此夭折。相對於此，「暴戾恣睢」之盜蹠卻可全其天壽的此種荒謬不合理的人生現實，不禁感慨悲嘆曰：「甚惑」！「天道，是邪？非邪？」[1]

而歷來在面對此種命運之不合理、荒謬絕倫之逆境時，人類往往尋求宗教之救贖。至於救贖的形態，則或因宗教不同而形式各異，然對那些處於人生不幸、不遇之境遇的人們而言，宗教所以能令他們獲得救贖的理由之一，或恐就在其認同死後靈魂之存在這點。其實，多數宗教皆認同超越人們所生活的現實世界，存在著另一次元的世界，故而不認為人們生存的這一現世就是人生的完結。誠如眾所周知的，在基督教而言，是否能獲得真正意義的救贖（亦即能否獲得永生），此一決定權係

---

[1] 司馬遷於《史記》〈伯夷叔齊列傳〉中即如下記載：「或曰：天道無親，常與善人。若伯夷、叔齊，可謂善人者非邪？積仁絜行如此而餓死！且七十子之徒，仲尼獨薦顏淵為好學。然回也屢空，糟糠不厭，而卒蚤夭。天之報施善人，其何如哉？盜蹠日殺不辜，肝人之肉，暴戾恣睢，聚黨數千人橫行天下，竟以壽終。是遵何德哉？此其尤大彰明較著者也。若至近世，操行不軌，專犯忌諱，而終身逸樂，富厚累世不絕。或擇地而蹈之，時然後出言，行不由徑，非公正不發憤，而遇禍災者，不可勝數也。余甚惑焉，儻所謂天道，是邪非邪？」司馬遷：《史記》，收入楊家駱主編：《史記三家注附史記釋例》（臺北：鼎文書局，1979年），第3冊，卷61，〈伯夷列傳〉第一，頁2124-2125。

委於超越性絕對者，亦即須要由神來做「最後的審判」，而這卻是人們
死後之事。因此，縱然人終此一生不幸、不遇，但因這並非其人生最後
真正的終點，故沒必要因此而絕望。再如佛教所謂的「輪迴轉世」，因
為人生現世所造之善因、惡因，會帶到來世而隔世受報。同樣地，前世
所種之善因、惡因，亦會化現為今生之善果、惡果。如此一來，即便是
善人，其現世亦未必就能獲得命運之神眷顧而幸運、幸福的原因理由，
也就可以獲得一定程度的合理性說明。在此，所謂「善因善果、惡因惡
果」、「善有善報、惡有惡報」的天理循環，因為可以無有破綻而得以成
立，故也就沒有所謂毫不合理、荒謬絕倫之運命。

　　然則，儒家思想對於現實人生中那些面對不幸、不遇之境遇的人
們，究竟又是如何伸出其援手呢？誠如孔子不語死後之世界，並且敬鬼
神而遠之的這一大家耳熟能詳的立場所顯示出的，就過往歷史而言，
儒家思想基本上主要在關注現實世界，其目標則試圖將其所認為的理想
性社會實現於當今現世，故我們或許可以說：歷來儒家思想基本上乃是
作為政治哲學、道德思想而於現世發揮其功能效用。[2]也正因為如此，
一般以為儒家思想對於處於人生不幸或逆境之人們，或是對於恐懼死亡
之人們而言，基本上並不強調或積極提供所謂「救贖」或者「療癒」等
此種「宗教性」思想側面。關於此點，我們從歷史上不乏諸多所謂的儒
者，卻是信奉佛教或是道教的傳統知識份子的這一事實，不也可以窺知
其形同訴說著：現實社會中所存在的，乃是一個若僅依據儒家思想並無
法解決、也無法滿足的真實世界。不過，真實過往歷史中卻也出現過試
圖從儒家思想中，發掘超越不幸逆境之命運，直接面對並接受死亡，徹
底從「宗教性」次元而來攝納儒家思想教義，進而嘗試以之作為混亂無

---

2　當然誠如歷來研究所論，原始儒家之起源乃在「巫」，且由其歷來一貫重視祖先祭
　祀一事亦可得知的是，我們並無法否定儒家思想中所存在的宗教性要素。但是，
　就儒家思想之歷史性發展而言，我們不能否定的是較之作為宗教，儒家思想乃是
　作為政治哲學、道德思想而發揮其社會指導效用。

序、危疑動盪不安時代中之精神依據的儒者。而其中一位正是德川時代的日本儒者佐藤一齋（1772-1859）。

　　佐藤一齋乃日本德川時代末期之大儒，其不僅身為幕府儒官，更是幕府官學「昌平黌」之教授，活躍於幕末維新時期，一生作育英才無數。佐藤一齋不僅鑽研朱子學、陽明學，同時亦精通《易經》，[3] 其學識號稱當代第一！堪稱是江 時代後期最具影響力的儒者之一，故吾人不妨亦可將佐藤一齋之學問、思想視為德川日本儒學之頂點、集大成。而在佐藤一齋遺留傳世的諸多著作中，最富盛名且最具影響力的著作，不外首推《言志四錄》。亦即《言志錄》、《言志後錄》、《言志晚錄》、《言志耋錄》。[4] 而《言志四錄》可以說是集結佐藤一齋之學問、思想精華的著作，故吾人可通過《言志四錄》而來窺知佐藤一齋之命運觀及宇宙觀、人生觀等。而關於《言志四錄》如何受到關注並獲得時人重視一事，據聞幕末豪傑西鄉隆盛（1827-1877）也非常重視《言志四錄》，更親自從中抄錄出一百零一條以為座右銘，作為其平日做人處世之指南。[5] 其實，不僅西鄉隆盛，日本幕末維新時期的諸多志士，多數吸納接受《言志四錄》之內容，[6] 由此可見其影響所及之廣泛。

　　而自不待言地，幕末維新時期堪稱日本歷史上最混亂動盪的危疑時代，因為對外有西方列強之軍事脅威，國內則有討幕派（尊皇攘夷派）與佐幕派兩大政治陣營對立所帶來的政局混亂，日本因而迎來其前所未有的危機困境。而在此種堪稱國家逆境的狀況中，佐藤一齋之《言志四

---

3　佐藤一齋之《易經》相關著作有：《周易進講手記》、《周易欄外書》、《易學啟蒙欄外書》等。

4　有關《言志四錄》之成書背景與版本狀況等，詳參疋田啓佑：〈解說〉，收入岡田武彥監修：《佐藤一齋全集》（東京：明德出版社，1991 年、1993 年），第 11、12 卷，頁 5-13；頁 5-8。

5　西鄉隆盛親筆抄錄之《言志四錄》中，附有秋月種樹之評語。該書於明治 21 年（1888）由東京博文社以《南洲手抄言志錄》為名，刊行問世。

6　詳參高瀨代次郎：〈言志四錄の思想〉，《佐藤一齋と門人》（東京：南陽堂本店，1922 年），第 6 章，頁 551。

錄》成為當代眾多人士之思想支柱，賦予彼等突破逆境的勇氣與力量。而在此值得我們注意的是，佐藤一齋於《言志四錄》中所展開的思想內容，全是其通過鑽研「儒學」而體悟感得的命運觀、宇宙觀、人生觀，其中並未見到諸如佛教等其他宗教思想要素。佐藤一齋基本上立足於儒家立場，致力從儒家之思想教義中，萃取出身處逆境之精神，以及克服死亡恐懼之理論。在佐藤一齋而言，儒家思想絕非單單只是道德性教戒，也不僅止於世俗性的處世訓戒這一層次；在《言志四錄》中儒家思想被導向一種所謂接受人生任何境遇、超越死生、安心立命的境界，亦即儒家思想可以說是被昇華提升至「宗教」層次。然而，佐藤一齋究竟又是如何從儒家思想中發掘出「宗教性救贖」？以下本文擬具體就《言志四錄》之內容，而來考察佐藤一齋之命運觀、宇宙觀、人生觀，以闡明其如何在危疑時代透過儒家思想而對當代世人提出建言，並試圖藉之提供今日受到新冠肺炎影響甚鉅的吾人作為參考。

## 二、人生之「富貴貧賤」、「死生壽殀」、「利害榮辱」與「數」

　　《言志四錄》第一部分，也就是《言志錄》一書開頭就如下記載道：

> 凡天地間事，古往今來，陰陽晝夜，日月代明，四時錯行，其數皆前定。至於人富貴貧賤，死生壽殀，利害榮辱，聚散離合，莫非一定之數，殊未之前知耳。譬猶傀儡之戲，機關已具，而觀者不知也。世人不悟其如此，以為己之知力足恃而終身役役，東索西求，遂悴勞以斃。斯亦惑之甚。[7]

在此，佐藤一齋直接斷言人們一生之「富貴貧賤」、「死生壽殀」、「利害

---

7　佐藤一齋：《言志錄》，第 1 條，《佐藤一齋全集》第 11 卷，頁 269。

榮辱」等，乃是預先已決定之定「數」。[8] 就如同舞臺上搬演的傀儡戲故事一般，無論劇情如何以充滿波瀾萬丈、驚濤駭浪的形式進展，其不過都是依照事先已然「設想」的劇本來展開，也就是說在舞臺上所搬演的劇情內容，並不會發生任何一件「設想外」的事件。而與舞臺上的戲劇一樣的，人們無論在這個世界上人生遭遇何種境遇，也都是從一開始就已然決定安排好的事情。佐藤一齋認為此種所謂事先早已設定的原理，並不局限於人們的個人人生生命世界，包含國家與社會，以及自然界之運作，乃至貫穿整個宇宙全體之運行，無一不是如此。佐藤一齋如下說道：

> 五穀豐歉，亦大抵有數。三十年前後，必有小饑荒，六十年前後，必有大凶歉。雖較有遲速，竟不能免。可不為之豫備乎。[9]

> 大而世運之盛衰，小而人事之榮辱，古今往來，皆旋轉而移，猶五星之行。有順有逆，以與太陽相會。天運、人事，數無同異，不可不知也。[10]

亦即，自然世界中既然有豐收之年，當然也就會有欠收之年；家國或社會既然有繁榮時局，當然也就會有衰退時局，此等皆是所謂的「數」。而且所謂旱魃或是水患等災害的發生，也都是所謂的「數」。既然這一切都是所謂的定「數」，則人們不樂見的災害以及逆境，也就必然會降臨，無從避免。所以雖然人們祈願風調雨順，平和無災的太平時代可以永續，但令人遺憾的是：就所謂的定「數」而言，人類的此一祈願其實並無法如願以償。如果從佐藤一齋此種定「數」立場來說，現在新冠肺

---

8　此處佐藤一齋所謂之「數」，乃「命數」，是指事先決定之命運，可以理解為宿命。
9　佐藤一齋：《言志後錄》，第181條，《佐藤一齋全集》第11卷，頁307。
10　佐藤一齋：《言志耋錄》，第82條，《佐藤一齋全集》第12卷，頁334。

炎病毒極為猖獗地肆虐世界各國，全人類正面對著此一全球性規模的「逆境」，人們並且將此一逆境視為「意料外」的災害，故無不祈願此一「意外」災害得以早日平息結束。但是，若從上述佐藤一齋的定「數」論立場而言，則目前吾等人類所認為的新冠肺炎這一意外災害，因為是按照宇宙大自然原本所設定的「數」／「劇本」而來搬演，所以對人類而言也就成了所謂無可迴避的宿命。

　　而此種定「數」論，就人們一生的順境、逆境而言亦同。一般而言，沒有人不期望順境，但是作為定數而必然來到的逆境，則絕對無法迴避，故除了老實順從地接受之外別無選擇。然而因為多數世人並不了解此種道理，故多不能滿足於其自身之境遇，一味追求富貴、名聲及長壽等等，庸庸碌碌奮鬥終生。但是，無論人如何努力奮鬥，卻無法改變作為「天定之數」而降臨己身的所有幸或不幸之境遇。佐藤一齋非常強調：此一所謂的定「數」，無論如何絕非人力所能左右。

> 天定之數，不能移動。故人生往往負其所期望，而趨其所不期望。[11]

> 人罹栽患，禱鬼神以禳之。苟以誠禱，或可以得驗，然猶惑也。凡天來之禍福，有數。不可趨避，又不能趨避。鬼神之力，縱能一時禳之，而有數之禍、竟不能免，天必以他禍博之。譬如頭目之疾，移諸腹背，何益之有。故君子順受其正。[12]

蓋人遭逢災禍時，往往祈禱於神佛（鬼神），試圖仰仗神佛之力以逃避災禍。而佐藤一齋認為憑藉神佛之加持護佑，在某些特殊情況下確實可以去除災禍，但是若從其所思考理解的定「數」天理循環而來考量的

---

11　佐藤一齋：《言志錄》，第 243 條，《佐藤一齋全集》第 11 卷，頁 289。

12　佐藤一齋：《言志錄》，第 201 條，《佐藤一齋全集》第 11 卷，頁 286。

話，其實縱使人們祈禱於神佛，亦無法消災解厄，無法完全免於災殃。因為災厄禍殃會在另一個時刻，以另一種形態再度來襲。也就是說，作為定數而早已經決定的災禍，人們終究必然得承受之。對佐藤一齋來說，所謂的定「數」，乃是一種縱使是神佛也無法變化、改變的事物，而且此種定數正是此一大宇宙（天）的絕對性天理循環。因此無論藉由何種方法而試圖改變之，縱使一時使之得以變化，但此種變化畢竟就是一時性的，不過就是在「部分性」的層次上的「局部」變化而已。所以若從長久性、全體性的角度來看，那已然設定的「數」則是絕對不會變化的。關於此點，佐藤一齋進一步提出了所謂：「福幸」乃是「乘數」，相對於此，「艱難」則是「除數」，兩者相合就是「平數」。佐藤一齋此番見解饒富興味。

> 乘除一理。福幸，乘數也。患難，除數也。歸之平數，則無福幸，無患難。故乘除，只是屈伸消長之迹耳。[13]

> 人遭患難憂懼時，當自反把從前所受福幸，以乘除之，商出其平數可也。[14]

關於此處所謂數之「乘除」這一問題，除了上述引文之外，因為佐藤一齋於《言志四錄》中並無更進一步之說明，故有關其理論究竟所指為何？筆者實在無法做出一個明確說明。但是，若就《言志四錄》的前後相關內容來看，筆者以為佐藤一齋或恐是如下思考其所謂的定「數」。亦即，人終其一生之經歷，堪稱起伏不定甚至是波瀾萬丈，或有幸蒙福，或不幸罹災蒙難。有幸蒙福時則按蒙福之性質與程度，加乘計點；不幸罹災蒙難時亦按受難之性質與程度，減除計點。而人一生中蒙福之加乘總點數，與受難之減除總點數，兩相加總後，其總和結果必定

---

13　佐藤一齋：《言志後錄》，第 162 條，《佐藤一齋全集》第 11 卷，頁 305。
14　佐藤一齋：《言志後錄》，第 163 條，《佐藤一齋全集》第 11 卷，頁 305。

是「平數」，也就是說在加減乘除後等於「零」，此即佐藤一齋所謂數之「乘除」的構造。[15] 因此換言之，人一生所蒙受的幸福之量與罹災受難之量，必定會相互連動且取得平衡，故設若一個人現今罹災受難的話，那不外就是此人在過往時日中蒙福後必然要有的抵消，或是日後將要領受幸運福報的要因。

而若根據上述佐藤一齋此種「乘除」理論，則按理說一個人終其一生，就不會出現所謂終生蒙受幸運福報，或是終生罹災受難的此種極端現象。但問題是在現實生活中，不乏有不幸夭折之人，相對地也有一生幸運全其天壽之人，此乃不爭之事實。關於此點，由於《言志四錄》中並無進一步深入論述，筆者不禁好奇佐藤一齋若立足其自身的「乘除」理論人生觀，則其究竟又該如何說明此種現實人生之真實與其「乘除」理論之間的矛盾？但無論如何，誠如佐藤一齋對所謂定數之「乘除」的形容是「屈伸消長之迹」，[16] 亦即凡有伸長則必屈曲，凡有屈曲則必伸長，伸長（蒙福）與屈曲（受難），在定數之「乘除」的原理上，不可能終始就只是單方面的伸長（蒙福）或屈曲（受難），因為伸長（蒙福）與屈曲（受難）兩者必定相互連動而均衡展現。所以佐藤一齋認為無論是在自然界或是人類世界，有順境就必然會有逆境，此事就如同「呼吸」這一現象，故佐藤一齋如下說明：

> 寒暑榮枯，天地之呼吸也。苦樂榮辱，人生之呼吸也。即世界

---

15　現在我們一般所謂的「乘」、「除」，指的是加減乘除等算法中的「乘」法與「除」法；然古文中所謂的「除」一詞，則有相互「抵消」、清帳之義。例如韓愈〈三星行〉中曰：「名聲相乘除，得少失有餘。」又如蘇軾〈遷居臨皋亭〉詩中曰：「飢貧相乘除，未見可吊賀。」再如唐寅〈柱國少傅守溪先生七十壽序〉中則曰：「福不可虛享也……掩襲而享之，必被乘除，使得此者必失彼。」因此，筆者認為我們在此不妨將佐藤一齋所說的「乘」，簡要理解為加計分數；而其所說的「除」則是減計分數。如此理解應無大礙。

16　佐藤一齋以所謂的「消長之數」，而來說明人一生有順境與逆境一事。其言：「人一生有順境，有逆境。消長之數，無可怪者。」見佐藤一齋：《言志晚錄》，第184條，《佐藤一齋全集》第12卷，頁315。

*之所以為活物。*[17]

所謂的呼吸,既然有吸氣就必然得吐氣,若吸氣之量多,當然吐氣之量亦多。呼氣與吸氣之間,兩者在原理上是相互連動、呼吸均衡的,也就是一組平衡的設定。天地之運行,有「暑」、「榮」之時節與時運,當然也就有「寒」、「枯」之時節與時運;人生有「樂」、「榮」之時,當然也就有「苦」、「辱」之時,故天地之運行與人生之境遇,其原理同於呼吸,正反好壞雙方總是相互連動且均衡的。而且,正因為順境、蒙福與逆境、受難兩者,皆是等量出現,所以方能證明這個世界是一個活生生的「活物」,此即佐藤一齋所謂定數之「乘除」這一思惟。也就是立足於此種思惟,佐藤一齋進一步主張:縱使面臨不受人們歡迎、不受人們喜好的災難,我們也不應該試圖逃避,而是必須全然接受此種非人所願的災難。佐藤一齋如下說道:

> 人一生所遭,有險阻,有坦夷,有安流,有驚瀾,是氣數自然,竟不能免,即易理也。人宜居而安焉,玩而樂焉。若趨避之,非達者之見。[18]

換言之,只要人們所處的這一世界是一大「活物」,則我們的人生中就必然會出現逆境與患難,此乃「氣數自然」,是為「易理」。而只要這一「易理」是人們所處這一現實變動世界的普遍天理循環法則,則人類絕對無法逃於逆境與患難,故除了接納之外別無他法。[19]

---

17　佐藤一齋:《言志晝錄》,第 87 條,《佐藤一齋全集》第 12 卷,頁 335。

18　佐藤一齋:《言志後錄》,第 25 條,《佐藤一齋全集》第 11 卷,頁 294。

19　一齋如此注重《易經》以及「易理」,並如後文所述將之從「天」與「心」的脈絡加以闡發,此或許是受到明末所流行的「心易」說的某些影響。但關於一齋所理解的「易理」與明末流行的「心易」說,其在理路上有無直接關聯,此點可能需要進一步探討。有關明末「心易」說,詳參荒木見悟:《憂國烈火禪:禪僧覺浪道盛のたたかい》(東京:研文出版,2000 年),第二章〈心と易〉,頁 19-41、賀廣如:〈心學《易》之發展:楊慈湖和王龍溪的《易》學比較〉,《中國文化研究所學

# 三、「不畏死之理」與「天」

　　雖然如上所述，但縱使我們接受並理解佐藤一齋所主張的：逆境與患難乃是逃也逃不了的命定之「數」，也有認命面對接受逆境與患難的覺悟，但實際上當我們面臨逆境或是人生受難時，要保持心靈貞定不為之所亂，還要能「安」於逆境與患難，此種境界恐怕是一般人很難企及的。而對人們而言，其一生所面臨之最大逆境與患難之終點，一般堪稱是「死亡」這件事。然而，即使我們十分清楚死亡乃是人一生最終不可迴避之重大難題，但是當我們實際面對死亡時內心難免有所恐懼一事，實在自然不過。佐藤一齋也深知此事，故其亦認同生靈「畏死」乃自然不過之事。不過在此一認知之上，佐藤一齋強調：因為人類乃全體生靈中最為「靈」明之存在，故主張人應該積極發掘出「不畏死之理」而來克服其對死亡的恐懼。

> 生物皆畏死。人其靈也，當從畏死之中，揀出不畏死之理。吾思：我身天物也。死生之權在天，當順受之。我之生也，自然而生，生時未嘗知喜矣。則我之死也，應亦自然而死，死時未嘗知悲也。天生之而天死之，一聽乎天而已，吾何畏焉。吾性即天也，軀殼則藏天之室也。精氣之為物也，天寓於此室，遊魂之為變也，天離於此室。死之後，即生之前，生之前，即死之後。而吾性之所以為性者，恆在於死生之外，吾何畏焉。夫晝夜一理，幽明一理，「原始反終，知死生之說。」何其易簡而明白也。吾人當以此理自省焉。[20]

上述引文中佐藤一齋所指摘的「不畏死之理」，其要點指的是：我們人這一身體生命其實就是「天物」，亦即是由「天」所創造出的產物，是

---

報》52，2011 年 1 月。

20　佐藤一齋：《言志錄》，第 137 條，《佐藤一齋全集》第 11 卷，頁 280。

基於「天」的意志、作用而受「生」、迎「死」，所以所謂的生死大事，基本上乃是在超越我們人一己之意志與感情的此種次元中，而被實現的「自然」現象。換言之，關於所謂的生死，人是完全處於被動狀態的，只能全權交付委託予天，任憑上天安排。再者，設若我這一身乃是「天物」的話，則我這一身的真正所有者，並非身而為人的我自己，而是在於天。如此一來，身而為人的我自己並不具備評價、或是主動操控自我一身之生死的權限。另外，佐藤一齋在此雖然還提示了所謂「吾性即天也」的這一重要見解，關於此點擬於後文另外進行探討。而關於「不畏死之理」，佐藤一齋另有如下之指摘。

> 生，是死之始。死，是生之終。不生則不死，不死則不生。生固生，死亦生。生生之謂易，即此。[21]

> 無，不生於無，而生於有。死，不死於死，而死於生。[22]

由於無「生」則無「死」，故「生」與「死」原本就是一體不可分的。因此，若吾人只樂於受生，然卻逃避死悲，那根本就是自行矛盾之事。[23] 不僅如此，佐藤一齋更如下指出：

> 欲知死之後，當觀生之前。晝夜，死生也。醒睡，死生也。呼吸，死生也。[24]

---

21　佐藤一齋：《言志晚錄》，第 285 條，《佐藤一齋全集》第 12 卷，頁 322。
22　佐藤一齋：《言志晚錄》，第 288 條，《佐藤一齋全集》第 12 卷，頁 322。
23　誠如眾所周知的，此種觀點亦見於道家思想中，大家耳熟能詳的莫過於下引《莊子》中對於一般人多以生為喜，以死為悲的此種普遍性理解所表露的懷疑。莊子曰：「予惡乎知說生之非惑邪？予惡乎知惡死之非弱喪而不知歸者邪？」（《莊子‧齊物論》，王先謙：《莊子集解》，北京：中華書局，1987 年，頁 37）、「生也死之徒也，死也生之始。孰知其紀。人之生，氣之聚也。聚則為生，散則為死。若死生為徒，吾又何患。」（《莊子‧知北遊》，王先謙：《莊子集解》，頁 226）。
24　佐藤一齋：《言志晚錄》，第 287 條，《佐藤一齋全集》第 12 卷，頁 322。

在此，佐藤一齋將「死」亡視為：不過是回到「生」前之狀態，並將生與死之關係理解為是與白晝與黑夜、[25] 醒覺與睡眠、呼氣與吸氣之關係相同。除此之外，佐藤一齋也將生死比擬為：以器皿所汲取來的海水如今重返大海，[26] 或比擬為潮汐之漲退、月亮之盈虧，[27] 一再強調人們實在沒有理由畏懼死亡之悲傷。

上述引文中，佐藤一齋展開了所謂：由於吾人一身乃是「天物」，故此身之生死大權全在於天，而「吾性」即為「天」這一饒富興味的深刻論理。而且於該段引文中，還可見佐藤一齋如下之指摘。以下引文雖與前述引文有重複之處，然因內容關涉佐藤一齋相關思想之重要內容，故在此不厭其煩再次援引：

> 軀殼則藏天之室也。精氣之為物也，天寓於此室；遊魂之為變也，天離於此室。死之後，即生之前。生之前，即死之後。而吾性之所以為性者，恆在於死生之外。吾何畏焉。

在此我們可以看出佐藤一齋將人（吾）這一存在，分為「軀殼」（身體）與「性」，「天」宿於軀殼者，即是所謂的「性」，從「軀殼」這一次元來看的話，人雖然有生死；但是若從「性」這一次元來看的話，因為「恆在於生死之外」，亦即超越生死，故人沒有理由畏懼死亡。又如後文所援引之引文中亦可見的，佐藤一齋以「心」之所出（來源）為天，

---

25　其實在中國思想中，一般也常以晝夜關係來比喻生死，例如《莊子・至樂》中言：「死生為晝夜。」（王先謙：《莊子集解》，頁185）、程子亦言：「晝夜猶死生。」（《河南二程遺書》卷6，《二程集》上，北京：中華書局，1981年，頁87）、陽明亦言：「知晝夜即知死生。」（《傳習錄》卷上，《王陽明全集》上，上海：上海古籍出版社，2011年，頁42）。

26　「斟海水於器，翻器水於海，死生直在眼前。」（佐藤一齋：《言志晚錄》，第290條，《佐藤一齋全集》第12卷，頁322）。

27　「人身氣脈，與潮進退，與月盈縮，則死生固有定數。惟養生以全所享之數，斯為得。長生久視，不足道耳。」（佐藤一齋：《言志耋錄》，第335條，《佐藤一齋全集》第12卷，頁353）。

猶如其所謂「吾心即天也」的這一表現手法，由此我們則可以理解到佐
藤一齋並未將「性」與「心」二者加以區別。而佐藤一齋認為「性」與
「心」乃是由來於「天」者的此種理解，誠如眾所皆知的，乃是發端於
《孟子》、《中庸》，再經朱子學、陽明學所繼承，進而將此一認知主張加
以深化。然王陽明並不嚴格區分「性」與「心」，而是從渾一性的立場
來理解掌握二者，並且認為「性」與「心」終究等於「天」。[28] 上述佐
藤一齋將「性」、「心」視為「天」的理解，其思想性立場當然受到朱子
學、陽明學影響，特別是受到陽明思想的強烈影響。[29] 然其中耐人尋味
的是：相對於在朱子學、陽明學中，此種視「性」、「心」為「天」的認
知，基本上是在道德論脈絡中被加以強調；佐藤一齋則將此種認知擴及
到死生論之脈絡，並以之作為超越死亡之根據。另外值得注意的是，誠
如以下引文所示，在佐藤一齋的理解中，相對於「性」、「心」乃由來自
「天」；「軀殼」則是由來自「地」的這一思考點。

> 舉目百物，皆有來處。軀殼出於父母，亦來處也。至於心則來
> 處何在？余曰軀殼是地氣之精英，由父母而聚之。心則天也。
> 軀殼成而天寓焉。天寓而知覺生，天離而知覺泯。心之來處，
> 乃太虛是已。[30]

> 物有榮枯，人有死生，即生生之易也。須知軀殼是地，性命是
> 天。天地未曾有生死，則人物何曾有死生。死生榮枯，只是一
> 氣之消息盈虛。知此則通乎晝夜之道而知。[31]

---

28　例如陽明於《傳習錄》中即言：「心也，性也，天也，一也。」（《傳習錄》中，
　　〈答聶文蔚〉第二書，《王陽明全集》上，頁98）。
29　佐藤一齋的為學立場基本上是折衷朱王，而其自幼即傾心於陽明思想一事，一齋
　　自身曾如下明言道：「余自少好讀王文成之書，至文辭筆札，亦模倣之。」（佐藤
　　一齋：《言志餘錄》，《佐藤一齋全集》第11卷，頁324）。
30　佐藤一齋：《言志錄》，第97條，《佐藤一齋全集》第11卷，頁276。
31　佐藤一齋：《言志後錄》，第27條，《佐藤一齋全集》第11卷，頁294。

人為地氣之精英，生於地而死於地，畢竟不能離地。宜察地體
為何物。[32]

如上述三段引文所述，佐藤一齋認為：吾人一身之「軀殼」雖來自父
母，但具體形塑吾身此一「軀殼」的要素則是「地氣之精英」。而軀
殼一旦成形，天（太虛）宿於其中而生知覺，而知覺不外就是所謂的
「心」。而誠如本文前述所指出的，佐藤一齋並未將「性」與「心」加以
區別，而是將之理解為一體之物，認為二者皆由來自「天」。但是，關
於內在於人身這一「軀殼」中的「天」，佐藤一齋似乎是從一個所謂基
體的觀點，而將之理解為「性」，[33] 另外則從一個所謂機能（「知覺」）這
樣的觀點，而將之理解為「心」。

　　而從所謂「性」乃是由來自「天」的這一立場出發，佐藤一齋如下
主張：「性」乃是授自於「天」的爵位，亦即所謂的「天爵」，[34] 是人們
最珍貴的存在。

吾人須知自重。我性，天爵最當貴重。我身，父母遺體，不可
不重。[35]

另外，佐藤一齋還主張：讀「經」，不外就是讀自我之一「心」，而無論
讀「經」抑或讀「心」，其終究就在讀「天」，除此之外無他。故佐藤一

---

32　佐藤一齋：《言志晚錄》，第 77 條，《佐藤一齋全集》第 11 卷，頁 307。
33　佐藤一齋於《言志晚錄》中曾如下言及作為「氣之靈」的「心」之本體即為
　　「性」。其言：「認以為我者，氣也。認以為物者，氣也。其知我與物皆為氣者，
　　氣之靈也。靈，即心也。其本體性也。」（佐藤一齋：《言志晚錄》第 11 條，《佐
　　藤一齋全集》第 12 卷，頁 301）。
34　誠如眾所周知的，「天爵」乃是源自《孟子》的概念，《孟子》中如下記載道：「孟
　　子曰：有天爵者，有人爵者。仁義忠信，樂善不倦，此天爵也。公卿大夫，此人
　　爵也。古之人脩其天爵，而人爵從之。今之人脩其天爵，以要人爵。既得人爵，
　　而棄其天爵，則惑之甚者也，終亦必亡而已矣。」（《孟子・告子上》，《四書章句
　　集注》，北京：中華書局，1983 年，頁 342）
35　佐藤一齋：《言志後錄》，第 6 條，《佐藤一齋全集》第 11 卷，頁 292。

齋如下說道：

> 讀經書即讀我心也，勿認做外物。讀我心即讀天也，勿認做人
> 心。[36]

## 四、作為「真我」之心與「天」

　　如上所述，佐藤一齋對「性」、「心」、「天」的此種理解，自不待
言地，堪稱與陸王心學相同。在佐藤一齋而言，「心」可以說是完全與
「天」重疊的，並且一再強調人「心」之偉大機能。

> 人皆知仰而蒼蒼者為天；俯而隤然者為地，而不知吾軀皮毛骨
> 骸之為地；吾心靈明知覺之為天。[37]

佐藤一齋以「靈明」、「靈昭」、「靈光」等語詞而來形容「心」，且屢屢
強調心之「至靈」，其理由之一就在：「心」本身可以判別其自身之是非
這點。

> 權能輕重物，而不能自定其輕重。度能長短物，而不能自度其
> 長短。心則能是非物，而又自知其是非。是所以為至靈歟。[38]

> 心為靈，其條理動於情識謂之欲。欲有公私，情識之通於條理
> 為公；條理之滯於情識為私。自辨其通滯者，即便心之靈。[39]

佐藤一齋此種對「心」的理解，顯然受到陽明良知說之影響。陽明主
張作為「良知」的「心」，不僅可以判別外在客體之是非，更可察知主

---

36　佐藤一齋：《言志耋錄》，第 3 條，《佐藤一齋全集》第 12 卷，頁 329。
37　佐藤一齋：《言志晚錄》，第 7 條，《佐藤一齋全集》第 12 卷，頁 301。
38　佐藤一齋：《言志錄》，第 11 條，《佐藤一齋全集》第 11 卷，頁 269。
39　佐藤一齋：《言志後錄》，第 19 條，《佐藤一齋全集》第 11 卷，頁 293。

體之「心」本身其機能（「思」、「情識」之內容）之是非、邪正、曲直。[40] 而且，陽明還以「天理之昭明靈覺處」[41] 而來形容表現「良知」。同樣地，佐藤一齋對於作為內在之「天」的「性」，也就是所謂的人「心」，則是以「我神光靈昭本體」來形容表現之，此種做法堪稱與陽明相同，皆從閃耀光輝的「光」印象而來理解掌握之。[42]

> 深夜獨坐闇室，群動皆息，形影俱泯。於是反觀，但覺方寸內有炯然自照著者，恰如一點燈火照破闇室，認得此正是我神光靈昭本體。性命即此物，道德即此物。至於中和位育，亦只是此物光輝充塞宇宙處。[43]

佐藤一齋繼而將此「我神光靈昭本體」之心所綻放的「靈光」之偉大，比擬為太陽，其如下說明曰：

> 人處世有多少應酬，塵勞鬧攘。膠膠擾擾，起滅無端。因復生此計較、揣摩、歆羨、慳吝、無量客感妄想，都是習氣為之也。譬之魑魅、百怪昏夜橫行，及太陽一出，則遁逃潛迹。心之靈光，與太陽並明，能達其靈光，則習氣消滅，不能為之嬰累。聖人一掃之曰：何思何慮，而其思歸於無邪。無邪即靈

---

40　陽明如下說明所謂的「良知」，其言：「良知發用之思，自然明白簡易，良知亦自能知得。若是私意安排之思，自是紛紜勞擾，良知亦自會分別得。蓋思之是非邪正，良知無有不自知者。所以認賊作子，正為致知之學不明，不知在良知上體認之耳。」（王陽明：〈答歐陽崇一〉，《傳習錄》中，《王陽明全集》上，頁 81）。

41　「良知是天理之昭明靈覺處。故良知即是天理，思是良知之發用。若是良知發用之思，則所思莫非天理矣。」（王陽明：〈答歐陽崇一〉，《傳習錄》中，《王陽明全集》上，頁 81）。

42　誠如陽明在彌留前所留下的名言是：「吾心光明，亦復何言。」（錢德洪：〈年譜〉三，《王陽明全集》下，頁 1463）亦是以「光」與「日」的印象而來掌握理解人之「心」與「良知」。

43　佐藤一齋：《言志錄》，第 214 條，《佐藤一齋全集》第 11 卷，頁 287。

光之本體也。[44]

> 人心之靈如太陽。然但克伐怨欲，雲霧四塞，此靈烏在。故誠
> 意工夫，莫先於掃雲霧仰白日。凡為學之要，自此而起本。故
> 曰：誠者物之終始。[45]

如同天一亮，太陽一旦開始輝耀照射，暗夜中橫行的魑魅、百怪之身影
就忽然消失，而人心之靈光亦有「嬰累」之問題，亦即引發人世間諸多
煩人、惱人問題的「習氣」、「怨欲」等原因，但人心之靈光亦同樣具有
使此「嬰累」消滅的效能。如同陽明主張「良知」即「是非之心」，而
所謂的「是非」不外就是「好惡」，[46] 佐藤一齋亦主張：「心之靈光」只
要無有晦暗地綻放光輝，則「是非」之判斷就可展開成為「好惡」之
情，且可自然地愛好、實踐「是」與「善」，憎惡迴避「非」與「惡」。

> 人當自思察在母胎中之我心意果如何，又當自思察出胎後之我
> 心意果如何，人皆並全忘不記也。然我體既具，必有心意。則
> 今試思察，胎胞中心意，必是渾然純氣專一，無善無惡，有一
> 點靈光耳。方生之後，靈光之發竅，先知好惡，好惡即是非，
> 即知愛知敬之所以由出也。思察到此，可以悟我性之為天，我
> 體之為地。[47]

佐藤一齋所謂的「心之靈光」，乃是判斷是非善惡之「知」，亦即陽明所
謂的「良知」。而佐藤一齋所謂的「心」，則不外就是人先天性所具備，
能夠以好惡這一形態而自然、直接地判別是非善惡的此種卓越機能。若

---

44　佐藤一齋：《言志後錄》，第 9 條，《佐藤一齋全集》第 11 卷，頁 292。
45　佐藤一齋：《言志耋錄》，第 66 條，《佐藤一齋全集》第 12 卷，頁 333。
46　「良知只是箇是非之心，是非只是箇好惡。只好惡就盡了是非。只是非就盡了萬事
　　萬變。又曰：是非兩字，是箇大規矩。巧處則存乎其人。」（錢德洪錄：《傳習錄》
　　下，《王陽明全集》上，頁 126）。
47　佐藤一齋：《言志後錄》，第 71 條，《佐藤一齋全集》第 11 卷，頁 297。

如是，則對佐藤一齋而言，吾人一己之「心」，正是照亮幽暗、提示吾
人當行之正道的「指南」。

> 人心之靈，莫不有知。只此一知，即是靈光。可謂嵐霧指
> 南。[48]

佐藤一齋接著說道：幽暗人生中只要有「一燈」在則無須擔憂，而人只
要賴此「一燈」前進即可。[49]而其所謂的此「一燈」，正是吾人此一己
之「心」，只要人有此「心」，無論處於何種狀況，人都可以明確地判
斷其究竟該如何前進才是，絕無須要憂畏。而自不待言地，人不只有其
一「心」，尚有所謂的「身體」（軀殼）。而吾人此身體當然也是所謂的
「我」（自己），但佐藤一齋強調：真正的自我，亦即所謂的「真我」、
「真己」，就是此一己「心」。

> 端坐內省，做心工夫，宜先自認其主宰也。省者我歟？所省者
> 我歟？心固我，軀亦我。為此言者果誰歟？是之謂自省。自省
> 之極，乃見靈光之為真我。[50]

> 有本然之真己，有軀殼之假己。須要自認得。[51]

按佐藤一齋的理解，只要是「心」乃吾人「本然之真己」，「身體」乃
吾人「軀殼之假己」，則此一己「心」就處於「主宰」之位置，就必然
可以掌控主宰吾人此一「身體」。佐藤一齋的此一「心」、「身」論述
中，「心」居於上位，「身體」居於下位，確立所謂「身體」乃是依從於
「心」的此一關係。前述本文已確認佐藤一齋將「心」與「身體」之關

---

48　佐藤一齋：《言志晚錄》，第 12 條，《佐藤一齋全集》第 12 卷，頁 301。
49　佐藤一齋曰：「提一燈行暗夜，勿憂暗夜。只 一燈。」（佐藤一齋：《言志晚錄》，
　　第 13 條，《佐藤一齋全集》第 12 卷，頁 302）。
50　佐藤一齋：《言志耋錄》，第 50 條，《佐藤一齋全集》第 12 卷，頁 332。
51　佐藤一齋：《言志錄》，第 122 條，《佐藤一齋全集》第 11 卷，頁 279。

係，比擬為「天」與「地」之間的關係，一齋在此認知基礎上，進一步
主張其所謂的「身體」乃是依從於「心」，猶如「地」依從於「天」，此
乃自然不過之道理。

> 人須守地道。地道在敬，順承乎天而已。[52]

> 耳目口鼻，四肢百骸，各守其職以聽乎心。是地順乎天也。[53]

> 使地能承乎天者，天使之也。使身能順於心者，心使之也。一
> 也。[54]

誠如眾所周知的，朱子學所謂的「敬」，堪稱是以所謂敬畏天理之心念
為基礎的工夫，然在此饒富興味的是，佐藤一齋將「敬」理解為「地
道」，且立足於「地」乃是依從於「天」的這一立場。若如是，則立足
於人類這一次元的「地道」，因為「身體」乃是依從於「心」的，所
以對佐藤一齋而言，所謂的「敬」也就成為了「身體」(「耳目口鼻、
四肢百骸」) 依從於「心」這件事。亦即，相對於朱子學區別「心」、
「天」、「身體」三者，立足於所謂「心」乃是敬畏天理之心念，故嚴格
地約束身體，以實現天理為目標，此正是「敬」的工夫；佐藤一齋則
是將「天」與「心」等同視之，故遂將所謂：依從作為身體之主宰的
「心」這一件事，理解為「敬」。如此一來，自不待言地，佐藤一齋的
此番「敬」理解，顯然異於朱子學，而且也異於視「敬」為蛇足之陽明
學，值得注意的是此種「敬」理解存在著佐藤一齋獨特的思想特性。誠
如前文所述，依據佐藤一齋的理解，「性」與「心」乃是由來自「天」
者，[55] 就如同佐藤一齋所說的「吾心即天也」，我們從其著作中也多可見

---

52 佐藤一齋：《言志錄》，第 94 條，《佐藤一齋全集》第 11 卷，頁 275。
53 佐藤一齋：《言志錄》，第 95 條，《佐藤一齋全集》第 11 卷，頁 275。
54 佐藤一齋：《言志錄》，第 96 條，《佐藤一齋全集》第 11 卷，頁 276。
55 佐藤一齋如下指出「心」之所以得以成為「身」之主宰的理由，就在「心」之本
　 體即為「性」，而「性」乃由來自「天」。一齋言：「天始氣而地造物，天變而地化

到其直接將「心」與「天」等同視之的言論主張。

> 此心靈昭不昧，眾理具，萬事出，果何從而得之？吾生之前，
> 此心放在何處？吾歿之後，此心歸宿何處？果有生歿歟？無
> 歟？著想到此，凜凜而自惕。吾心即天也。[56]

佐藤一齋立足於所謂「吾性即天也」的立論基礎，更進一步說道：「吾
性之所以為性者，恆在於死生之外。」而如同筆者於前文中已然指出
的，在佐藤一齋而言，「性」與「身體」不同，乃是一超越生死的存
在，然而佐藤一齋在此則主張「吾心即天也」的人之一「心」，乃是一
超越生死之存在。而只要立足於所謂：吾人一己「心」即為「天」的這
一立論基礎上，則所謂的「敬天」一事，也就成了「敬吾心」。如此一
來，所謂的「事天」一事，不外就是在「禮拜吾心」。佐藤一齋因此如
下說道：

> 自禮拜吾心，自問安否。以吾心即天之心，吾身即親之身也。
> 是謂事天。是謂終身之孝。[57]

在佐藤一齋而言，人生之夭壽、苦樂、利害、榮辱，乃是「天定之
數」，只要其是由超越性存在的「天」所作用安排，則斷非人為性作為
可變化之，故縱然其並非人們所喜好之事，卻是必須老實順從接受之
宿命。不過，當佐藤一齋將「天」定義理解為不外就是人一己之「心」
時，則其所謂的「宿命」也就不是從人己身之外而來束縛住人自身的
事物；佐藤一齋至此所謂的「宿命」，也就成為了：吾人自身決定自身
之境遇、決定自身人生之歸趨者。故無論順境抑或逆境，所謂依從上天

---

也。是知造化二字語地功。不獨人為地，而萬物皆地也。然非天氣入而主宰之，
則物不能活，人不能靈。主宰之靈，即性也。」（佐藤一齋：《言志後錄》，第78
條，《佐藤一齋全集》第 11 卷，頁 298）。

56　佐藤一齋：《言志錄》，第 198 條，《佐藤一齋全集》第 11 卷，頁 285-286。

57　佐藤一齋：《言志晚錄》，第 177 條，《佐藤一齋全集》第 12 卷，頁 315。

為人們自身所安排的境遇，不外就是依從吾人自身，也就是尊重「真我」、「真己」。筆者以為佐藤一齋此一立論立場，或恐堪稱是一種人終極自我尊重的立場。

筆者在此不厭其煩重申的是，在佐藤一齋而言，所謂的「真我」、「真己」指的並非吾人一己之「身體」；而是吾人一己之「心」。此一己之「心」正是「真我」，且此「心」其實就是「天」。因此，所謂自覺「真我」一事，其實就在覺察到所謂：自我乃是一超越生死、處於永恆不變這一次元的存在這件事。故佐藤一齋斷言：「真我」即是「亙乎萬古而不死者」。[58] 因此，藉由自覺「真我」，吾人可以臻至所謂的真正安心立命的這一境界。因此，筆者以為在佐藤一齋而言，所謂的「救贖」，不是藉由外在的絕對者而獲得的救援；而是吾人藉由自力而被加以實現的自我拯救。

## 五、結語

經由本文之闡述論證我們可以清楚理解：對佐藤一齋而言，吾人在這個人世間所發生的所有事態，無論是順境抑或逆境，無一不是天（大宇宙）定之命數。亦即吾人所遭遇到的順逆處境皆是「天定之數」，是人力無法撼動改變的、是宇宙自然的天理運作之一環。而只要人是依據天意、天理而出生於人世的存在，就無法逃出天理循環，不得不全然委身於上天的安排裁奪處置，並接受這一切。由此我們可以看出在佐藤一齋的思想中，敬畏天、將自身依從於天，無非就是試圖在無法隨心所欲

---

58　佐藤一齋：《言志晚錄》，第 292 條，《佐藤一齋全集》第 12 卷，頁 323。另外，佐藤一齋更於以下引文中說到：「我之所以為我者」，亦即所謂真正的自我，乃是在「生死之外」的。一齋言：「釋以死生為一大事；我則謂：晝夜是一日之死生，呼吸是一時之死生，只是尋常事。然我之所以為我者，蓋在死生之外，須善自覓而自得之。（佐藤一齋：《言志耋錄》，第 337 條，《佐藤一齋全集》第 12 卷，頁 353）。

的命運中，安頓吾心，以求安樂平靜的立場。而佐藤一齋此種敬畏天，
歸依順從天的思想立場，自不待言地其思想原型乃出自儒家思想。孔
子屢屢言及「天命」，[59] 誠如眾所周知的，當孔子在宋國遇難受到桓魋迫
害時，其言：「天生德於予，桓魋其如予何」，[60] 其信仰並不受逆境所左
右。另外，當孔子在匡地差點被誤殺時，其言：「天之未喪斯文，匡人
其如予何」，[61] 其心並不因死亡威脅而方寸大亂。而大家耳熟能詳的，孟
子所謂的：「天將降大任於是人也，必先苦其心志，勞其筋骨，餓其體
膚，空乏其身，行拂亂其所為，所以動心忍性，曾益其所不能。」[62] 則是
將逆境理解為是上天賦予人們的試練，試圖進一步從逆境中找出積極
性意義。蓋中國思想中所謂的「天」這一概念，其所蘊含的意義內容極
為豐富多元，常因時代不同、思想家不同而其 意也有差異。[63] 然無論如
何，自古以來儒家思想便主張「天」乃是吾人所處這一人間世之運作與
價值的源泉、根據，故毫無疑問地長久以來儒家就把「天」當作人應該
敬畏的對象。

　　佐藤一齋則更加積極地接受繼承上述此種儒家思想之「天」觀，其
藉由所謂將人生所有境遇全然委託於「天」，絕對性地歸依於「天」的
此種作法，試圖在無法盡如人意的人世中，使得吾人之人生可以獲得精
神上的安穩寧靜與平和。誠如前文所述，佐藤一齋更加強調儒家思想
中的宗教性側面，其思想主張已經將儒家的「天」思想提升到更高的

---

59　例如孔子曾說：「五十而知天命」（《論語・為政》，《四書章句集注》，頁 54）、「君
　　子有三畏。畏天命，畏大人，畏聖人之言。」（《論語・季氏》，《四書章句集注》，
　　頁 173）等。
60　《論語・述而》，《四書章句集注》，頁 98。
61　《論語・子罕》，《四書章句集注》，頁 110。
62　《孟子・告子下》，《四書章句集注》，頁 355。
63　朱子對於見於經傳中的「天」這一概念，其作出的基本定義主要有三：「蒼蒼」
　　（天空）之天、「主宰」（人格神）之天、「理」（法則）之天。朱子曰：「要人自看
　　得分曉，也有說蒼蒼者，也有說主宰者，也有單訓理時。」語見《朱子語類》卷
　　1，第 22 條，《朱子語類》（北京：中華書局，1986 年），第 1 冊，頁 5。

次元，筆者以為我們不妨也可以稱之為是信奉、歸依「天」概念的「天教」。[64] 不過在此必須注意的是，對佐藤一齋而言所謂的「天」，並不是具有超越性、絕對性的同時，又是作為外在客體的存在；而是「天」乃是以所謂「心」這一形態而存於人之內在。換言之，佐藤一齋認為「天」乃是所謂的「自己」這一主體。而誠如本文再三言及的，佐藤一齋的此種「天」觀理解，顯然是受到朱子學、陽明學，特別是陽明學之影響，佐藤一齋所理解的「心」不僅完全與「天」重疊，還特別強調心的「至靈」機能。而且真正的自我，亦即所謂的「真我」，並非人這一身體，而是作為「天」而存於人內在的「心」。而既然人自己之一心無非就是天，則作為人所信奉、歸依之對象的天，其實也就是存於人自身內在的一己之心。

在佐藤一齋而言，所謂的信奉天、歸依天，就意味著信奉己心、歸依己心。如此一來，人類救贖的根據，並不在人自身外部，而是在於人自身內在，在此佐藤一齋開展出其作為「心教」的「天教」。佐藤一齋更進一步強調：「真我」即是此心，此心即是「天」，人類在本質上乃是一超越生死的存在。在佐藤一齋看來，自覺「真我」一事，就是超越死生，可以藉此直接連結到獲得終極的安樂。透過佐藤一齋的思想我們不也可以確認：儒家思想確實存在著給予人救贖與安樂的、作為「宗教」的可能性。[65]

---

64　誠如眾所皆知的，中村正直、西鄉隆盛等人繼承佐藤一齋此種「敬天」思想，進一步提倡「敬天愛人」的關懷。中村撰寫〈敬天愛人說〉而說道：「天者生我者，乃吾父也。人者與吾同為天所生者，乃吾兄弟也。天其可不敬乎？人其可不愛乎？」（《敬宇文集》卷3，東京：吉川弘文館，1903年，16b）中村此種同時注重「敬天」與「愛人」的主張，可說是儒家思想自古以來一貫堅持的立場。在吾人思考儒家思想之特色時，不能忽視這一點。至於佐藤一齋如何理解「敬天」到「愛人」的理論結構，則需另外撰文仔細探討。

65　余英時先生將西方價值系統與中國價值系統對照，主張前者為「外在超越」，後者為「內在超越」。（詳參余英時：〈從價值系統看中國文化的現代意義〉，收入《中國思想傳統的現代詮釋》，臺北：聯經出版公司，1987年）筆者認為佐藤一齋的

　　而如同本文〈前言〉所言，當今現世新冠肺炎疫情猖獗，全世界堪稱處於全球性的逆境中。而此事就如從日本社會將現在所處的狀況稱之為「コロナ禍」（koronaka，新冠病毒之禍）亦可得知的，人類將新冠病毒視為帶來疫病「禍」害的麻煩者，嫌惡其存在，希望務必儘早消滅之。而且誠如眾所周知的，我們可以明顯看到以美國為首的世界各國普遍有一個共同動向，那就是對新冠肺炎究竟如何發生？源頭發生自何處？等諸問題的追問與究責。然而，當人們以此種態度來面對新冠病毒時，結果恐怕只會帶來更多的「不安」、「恐懼」乃至「憎恨」。通常一般凡是發生任何不可抗力的大型自然災害時，人們多會用所謂的「意外」災害一詞而來表現此種大自然災禍，而從此種表現手法中，不也可以看出人類一開始就有其自身對大自然運作的某種「設想」，而且自以為有足夠力量可以對治自然災害，同時此種心態中更潛藏著人類自以為其自身相較於地球上的其他生物，乃是一種特別存在的優越意識。遺憾的是宇宙大自然的運作，其展開卻是遠遠超乎人類所認知的知識次元，故超乎「想像」乃是正常，更是事實。

　　再者，我們所生存的這個宇宙自然界存在著各式各樣的生物，所謂的「人類」也不過只是其中之一，故不保障人類有特別的生存權。當然，關於新冠病毒究竟可否稱之為「生物」的這一問題，目前生物科學家之間看法不同仍有爭議，[66] 然若極端言之，宇宙大自然對新冠病毒與人類恐怕是平等視之、平等對待的。誠如佐藤一齋所言，我們人類自身乃是「天物」，也就是宇宙大自然所孕育出的「萬物」中之一，所以人類

---

「天＝心」的此種觀點，或許可以視為徹底立足於儒家「內在超越」這一立場。

66　新冠肺炎疫情流行擴散後，日本國內陸續出版、翻譯了一些討論何謂「生命」的專書，例如池上彰、岩崎博史：《池上彰が聞いてわかった生命のしくみ》（東京：朝日新聞出版，2020 年）；Paul M. Nurse 著，竹内薰譯：《WHAT IS LIFE？生命とは何か》（東京：ダイヤモンド社，2021 年）。從美、日等國家最新的生物學研究看來，重新界定何謂「生物」並承認「病毒」亦可稱之為「生物」的觀點，不僅一再被提醒更逐漸獲得支持。

是不是應該要有所自覺，自覺到自己其實是生活在其無法「設想」的，亦即所謂的「數」這個大宇宙的天理運行之中。因此，如此說或許非常殘酷，但是與其將新冠肺炎所帶給人類世界的逆境視為災「禍」而憎惡之、逃避之，我們是否不妨借用佐藤一齋「數」的思想，將之視為上「天」的運作安排，是在如今這一時空下人類必然會與之相遇的，應該謙沖接納之，乃至應該自我反省並從中發掘出積極性意義，否則人心恐怕無法獲得真正之「安頓」。最後本文必須再次強調的是：此種面對新冠肺炎疫情的態度，若從佐藤一齋所謂「心即天」的這一立場而言，人類絕非自我否定，亦非自我放棄；而是終極的自我肯定、自我尊重。

chapter 13

# 第十三章
# 「醫」與朝鮮儒者丁若鏞的仁學思想

許怡齡 *

## 一、前言

　　工作是否能提升生命的「意義感」？抑或只是謀生的工具？人除了自己的小確幸外，是否需要關懷更大範圍的社會與世界？這些問題在分工化、全球化、疫情化的時代變得更為重要。勞動分工（division of labor）與專業化（specialization）讓人專注於單一或少數幾個任務，這提高了勞動的生產力，卻降低了勞動所能獲得的意義感。全球化把工作拆分至世界各地，加劇了這個現象。2019 年 COVID-19 爆發，人們驚覺全球化已深入到幾乎危險的程度，個別城市的防疫封城足以癱瘓世界經濟，2022 年開始的烏俄戰爭也造成世界性的物價上漲。諷刺的是，雖然全球化使世界牽一髮而動全身，人們的關懷卻未因此擴大到全球範圍，大多仍局限於自身周圍的小環境。這未必是一個錯誤，但「渺小感」、「無意義感」卻真實地侵入當代人的日常。對此問題，本文將穿越到 18 世紀的韓國，從朝鮮大儒丁若鏞（1762-1836）及其「仁」學實踐，思考東亞儒家可以帶給 21 世紀的啟發。

　　東亞儒家值得參考的理由，是因為他們和當代個人的「渺小感」、「無意義感」問題完全相反。儒者對生命抱有宏大的期許，正如范仲淹

---

*　中國文化大學韓文系副教授兼韓國學研究中心主任、東亞人文社會科學研究院院長。

（989-1052）「先天下之憂而憂，後天下之樂而樂」[1]的精神，整個世界都在儒者的胸懷中。儒者追求的理想世界，是「大道」實踐的世界，在這裡共同體的成員互相照應，「人不獨親其親，不獨子其子」，打造出讓世上老而無妻、老而無夫、幼而無父、老而無子、以及殘疾者都能幸福生活的社會，即所謂「鰥寡孤獨廢疾者皆有所養」的大同世界。[2]在這個理想下，儒者修養的目標，是養成「內聖外王」的人格，提高自身的精神境界（而非獲得積極的實用知識），[3]進而「修己治人」，為打造理想社會貢獻心力。這是一份崇高的理想，然而對 21 世紀的我們，似有些高遠的距離感。21 世紀不再強調「內聖外王」、「修己治人」等追求「大道」的修養，學習大多是為了個人，如為了從事農工商等具體職業的學習，這些都只能歸類於「小道」。[4]

從《論語》開始，儒家便重「大道」而輕「小道」：「雖小道，必有可觀者焉；致遠恐泥，是以君子不為也。」這句話部分肯定了「小道」的價值，但又表示君子更遠大的任務是追求「大道」。為了不被小道耽誤腳步，君子不該從事小道。然而在和前近代儒者的對話中，我們可以試問兩個問題：（1）為什麼要「內聖外王」？獨善其身不好嗎？（2）若應該「內聖外王」，身處「小道」中的當代人該如何自處？第二個問題，本文將從下節開始以朝鮮儒者丁若鏞的例子加以探討，在此先就東亞儒家的「仁」學，略論第一個問題。

黃俊傑指出東亞各國共享儒學許多核心價值，如仁、義、禮、智、信、忠、孝等皆是，而當中「仁」是中國人文精神傳統中最根本、最重

---

1　范仲淹：〈岳陽樓記〉，收入李勇先、王蓉貴校點：《范仲淹全集》（成都：四川大學出版社，2002 年），上冊，頁 194。

2　孔穎達：《禮記注疏》（臺北：藝文印書館，2001 年），頁 264。

3　「內聖」指的是內在的修養，「外王」指發揮在社會上的功能。見馮友蘭：《中國哲學簡史》（北京：北京大學出版社，2014 年），頁 8。

4　根據朱子的說法，「農圃醫卜」等發揮具體技能的工作皆是「小道」。〔宋〕朱熹：《論語集注》，《四書章句集注》（臺北：臺大出版中心，2016 年），頁 264。

要的價值理念。「仁」有內外兩面,內為思想內涵,是為「仁心」;外為具體實踐,是為「仁政」。[5]「仁」在歷史演變中產生了多樣豐富的意涵,[6] 本文僅先提出孔孟及朱子對「仁」的基本論點:第一,「仁」乃推己及人的精神;第二,「仁」來自人本然的惻隱之心。

首先,「仁」學推己及人的精神,從本質上便與「獨善其身」背道而馳。孔子教導子貢「仁之方」,謂「仁」是「己欲立而立人,己欲達而達人」,[7] 用自身的立場同理對方,便能為對方著想。朱子對此引程子言,謂「不仁」就像醫書說的「手足痿痺」,[8] 失去對自己手腳的感覺,才會失去推己及人的能力。孟子進一步提出理想的儒家君子對人、對物應有的態度,他指出「親親而仁民,仁民而愛物」,[9] 將互動的對象分為親人、他人(民)、物(動植物等);待親人以「親」(親密),待人以「仁」(同理、推己及人),待物以「愛」(愛惜、節用),三個層次的感情以靠近自身最近的親人最強,最外圍的物最弱,反映出儒家「愛有差等」的一貫主張。這樣的想法本身便將自身之外的諸多人事物納入關懷圈內,並在「自我」和「他者」兩個主體間,保有「既不完全捨己以從人,又不完全屈人以從己」的「主體間性」。[10]

其次,「仁」的動機,來自於人本然的「惻隱之心」。孟子曰:「人皆有不忍人之心〔……〕無惻隱之心,非人也〔……〕惻隱之心,仁之

---

5  詳見黃俊傑:《東亞儒家仁學史論》(臺北:臺大出版中心,2017 年),頁 1-4。

6  黃俊傑梳理儒家「仁」學的內涵,將之分為以下四類:(1) 作為身心安頓場所的「仁」;(2) 作為生生不已價值的「仁」;(3) 作為社會倫理的「仁」;(4) 作為政治事業的「仁」。詳見黃俊傑:《東亞儒家仁學史論》(臺北:臺大出版中心,2017 年),頁 144。

7  朱熹:《論語集注》,收入《四書章句集注》(臺北:臺大出版中心,2016 年),頁 123。

8  朱熹:《論語集注》,收入《四書章句集注》(臺北:臺大出版中心,2016 年),頁 123。

9  朱熹:《孟子集注》,《四書章句集注》(臺北:臺大出版中心,2016 年),頁 509-510。

10  黃俊傑:《東亞儒家仁學史論》(臺北:臺大出版中心,2017 年),頁 463。

端也」。[11] 孟子對此舉了相當有名的例子：見到不認識的孩子即將掉入井中，人人都會感到驚惶憐憫，這不是因為認識孩子的父母，或想在他人面前沽名釣譽等由「私慾」引發的外在動機，而是由於人人皆有「惻隱之心」，自然會產生對孩子的憐憫，成為「仁心」的發端。

承上，東亞儒家以「仁」作為核心價值，以「社群中心」（communty-centered）[12] 的道德價值召喚儒者，於是他們不會駐足於「內聖」，而會為社群貢獻力量，期待「大道之行」的理想社會。然而「大道」越崇高，「小道」的地位就越低。前近代對此種「貴賤之分」最嚴格的國家便是朝鮮，[13] 儒者即便淪落到讓父母挨餓，也不敢選擇其他職業。[14] 在「致遠恐泥」的氛圍中，18 世紀的朝鮮儒者丁若鏞卻不拘於「尊貴的」儒者身分，兼儒而醫，以自身對「仁」的獨特理念，完成大道和小道的關係重整，這值得身處「小道」中的當代人參考。以下本文將先說明朝鮮王朝「儒」與「醫」在社會背景上的差異，並藉由朝鮮國王（同時為儒者）普及的醫書，觀察當時一般儒者對醫的態度，進而從丁若鏞的兼儒而醫，探討他的「仁」學思想及實踐。

---

11　朱熹：《孟子集注》，《四書章句集注》（臺北：臺大出版中心，2016 年），頁 328-330。

12　David B. Wong. "Right and Community in Confucianism,", in Kwong- loi Shun and David B. Wong eds., *Confucian Ethic: A Comparative Studiy of Self, Autonomy, and Community*, pp. 31-48.

13　相對來說日本儒者較不受此限制，這與日本不實施科舉，儒者未能以儒道獲得社經地位有關。日本儒者伊藤仁齋（1627－1705）就曾提起親友規勸他從醫利潤豐厚，而儒者無從維生。「今之俗皆知貴醫而不知貴儒〔……〕。」伊藤仁齋：〈送片岡宗純還柳川序〉，《古學先生詩文集》，收入三宅正彥編《近世儒家文集集成》（東京：ぺりかん社，1985 年），第 1 卷，頁 20。

14　「我國之所謂士者，父祖相傳，族黨相襲，皆自稱曰儒生，而識字者極難得。大抵假稱幼學者，遍滿一世，雖立視其父母之飢餓，而不敢為他業以救之。」柳壽垣：〈論商販事理額稅規制〉，《迂書》卷八，奎章閣藏本奎 5143-v.1-9。

## 二、朝鮮的「儒」與「醫」

　　大儒丁若鏞兼儒而醫，在朝鮮相當不容易。總的來說，朝鮮的「醫」向來為「儒」所賤，原因之一是「醫」屬於「雜科」。朝鮮士大夫被稱為「兩班」，指的是通過科舉「文科」的文班，以及通過科舉「武科」的武班。此外科舉還有一個科目「雜科」，當中有譯科、醫科、陰陽科、律科等科目，通過「雜科」者成為朝廷的技術官僚，但地位不及文武兩班。1421 年世宗「患醫不精其業」，動員儒者改善雜學水平，[15]設置「醫書習讀官」，從現職官員和尚未任官的生員、進士中選拔 30人到內醫院，讓「通理文人兼治醫術」，[16]擔任研讀醫書、視病診候等工作，授予遞兒職，[17]將「儒」編入「醫」的系統。透過醫書習讀官制度，世宗朝得以編纂《醫方類聚》等大份量的醫書；[18]而隨著醫書的編纂，儒者們對醫學也有了更深的理解。但由於「醫術常情所賤」，[19]許多習讀官受職後便懈怠不學，以奉養父母等藉口推託不仕，以至於醫學提調建議國家強制習讀官「不得由他路以進，或授顯官或登科第，亦令仍治本業」。[20]兩班士大夫認為自己和雜科官員有明顯「貴賤之分」的另一個原因，是由於雜科多有兩班庶子應試，[21]而朝鮮向來注重「嫡庶有別」。1497 年朝鮮統治者燕山君意圖開放庶子（在朝鮮稱為「庶出」、

---

15　《朝鮮王朝實錄》世宗 3 年（1421）4 月 8 日。

16　《朝鮮王朝實錄》世宗 16 年（1434）7 月 25 日。

17　遞兒職是朝鮮的一種臨時官職，可提供給不在現職的官員或特殊狀況者俸祿，約6 個月輪替一次。

18　15 世紀由朝廷中的儒臣和醫者共同編纂的醫學百科全書，分量多達 266 卷，1477年刊印，與稍前由醫員編纂的《鄉藥集成方》、16 世紀的《東醫寶鑑》合稱朝鮮三大醫學書。參見韓國學中央研究院建製網頁版「韓國民族文化百科辭典」〈醫方類聚〉條，最後檢索日 2022 年 9 月 3 日。

19　《朝鮮王朝實錄》世祖 4 年（1458）3 月 20 日。

20　《朝鮮王朝實錄》世祖 4 年（1458）3 月 20 日。

21　朝鮮的身分是從母制，若母親為家中奴婢，所生之子也是家中奴婢，正妻所生的嫡子和妾所生的庶子身分差異極大。

「庶孽」、「賤出」）應試雜科醫科時，朝中高官便提出反論，主張原本有才學的士大夫（嫡子）若未中文武兩科，或可投身醫科；但若開放「賤出」庶子應試，則嫡庶不分，有如把香臭之物混雜在同個容器，「尊卑貴賤無復可別」，以後所有醫科的人都將被視為庶子而輕視，士大夫便不再會有意願從醫。且若庶子官階高於士大夫，還會形成「支庶餘孽反據其上」，令議者大嘆「尊卑之倒植，貴賤之無偏，不既甚乎！」[22] 以上的討論，充分凸顯了兩班士大夫對醫科的輕視。

兼儒而醫者，可稱為「儒醫」。「儒醫」一詞在中國和朝鮮所指不盡相同，中國「儒醫」身分定義較複雜，有廣義狹義之分，所謂「儒醫」不一定具有儒生或士人的身分，[23] 由於「儒」被視為兼有文本知識及德行實踐的群體，[24] 因此「儒醫」也經常用為「良醫」的美稱。而朝鮮「儒醫」必須具有儒生或士人的身分，大多指具有醫學知識但不以醫術謀生的儒者，當中很多是文科出身但官職不高，以「餘技」研究醫學或編纂醫書的人。由於「醫」帶有小道的社會印記，故高官大儒即便具備醫學知識，也不會被以「儒醫」稱之；甚或有具備醫學知識的儒者因為「恥於為醫」，拒絕提供醫學知識。18 世紀的朝鮮儒者南公轍（1760-1840）曾因重病吐血緊急向人求助，對方表示以南公轍病況之重，必須及時服藥，但由於對方自許為儒者，「不欲以醫自名」而拒絕診脈開藥，被南公轍批評為「非仁者之心」，由此可見 18、19 世紀朝鮮儒者「恥於為醫」的狀況。[25]

相對於朝鮮前期「醫書習讀官」等制度促使「儒者」成為「儒

---

22　《朝鮮王朝實錄》燕山 3 年（1497）7 月 3 日。

23　鄭中堅：〈既「儒」且「醫」：論「儒醫」融合儒學與中國醫學的角色〉，《中正漢學研究》，第三十三期（2019 年 6 月），頁 66。

24　陳元朋：《兩宋的「尚醫士人」與「儒醫」：兼論其在金元的流變》（臺北：臺大出版中心，1997 年），頁 28。

25　南公轍：〈與姜生師伯論醫藥書〉，《金陵集》。收入《韓國文集叢刊》272，頁 177–178。

醫」，朝鮮後期儒者更加「恥於為醫」，對於醫書的學習呈現消極，原因之一是由於 17 世紀民間「業醫」的大舉登場。[26]「業醫」以行醫為業謀生，他們並非出自官方「醫科」，學習醫術的管道或是拜師、或是家學、或是獨學，沒有統一的系統，因此個別醫員間的醫療水平千差萬別，號稱能行醫便可開業。不同於「儒醫」，「業醫」從醫原就本於經濟上的動機，在利益導向的心態下，隨意亂開藥方的無良醫員並不少見，因而受到儒者的批評。儒者李瀷（1681-1763）〈庸醫殺人〉一文就寫道：「今之業醫不以濟夭為心，專窺為利，必先試以蔘附大熱之劑，不效則更投之以硝黃極寒之物〔……〕以此枉害人命，藥餌之生人少而殺人多也。」[27] 在這種社會背景下，人們對醫員的看法也發生了明顯的變化，民間開始出現嘲諷醫員醫術的笑話。

> 玉皇上帝有病患，欲見人間之名醫，使使者訪以招之。每到醫家，輒見冤鬼屯聚其門，醫名愈高而鬼愈多。最晚，見一醫門外只有一鬼，使者喜以為此必業精者，進而問曰：「子之為醫之業者幾年？」答曰：「自昨日始矣。」[28]

名聲越高的醫員醫死的人越多，連開業一天的醫員都能立刻醫死病人，這種對醫員的嘲弄在 17 世紀以前幾乎不存在。[29] 不僅醫術的問題，業醫也被認為有道德上的問題。有名聲的業醫挾醫術以驕人，要有錢有勢的人家備好酒肉，三請四請才肯前往；沒錢沒勢的人來求醫，則百般推託，「百請而不一起」。[30] 以 17 世紀醫藥商業化為轉折點，醫療和醫學的

---

26 김성수：〈朝鮮時代 醫員의 變化와 自己意識 形成〉，《韓國韓醫學研究院論文集》第 17 卷 2 號（通卷 32 號），2011 年，頁 5。

27 李瀷：〈人事門・庸醫殺人〉，《星湖僿說》（首爾，民族文化推進會，1978 年），第 9 卷，頁 14。

28 寂濱子：《笑囊》，高麗大學圖書館육당 C14 A14。

29 김준형〈野談을 통해 본 疾病과 醫員，그 시선과 의미〉，《東洋漢文學研究》53（2019 年 6 月），頁 97。

30 洪良浩：〈針隱趙生光一傳〉，《耳溪集》18。收入《韓國文集叢刊》241，頁 315。

權力從儒醫轉向業醫。[31] 當醫療被轉化為純粹的營利手段，不再是儒者「濟夭」的仁心仁術，儒者與醫學的距離變得更遠，朝鮮前期那些讓儒者學習醫書的理由似乎不復存在。政治黨派西人少論的首領尹拯（1629-1714），因為聽說弟子朴泰輔（1654-1689）鑽研醫書，寫信責備他分心於醫道末節，恐怕會妨礙實學（真正的學問，大道）的鑽研。他勸告弟子，雖然看到大小病患時，會遺憾自己束手無策，因而想鑽研醫書，但如《論語》教導的「致遠恐泥」，小道終究不應妨礙大道，比起醫書更應該讀的，是朝鮮兩大儒學學派之宗的著作—李滉（1501-1570）的《朱子書節要》，以及李珥（1536-1584）的《聖學輯要》。[32] 丁若鏞的醫學鑽研和醫書編纂，便是進行於這樣的風氣下。

## 三、朝鮮國王的醫書普及與仁政理念

朝鮮以儒學治國，朝鮮國王都具有儒者的身分認同，普及醫書雖是國家當然的「仁政」，但這些醫書的序跋文中亦可窺見儒者對「醫」的距離感。以下將從宣祖（1567-1608 在位）御纂的《東醫寶鑑》和正祖（1776-1800 在位）親纂的《壽民妙詮》，探討朝鮮一般「儒者端」涉及醫療時的態度，以便和下一節丁若鏞的狀況比較。

（1）16 世紀宣祖御纂《東醫寶鑑》

朝鮮時代每幾十年便會發生一次傳染病，包括天花、麻疹、霍亂等。為了增加百姓預防及治療傳染病的能力，大疫後可見朝廷編纂醫

---

31 신동원：〈朝鮮時代 地方醫療의 成長：관 주도에서 사족 주도로，사족 주도에서 시장 주도로—강릉 약계（1603-1842）의 조직과 해소를 중심으로〉，《韓國史研究》135（2006 年），頁 1-29。

32 「聞頗用功於醫書。吾輩則全昧向方，大小病患不免束手，每抱不孝不慈之恨，然豈不聞致遠恐泥之聖訓耶？餘力旁及則可矣，欲專治則恐妨實學。」尹拯：〈與朴泰輔士元（十六日）〉，《明齋先生遺稿》卷 19，收入《韓國文集叢刊》135，頁 437。

書、普及醫書的情形，當中的代表即是 1610 年成書的《東醫寶鑑》。
《東醫寶鑑》由御醫許浚（1537 或 1546-1615）所撰。許浚是兩班庶
子，由醫科培養為醫員。1596 年他奉宣祖之命開始編纂醫書，之後歷經
壬辰倭亂、流配等波折，1610 年《東醫寶鑑》終於成書。《東醫寶鑑》
被評為朝鮮最好的醫學書籍，它提升了朝鮮整體的醫療能力，主導了朝
鮮後期醫學界的潮流。1613 年內醫院刊印《東醫寶鑑》時，光海君命
儒臣李廷龜（1564-1635）寫序。[33] 作為儒者，序文中比起醫療直接相關
的內容，更多的是成書經過的說明，以及頌揚君主的「濟眾之仁」。[34]

> 則其仁民愛物之德，利用厚生之道，可謂前後一揆；而中和位
> 育之治，亶在於是。語曰：「仁人之用心，其利博哉。」豈不
> 信然矣乎！[35]

首先李廷龜指出君主編纂醫書的行為，是「仁民愛物之德」和「利用
厚生之道」的相互呼應：前者將「愛人」的精神向外推展，從自己的
至親擴大到他人，進而擴大到天地萬物；後者語出《尚書・大禹謨》，
指帝王的善政需以「正德」（端正德行）為前提，方能「利用厚生」（善
用萬物進而達到豐盛的生活）。[36] 李廷龜肯定君主從道德（仁心）到實
踐（普及醫書）的一貫性，稱頌君主實現了《中庸》「中和位育」的治

---

33　李廷龜：〈東醫寶鑑序〉，《月沙先生集》卷之 39，收入《韓國文集叢刊》70，頁
　　143-144。
34　李廷龜：〈東醫寶鑑序〉，《月沙先生集》卷之 39，收入《韓國文集叢刊》70，頁
　　144。
35　李廷龜：〈東醫寶鑑序〉，《月沙先生集》卷之 39，收入《韓國文集叢刊》70，頁
　　144。
36　「德惟善政，政在養民。水、火、金、木、土、穀，惟修；正德、利用、厚生、惟
　　和。」《尚書・大禹謨》。孔安國傳，孔穎達疏：《尚書正義》（北京：北京大學出
　　版社，1999 年），頁 89。

世理想。[37]「中和」兩字指的都是內心的「平衡」，[38] 君主達到「中和」的境界，被認為可以使「天地間一切事物各就其最佳位置，萬物充滿豐沛的生命力」，是儒家追求的極致社會。[39] 因此李廷龜在序文最後提出「仁人之用心，其利博哉」，強調君主「仁心」的重要；至於醫療獨立的、具體的內涵，則在「本末關係」中成為從屬於「仁」的末端行為。

（2）18 世紀正祖親纂《壽民妙詮》

《壽民妙詮》是朝鮮唯一由國王親自編纂的醫書，正祖自詣為《東醫寶鑑》的續篇，內容基本上是《東醫寶鑑》的重新分類編排。在「醫」與「儒」身分懸殊的朝鮮，正祖以君王之身親編醫書，自然有身為儒者的立場表達：他先指出「儒」與「醫」的相通之處，又有意識地對兩者進行了切割。

在相通處上，正祖在序文第一句即表示「予故不解醫，然醫人醫國，其理固一也」，藉由宣稱醫人、醫國原理相同，爭取對醫療界發言的合理性。正祖從「醫國」發論，謂醫國「必先究其弊源之所在」，若不能掌握病因，胡亂嘗試只會有害無益。接著正祖指出「醫人」也有不究病因的問題，「臨病則不能確見其祟之在何臟何經」；這一方面是由於學醫者「不致力於脈證」、「徒誦其湯丸之名」，也是因為醫書為求方便快速而「混脈證湯丸於一編之中」，[40] 由此可推知合理的解決方法是編

---

37　「致中和，天地位焉，萬物育焉。」《中庸》，《四書章句集注》（臺北：臺大出版中心，2016 年），頁 22。
38　「中」是指未曾產生喜怒哀樂等激烈情緒的平靜狀態，這種良好的狀態被稱為「天下之大本」。「和」指的是產生情緒後，再度調整回復的平衡狀態，這被稱為「天下之達道」。
39　東亞儒家認為「世界」的轉化始於「自身」的轉化，故《大學》論「平天下」的步驟，便是從個人的「格物、致知、誠意、正心、修身」，慢慢擴展到「齊家」、「治國」、「平天下」，個人的「致中和」也能發展為天地萬物的「中和位育」。參見勞思光：〈對於如何理解中國哲學之探討及建議〉，《中國文哲研究集刊》創刊號（1991 年 3 月），頁 89-116。
40　正祖：〈壽民妙詮序〉，《弘齋全書》卷 8，收入《韓國文集叢刊》262，頁 130-131。

纂分門別類的醫書。正祖在服侍重病先王的 11 年間，曾將《東醫寶鑑》
中證論脈訣和湯液諸方分類抄錄，《壽民妙詮》即是當中證論脈訣的部
分。綜觀正祖的論述策略，以「醫人醫國其理固一」的主張取得話語
權，而後指出朝鮮醫書的問題，進而以《壽民妙詮》作為解決。到此為
止序文可謂合情合理，然書名《壽民妙詮》卻暗指「儒」與「醫」的切
割。

「壽民」兩字來自伊川詩句「用時還解壽斯民」，是伊川收到友人王
佺期（子真）贈藥後，回贈詩中的一句，全詩為「至誠通聖藥通神，遠
寄衰翁濟病身。我亦有丹君信否，用時還解壽斯民。」詩意感謝朋友寄
藥給他，不過自己作為儒者也有能救人的藥（即「大道」），拿出來便能
救活萬民百姓。雖然「以藥救人」和「以道救人」都是救人，但伊川顯
然對於自己的「壽民」評價更高，他表示「子真所學只是獨善，雖至誠
潔行，然大抵只是為長生久視之術，只濟一身」，[41]影響力遠比不上儒家
大道的實踐。然而收到朋友贈藥，卻刻意提出儒者更能「壽民」，有種
唯恐不為人知之感，這點正祖亦然。〈壽民妙詮序〉的最後，正祖的論
述突然從醫書跳躍到「壽民」。

> 此雖出於古方，無新奇可喜之說，其於一醫者之心目而急乎其
> 先務，庶幾有少補焉耳。雖然，吾所謂壽民，豈亶謂是哉？今
> 財竭民窮，凋瘵滿目，而莫有以醫之。嗚呼！安得起伊川而問
> 之也？[42]

正祖先指出《壽民妙詮》雖為《東醫寶鑑》的分類抄錄，並無新說，但
仍有其用處。接著正祖話鋒一轉，以悲憤的語氣，呼訴自己所謂的「壽
民」，如何可能僅指一本醫書？「財竭民窮，凋瘵滿目」的問題，才是

---

41 〔宋〕朱熹編：《河南程氏遺書》，收於《二程全書》（京都：中文出版社，1979
年）。

42 正祖：〈壽民妙詮序〉，《弘齋全書》卷 8，收入《韓國文集叢刊》262，頁 131。

想求問伊川於九泉之下的事。作為醫書的序文，此部分展現出一定程度的自我否定；而正祖正是藉此方式，宣告自己內心真正在意的仍是治世的大道，根絕了「致遠恐泥」的疑慮。

## 四、大儒丁若鏞的醫學實踐與仁學思想

丁若鏞是朝鮮最具代表性的儒者之一。他著作極多，經學和文學在學術界倍受關注，被稱為「茶山學」，此外還有政治、經濟、法制、歷史、地理、醫藥等多方面著作。丁若鏞經世大儒的形象鮮明，幾乎掩蓋了他的醫學成就，事實上他有《麻科會通》、《村病或治》、《醫零》三本醫學著作，且丁若鏞的醫學研究並非僅止於醫書文本的紙上談兵。

在痘瘡（天花）肆虐的時代，丁若鏞是朝鮮最早引進天花預防接種的人之一。當時痘瘡被認為是每人一生一次必須得到的恐怖疾病，[43]動輒「十死一生」，[44]而僅見於《康熙字典》的「神痘法」[45]遲遲未傳入朝鮮。1799 年丁若鏞聽說有人從燕京得來種痘方，雖然僅有簡單的數頁記載，但他「亟求見之」，潛心研究種痘理論和方法。1800 年丁若鏞和文人朴齊家（1750-1805）開始嘗試種痘，成功地讓漢陽「薦紳家多種之」，[46]兩人開發的種痘法甚至傳到尚州，「有醫師種痘，百種百活，

---

43　許敬震：《조선의 중인들》（首爾：알에이치코리아，2016 年），頁 205。

44　「且如痘症，苟係險逆，僅有十死一生之路者。」丁若鏞：〈吾見篇・俗醫〉，《麻科會通》，《與猶堂全書》第七集醫學集第四卷，收入《韓國文集叢刊》286，頁 473。

45　即中國發明的「人痘法」，方法是將天花患者的痂製成膿水，以棉花沾取，放入健康人的鼻子裏，使之感染進而達成免疫。

46　朴齊家也曾涉獵過種痘文獻，但內容過於簡略，難以實行，兩人合流後便開始結合彼此所知，重編一書，困難處加以箋譯，錯誤處加以修改。他們積極討論如何保管和採集人痘，對種痘法表達出高度熱誠。丁若鏞和朴齊家研究和嘗試人痘法的過程，見丁若鏞〈種痘說〉，《與猶堂全書》第 1 集第 10 卷。收入《韓國文集叢刊》281，頁 217–218。

大獲其利」。丁若鏞《麻科會通》不僅收錄人痘法，也簡要介紹了 1789 年英國發明的牛痘法，這些技術在當時的朝鮮可謂醫療前沿，顯示丁若鏞對醫學的了解絕不下於一般醫者；黃玹（1855-1910）《梅泉野錄》曾指出丁若鏞精通醫學，[47] 他甚至擔任了純組（1800-1834）和翼宗（1809-1830）臨終時的「醫藥同參」。[48] 不僅痘瘡，麻疹也是丁若鏞潛心研究的對象，《麻科會通》被日本學者三木榮評為東亞最高水準的麻疹專門醫書。[49] 作為儒者，丁若鏞的成就已成為朝鮮儒者中的代表人物；他對醫學研究的投入與成就，也遠高於一般醫者，更遑論與一般（和醫保持距離的）儒者的差距。他結合儒者與醫學的生涯是如何形成的？在「儒」與「醫」之間的態度為何？

　　丁若鏞在〈麻科會通序〉中，曾舉出兩個貫通「儒」「醫」的人物，一個是「先天下之憂而憂」的宋人范仲淹，另一個是 18 世紀朝鮮儒醫李獻吉（生卒年不詳）。〈麻科會通序〉的第一句，丁若鏞即舉范仲淹語：「吾讀書學道，要以活天下之命；不然讀黃帝書，深究醫奧，是亦可以活人。古人立心之慈且弘，如是也。」作為儒者，范仲淹有「願為良醫」之說，[50] 表示雖然能得君行道最為理想，其次成為「良醫」亦可實踐「救人利物」之心，能及「大小生民」。不同於正祖引尹川強調「壽民」至上，丁若鏞引范仲淹將儒家「活天下命」和醫家「活人」視為同樣的慈心，同樣可以澤披百姓，超越儒醫之間原本「上下」、「本末」之分的價值判斷。

---

47　黃玹：〈丁若鏞의 醫術〉，《梅泉野錄》卷之一。參見國史編纂委員會建置之「한국사데이타베이스」，最後檢索日 2022 年 3 月 28 日。

48　신동원：〈儒醫의 길 - 정약용의 의학과 의술〉，《茶山學》10（2007），頁 172。

49　三木榮：《朝鮮醫學史及疾病史》（大阪：自家出版，1963 年），頁 228-229。

50　「大丈夫之於學也，固欲遇神聖之君，得行其道，思天下匹夫匹婦有不被其澤者，若己推而內之溝中，能及小大生民者，固惟相為然；既不可得矣，夫能行救人利物之心者，莫如良醫。果能為良醫也，上以療君親之疾，下以救貧民之厄，中以保身長年。在下而能及小大生民者，舍夫良醫，則未之有也。」見〔宋〕吳曾：〈文正公願為良醫〉，《能改齋漫錄》（北京：中華書局，1960 年），下卷，頁 381。

　　丁若鏞提出的第二個人物李獻吉（蒙叟），是終生投入醫療，活人無數的儒醫。丁若鏞〈李蒙叟傳〉[51]記載李獻吉是王室後裔，儒者出身，自行潛讀痘診書而頗有心得。1775 年他在漢陽遇到麻疹大流行，百姓死亡無數。當時李獻吉正值守喪期間，按禮法不應救助百姓。然而當他看到數以百計的屍身，自謂：「吾有術可救，而為禮法拘，懷之去，不仁也」，因而決定公開藥方。「凡得蒙叟之方者，危者以安，逆者以順，旬日之間，名聲大振，號呼乞憐者，日填門塞巷。」丁若鏞兒時也是因李獻吉的《麻疹方》而倖存。李獻吉的例子，展現了以「仁心」超越禮法及世俗眼光的可能性。對丁若鏞而言，當時業醫對傳染病的忽視，也不斷喚起丁若鏞的惻隱之心。如前所述，17 世紀朝鮮出現了醫療商業化，然而由於傳染病數十年才流行一次，潛心研究並不能增加業醫平時的收益，因此他們無心於此，以至於疫情爆發時不知如何用藥，甚至隨意猜一個方子而罔害人命，[52] 對此丁若鏞無法做出見死不救的「不仁」之舉。

　　「仁」在丁若鏞的思想裡至為重要，他說「吾人之一生行事，不外乎『仁』一字」，[53] 而他的「仁」學思想不同與一般東亞儒者。黃俊傑曾從就《論語》中「顏淵問仁」的詮釋，指出丁若鏞之「仁」學思想相異於朱子的特色。[54] 顏淵向孔子問「仁」，孔子回答：「克己復禮為仁。一

---

51　丁若鏞：〈吾見篇・李蒙叟傳〉，《麻科會通》，《與猶堂全書》第七集醫學集第四卷，收入《韓國文集叢刊》286，頁 476。

52　「嗟乎！病之無醫也久矣。諸病皆然，而麻為甚。何則？醫之業醫為利也。麻蓋數十年一至，業此而安所利乎？業之無所薪，臨之不能藥，又可恥臆之而夭人命。噫！其忍矣！」丁若鏞：〈麻科會通序〉，《與猶堂全書》第七集醫學集第 1 卷，收入《韓國文集叢刊》286，頁 413。

53　丁若鏞：〈顏淵第 12〉，《論語古今註》第 2 集經集第 12 卷，收入《韓國文集叢刊》282，頁 269。

54　詳見黃俊傑：《東亞儒家仁學史論》（臺北：臺大出版中心，2017 年），頁 206。以下關於丁若鏞對「仁」的見解多參考之。

日克己復禮，天下歸仁焉。」[55] 朱子注謂「仁」為「本心之全德」，[56] 以形而上的層次釋「仁」；丁若鏞則對朱子提出「質疑」。[57]

> 仁之名必生於二人之間，只一己則仁之名無所立〔……〕若有
> 一顆仁德原在心竅之內，為惻隱之本源，則「一日克復禮」以
> 下二十字都泊然無味也。從來仁字宜從「事為」上看（非在內
> 之理）。[58]

丁若鏞對「仁」提出三個有特色的主張：首先他批判「仁」並非一個人「本心之全德」這種形而上的「內在之理」，而是存在於「必生於兩人之間」的人我互動關係，從倫理學的層次強調「凡人與人盡其分，斯謂之仁」。其次丁若鏞強調「仁」的實踐性，主張「仁」必須在具體「事為」上方能成立，沒有行為便不可談「仁」。就此而言，對其他儒者而言，普及醫書是實踐「仁心」的「仁政」，兩者屬於本末關係，實踐的行為還有「致遠恐泥」的疑慮；而對丁若鏞而言，行為的實踐則是「仁」的必要條件。第三，丁若鏞在「仁」和「禮」的緊張關係中，弱化了「禮」的角色。《論語》論「克己復禮為仁」的具體作法是「非禮勿視、非禮勿聽、非禮勿言、非禮勿動」；但丁若鏞指出面對真正的「仁心」及其具體實踐），禮法的規範只是第二義，這和李獻吉的「不為禮所拘」脈絡相通。承上，丁若鏞的想法有別於朝鮮其他儒者，甚至

---

55　朱熹：《論語集注》，《四書章句集注》（臺北：臺大出版中心，2016 年），頁 181-182。

56　朱熹：《論語集注》，《四書章句集注》（臺北：臺大出版中心，2016 年），頁 181-182。

57　1813 年丁若鏞在康津的流配生活中，完成了《論語》的註釋書《論語古今註》，本書逐句收錄各家對《論語》的註釋，並有「引證」、「質疑」、「考異」等部分，表達丁若鏞的研究與見解。

58　丁若鏞：〈顏淵第十二〉，《論語古今註》第 2 集經集第 12 卷，收入《韓國文集叢刊》282，頁 269。括號為筆者所加，內為原文兩行小字註。

也與東亞其他儒者不同，開展了一條獨特的「仁」學詮釋道路。[59] 就其自身而言，他的醫學活動非但沒有背離儒者之道，反而是仁學思想的必要實踐。丁若鏞遙契范仲淹，承繼其「願為良醫」的精神，放下對「大道」、「小道」的價值評比；又致敬李獻吉以仁人之心終身為醫，活人無數，以「仁」貫通「大道」與「小道」，並展現小道也可是大道的實踐。

## 五、結論

本文一開始的提問是，工作是否能提升生命的「意義感」？人是否需要關懷更大範圍的社會與世界？本文以前近代朝鮮為例，探討了朝鮮儒者丁若鏞的仁學思想及其醫療實踐。如前言所說，儒者的問題是重大道而輕小道，當代人的問題則是有小道而無大道。是否有一種價值，能在我們心中形成一種力量，讓我們展開關懷，進而創造出更好的社會？

從某個角度來說，前近代儒者擁大道而兼小道或許較為容易，當代人要擁小道而懷大道則更為困難，此時丁若鏞的「仁」學有啟發之用。若能以「仁」貫穿大小道，將小道視為「仁」的必要實踐，並在「小道」上保持「愛人」之心，困擾 21 世紀許多人的「渺小感」、「無意義感」必然得到安頓，因為小道即是大道的一部分。

在人與人密切接觸的當代社會，東亞儒家「仁」學以「自我」與「他者」的互動關係為中心，以「愛人」為核心價值，感發歷代知識分子做出對整體社群的最佳選擇。若以每人每日面臨的「小道」為著力點，東亞儒者嚮往的「大道」，即世上一切人事物各就其最佳位置，萬物充滿豐沛生命力的世界，便可在每人每天的生活中逐漸邁進。

---

59　黃俊傑：《東亞儒家仁學史論》（臺北：臺大出版中心，2017 年），頁 206。